科学技术部创新方法工作专项项目（2007FY140800）资助

科学方法大系

"十二五"国家重点图书出版规划项目

地理学思想与方法丛书

地理学:科学地位与社会功能

蔡运龙 陈彦光 阙维民 刘卫东 齐清文 著

科学出版社
北京

内 容 简 介

　　本书旨在为地理学者深入认识地理学和把握学科发展方向、为公众了解地理学抛砖引玉。作者们思考了地理学的科学地位和社会功能，力图回答诸如"地理学究竟是什么"、"地理学为社会发展和科学认识做了什么"、"地理学还将做什么"之类的问题。主要内容包括：地理学的性质和作用，自然动态和社会需求对地理学的促进，自然科学、系统科学与地理学的关系，社会科学、哲学与地理学的互动，技术发展对地理学的推动，地理学思想的发展历程，地理学的前沿领域，地理学的应用领域，地理学高等教育，地理学的未来发展方向。

　　本书可供地理学研究人员、大专院校教师、研究生和高年级本科生阅读，也可作为公众和相关领域的决策者了解地理学的参考。

图书在版编目(CIP) 数据

地理学：科学地位与社会功能／蔡运龙等著 . —北京：科学出版社，2012
（地理学思想与方法丛书）
ISBN 978-7-03-035233-0

Ⅰ. 地…　Ⅱ. 蔡…　Ⅲ. 地理学–研究　Ⅳ. K90

中国版本图书馆 CIP 数据核字（2012）第 174110 号

责任编辑：李　敏　王　倩／责任校对：钟　洋
责任印制：赵　博／封面设计：黄华斌

科学出版社 出版
北京东黄城根北街 16 号
邮政编码：100717
http://www.sciencep.com

北京华宇信诺印刷有限公司印刷
科学出版社发行　各地新华书店经销

*

2012 年 9 月第 一 版　　开本：720×1000 1/16
2025 年 3 月第七次印刷　　印张：20 1/2
字数：410 000

定价：128.00 元
（如有印装质量问题，我社负责调换）

《地理学思想与方法》丛书编委会

总　序

"工欲善其事，必先利其器"。科学思想和方法就是科学研究的"器"，是推动科学技术创新的武器。科学技术发展历程中每一次重大突破，都肇始于新思想、新方法的创新及其应用。科学思想和科学方法上的创新意识和系统研究不足，已经制约着我国科技自主创新能力的提高。加强科学思维、科学方法和科学工具的研究和创新，是建立创新型国家的必然选择。因此，"推进学科体系、学术观点、科研方法创新"写入了党的"十七大"报告。

科学技术部原拟从编制《科学方法大系》入手来贯彻和推进中央的这个精神，并拟先从《地球科学方法卷》开始，但后来的思路大为扩展。2007 年 5 月 29 日《科技日报》发表地理学家刘燕华（时任科技部副部长）题为"大力开展创新方法工作，全面提升自主创新能力"的文章。2007 年 6 月 8 日，我国著名科学家王大珩、叶笃正、刘东生联名向温家宝总理提出"关于加强创新方法工作的建议"。2007 年 7 月 3 日，温总理就此意见批示："三位老科学家提出的'自主创新，方法先行'，创新方法是自主创新的根本之源，这一重要观点应高度重视"。遵照温总理的重要批示精神，科学技术部、国家发展和改革委员会、教育部、中国科学技术协会于 2007 年 10 月向国务院呈报了"关于大力推进创新方法的报告"，中央有关领导人批转了这个报告。2008 年 4 月，科学技术部联合国家发展和改革委员会、教育部、中国科学技术协会发布了"关于加强创新方法工作的若干意见"（国科发财【2008】197 号），明确了创新方法的指导思想、总体目标、工作任务、组织管理机构和保障措施。

"关于加强创新方法工作的若干意见"部署了一系列重点工作，并启动了"创新方法工作专项"。主要工作包括：加强科学思维培养，大力促进素质教育和创新精神培育；加强科学方法的研究、总结和应用；大力推进技术创新方法应用，切实增强企业创新能力；着力推进科学工具的自主创新，逐步摆脱我国科研受制于人的不利局面；推进创新方法宣传普及；积极开展国内外合作交流。其中"加强科学方法的研究、总结和应用"旨在"着力推动科学思维和科学理念的传承，大力开展科学方法的总结和应用，积极推动一批学科科学方法的研究"，这就是《科学方法大系》要做的事。

作为国家"创新方法专项"中首批启动的项目之一，我们承担了《地理学方法研究》重点项目。项目的总目标是"挖掘、梳理、凝练与集成古今中外地理学思想和方法之大成，促进地理学科技成果创新、科技教育创新、科技管理创新"。我们认为这是地理学创新的重要基础工作，也是提高地理学解决实际问题的能力，更好地满足国家需求的必要之举。我们组织了科研和教学第一线的老、中、青地理学者参与该项目研究。经过四年的努力，做了大量工作，取得了丰富的成果，包括发表了一系列研究论文、凝聚了一支研究团队、锻炼了一批人才、举办了多次研讨会和培训班、开发了一批软件、建立了项目网站等；而最主要的成果就是呈现在读者面前的这套《地理学思想与方法》丛书，包括专著、译著和教材三大系列。

《地理学思想与方法》丛书专著系列包括《地理学方法论》、《地理学：科学地位与社会功能》、《理论地理学》、《自然地理学研究方法》、《自然地理学研究范式》、《经济地理学思维》、《城市地理学思想与方法》、《地理信息科学方法论》、《计算地理学》等。

《地理学思想与方法》丛书教材系列包括《地理科学导论》、《普通地理学》、《自然地理学方法》、《经济地理学中的数量方法》、《人文地理学野外方法》、《地理信息科学理论、方法与技术》、《地理建模方法》、《高等人文地理学》等。

《地理学思想与方法》丛书译著系列包括《当代地理学方法》、《高校地理学指南》、《分形城市》、《科学、哲学和自然地理学》、《地理学科学研究方法导论》、《自然地理学的当代意义：从现象到原因》、《经济地理学指南》、《当代经济地理学导论》、《经济地理学中的政治与实践》、《理解正在变化的星球——地理科学的战略方向》、《空间行为的地理学》、《人文地理学方法》、《文化地理学手册》、《地球空间科学与技术手册》、《计量地理学》等。

"地理学方法研究"项目的成果还包括一批已出版的著作，当时未来得及列入《地理学思想与方法》丛书，但标注了"科技部创新方法工作资助"。它们有：*Recent Progress of Geography in China：A Perspective in the 21st Century*（The Commercial Press，2008）、《地理学思想经典解读》（商务印书馆，2011）、《基于 Excel 的地理数据分析》（科学出版社，2010 年）、《基于 Mathcad 的地理数据分析》（科学出版社，2010 年）、《地理数学方法：基础和应用》（科学出版社，2011）、《世界遗产视野中的历史街区——以绍兴古城历史街区为例》（中华书局，2010）、《地理学评论（第一辑）：第四届人文地理学沙龙纪实》（商务印书馆，2009）、《地理学评论（第二辑）：第五届人文地理学沙龙纪实》（商务印书馆，2010）、《地理学评论（第三辑）：空间行为与规划》（商务印书馆，2011）、《我国低碳经济发展框架与科学基础》（商务印书馆，2010）等。

　　科学思想和科学方法的不断总结对于推动地理学发展起到不可小视的作用，所以此类工作在西方地理学中历来颇受重视，每隔一段时期（5～10 年）就会有总结思想和方法（或论述学科发展方向和战略）的研究成果问世。最近的一个例子是美国全国研究委员会 2010 年发布的《理解正在变化的星球——地理科学的战略方向》。中国地理学者历来重视引进此类著作，集中体现在商务印书馆出版的《当代地理科学译丛》和以前的一系列译著中（甚至可上溯到 20 世纪 30 年代出版格拉夫的《地理哲学》）。但仅引进是不够的，我们需要自己的地理学思想和方法建设。有一批甘坐冷板凳的中国地理学者一直在思索此类问题，这套《地理学思想与方法》丛书实际上就是这批人多年研究成果的积累；不过以前没有条件总结和出版，这次得到"创新方法工作专项"的资助，才在四年之内如此喷薄而出。"创新方法工作专项"的设立功莫大焉。

　　学科思想和方法的建设是一个长期的工作，伴随学科本身自始至终，这套丛书的出版只是一个新起点。"路漫漫其修远兮，吾将上下而求索"。

蔡运龙

2011 年 4 月

前　言

地理学长期关注的人类与环境之间的相互关系，以及地球表层重要特征及其空间结构变化，正逐渐成为科学和社会的核心议题，直指今天大众和决策者的紧迫关切。对这些问题的认知和应对，远非任何一门学科的能力和见识所能胜任，但是这些问题都包含着地理学的基本要素。地理学将在应对 21 世纪人类和地球面临的挑战中作出越来越重要的贡献，我们生活在"地理学的时代"①。

但是，对于地理学在科学和实践中的重要作用，不仅社会大众并不十分了解，即使是地理学者自身也未必说得清楚。因此，地理学者需要不断反躬自省，不断思考地理的科学地位和社会功能，以便把握好学科方向，与时俱进地为可持续发展服务。这种思考也应该让公众和决策者知晓，因为当前在应对环境变化、资源稀缺、发展失衡、国家冲突等重大问题以及在提高生产率和竞争力方面的很多限制，在很大程度上应归结于人类知识上的缺陷，其中最为突出的是地理知识的缺陷。"地理盲"常常做了蠢事还浑然不觉，而在全球环境变化和全球化的时代，"地理盲"则不可避免会被淘汰。

本书思考地理学的科学地位和社会功能，力图回答诸如"地理学究竟是什么？""地理学为社会发展和科学认识做了什么？""地理学还将做什么？"之类的问题。先后阐述了涉及地理学科学地位和社会功能的若干方面：地理学的性质和作用，自然、社会需求对地理学的促进，自然科学、系统科学与地理学的关联，社会科学、哲学与地理学的互动，技术发展对地理学的推动，地理学思想的发展历程，地理学的前沿领域，地理学的应用领域，地理学高等教育，地理学的未来。力图通过对这些问题的探讨，为地理学者把握好学科方向和大众了解地理学而抛砖引玉。

蔡运龙拟定了本书的研究和写作大纲，并执笔第 1 章、第 6 章的 6.1 节、第

---

① Committee on Strategic Directions for the Geographical Sciences in the Next Decade; National Research Council. Understanding the Changing Planet：Strategic Directions for the Geographical Sciences. Washington D. C. : National Academy Press，2010.

7 章、第 8 章、第 9 章、第 10 章的 10.1 ~ 10.3 节和 10.6 节；陈彦光执笔第 2 章、第 3 章、第 4 章、第 5 章；阙维民执笔第 6 章的 6.2 节；刘卫东执笔第 10 章的 10.4 节；齐清文执笔第 10 章的 10.5 节。全书由蔡运龙统稿定稿。刘卫东、齐清文提供了第 7 章的部分资料，刘卫东、张镜锂、周成虎提供了第 8 章的部分资料，秦其明、夏正楷提供了第 9 章的部分资料，特致谢忱。

蔡运龙

2012 年 6 月

目　　录

第 1 章 地理学的性质和作用

地理知识源远流长，产生于人类开始认识自然、利用自然之时。我国民间有"上知天文，下知地理"之说，是形容知识的广博。这种知识的系统化就成为地理学，地理学是一门既古老又年轻的科学。说它古老，是因为在西方可上溯到古希腊学者希罗多德①和埃拉托色尼②；在中国则可上溯到殷周之际的《周易·系辞下》③、战国时代的《尚书·禹贡》④ 和《管子·地员》⑤。说它年轻，是因为地理学近几十年来的发展已完全改变了传统地理学的面貌。在当前全球变化冲击人类社会，社会经济和科技文化发展显著改变生态环境，可持续发展成为共识的背景下，地理学长期关注的人类与环境之间的相互关系，以及地球表层的重要特征和空间结构变化，正逐渐成为科学和社会的核心议题。地理学将在应对 21 世纪人类和地球面临的挑战中作出越来越重要的贡献，以至其他学科的学者也认为我们生活在"地理学家的时代"（CSDGS，2010）。

地理学在科学认识和社会实践中的作用，可借用古人一言以蔽之：探究"天人之际"，谋求"经世致用"。前者指地理学的认识功能和科学地位，后者是地理学的实用价值和社会功能。话很简单，内涵却极其丰富。我们先从地理学的学科性质和核心概念说起。

1.1 地理学的学科性质

1.1.1 地理学的研究对象

正如所有事物都在时间中存在而有其历史一样，所有现象也在空间中存在而有其地理，地理和历史是我们认识世界不可或缺的两个重要视角（Rediscovery

---

① 被称为历史学之父，指出地理学是一个以空间差异为基础的综合学科。

② 被西方地理学界尊为地理学之父，首先合成 geo-graphica（意为"大地的描述"）这个术语。该术语是西方地理学概念的起源。

③ 有"仰以观于天文，俯以察于地理"的说法。

④ 划中国为"九州"，是最早的地理区划著作。

⑤ 将土地分为渎田、丘陵和山地等类型，是最早的土地类型著作。

Geography Committee，1997）。地理学的研究对象是作为人类家园的地球表层、人类与地理环境的关系、人地关系地域系统等在时间和空间中变化的一切地理现象。

地理学以人类环境、人地关系、时空关联为核心，发展出不同的关键概念，从不同的尺度来解读空间分布及其变化。这些关键概念包括空间、时间、地方（和区域）、尺度、系统、景观、自然、全球化、发展和风险等（Clifford et al.，2009）；地理学的这些概念是动态的、开放的，正如地理学本身是动态的、开放的一样。地理学以综合性和空间关联性为主要特色，已成为自然科学、社会科学和人文科学乃至工程技术之间的一座桥梁；由此使地理学对人类与环境的相互作用、对复杂世界及不同类型现象间的关联具有独特的洞察力和更深层的了解；并在社会实践中发挥独特的作用。地理学在整个人类知识体系中占有不可或缺的重要地位。

以人类环境、人地关系和空间相互作用为主要研究对象的地理学，已成为一门包容自然科学、人文社会科学和工程技术科学的综合性学科，建立了相当完整而独特的学科体系。地理学包括自然地理、人文地理和地理信息科学三大分支学科。

地理学长期关注的地球表层重要特征和空间结构及其变化，以及人类与环境之间的相互关系，正逐渐成为科学和社会的核心议题。于是越来越多的其他学科（如经济学、考古学、地质学、流行病学、建筑学和计算机科学等）开始应用地理学概念、思想和方法来研究相关科学问题，从而产生了跨学科的地理科学（CSDGS，2010）。

中国著名战略科学家钱学森很早就倡导建立地理科学体系，他认为地理科学是与自然科学、社会科学、数学科学、系统科学、思维科学、人体科学、文艺理论、军事科学和行为科学等相并列的科学部门，并且充当自然科学与社会科学之间桥梁的角色。他还认为"地理科学"是一个由"基础理论—技术理论—应用技术"构成的完整体系。基础理论（基础科学）层次包括理论地理学、区域地理学、部门地理学（如自然地理学、人文地理学及其分支）；技术理论（技术科学）层次主要是应用地理理论，如建设地理学、应用地貌学、应用气候学等；应用技术（工程科学）层次包括灾害预报、生态设计、区域规划、计量地理学、地理制图、遥感技术和地理信息系统等方面的实际应用技术。在五大开放的复杂巨系统中，地理系统是位于星系统与社会系统之间的开放复杂巨系统。地理建设是与政治文明建设、物质文明建设、精神文明建设并列的四大社会总体建设之一（钱学森，1994）。

1.1.2　地理学的认识途径

地理学具有深厚的自然科学传统，不断提出要研究的科学问题，遵循一套从观测、度量、实验、假设、证实（或证伪）到理论概括、逻辑推导和实践检验，并不断反馈、往复的科学方法链。地理学紧密联系社会科学，关注人类社会和人类活动，力图揭示不断变化着的经济、社会和政治关系，特别注重这些关系的空间组织和空间结构，采用多样的社会科学理论和方法。地理学还充满人文关怀，在历史和现实的背景中，在物质和精神的领域内，关注人对地理环境的感觉、情感、经验、体验、信仰、价值、思想和创造性（Clifford et al.，2009），以及环境变化与人类福祉的关联。

地理学是用以分析世界上形形色色现象的一套独特而自洽的学科体系，是一个由动态观察世界的方法、综合的领域、空间表述组成的三维学科矩阵（图1-1）。其中的第一维包括地方综合、地方间的相互依赖、尺度间的相互依赖，第二维包括环境动态、环境/社会动态、人类/社会动态，第三维包括图像、语言、数学、认知等方法手段。地理学的主要技术包括观测技术、展示与分析技术，观测技术包括野外观测、遥感、采样等，展示与分析技术包括地图、地理信息系统、地理可视化、空间统计学等（Rediscovery Geography Committee，1997）。

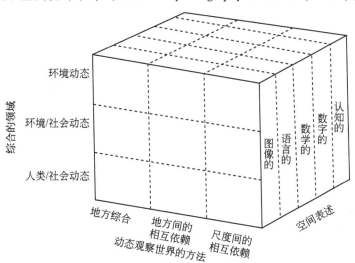

图1-1　地理视角矩阵

资料来源：Rediscovery Geography Committee，1997

总之，地理学的研究对象很广泛，其研究主题、所用方法、所持哲学及伦理立场都很多样，关键在于驾驭这种多样性而不是被其淹没（Nicholas and Valentine，2003）。地理学在不同空间尺度上研究事物之分布及其变化过程，着力解读因为专注细节而忽略了的整体特征和相互关系，注重实地调查和直接的现实经历，依赖精确观测、实验分析、地图、遥感技术和地理信息系统等手段。地理学旨在认识地球表层的复杂性、景观的多样性及其中社会经济和文化传统的丰富性；地理学关注各种不同形式的人类生计和发展问题及其与资源环境的关系。地理学通过诠释上述问题的多样性和连贯性，促进人与自然之间的和谐，促进人与人之间的相互理解和交流（克拉瓦尔，2007）。

地理学的多样性也造成其缺乏核心的困惑，在研究对象的界定上，地理学不像其他学科那么清晰，但这正是地理学充满活力又令人神往的魅力所在。因为这"提供了更加灵活的思想，使创新成为一种传统"（马丁，2008）；而"核心的缺失，新的流动性，以及研究传统边界线的中断，已经释放出了想象力和热情"（马丁，2008）。这种研究对象和研究途径的多样性、学科特点的综合性以及研究内容的丰富性，既使地理学者困惑，同时也使地理学繁荣发展。

1.2　地理学的关键概念和研究核心

1.2.1　地理学的关键概念

地理学发展出一系列重要概念，它们相互联系，不断深化，大大改变了地理学认识世界的方式，以至于需要从总体上重构地理学的研究内容和研究方法，重构地理教学的内容结构和教学方法。

1. 环境变化

作为人类环境的地球表层一直是地理学的研究对象。地球表层在不断变化和发展，地貌发育、土壤形成、植被演替、水土流失、气候变化等一直是地理学的主要研究内容。环境变化已是当代最重要的全球性研究主题，美国生物学家卢伯辰科认为"21世纪将是环境（科学）的世纪"（Lubchenco，1998）。地理学最早指出人类活动对环境变化的影响（Marsh，1864），当代地理学重视全球环境变化、人类活动在环境变化中的作用以及人类对环境变化的响应和适应，聚焦全球变化的区域响应和适应。

2. 人地关系

人类发展与地理环境的关系一直是地理学探索的论题，地理学者先后提出了地理环境决定论、可能论、改造论、适应论及协同进化论等人地关系思想（蔡运龙，1996）。当代人地关系研究注重资源、环境对于社会、经济发展的基础作用；重视生态系统服务功能①及其变化与人类福祉的关系，研究生态系统服务功能变化对人类物质需求、安全、健康、社会关系、自由权与选择权的影响（Millennium Ecosystem Assessment，2005）；普遍参与自然资源评价和环境影响评价、区域规划、城乡规划、土地利用规划等社会实践。当代地理学注重环境变化的人类因素，研究土地利用变化、城市化、人口增长、经济增长、产业结构变化、社会体制和政策、历史文化等人类活动对气候变化和生态环境变化的影响，以及人类社会对环境变化的适应。

3. 空间

地理学关注各种事物在空间中的联系，即在空间维度上关注各种事物及其相对位置和相互联系，在空间的框架中对各种现象进行描述、解释和预测。地理学的"空间"概念包括：经验空间（empirical space，指人们在日常生活中所感知的一切事物的几何位置）、流空间（flow space，指通过物质流、能量流、信息流、人流和资金流等建立起来的相互联系和相互作用）和地方空间（place，指具体的地域）。地理学的空间单元有流域、气团、植物群落、土地系统、社区、企业、聚落、城市和区域等，各种地理单元具有不同的空间尺度，并构成一个具有层次结构的地域系统。地理学聚焦"格局"来进行空间综合，认识空间关系，而要解释格局又离不开时间。地理信息系统和遥感技术的进展为地理学进行空间分析和空间规划提供了有力的武器和新的可能性。

4. 时间

地理学的研究对象处于不断变化的过程中，地理学重视研究这种变化的过

---

① 生态系统服务功能是指人类从生态系统中获得的效益，包括供给功能、调节功能、文化功能以及支持功能。供给功能是指人类从生态系统获得的各种物质资源，如食物、燃料、纤维、洁净水、生物遗传资源等。调节功能是指人类从生态系统过程的调节作用获得的效益，如维持空气质量、气候调节、侵蚀控制、控制人类疾病、净化水源等。文化功能是指通过丰富精神生活、发展认知、促使大脑思考、获得消遣娱乐和美学欣赏等方式，而使人类从生态系统中获得的非物质效益。支持功能是指生态系统生产和支撑其他服务功能的基础功能，如初级生产、制造氧气和形成土壤等。

程——事物随时间而发生的变化。地理学中的时间概念包括"物理时间"和"社会时间"。前者是对事物运动、变化之延续性和顺序性的精确度量，这种研究依赖时间序列数据及其分析；后者指社会变化过程，其研究依赖用以界定社会变化性质的社会理论。时间也分为不同的尺度，从日变化、季节变化、年变化到多年变化。时间变化的研究涉及变化的状态、变化的驱动力（原因）、变化的机制、变化的后果等方面。地理学特别关注与此有关的"周期"、"发育"、"演化"、"演替"、"平衡"、"循环"、"阈限"和"突变"等概念。时间是推断因果关系的一个重要维度，地理学在这个维度上重构过去，解释现在，预告未来；在此基础上作出规划，规划就是控制和管理变化。时间研究也离不开空间，"全球化和本土性"就是一个典型的时空概念。传统的时间序列以经验分析为基础来解释格局的变化，但时间变化充满不确定性，因此当前特别注重对非线性、混沌、复杂性、平衡稳定性等方法在时间变化研究上的重要性。

5. 区域和地方

地理学对空间联系的关注源于世界不同地方的复杂差异性。传统地理学以区域为核心概念是这种关注的集中表现。地方是资源管理、环境管理、经济发展、社会管理、文化发展和可持续发展的具体载体。每一个地方都是唯一的和特殊的（正如每一个人都有独特的外表和个性），但又具有和与之联系的其他地方相同的共性特征（正如所有人都有共同的生物学属性）。地方差异既是地方之间联系的原因，也是地方之间联系的结果。地方有其客观属性，也存在主观属性（例如乡情、地方认同），了解两者对于认识地方和管理地方都很重要。传统地理学把地方看成组成世界的"马赛克"，当代地理学则更多地把地方看成是空间联系的"切换点"或"节点"。在全球化背景下，跨越空间所需的时间缩短了，这使地方之间的联系更为紧密，但地理距离依然存在，地方差异（尤其是社会关系和文化上的差异）依然存在，各地卷入全球化的程度不同，对全球化的响应也不同。地理学注重地方特性、地方差异和地方联系，这具有实实在在的认识意义和实践价值。

6. 尺度

尺度是物质运动和社会发展中一种客观存在的现象，也是一种将世界加以分类和条理化的思维工具。无论是空间还是时间，都具有尺度属性，而且两者相互联系。一般而言，随着空间尺度的增加，时间尺度也会增加。不同尺度并非各自独立，而是联系在一起成为一个嵌套式的结构整体。地理学研究涉及多种尺度。一方面，为了更详细地了解某一系统运行的方式和机制，需要缩小研究的尺度；

另一方面，为了有整体和宏观的认识和把握，需要扩大研究的尺度。地理学研究需要清楚地界定所关心问题的尺度，也一直在探索如何将不同尺度上的研究结果关联起来，以利于既全面又深入地认识世界和把握世界。

7. 系统

"系统"是具有可变属性之要素的集合，也包括各要素诸属性之间的关系，以及环境和各要素诸特征之间的关系。"系统"的一个主要原理是"整体大于部分之和"。系统有三种主要类型：封闭系统、孤立系统和开放系统。所有系统都有三类基本属性：结构、功能和演化。系统分析关注系统的边界和环境、系统的状态、系统的结构、涉及能量转换的系统行为、系统的功能及系统的特征参数。地理学隐含着系统概念的一些重要观点（如整体性、相互作用、空间等级），在这种传统综合性基础上，借鉴系统论思想和方法发展出一套地理系统的概念和研究方法。系统思想促成了对众多环境条件的综合评价，有助于平衡地理学的专门化（"只见树木，不见森林"）趋势。地理学既关注生态系统和环境系统，也关注人类系统和社会系统。结合其他关键概念，地理学特别聚焦人地关系地域系统（吴传钧，1991）。借鉴系统论方法，地理学着力系统模型的建立和求解。根据系统的复杂性和组织程度，有些系统易于建模，但还有很多系统则难以模拟。系统方法促进了地理研究，现在也在关注其不确定性和局限性。无论是生态系统、环境系统、社会系统，还是它们之间的相互作用，都表现出复杂性、非线性、突发行为和演化轨迹，需要借助新的理论和方法来研究人地关系地域系统。

8. 景观

景观是我们看到的地球表层或其某部分的形态，是在漫长时空过程中各种因素的复杂产物。要了解景观，需要认识塑造景观形态、影响其发展的各种事件（包括自然事件和人类活动）。既然景观是"看到"的形态，就与观察者的位置、社会地位、价值观、利益、动机和背景等因素有关，这些都会影响对景观的描述和解释，因此景观具有物质和观念两个维度。世界上形形色色的景观构成地理多样性（包括景观多样性、生物多样性和文化多样性等），地理多样性是世界和谐和可持续发展的基础（蔡运龙，2007）。景观保育和管理是地理学的主要应用之一，地理学广泛地参与景观评价和景观规划、设计。景观管理需要综合的方法，要全面考察景观的特征和形成过程，要分析其自然、生态、经济、社会、文化和历史等因素。

9. 全球化

全球化是指世界不同国家、区域和地方的关联日益紧密。首先，各地的环境变化已累积到使全球环境发生显著变化，包括气候变化、土地覆被变化、污染扩散、生物多样性减少等，全球环境变化又反过来冲击所有国家和不同地方。因此，"只有一个地球"、"保护人类共同的家园"等概念得到普遍认同。其次，各国各地区的经济和社会联系比以往任何时期都更为频繁和紧密，生产、劳动、资本、资源、技术、信息等的流动跨越国家和地区界限，影响各区域、各地方的日常生活和社会经济。此外，全球地缘政治格局变化影响到各国、各地区的安全（包括领土安全、经济安全、资源安全、生态安全等）。而对全球环境变化（尤其是气候变化）的责任是有区别的，全球化过程的空间格局是不均衡的，对各地的影响可能既有正面的也有负面的，全球化世界仍然是差异性和多样化的。当代地理学研究特别关注全球化背景下的不同地方。

10. 发展

发展是指人类经济、社会、政治、文化等方面的进步。地理学注重在国家、区域和地方的发展中发挥作用，研究广泛的发展问题，例如城市化过程与城乡规划，各种产业的发展和规划，区域均衡，城乡关系，社会公正，消除贫困和改善弱势人群的生活状况，提高人类福祉和生活质量，等等；根据各地的自然资源和自然条件、社会经济状况、历史文化特征，因地制宜地谋划发展道路。地理学清楚地认识到，人类发展受环境及其变化的制约，保护生态环境和自然资源才能实现可持续发展。"可持续发展是既满足当代人的需要，又不损害后代人满足其需要的能力的发展"（世界环境与发展委员会，1989）。地理学与地球系统科学紧密结合，展开诸如环境承载力、生态足迹、自然资本等方面的研究，科学地认识和评价人类发展赖以维系的自然资源和生态环境，科学地认识和评价不同地区发展的社会、经济、文化条件，促进发展的可持续性。

11. 风险

地球表层和人类社会都是复杂巨系统，充满不确定性，常发生突发事件和突变，如各种自然灾害、"金融风暴"和恐怖事件。此类突变给人民生命财产和社会带来灾难性的损失和其他负面影响，又往往很难预测预报。因此，对不确定性风险的预警、评估和防范成为当前多学科的紧迫研究课题。把握突发事件发生及其影响的时间动态和空间分布是其中最重要的任务之一，也是地理学的大有用武之地。地理学在突发事件的定位、影响范围的界定、暴露人口的估计、脆弱性的评估、经济损失的计算、应对措施的制定、潜在灾害的预警及其防范措施等方面都发挥了并将进一步发挥重要作用。

1.2.2 地理学的研究核心

上述地理学关键概念表明地理学的多样性，但也造成缺乏核心的困惑，所以地理学者历来重视凝练地理学的研究核心。

美国地理学家帕蒂森曾通过归纳总结"地理学的四个传统"来促进这个工作的进行。他指出，地理学的第一个传统是空间传统（spatial tradition），包括对事物位置的详尽记录、地理事物及现象的地图再现（空间关联）。第二个传统是地域研究传统（area studies tradition），包含对地域性质、地域特征及地域差异的研究，地域历史的研究，地域信息的接受与解释。第三个传统是人-地（关系）传统（man-land tradition），包括环境对人类的影响和人类活动对环境变化的影响。第四个传统是地球科学传统（earth science tradition），这一传统源自于古代地理学对地表与近地表自然过程的广泛研究，以后随着认识的深入和学科的分化，发展成"地球科学"群，故有"地理学是科学之母"的说法。地理学是一门多元化的研究学科，四种传统虽然在逻辑上各自独立，但它们共同作用，可以说地理学同时追求四种传统。将四种传统进行各种结合，地理学者可以解释地理学领域的常规分类。人文或文化地理学包括了运用于人类社会的前三种传统；自然地理学是在第一与第二种传统制约下进行的第四种传统。对这些传统的解读，可以进而揭示"系统地理学"、"区域地理学"、"城市地理学"、"工业地理学"等地理学分支的内涵（Pattison，1964）。

美国当代著名地理学家特纳（Turner II，2003）关于地理学传统的认识稍有不同。他认为至少有四个实质性的研究传统——地方-空间、人类-环境、自然地理、地图科学。前三个传统分别与帕蒂森所说的空间传统、地域研究传统、人-地（关系）传统、地球科学传统相对应，并补充了地图学传统。其实地图学传统也可归入"地方-空间"，但作为地理学独特的方法和工具它具有相对独立的意义。现代地理学认同所有这些传统，并寻求知识的连贯性和可接受性，支持实践的多样化。然而，特纳更重视通过对地理学身份的界定和认同来凝练地理学的研究核心。他指出，"身份的界定其实就是专业知识正当性和合理性的界定"。地理学比任何其他研究领域都有更悠久而丰富的历史，为界定和认同其身份已投入了大量的智慧和力量。身份不断建立，又不断没落。他把有关争论归纳为两个基本身份或其变种：作为研究途径的空间-分布地理学和作为研究对象的人类-环境地理学。

区域地理学、区位论和空间配置模型、空间地理学（spatial geography）及后来含义更广的"空间学（spatial）"，都可归入空间-分布学途径。

人类-环境地理学则关注人与自然的关系，涵盖地理环境影响研究、景观形态学、人类生态学、资源地理学、环境灾害、环境感知和行为地理学、文化生态学、土地利用、水资源、全球环境变化的人类方面及政治生态学等；现在打上了"地球系统科学"和"可持续性科学"的标签，聚焦耦合的"人类-环境系统"。

"如果地理学想要在学术贵宾桌上获得一个正式的席位，并保留其传统（实践）的广度，就必须在某种程度上寻求其两种主要身份的统一"（Turner II，2003）。空间-地方地理学是一种认识的途径或方法，人类-环境地理学则显示的是认识的客体或对象，二者是可以统一起来的。

其实，我国已故著名地理学家吴传钧院士早就指出，地理学的研究核心是"人地关系地域系统"（吴传钧，1991）。这就统一了特纳所说的"两种身份"，也凝聚了地理学的若干关键概念："人地关系"维系着"环境变化"、"景观"、"发展"、"风险"等人类-环境地理学的关键概念，而"地域系统"凝聚了"空间"、"时间"、"全球化"、"区域和地方"、"尺度"和"系统"等空间-分布地理学的关键概念。

1.3 地理学的科学地位和社会功能

1.3.1 地理学在科学知识体系中的地位

地理学的概念、思维和方法使其对当代很多紧迫性复杂问题具有独特的洞察能力和综合能力，可以避免由于对时空认识的局限而引起的错误和偏差。

地理学的研究与教学涉及从环境变化到社会矛盾的广阔领域，其价值源自地理学对地球表层特征、结构与演化的研究，对自然与人文现象在不同地方和区域空间相互作用的过程及其影响的研究。处理这些问题虽远远超出任何一门学科的能力与见识，但这些问题都包含着地理学的基本方面。

地理学家用以观察世界的三个"透镜"——地方的综合、地方间的相互依赖、尺度间的相互依赖，是地理学思维和方法为科学认知作出的独特贡献。对尺度的认知在处理经济与社会健康、生态系统变化、冲突与合作等社会实际问题上具有重要作用。对尺度间相互依存的关注使地理学家至少避免两种错误：用错误的空间尺度观察问题和由于不重视尺度而造成因果关系的曲解（Rediscovery Geography Committee，1997）。

地理学家提出的地域分异规律、区域要素综合、人地关系、人类干预的地球系统、地图学方法、对地观测与地理信息技术、自然地理过程、空间结构（包括景观生态学和区位论)、空间过程、地缘政治与地缘经济等,被某些学者认为是"改变世界的十大地理学思想"(Hanson,1997)。

地理学增进了对科学知识的贡献,地理学和其他科学将进一步发展更加建设性的伙伴关系,把它们解决问题的独特视角和方法结合起来。地理学更加关注一系列当代前沿性科学问题;同时学术界也将更加了解地理学及其视角能对科学知识作出的贡献。

地理学所关切的科学问题直指当前决策者和公众的紧迫需求。地理学家对解决实际问题作出贡献的方式主要有:以科研成果直接影响决策,为专门用户提供咨询从而成为决策过程的一部分。地理学对社会作贡献的舞台很多,如企业尺度的布局、选线和市场营销,区域和地方尺度的城镇发展布局、交通选线、城市政策、发展战略、自然资源利用、零售营销与解决争端之类的决策,国家尺度的国土资源整治、生产力布局调整、能源政策、经济重构与竞争力、资源保障、食物安全、灾害防御及信息基础设施等方面的决策,国际尺度的全球环境变化、全球经济与政治重构、技术服务与信息转让、消除贫困和饥荒等。地理学将通过帮助预测、规划、决策和优化未来而进一步加强对社会的贡献。

在基础教育乃至公众教育中,加强地理学知识的普及十分重要。教育如果不把地理学所研究的一系列当代全人类面临的紧迫现实问题和学术领域列入教学内容,就不能培养出符合时代需要的人才,甚至不能为社会输送合格的公民。"当前有关生产率和竞争力的许多问题在很大程度上可归结为我国同胞知识库的缺陷。其中最为突出的是地理知识的缺陷","如果我们对其他文化只有模糊的认识,又如何去打开海外市场?……是学习地理学的时候了……因为我们不能在我们所不了解的异国他乡进行竞争";"在许多问题决策时考虑地理复杂性方面……存在着一个地理空白,(这使)在提高竞争性与能力以达到经济繁荣和环境稳定的双重目标(方面)……可能要付出高昂的代价"(Rediscovery Geography Committee,1997)。

美国国家科学基金委员会同总统科技委员会确定了在研究、教育中与国家目标有关的八大关键领域:全球变化研究,环境研究,高性能计算与通信(包括地理信息系统与可视化),公共基础设施系统,科学、数学、工程与技术教育,生物技术,先进材料与工艺,先进制造技术。地理学在其中的前5个领域可以起到骨干作用,并通过对环境与社会问题、资源利用、布局决策和技术转让等方面的关注,与后3个领域相关联(Rediscovery Geography Committee,1997)。

英国《应用生态学杂志》2006年第4期在线版发表了"英国发布与政策密切相关的100个生态学问题"一文(Association of Ecology UK,2006),列出了与政策、实践和科研有关的各种关键生态问题,涉及生态系统服务、农业耕作、林业、渔业和海洋保护、休闲与户外运动、城市化发展、外来种和外来入侵物种、污染、气候变化、能源生产与碳管理、保护措施和政策、生境管理与恢复、景观连接度和景观结构、水资源与水环境等方面。该文指出，这些问题对英国政府部门决策非常重要，当然，其他国家也会结合本国的实际情况、特殊的环境、社会和经济问题来确定适合本国的一些热点问题的重要性。但是，我们所关注的主要热点问题，如生境的破坏与重建、外来物种入侵、资源过度开发、污染和气候变化也是世界上其他国家所关注的热点。地理学被看做人类生态学（Barrows，1923；Chorley，1973），所以这些问题也可以看做社会要求地理学对科学认知作出的贡献。

1.3.2 地理学在满足社会需求中的作用

中国国土辽阔，地表景观复杂多样，人口众多，经济社会发展的区域差异极大，又正处在高速发展和社会经济转型时期，人与自然的矛盾、城乡矛盾、区域矛盾、经济增长与社会公平的矛盾、全球化的冲击，所有这些重大国情及其动态，都需要从地理学视角上来认识和解决。深入揭示中国地理的时空分异规律，揭示中国人地系统演变机制，科学地预测未来一定时期中国地理的情景，对制定在全球变化趋势下的中国可持续发展对策有着极为重要的科学价值。

由科学技术部发展计划司资助并委托中国科学技术促进发展中心组织有关单位完成的一项前瞻性研究结果显示：未来10年，中国社会经济发展将对科技产生十大需求（中国科学技术促进发展中心，2004）。地理学在满足这十大需求中可以发挥重要作用（蔡运龙等，2004b）。

1. 地理学在产业优化与升级中的作用

中国在第一、第二、第三产业中都存在产业结构优化与升级的问题，而工业产业结构升级是未来10年的主题，其中制造业结构优化与升级又是主要部分。工业地理学研究工业区位因素和条件、区位特征，并从企业的区位决策、空间战略和空间结构，以及政府的产业政策和区域政策等方面，研究工业发展条件和区域发展机制，对于中国不同区域的产业优化升级、具体选址、空间联系和提高区域和产业竞争力等将起到重要作用。另外，随着市场经济的深化与人民生活水平的提高等，第三产业的地位越来越突出，商场营销、消费者行为、物流业发展、符号环境等正成为地理学研究的热点；企业是市场经济的主要角色，因而一直是欧美经济地理学的重要研究对象，形成企业地理学分支，主要研究企业区位和企业战略。目前的重要议题包括企业集群、企业的时空管理、企业的空间形态、跨

国公司的空间组织等。此类地理学研究将对国家产业优化与升级作出重要贡献。

2. 地理学在农业与农村发展中的作用

中国农业将朝绿色、安全、标准化和高效方向转变，相关的技术需求包括：农业信息化、绿色农业、安全农业、标准化技术、农产品加工技术和名、特、稀、优等传统农产品的技术创新。农业生产受自然、技术和经济条件的综合影响和制约，具有强烈的地域性。农业地理学研究农业生产的地域分异规律、地域差异特征及其表现形式、形成条件和发展变化规律，以利于在农业生产中贯彻因地制宜原则，可对未来中国不同区域的农业转型和升级作出贡献。

3. 地理学在高新技术产业发展中的作用

技术飞速进步给社会经济空间过程带来的影响亟待被认识和解释，这是地理学家必须而且能够关注的问题。目前我国高新技术产业仅处于世界高新技术产业的下游阶段，主要加工生产外部设备和进行整机组装等，核心技术和关键部件的研究开发多掌握在发达国家手里，信息技术领域里的"数字鸿沟"日益扩大。因此提高我国高新技术产业竞争力从而提高国家整体竞争力迫在眉睫。地理信息科学在提升产业技术水平中将起重要作用。经济地理学从全球化和信息技术革命背景上研究高新技术的产业集聚，以及学习型和创新型区域的形成和发展，对未来中国高新技术产业的发展战略和地区布局决策具有重要作用。

4. 地理学在缓解国际贸易压力中的作用

加入 WTO 后，中国面临一个更加开放的世界。中国的比较优势——劳动密集型产品将越来越多地受到其他发展中国家的挑战。更为紧要的是，中国出口受到发达国家技术壁垒、绿色壁垒等非关税壁垒的限制。无论是保持自己的竞争优势还是规避非关税壁垒，都需要通过技术进步，确保在国际贸易中的竞争优势。商业地理学研究商品生产的地域分布、国际市场条件、国际贸易流动向、国际贸易关系、地缘经济联系、国家竞争力及非关税壁垒的国别差异等，将在保持中国在国际贸易中的竞争优势和规避非关税壁垒方面作出应有的贡献。

5. 地理学在城市化中的作用

城市化是中国社会经济发展的必然趋势，中国正进入城市化高速发展时期，陆续出现的一系列尖锐矛盾迫切需要及时的科学认识和解决之道。城市地理学研究城镇形成发展的地理条件、空间结构与布局，城镇人口集聚与城市化过程，城市性质、规模与类型，城镇体系，城市规划与城市总体布局，城市分布、建设与环境保护的关系等。城市是区域的核心，区域是城市的背景，城市研究与区域研究不可分，地理学所擅长的区域发展研究对城市化至关重要。20世纪80年代兴起的新区域主义及区域创新系统、产业区、学习型区域、知识溢出等研究，不仅为中国城市化途径提出政策建议，而且为各类城市的规划与建设提供科学依据。城市化对技术的需求主要体现为：城市管理对信息技术的需求，城市环境卫生保护对环保技术尤其是垃圾处理技术的需求和城市基础设施建设对技术的需求。地理信息科学的研究涉及城市地理信息系统、数字城市和虚拟城市等，可在满足上述需求中作出自己的贡献。

6. 地理学在促进人口健康中的作用

食品安全、公共卫生、重大疾病防治和老龄化趋势已成为中国社会发展中非常突出的问题。这就需要建立和加强相应的预警体系和公共卫生体系，加强医学和医疗卫生技术研究，同时开发食品加工新工艺和新的检测控制技术，关注老龄化社会对技术的需求以及中医药现代化问题。医疗与健康地理学研究人群疾病和健康状况的地理分布、变化规律，疾病的发生、流行和健康状况变化与地理环境的关系，医疗保健机构和设施的地域配置与区域发展，医疗地理信息系统与疾病监测、预警等；人口地理学研究人口数量与质量、人口增长与人口构成的时空差异及其与地理学环境的相互关系等。医疗地理学和人口地理学将在满足人口健康的需求中扮演重要角色。

7. 地理学在资源综合利用和社会可持续发展中的作用

地理学在资源综合利用和社会可持续发展中的作用包括开发低成本的节水技术和设备、改进污水处理以改善水资源供求矛盾；提高矿产资源综合再生利用率；降低矿产开发的环境污染等。地理学研究自然资源数量和质量的地域组合特征、空间结构与分布规律，自然资源的合理分配、可持续利用、维持保育，评估资源最大承载力、潜力和潜能，寻求新资源、能源，预测和预报未来趋势，不仅关注自然资源在经济发展中的作用和开发利用规划，也关注自然资源对生态服务、社会公平等方面的功能。地理学的重要研究领域还有经济与环境的关系，包括循环经济、绿色制造、环境管制方法、政治生态学等具体议题；地理学也研究一些重要的社会问题，包括劳动力、性别（妇女）、社区、种族、工会等问题。上述地理学研究可对资源综合利用和社会可持续发展决策提供科学依据。

8. 地理学在优化能源结构中的作用

地理学在优化能源结构中的作用包括开发并推广节能技术和节能产业，调整能源结构，提高能源利用效率，优化能源结构，开发清洁能源利用技术，降低污染，同时还要优化能源产业结构。地理学可在区域配置的基础上研究能源数量和质量的地域组合特征、空间结构与分布规律，能源在区域之间的合理分配、能源利用的可持续性、能源利用的环境影响等问题，可在能源结构调整、优化能源结构和能源产业结构、提高能源利用率等方面作出贡献。

9. 地理学在改善环境中的作用

中国未来改善环境的关键之举包括提高植被覆盖率、防治土地退化、生态建设及治理污染。自然地理学和环境地理学研究自然地理环境或生态系统各要素的相互作用、动态演变和地域分异规律，研究土地利用和土地覆被变化、土地退化及其防治、生物多样性及其保护、污染物的分布及其环境影响、环境灾害防治等，是改善环境中必不可少的基础研究和应用研究。

10. 地理学在保障国家安全中的作用

国家安全是一个系统，包括政治安全、军事安全、经济安全、科技安全、生态安全和社会安全等子系统。地理学研究涉及自然灾害风险管理、国际地缘政治、军事地理、区域经济、科技创新的空间格局和扩散规律、生态系统的结构和功能、社会空间组织等方面，将在国家安全系统中发挥特殊作用。

1.3.3 地理学在国家科技发展中的作用

《国家中长期科学和技术发展规划纲要（2006—2020 年）》（中华人民共和国国务院，2006）中指出，一系列重大科技问题都与地理学有关，地理学可为解决这些问题发挥重要作用。

1. 与地理学有关的优先主题

1）水资源优化配置与综合开发利用。重点研究开发大气水、地表水、土壤水和地下水的转化机制和优化配置技术，污水、雨洪资源化利用技术，人工增雨技术，长江、黄河等重大江河综合治理及南水北调等跨流域重大水利工程治理开发的关键技术等。

2）综合资源区划。重点研究水土资源与农业生产、生态与环境保护的综合优化配置技术，开展针对我国水土资源区域空间分布匹配的多变量、大区域资源配置优化分析技术，建立不同区域水土资源优化发展的技术预测决策模型。

3）综合治污与废弃物循环利用。重点开发区域环境质量监测预警技术，突破城市群大气污染控制等关键技术，开发非常规污染物控制技术、废弃物等资源化利用技术、重污染行业清洁生产集成技术，建立发展循环经济的技术示范模式。

4）生态脆弱区域生态系统功能的恢复重建。重点开发岩溶地区、青藏高原、长江黄河中上游、黄土高原、荒漠及荒漠化地区、农牧交错带和矿产开采区等典型生态脆弱区生态系统的动态监测技术，草原退化与鼠害防治技术，退化生态系统恢复与重建技术，三峡工程、青藏铁路等重大工程沿线和复杂矿区生态保护及恢复技术，建立不同类型生态系统功能恢复和持续改善的技术支持模式，构建生态系统功能综合评估及技术评价体系。

5）海洋生态与环境保护。重点开发海洋生态与环境监测技术和设备，加强海洋生态与环境保护技术研究，发展近海海域生态与环境保护、修复及海上突发事件应急处理技术，开发高精度海洋动态环境数值预报技术。

6）全球环境变化监测与对策。重点研究开发大尺度环境变化准确监测技术，主要行业二氧化碳、甲烷等温室气体的排放控制与处置利用技术，生物固碳技术及固碳工程技术，以及开展气候变化、生物多样性保护、臭氧层保护、持久性有机污染物控制等对策研究。

7）农林生物质综合开发利用。重点研究开发高效、低成本、大规模农林生物质的培育、收集与转化关键技术，沼气、固化与液化燃料等生物质能以及生物基新材料和化工产品等生产关键技术，农村垃圾和污水资源化利用技术等。

8）农林生态安全与现代林业。重点研究开发农林生态系统构建技术，林草生态系统综合调控技术，森林与草原火灾、农林病虫害特别是外来生物入侵等生态灾害及气象灾害的监测与防治技术，生态型林产经济可持续经营技术，人工草地高效建植技术和优质草生产技术，开发环保型竹木基复合材料技术。

9）生态农业。重点研究综合、高效、持久、安全的有害生物综合防治技术，建立有害生物检测预警及防范外来有害生物入侵体系；发展以提高土壤肥力，减少土壤污染、水土流失和退化草场功能恢复为主的生态农业技术。

10）农业精准作业与信息化。重点研究开发动植物生长和生态环境信息数字化采集技术，实时土壤水肥光热探测技术，精准作业和管理技术系统，农村远程数字化、可视化信息服务技术及设备，农林生态系统监测技术及虚拟农业技术。

11）城镇区域规划与动态监测。重点研究开发各类区域城镇空间布局规划和系统设计技术，城镇区域基础设施和公共服务设施规划设计、一体化配置与共享技术，城镇区域规划与人口、资源、环境、经济发展互动模拟预测和动态监测等技术。

12）城市功能提升与空间节约利用。重点研究开发城市综合交通、城市公交优先智能管理、市政基础设施、防灾减灾等综合功能提升技术，城市"热岛"效应形成机制与人工调控技术，土地勘测和资源节约利用技术，城市发展和空间形态变化模拟预测技术，城市地下空间开发利用技术等。

13）城市信息平台。重点研究开发城市网络化基础信息共享技术，城市基础数据获取与更新技术，城市多元数据整合与挖掘技术，城市多维建模与模拟技术，城市动态监测与应用关键技术，城市网络信息共享标准规范，城市应急和联动服务关键技术。

14）国家公共安全应急信息平台。重点研究全方位无障碍危险源探测监测、精确定位和信息获取技术，多尺度动态信息分析处理和优化决策技术，国家一体化公共安全应急决策指挥平台集成技术等，构建国家公共安全早期监测、快速预警与高效处置一体化应急决策指挥平台。

15）生物安全保障。重点研究危险传播媒介鉴别与防治技术、生物入侵防控技术等。

16）重大自然灾害监测与防御。重点研究开发地震、台风、暴雨、洪水、地质灾害等监测、预警和应急处置关键技术，森林火灾、溃坝、决堤险情等重大灾害的监测预警技术以及重大自然灾害综合风险分析评估技术。

2. 与地理学有关的科学和技术发展前沿

1）虚拟现实技术。重点研究电子学、心理学、控制学、计算机图形学、数据库设计、实时分布系统和多媒体技术等多学科融合的技术，研究医学、娱乐、艺术与教育、军事及工业制造管理等多个相关领域的虚拟现实技术和系统。

2）海洋环境立体监测技术。海洋环境立体监测技术是在空中、岸站、水面、水中对海洋环境要素进行同步监测的技术。重点研究海洋遥感技术、声学探测技术、浮标技术、岸基远程雷达技术，发展海洋信息处理与应用技术。

3. 与地理学有关的科学和技术发展基础研究

1）地球系统过程与资源、环境和灾害效应。主要研究方向为地球系统各圈层（大气圈、水圈、生物圈、地壳、地幔、地核）的相互作用，地球深部钻探，地球系统中的物理、化学、生物过程及其资源、环境与灾害效应，海陆相成藏理论，地基、海基、空基、天基地球观测与探测系统及地球模拟系统，地球系统科学理论等。

2）人类活动对地球系统的影响机制。重点研究资源勘探与开发过程的灾害风险预测，重点流域大规模人类活动的生态影响、适应性和区域生态安全，重要生态系统能量物质循环规律与调控，生物多样性保育模式，土地利用与土地覆被变化，流域、区域需水规律与生态平衡，环境污染形成机理与控制原理，海洋资源可持续利用与海洋生态环境保护等。

3）全球变化与区域响应。重点研究全球气候变化对中国的影响，大尺度水文循环对全球变化的响应以及全球变化对区域水资源的影响，人类活动与季风系统的相互作用，海–陆–气相互作用与亚洲季风系统变异及其预测，中国近海–陆地生态系统碳循环过程，青藏高原和极地对全球气候变化的响应及其气候和环境效应，气候系统模式的建立及其模拟和预测，温室效应的机理，气溶胶形成、演变机制及对气候变化的影响及控制等。

4）复杂系统、灾变形成及其预测控制。重点研究工程、自然和社会经济复杂系统中微观机理与宏观现象之间的关系，复杂系统中结构形成的机理和演变规律、结构与系统行为的关系，复杂系统运动规律，系统突变及其调控等，研究复杂系统不同尺度行为间的相关性，发展复杂系统的理论与方法等。

5）支撑信息技术发展的科学基础。重点研究新算法与软件基础理论，虚拟计算环境的机理，海量信息处理及知识挖掘的理论与方法，人机交互理论，网络安全与可信可控的信息安全理论等。

第2章 自然、社会与地理学

地理学的发展受各种外部条件和因素的影响，自然现象及其变化、人类社会及其变化、社会需求、文化背景、科研体制与政策、相关学科和哲学的发展、技术进步等，都可能直接或间接影响地理学的发展。本章着重讨论地理学与自然世界和人类社会的关系。地理学源远流长，这种讨论有必要追溯到远古时期。

2.1 地理现象与地理学

2.1.1 人类需要认识地理现象

神话中有远古人类对地理现象认识的体现。神话和科学一样，起源于人类对大自然的好奇和理解。看看中国古人如何解释各种自然地理现象，就会明白一些自然界与人类地理知识的关系。为了解释世界和人类的起源，中国古人编造了"盘古开天辟地"、"女娲造人补天"等神话。但天地究竟是个什么结构，人们依然不清楚。古代有个"杞人忧天"的故事，说的是战国时期有位杞国人，老是担心天塌下来，地陷下去，自己无处立身，因此寝食难安。直到一个有学问的人给他上了一"课"，讲述了一个关于天地的"气-块假说"，那人才放心了。由此可见，天文学和地理学的知识对人类生产、生活乃至身心健康都有巨大影响。有人可能会说，杞人忧天（地）不过是古代的传说，不足为训。可是最近有多少人在担忧"2012年世界末日"的谣传?!

我们知道，由于地球自西向东旋转，日月星辰的视运动都是东升西落；由于中国地势西北高、东南低，中国主要的江河都是自西往东流。为了解释这些天文、地理现象，古人编了一个共工怒触不周山的故事。传说炎帝的后代共工与黄帝的后代颛顼为争夺帝位而打仗，结果没有打赢，共工很生气。大概英雄末路想自杀吧，共工一头撞到昆仑山西北的不周山上。没有想到这个不周山是天地的枢纽所在，共工这一碰撞，将支撑天的柱子碰折一根，维系大地的绳子也断了一条（"天柱折，地维绝"）。于是，蓝天的西北倾斜，大地的东南塌陷，天地的对称与平衡破坏。从此，江河水东流归海，日月星辰则西移落山。

可是，这个解释又引发了另外一个问题。既然江河水源源不断地流入大海，为什么海水没有满而漫溢、淹没大地呢？为此古人编造了"羿射九日"的故事。上古的时候天上出现了 10 个太阳，大地炙热难耐，于是尧帝派神箭手羿用箭射下多余的太阳。结果，"羿射九日，落为沃礁"。那些被射下的太阳一个个落入东海，变成巨大而炽热无比的礁石，海水一遇到这些礁石就开始蒸发成云气。因此，尽管"大江流日夜"且海水不厌涓流，却不见大洋漫溢到陆地。可以看到，如果沃礁不与"羿射九日"的神话联系起来，则其更像一个科学假说，而不像神话传说。

如果将古代神话传说组织起来，可以形成整个世界的解释体系，其中相当一部分是地理解释。例如，为了解释地质地貌的变迁，古代有"沧海桑田"之说；为了说明水旱灾害，古代有"夸父逐日"、"大禹治水"等神话。提到神话，人们就认为古人无知、愚昧、幼稚、想当然，当然也有人思考神话背后的历史和文化意义。其实，部分神话是历史事件记忆的一种反映，相当一部分神话则是人类寻求对自然界的一种理解，包括对宇宙的理解和对大地的理解。在中国古代神话中，大部分神话涉及人类对大地的一种认识。这些认识往往与实际相去甚远，但却是非常必要的。根据信息论的观点，信息源于不确定性。由于自然界广泛存在不确定因素，人的内心会产生不安全感。当人类了解了自然界的一些知识之后，相当于从自然界获取了信息，这些信息可以在一定程度上消减人类内心的不安。

人与环境的交互作用过程中，不仅产生神话，也会产生科学思想。东汉张衡的"浑天说"就是对天地结构的理性思考。不仅如此，中国古代也曾产生过"地动说"。有人认为日月星辰东升西落并非天动，而是地动，就像一个人坐在船上，看起来是两岸在移动，其实是船在动。可惜这类理性的科学假说在中国古代没有相应的文化土壤，最终未能发育成科学的理论体系。中国古人几千年来一直在用神话解释自然，解释地理变迁，没有形成严格的、具有科学意义的地理学理论。

在国外的各个民族中，也有各种各样解释天地万物形成和演化的神话，并且直到近现代，依然有很多人在求助于神话的解释，并不一定相信科学。霍金在《时间简史》（Hawking, 1998）的第一章开头就讲了这样一个故事。一位著名的科学家（据说是 Bertrand A. Russell, 1872—1970）在作关于天文学方面的演讲时，描述了地球如何绕着太阳运动。演讲结束后，一位矮个子老妇人站起来说道："你讲的全是废话！这个世界原本是一只大乌龟驮起来的一块平板。"这位科学家微微一笑："那么你说，这只乌龟是靠什么支撑呢？"老妇人回答："这只乌龟站在另外一只乌龟的背上，这是一个接一个、一直驮下去的乌龟群！"看来这个老妇并不相信地圆说，宁可相信大地是乌龟塔上的一个平板。

众多的事实表明，人类的确需要一种对自然的解释，包括对地理空间的解释。至于是怎样的解释，对于个人来说可能并不重要。古代的神话也好，今天的科学也好，东方的风水玄学也罢，西方的科学理论也罢，只要有一个解释，有一些模型，都会满足人类认识自然的需要。

2.1.2 地理现象与地理学

地理现象是地理学形成和发展的最基本、最重要的外部因素。毕竟地理学的探索是从现象开始的——透过现象看本质，才有地理学的形成和理论的发展。众所周知，科学研究始于观测，地理学起源于人类对地球表面各种现象的观察和规律的总结。无论在古代的中国还是古代的希腊，地理学的发展都具有如下特点。其一，地理学始于对地表的观察。首先是对自然现象的观察，然后是对人文分布的观察。其二，地理观察有两种视角。一是与天文学有关的自然视角，二是与人类历史活动有关的人文视角。因此，古代的地理学与天文和历史有关。但是，地理学在古代中国和古代希腊有一个明显的不同：古中国人的观察更多的是为了实用，为了将地理知识用于人类生产和生活，或曰谋求"经世致用"；古希腊人的观察则更多的是为了求知，为了理解自然界和人类社会的内在规律，或曰探究"天人之际"。

不妨看几条中国古人对地理学的论述和解释。《周易·系辞下》说："仰以观于天文，俯以察于地理，是故知幽明之故。"可见，上古时期的中国人也重视对自然的理解（"知幽明之故"）。那么，什么是地理呢？《汉书·郊祀志》说："三光（日、月、星），天文也；山川，地理也。"东汉王充《论衡·自纪篇》："天有日月星辰，谓之文；地有山川陵谷，谓之理。"这表明，两汉时期，人们对地理的理解主要是地貌形态，但他们重视的主要是一种表象。不过，研读过《周易》的人对地理的理解就不那么表面化了。唐代孔颖达注解《周易·系辞下》说："天有悬象以成文章，故称文也；地有山川原隰，各有条理，故称理也。"孔颖达的看法显然与王充等不同。在王充看来，山脉、河流、丘陵、谷地等不同的地形就是"理"，他重视形貌和纹理；在孔颖达看来，山脉、河流、平原、湿地有条有理，他强调的是内在的规律和自然界的道理。当然，这种思想不是孔颖达所有，而是《周易》本身所蕴涵的一种理念。

古人研究地理，一是为了生产和生活，二是为了防御外界的危害，总之是为了人类的安全。《淮南子·泰族训》写道："俯视地理，以制度量。察陵陆、水泽、肥墩、高下之宜，立事生财，以除饥寒之患。"古人注意到，人类聚落的选址不能距离水源太远，否则生活不便；也不能距离水源太近，否则容易受到洪水的侵害。最佳的选择是位于山脉与河流之间的过渡地带，这是一种边缘地带，土壤肥沃，又容易防洪抗旱，是比较理想的选择。考虑到中国位于北半球，并且大部分地区位于季风气候区，阳光主要是偏南方照射，冷空气主要来自西北方，因此古人特别重视山南与水北之间的区域。古人将山之南、水之北视为"阳"，山之北、水之南视为"阴"。看看中国的城市，特别是中原地区的城市，以"阳"命名的很多，以"阴"命名的则较少。

中国地理学对地理现象的主要认识至少表现在以下方面：一是"中国"概念，二是人地和谐思想，三是阴阳、五行、八卦，四是"风水"理论。

首先，看看"中国"概念的形成。中国，顾名思义，就是中央之国。"中国"二字在古文中有多种含义，如中原、京城等。所有这些都是从中央之国引申出来的，有些属于修辞中的借代。中华民族发祥于黄河中游地区，在这个地方可以看到一些特别的地理现象。

1）黄河自西向东经过吕梁山的阻挡转而自北向南，然后由于秦岭的阻挡再次转而向东。于是，黄河形成了由北向南的一个对称轴带，就像埃及尼罗河形成了一条自南向北的对称轴带一样。围绕这个轴带，太阳东升西落、周而复始。

2）在黄河中游地区，春天刮偏东风，夏天刮偏南风，秋天刮偏西风，冬天刮偏北风。整个风向好像是围绕中原地区在旋转。此时，初昏时，春天北斗星斗柄指东，夏天斗柄指南，秋天斗柄指西，冬天斗柄指北。于是，中国古人不仅将天与地对应起来、将四时（四季）与四方对应起来，而且形成了"中国"的概念，好像各种天象和地物的行为都是以黄河中游地区为轴心在运转。到了明清，"中国"概念已经深入人心。当西方传教士利玛窦（Matteo Ricci，1552—1610）将以欧洲为中心的世界全图带到中国时，中国士大夫十分不以为然，甚至忿忿然而有敌意。聪明的利玛窦将他的世界全图从大西洋截开，重新拼合。在重组后的地图上，中国位于世界中央，于是中国的士大夫们满意了（萧功秦，1986）。

其次，关于人地和谐思想。天、地、人三元一体的和谐观念是中国古人的重要地理理念之一。地球原本为天体的一员，地表上的昼夜变化、四季更替都与天文现象有关。于是古人形成了天、地、人对应与和谐的思想。在古人心目中，天象、地形都有规律，人类的行为不能违背自然规律。《老子》认为："人法地，地法天，天法道，道法自然。"《周易·系辞上》则说："与天地相似，故不违。"《管子·形势解》指出，如果"上逆天道，下绝地理"，则"天不予时，地不生财"。到了近现代由于西方文化的影响，中国人原本具备的人地和谐和可持续发展思想迷失了。当西方人意识到人类应该与大自然保持和谐关系、应该走可持续发展之路的时候，我们将这些当做全新的理念引进，殊不知中国古代地理学概念已经包含着类似的观点。

再次是阴阳、五行、八卦。不了解阴阳、五行和八卦思想，就无法读懂中国古人心目中的地理学。在古人看来，万事万物都是相反相成，故有阴阳（有正必有负，有实必有虚，有物质必有反物质……）。如前所述，在地理上，山南水北为阳，山北水南为阴；在方位上，从正北偏西约30°开始，到正南偏东约30°为止，为阳性方向；其余为阴性方向。四季配四方，四方配五行：东方木（春天的方位，草木复苏），南方火（夏天的方位，赤道的方向），西方金（秋天的方位，西方多山多金石），北方水（冬天的方位，因寒冷而联想到水），中央土（黄土高原、黄河中游平原）。五行原本是五种象形，后来又与八卦相配，形成完整的时空体系。八卦图分为先天卦图和后天卦图两种类型，先天卦图是一种理想的天文−地理要素对称分布模型，后天卦图则是对称有所破坏的、比较实际的天文−地理模型图（图2-1）。下面不妨以后天卦图为例，说明古人是如何根据天象和地理格局构造这个模型图的。

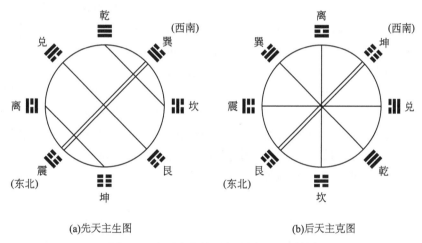

(a)先天主生图　　　　　　　　　　　(b)后天主克图

图 2-1　中国古人的观念地图——八卦图

根据古人的习惯，取上南下北、左东右西格式

我们今天看地图，习惯是上北下南、左西右东。但是，古人考察天象、地形则是背北面南。由于我们处于北半球，当我们面向南方观察天体如日月星辰的时候，它们的视运动轨迹并不是与地平线垂直的，而是有所倾斜的。例如，太阳落山的黄道轨线在西部天空中就是自上而下弧形偏向西北。因此，古人认为"天倾西北"，西北为日月星辰等天体的归属方位，代表天。乾为天，位置在西北。根据阴阳对称的观念，乾（天）与坤（地）对应，彼此的方位应该对偶。有三种对偶的可能。一是以东北−西南为对称轴，乾在西北，坤就在东南。但是，根据古人的观念，"地不满东南"，东南为流水所聚、江河所归。二是以南−北为对

称轴，坤在东北，但这样一来，"艮"的方位无法安排。三是以东-西为对称轴，坤在西南，与四川盆地大体对应，这是一个可取的选择。于是西南为代表大地的坤的方位。黄河自西往东北流，经吕梁山的阻挡自北南下。于是代表泽的兑放在西方，兑为金，金生水，兑为江河源地。代表水的坎放在北方，一方面，黄河中段从北向南流；另一方面，水为寒性，与北半球南热北冷的地理特性一致。代表火的离放在南方，那是赤道的炎热地带的方位。从中国地形图上可以看出，在第二级阶梯上，从东北到西南，发育了大兴安岭-燕山-太行山/吕梁山-秦岭-大巴山-大娄山/乌蒙山-哀牢山-无量山一系列山体。古人没有这么大的视野，但黄土高原东北的燕山、太行山、吕梁山系是可以看到的，故艮为山，放在东北。春天刮偏东风、黄昏时北斗星斗柄指东的时候，特别是惊蛰前后，一年的最早雷声发作，万物开始复苏，故代表雷霆的震放在东方。中国是东亚季风带，太平洋的季风主要是自东南往西北，这是春夏之际的主风向，东南风古人称之为"熏风"。因此，代表风的巽放在东南，与季风的主要来向一致（表2-1）。从东北到西南是一个对称轴带，与上面二级阶梯的一系列的山体连线大致对应，也与后人发现的所谓人口分界线（黑龙江瑷珲—云南腾冲一线）大致平行。可见，后天卦图就是一个以天文现象为背景的、古中原地区的地理模型图，其创立者当活动于黄土高原一带。传说后天卦图为周文王姬昌所创。不管是周文王所创，还是后人伪托，既然以文王的名义公布出来，八卦图的空间格局就应该与文王的活动区域大致对应。对我们的讨论而言，谁创设的八卦图并不重要，重要的是八卦图本身反映了古人的时空观念与地理认知（陈彦光，2011）。

表 2-1 八卦与天文地理现象的对应关系

项目	八卦							
	乾	坤	离	坎	艮	兑	巽	震
天文地理要素	天	地	火	水	山	泽	风	雷
五行属性	金	土	火	水	土	金	木	木
后天方位	西北	西南	南方	北方	东北	西方	东南	东方
相关要素	天体西北移动	与天对应	赤道	黄河水	山脉来向	江河源	季风	春雷

　　最后是"风水"理论。地理现象对中国地理学深远影响的集中体现在于"风水"理论。今天提到风水，就会有人不分青红皂白地一概指斥为"封建迷信"或者"伪科学"。风水学中固然掺杂着许多迷信思想，但是风水理论的本质构成在于地理学、人地关系理论、可持续发展的理念和传统的文化观念等。不妨先看看"风水"二字是怎样形成的。综观北半球的亚欧大陆，最宜于人居的自

然环境必受两大地理要素的影响：一是从海洋进入大陆内部的气流（风），二是从赤道流往极地方向的暖流（水）。大陆附近有大洋的暖流，才能形成水蒸气（水）；然后有气流（风）将水汽送入大陆内部，才能形成降雨（水）。可见，只有具备天空中的气流和海洋中的暖流这两个条件，才能形成雨量充足的湿润气候，各种动植物才能成长起来。否则，就会形成比较干燥的草原以至干旱的沙漠，这样的地区相对缺乏生机。在亚欧大陆东部，有日本暖流（黑潮）和千岛寒流（亲潮，也称堪察加寒流）。亲潮因为寒冷而不容易形成水汽，黑潮则是北太平洋的一支强大的西边界暖流，该暖流与季风搭配，形成了中国东南大部分地区宜于人居的季风气候。中国从东北瑷珲到西南腾冲的人口地理分界线，即所谓"胡焕庸线"，可以说是中国大陆上的典型"风水线"。在亚欧大陆西部，有北大西洋暖流和加纳利寒流。北大西洋暖流源于世界上最强大的暖流——墨西哥湾暖流，该暖流与中纬西风（气流）搭配，形成欧洲部分地区温暖湿润的海洋性气候。在亚欧大陆东部——中国的东北和俄罗斯的远东地区——对应着亲潮寒流，这个地区大多是相对干旱的草原；这个草原从东北向西南延伸，经过水汽无法达到的亚欧大陆中部地区，一直延伸到非洲的撒哈拉大沙漠——撒哈拉沙漠地区对应的正是加纳利寒流。可以看到，决定全球人口分布的气候和地理要素恰恰在于风（输送水汽的气流）、水（产生水汽的暖流）两个要素（图 2-2）。

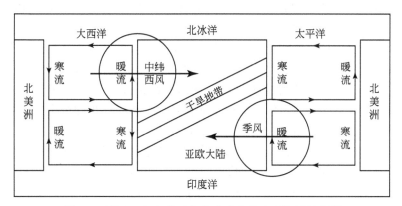

图 2-2 洋流、气流关系与北半球自然地理格局示意图

再看看在风水理论中极其重要的八卦图——后天卦图。在这个图中，北方为坎水，对应于寒冷的北冰洋；南方为离火，对应于炎热的赤道；东方震木、东南巽木，对应于雨水丰沛、植物茂盛的中国东南沿海地区；西北乾金、西方兑金，对应于地势高、矿产多、发育众多江河源地的中国西部、西北部地区；东北艮土、西南坤土、中央坤土形成一个相对干燥的轴带，这个轴带与中国人口地理分界线大致平

行，也与从俄罗斯远东草原地区到非洲撒哈拉沙漠的草原–沙漠带大体平行。古人没有今天地理学家的视野，但古人通过理性思考，见微知著，绘制了一个大体符合亚欧大陆东部时空格局的地理模型。中国古代的建筑，大到城市，小到一家一户的住房乃至房屋内家具的布局，都在某种程度上与八卦图对应。从这个意义上讲，古人已经意识到地理空间的尺度特征，这正是分形现象的基本性质。

以河南南部的民居为例，典型的房屋格局是这样的：最重要的房间——中堂（堂屋）——布置在八卦图的坎水之位，这个房屋是祭祀祖先、家人聚会乃至招待重要宾客的地方；家庭的重要出路——庭院大门——开在东南巽木之位。在八卦中，巽为风（大门所在），坎为水（中堂所在）。宏观尺度的气流和洋流两大自然地理要素抽象为微观尺度的大门和中堂两个人文建筑要素。在中堂与大门之间为一个方方正正的庭院，对应于天圆地方的大地；庭院的地势必须是西北偏高、东南偏低，水从东南方流出，汇入外面的池塘，象征水往东流归大海，与中国西北高、东南低的地势对应。更大范围上，一个村落的地势也必须是西北高、东南低，否则老年人就会要求年轻人在西北部填土，确保村内地势与中国的地形相似，反映了中国"人法地、地法天"的传统观念。村落周围的动植物需要认真保护，不能随便破坏地脉、风土，不要轻易伤害野生动植物，这反映了风水观念中的人地和谐思想。此外，前排房屋要低于后排房屋，不得阻挡别人的通风和采光；如果一个家庭住户在建筑房屋时破坏了别人的风水，则对自身也极其不利。由此可见，风水理念中包含了一种人人和谐的观念。

风水中还有一种重要的观念，那就是安全意识。进一步考察发现，中国古代重要聚落如城市地址通常选择在山、水之间，军事上利于防御敌人的入侵。如果一个平坦的地方四周有山脉作为屏障，南边有河流作为水源和对外交通渠道之一，山体之间又留出通道以便于交通，那就是一个相当理想的城市区位了。这样的景观格局即左青龙、右白虎、前朱雀、后玄武，与天象、地形、五行、八卦对应。这种基于地理条件选择一个部落集聚位置的思想后来微观化、系统化、理想化，充实了民间聚落的"风水"理论（俞孔坚，1998）。在中国唐宋以后，"风水"与"地理"几乎成了一个互换使用的名词。无视风水理论，就无法理解中国古代地理学的来龙去脉。如果我们剥开风水的神秘面纱、迷信色彩和玄学思维，就可以看到，风水理论的起源正是早期地理学的空间图式和人地和谐思想。

风水理论的内核是地理学，表层则是一些文化观念。在地貌形态上追求动物象形，在地名上追求吉祥如意，诸如此类，没有什么科学道理，但作为一种文化理念也无可厚非。不过，风水理论中的"天人感应"、避风得水等涉及人类吉凶祸福的解释则绝大多数属于迷信思想。

西方地理学在思想源流方面具有明显的海洋色彩。古希腊学者如亚里士多德

（Aristotle，公元前 384—前 322）等在观察地中海的帆船时判断大地为球形（Hawking，1998）。基于大地的球形思想，古希腊的埃拉托色尼（Eratosthenes，约公元前 275—前 193）和托勒密（Ptolemy，约公元 90—168）先后通过大地测量计算了地球的周长。数学家阿基米德（Archimedes，约公元前 287—前 212）也独立计算过地球的周长。古希腊是众多文明的交汇之地，古希腊学者的视野广阔，想象力非常丰富。在苏伊士（Suez）运河挖掘之前，地中海与红海没有任何联系。但是，埃拉托色尼根据潮汐判断大西洋与印度洋在水体上是连通的。欧洲文艺复兴（Renaissance）时期，古希腊的科学发现在西方世界影响深远。正是基于地圆思想和大西洋、印度洋连通理论，"地理大发现"运动才得以顺利开展。没有大西洋与印度洋连通的推断，葡萄牙航海家迪亚士（Bartholmeu Dias，约 1450—1500）不敢率领船队绕过非洲最南端的好望角（Cape of Good Hope），葡萄牙航海家达·伽马（Vasco da Gama，约 1460—1524）也不会继此之后探索新航路；没有地圆思想，意大利航海家哥伦布（Christopher Columbus，约 1451—1506）不敢横渡大西洋寻找印度和中国从而发现"新大陆（new land）"；没有上述两项成就的综合结论，葡萄牙航海家麦哲伦（Ferdinand Magellan，约 1480—1521）也不会环球航行（circumnavigation）。

在亚欧大陆上，中国的地理位置与欧洲中西部的地理位置具有奇对称的关系（图 2-2）。由于地理环境的差异，中国发育了人地和谐的地理思想，欧洲则发育了征服自然环境的地理思想。基于季风和日本暖流的东南亚的季风气候温差较大，适合小麦、水稻等植物生长，也适合鸡鸭牛羊等动物的驯化，久而久之形成了人与自然和平共处的人地关系。人地和谐思想深深嵌入中国古代的风水理论之中。欧洲则不然，基于中纬西风和北大西洋暖流的温带海洋性气候适合牧草生长，长期的游牧生活形成了捕猎和征服的地理观念。地中海早期人类生活的捕鱼活动也是一种征服性的行为。捕鱼、狩猎式的原始时代生活可能是后来征服自然、征服环境观念的滥觞。征服自然的观念在西方地理学中根深蒂固，直到可持续发展思想萌生之后，人地和谐观念才逐步在地理学探索中占据显著地位。

2.1.3 地理现象的变化与地理学

古代地理环境改变缓慢，对人类地理思想的影响也更为持久和深远。近现代地理现象改变越来越快，对地理学的影响越来越频繁，但影响深度则不尽一致。有些是暂时性的影响，有些则是较为持久的影响。从农业社会到工业社会，地理现象有很多变迁。工业生产的区位选址、交通网络的分布和优化，诸如此类的地理现象导致区位论的产生。工业化诱发了城市化，乡村人口大量向城市迁移，城市地理学逐步萌芽并发展成一系列的理论。在这个过程中，绝对空间观念逐渐被相对空间观念取代。人类进入信息化时代之后，地理现象发生了进一步的变化，地理学也随之发生改变。在信息化时代，距离变量在地理建模中不再像过去那么重要。过去，地理数学模型中的特征参量是距离；今天，地理数学模型中的特征参量则是维数。风水思想在中国当代地理学中基本上没有立锥之地，风水理论被作为伪科学盲目地打压。于是，中国的地理学几乎被全盘西化了。

15 世纪末 ~ 16 世纪初，这个世纪交替的时期，是世界历史的大变革时期，也是世界地理的大发现时期。这期间，东罗马帝国灭亡，欧洲中世纪结束，文艺复兴运动达到高潮，地理大发现出现高峰，宗教改革运动开始——天主教分裂为旧教和新教。1453 年，奥斯曼帝国（Ottoman Empire，1299—1922）消灭东罗马帝国，土耳其人和阿拉伯人将亚欧商路隔断。为了寻求新的、相对廉价而安全的贸易通道，严格意义的地理大发现时代（The Age of Discovery）开始（Arnold，2002；Mancall，2006）。几个标志性的事件如下：①1488 年，迪亚士成功绕道非洲好望角，证明了埃拉托色尼推断的大西洋与印度洋的连通性。10 年之后，即1498 年，达迦马通过所谓的"新航路（new trade route）"抵达印度。②1492 年，哥伦布船队抵达美洲大陆，发现所谓"新世界（new world）"。③1519 ~ 1522 年，麦哲伦船队首次环球航行成功。

具有一定历史和文化知识的人，都比较了解上述历史和地理大变革。可是，对于这段历史与地理学有怎样的关系，知之者恐怕不是太多。为了说明这个问题，我们有必要了解一点文艺复兴的源流。一般的辞书对文艺复兴的解释大体是：古典艺术、建筑、文学和学识的人文主义复兴，起源于 14 世纪的意大利，逐步蔓延到整个欧洲，持续到 16 世纪，但没有明确的结束时期。文艺复兴的背后是人类活动的地理互动。其一，文化经典的回归。中世纪时期，古希腊和古罗马的文化知识在欧洲几乎成了绝学。阿拉伯人保留了这些经典。阿拉伯人在征服欧洲的过程中，也将古地中海文化的经典著作送回欧洲。其二，城市商业的发达。在亚欧商路阻断之前，欧亚贸易十分活跃，地中海一代的商业城市非常繁荣。经济的发展导致了对文化知识的渴求。于是，通过阿拉伯文翻译古希腊的经典、追求古代的文化、艺术和科学知识成为时尚，大学纷纷建立。1264 年，牛津大学的第一所学院建立；到了 15 世纪初，欧洲境内已经拥有 50 多所大学了。其三，技术的传播和影响。由于亚洲的造纸术和印刷术传播到欧洲，使得文艺和科学知识的传播非常迅速而且广泛。可以想见，欧洲文艺复兴过程中，中国人的成就发挥了巨大作用。在此期间，阿拉伯人可谓是联系的纽带。一方面，阿拉伯人保留了欧洲人遗失了的古代经典，特别是古希腊科学和文艺知识。另一方面，他们将中国人的技术发明成果带到了欧洲。公元 751 年，大唐帝国军队与阿拉伯军队在怛逻斯河一带会战失败，唐朝控制的中亚地区大片沦丧，不少唐军成为俘虏。从此，中国的造纸等重要技术传播到阿拉伯。后来，中国的活字印刷、火药、指南针等也相继传播到阿拉伯。这些技术在欧洲的文艺复兴、地理大发现以及工业革命过程中扮演了极其重要的角色。

在中世纪的时候，很多人相信大地是一个平面。基于这种世界观，后来的地理大发现根本不可能发生。哥伦布探索通往亚洲的大西洋航道的时候，不少人警告他：如果向西航行下去，将会跌入无底深渊！阿拉伯帝国和奥斯曼土耳其帝国封锁了亚欧联系的海、陆通道之后，欧洲人之所以想到从相反的方向寻找新的出路，主要根据就是古希腊的地理学理论。由于相信大西洋与印度洋连通，迪亚士等人才会探索新航路；由于认识到大地是个圆球，并且周长为有限，哥伦布才会横渡大西洋，麦哲伦才敢环球航行。

地理大发现对人类历史特别是欧洲历史影响深远。宗教也因为地理大发现而开始分裂。1517 年马丁·路德（Martin Luther，1483—1546）领导宗教改革，天主教分裂为旧教和新教。在世俗人开始在世界各地寻求财富的时候，宗教人士也开始到世界各地传播"福音"。地理大发现导致了欧洲对外的大规模殖民和世界财富向欧洲集聚。贸易的空前发展引起人们对财富的极大需求。正是在地理大发现持续的过程中，欧洲工业革命爆发，科学技术发生了天翻地覆的变化。近代地理学在此过程中产生（图2-3）。

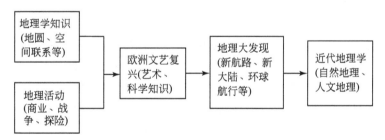

图 2-3　世界地理活动、欧洲地理学知识与地理学发展关系示意图

2.2　社会需求与地理学

2.2.1　经世致用的中国地理学

社会对地理知识的需要促进了地理学的发展，地理学也因为社会需求的变化

而改变。社会需求及其变化对地理学的影响，东方和西方不同，不同传统的民族和国家，情况也不尽相同。在古代的中国，地理知识的用途主要表现为如下几个方面：一是国家管理的需要，二是战争需要，三是大型聚落建设的需要，四是生产和生活需要，五是记录历史、地方管理和社会教化的需要。不妨简单分析这五个方面，据此说明社会需求对中国古代地理学知识发展和思想形成的影响。

第一，地理知识有助于国家管理。统治者需要根据地理条件和资源禀赋差异确定各地的贡赋。号称"古今地理志之祖"的《禹贡》在某种程度上就是为了国家征收税收和贡品而撰写的地理著作。秦朝末年，天下大乱，刘邦率先领兵攻入关中。当其他将领纷纷掠夺金钱和美女的时候，有一个有远见卓识的人却在收藏图书，这个人就是后来的西汉大丞相萧何。《史记》记载："沛公至咸阳，诸将皆争走金帛财物之府分之，（萧）何独先入收秦丞相御史律令图书藏之。"项羽等率兵进入秦都咸阳之后，大抢、大杀，放火焚烧而去。各路诸侯没有多少人了解全国各地的山川形势，唯独刘邦拥有必需的地理信息："汉王所以具知天下阨塞（地理关口）、户口多少、强弱之分、民所疾苦者，以何具得秦图书也"[《史记（卷五十三）》]。所谓"图书"，古代的一种解释就是"疆域版图和户籍等簿册"。从上述记载和"图书"的含义可以看出，在萧何收藏的图书里面，一定包含各种地图和地理资料。楚汉战争中，项羽不是刘邦的对手；刘邦定鼎中原之后，诸侯反叛，依然不是刘邦的对手，原因多多。其中的重要原因之一，就是刘邦的智囊机构拥有全国的政治和军事地理信息。

第二，地理知识是一个军事统帅必须具备的基础知识。在古代，一个优秀的军事统帅必须上知天文（预测气候变化）、下知地理（了解行军布阵的地形地貌）。不妨举例说明。从《隆中对》可以看出，在诸葛亮辅助刘备之前，对天下地理格局进行过透彻的研究。《隆中对》的分析过程涉及目标、现状、模型和方案等。有了目标和现状分析，问题也就明确了——现状和目标的距离，就是需要解决的问题。《隆中对》的目标已经由刘备委婉地讲出，即"欲申（信）大义于天下"。在明确目标之后、提出方案之前，诸葛亮首先进行了现状分析：其一，天下分裂："自董卓以来，豪杰并起，跨州连郡者不可胜数"；其二，国家危机："汉室倾颓，奸臣窃命，主上蒙尘"。基于这种现状，诸葛亮实际上将目标分解为三个层次，或者通过三个步骤来采取措施。近期目标：占据荆州，立稳脚跟；中期目标：跨有荆、益二州，保其岩阻，联吴抗曹；终极目标：成就霸业，复兴汉室。

为了分析当时各方力量的优势和劣势，找出刘备在政治和军事方面的比较优势，诸葛亮采用了时间、地域和人事三个指标，不妨称之为机缘、地缘和人缘，对应于古人所谓的天时、地利和人和。曹操的优势之一是起兵较早，占有先机；

优势之二是多年经营，人气旺盛："拥百万之众，挟天子而令诸侯"。所以，曹操的发展"非惟天时，抑亦人谋"。此外还有一点诸葛亮没有明说，那就是曹操的势力范围在中原一带，而中原是中国的政治地理的枢纽所在（陈彦光，2011b）。孙权的第一优势是长江天险，第二优势是时机得当——父孙坚、兄孙策奠定了基础，第三是人事方面的优势："据有江东，已历三世，国险而民附，贤能为之用"。至于刘备，他的第一优势在于人缘："帝室之胄，信义著于四海，总揽英雄，思贤如渴"。要知道，刘备凭帝室之胄这个相对"正统"的身份，在当时极具号召力。何况刘备还为自己塑造了诚信、尚贤的形象。此外刘备有两个潜在的优势，诸葛重点分析了这方面的问题。一是荆州和益州的优越地理条件："荆州北据汉、沔，利尽南海，东连吴会，西通巴、蜀，此用武之国……益州险塞，沃野千里，天府之土，高祖因之以成帝业"。特别是益州，可以作为建立帝业的地理基础。第二是刘备遇到了很好的时机。荆州"其主不能守，此殆天所以资将军"；益州"刘璋暗弱，张鲁在北，民殷国富而不知存恤，智能之士思得明君"。荆州和益州的主人都没有能力守住本州，这好像是上天对刘备的赏赐，因为刘备可以将之作为取得荆州的"近水楼台"，进而夺取益州。如果刘备能够有效利用这个机会，则地理方面的潜在优势就会转换为现实的优势，从而与曹操和孙权三分天下（表2-2）。

表2-2　《隆中对》中对曹、孙、刘三种力量的对比分析

指标	曹操	孙权	刘备
机缘	天时	已历三世	（荆、益无明主）
地缘	中原要地	据有江东，国险	荆州（要地），益州险塞
人缘	人谋，拥百万之众，挟天子而令诸侯	民附，贤能为之用	帝室之胄，信义著于四海

既然现状是国家四分五裂，目标是复兴大汉帝国，则需要解决的就是统一全国。关键性的约束条件在于，刘备缺少足够的军事力量，当时尚且没有属于自己的足够广阔的领地。因此，对刘备来说，首要问题是建立自己的根据地，然后逐步夺取天下。为了实现这个目标，《隆中对》提示了三个步骤的方案。第一步：利用当时的形势取得荆州，作为刘备势力的立足之地；联合孙权，挫败曹操的南下企图。第二步：向西发展，夺取益州，三分天下；同时东联孙权，北拒曹操。第三步：一旦天下有变，就北伐中原，进而统一全国。

可以看到，如果不具备足够的地理知识，《隆中对》不可能分析得如此准确、透彻、条理分明。

明朝灭亡之后，试图反清复明的明代学者所做的工作之一就是撰写地理著

作，代表性的有顾炎武的《肇域志》和《天下郡国利病书》，以及顾祖禹的《读史方舆纪要》。青少年时代的毛泽东阅读过《天下郡国利病书》和《读史方舆纪要》，对后者的研读尤细。

第三，地理知识可以指导城市（镇）选址和建设布局。古代的城市（镇）选址要考虑行政管理需要、军事安全和商贸的方便。"城"本意为护卫之墙，"市"为买卖之所，"镇"为险要之地和驻守行为。唐宋之前，镇为军事意义的城堡；宋代之后，镇为地方行政管理中心。行政管理、军事安全和商贸活动都与交通运输有关。因此，城镇选址必须考虑基于地形地貌的空间安全格局和通达性能。古人对城镇的选址和布局都非常重视，秦汉时已经形成了专门的学问。根据《汉书·艺文志》记载，当时有《堪舆金匮》和《宫宅地形》等地理著作。顾名思义，这些著作都是指导人们进行聚落选址的地理图书。考察中国历史悠久的重要城市可以发现，这些城市的分布不是随机的，而是具有明确的空间规律，即双侧对称性（陈彦光，2008）。根据叶大年（2007）的研究，城市分布的对称性与地质结构的对称存在对应关系。由此可以判断，古人选择城市的区位，是经过严格的地形和地貌的勘察的。

第四，地理知识在人们日常生产和生活中具有现实意义。要想一件事件办得顺利，必须选择适当的时间和空间，故古人有"择日"与"相地"之学。择日涉及天文、历法和气象气候之学，择地则需要用到地理知识。可是，这类知识后来被神秘化了，其中相地之学发展为后来的"堪舆学"。在古文中，地形凸起者为"堪"，凹下处为"舆"，可见"堪舆"二字为地形地貌的统称，被古代学者引申为天地和阴阳。"风水"理论追求的藏风得水，而地形凸起处可以避风，凹下处可以积水，故"堪舆"与"风水"几乎成为同义词。凡事有利有弊。因为风水学的迷信走向，中国古代的地理学误入歧途；同时由于风水学的发展，中国民间地理学具有旺盛的生命力。如果剥去风水理论中的迷信部分，则可以发现，风水理论中包含重要的人地和谐思想和可持续发展观念。

第五，保存历史、资治和教化的需要。方志是联系历史与地理的桥梁。中国人一向有记录历史和保存当代时空信息的习惯和传统。纵向记录为史，横向记录为志。大到国家，小到一个家族，只要有文化人，就会有发展过程的记录。一个地区的自然和人文地理信息的记载，主要表现为方志的形式。地方志的功能，一般认为，在于存史、资治和教化（陈恩明，2009）。通过志体记录，可以保存一个地方的发展历史，为辅助地方的行政管理提供必要的信息，通过表彰立功、立德和立言的杰出人物敦世厉俗、教育人民。虽然方志内容不限于地理知识，但地理知识在方志中同样可以发挥存史、资治和教化的作用。直到今天，修编地方志依然是各个地区必须开展的工作之一。很多地区和县都有史志办公室之类的机构。方志和方志学的发展自然而然地影响中国地理学的思想。

不同类型的社会需要对地理学的影响是不同的。但是，对于中国古代的地理学而言，行政管理、军事、城镇建设、生产与生活以及教育等需求的影响有一个共性，那就是时间–空间合一、天–地–人三元一体。在中国古人的观念里，天文、地理和人事是相互关联、不可分割的，时间和空间概念相辅相成。天文现象联系着时间，时间又联系着历史；地理现象联系着空间，空间联系着地理。

很多事情古今一理。上面讨论的虽然是古代的情况，也大体适合于今天的情形。行政区划与管理、军事指挥作战、城镇和交通建设、文化教育等，无不需要地理学知识。在矿产探测、江河治理、环境与生态保护、土地的改良与利用、城市与区域规划等诸多方面，都需要地理学家的参与乃至发挥主要作用。以当前为例，我国处于快速城市化阶段，各种城市问题层出不穷、史无前例，迫切需要相关的理论和方法的发展（周一星，2010）。供给导致需求。地理学自身的发展，特别是理论、方法和技术的进步，也会诱发社会更多的需求，这些需求反过来促进地理学的进一步发展。

2.2.2 重在发现的西方地理学

欧美的地理学知识起源于古希腊。古代希腊人追求知识，至于知识的用途他们起初似乎并不特别在意。古希腊人热衷于宇宙万物的认识和理解，有些知识对于古代中国人而言可能属于大而无当的屠龙之技，但古希腊人却乐此不疲。古希腊人探索宇宙的结构、地球在宇宙中的定位、地球的形状、地球周长的计算、地球表面地带性的划分、海洋的联系、物产的分布……以地球周长为例，从阿基米德、埃拉托色尼到托勒密，古希腊学者一再测算。这些学问的探索不仅是系统地理学的源流之一，也是天文学、地质学和物理学的重要的源流。如前所述，古希腊的地学知识在"地理大发现"过程中发挥了巨大作用。

古希腊的另一种地理学知识则以游记、历史等著作的形式记录并保存下来，这些地理知识成为近现代区域地理学的起源。

西方人对地理知识的渴求是从地理大发现开始的。那时，欧洲探险家亟须了解外面的世界，他们不仅借助地理学著作学习世界各地的地理知识，也通过探险活动发掘并记录各种地理信息。他们需要了解全球的大陆和海洋，以便航海、贸易和对外殖民。航海不仅刺激了地理学的发展，也激发了有关的数学方法。由于海洋中的轮船定位，数学家发展了最小二乘算法，最小二乘法后来成为回归分析建模的基本算法。地理学的计量革命之后，回归分析和最小二乘计算融入了地理数学方法。

工业革命之后，西方人的对外殖民能力进一步加强，殖民的欲望变得更为强烈。欧洲对外殖民的过程也是一种资源大掠夺的过程。为了殖民和掠夺资源，他们必须具备世界各地的地理信息。因此，近现代地理学的发展带有一种血腥味道。到了 19 世纪末、20 世纪初，全球大型探险活动基本结束，地理知识的开发从外延式发展转向内涵式发展，由"广种薄收"式逐步转化为"精耕细作"式。那时，Mackinder（1904）写道："最近，人们反复提到的话题是地理探险行将结束，大家的共识乃是地理学的研究目标必须转向，追求深入考察和哲学综合"。由于统治世界的需要，地缘政治学应运而生。大陆中心说（Mackinder，1904）、海权（Sea Power）控制论（Mahan，1899）、生存空间论、国家有机论、民族优越论（Gray and Sloan，1999；帕克尔，1992；帕克尔，2003；Sideway，2001），诸如此类，有道理的，没道理的，认识深刻的，强词夺理的，纷纷出现。这些理论大多直接或者间接地联系着地理环境决定论。

地缘政治学在两次世界大战期间发展到顶峰。由于德国纳粹政权的利用，第二次世界大战之后该理论受到不分青红皂白的批评。但是，由于冷战的需要，地缘政治理论并未停止发展，该学说以和平地理学的面目在学界和政界出现。

然而，由于以下原因，地理学的社会需要在西方受到挑战，从而使地理学的发展也遇到威胁乃至陷入危机。

其一，全球地理大发现已经结束。一方面，到 20 世纪初，人类的探险足迹已经遍布地球上的所有大陆。第二次世界大战以后，不会再有新的"地理大发现"了。另一方面，地理现象在大尺度上变化极其缓慢。虽然地理系统在微观尺度上细枝末节的改变每时每刻都在发生，但那些变化可以视为地理系统演化的随机扰动而忽略不计。在整体上，只要绘制出世界各地的地图，地理学家基本上就没有太多的工作可做。1943 年出版发行的法国安东尼·德·圣−埃克苏佩里（Antoine de Saint-Exupéry，1900—1944）的著名童话作品《小王子》（*Le Petit Prince*）一书就挖苦地理学家不事探险，而是坐在办公室里利用探险家的游记、报道等第二手资料撰写地理著作。透过这本小书，已经隐隐约约地可以看到第二次世界大战之后美国的地理学危机。

其二，地理学不断分化。地理学原本是一个庞大的体系，但一些分支学科发展起来并且羽翼丰满之后，纷纷另立门户，别创"家业"。地质学、海洋学、大气科学、环境学等，大都是从地理学或者地理学与其他学科的交叉领域独立出来的。这样一来，地理学的综合实力在整个科学体系中就显得不够强大。

其三，地理学的核心理论未能建立起来。现实意义的地理大发现时代已经终结，但理论意义的地理大发现时代却没有到来。当地理学家在现实世界无险可探的时候，理论上的探索却遇到了方法性的障碍。没有有效的数学描述工具，也没有可以控制的实验手段，地理研究方法限于简单的文字描述和经验总结，被人挖苦为"有地无理（what's where in the globe）的老式区域地理学"（Couclelis，1997）。

由于上述原因，第二次世界大战以后，地理学的科学地位受到质疑和挑战，甚至地理学的生存也成为问题。在这个背景下，地理学界开始了救亡图存运动，地理的"计量革命"爆发。继计量革命之后，地理学的理论革命未能成功，但基于地理信息系统（GIS）的技术革命进一步推动了地理学的发展。由于掌握了新的描述手段、分析手段和信息处理手段，地理学的实践功能加强，地理学为社会服务的水平有所提高。工业布局、城市规划、交通路线选择、商业规划、区域管理、土地利用优化等，都需要地理学的知识和方法。于是，地理学的发展激发了社会对地理学的需求，社会的需求则促进了地理学的进一步发展。

地理学的发展不缺乏研究对象，不缺乏社会需求。地理学的研究对象就在我们足下，而供给可以创造需求。只要地理学能够有效解决现实问题，社会自然渴求地理学的发展，而社会需求反过来促进地理学思想的进步和理论的成长。可是，地理大发现完成之后，社会对地理学的需求没有继续上升，而是稳定在一定的水平进步缓慢。原因之一，地理学不断分化，地理学中的一些重要内容独立门户；原因之二，地理学没有发展"独门"功夫，以致很多研究内容被众多的学科瓜分了地盘。以城市化为例，不单地理学研究，经济学、社会学、城市学、规划学、人类学乃至物理学，都在研究城市化。没有门槛，谁都可以说出个一、二、三来。这既是地理学的幸运，也是地理学的不幸。

2.3　文化背景与地理学

2.3.1　东、西方思维方式的差异

如果我们采用一种简单的方法对东、西方文化进行分类，那就可以基于神经外科学知识来形容：西方文化属于左脑型文化，而东方文化属于右脑型文化。西方人更擅长左脑思维方式，而东方人则更擅长右脑思维方式。这种划分可能引起较多的争议，但的确可以简明扼要地概括东、西方文化差异的根源。东、西方思维方式的差别还表现在线性与非线性方面。有一件事情很能说明问题。本章笔者研究生时代学习英文写作，不少同学在文章中追求首尾呼应。可是，中国的写作模式用于英文作文的时候，却被美国加利福尼亚大学伯克利分校英文系毕业的外籍教师 Michelle Segal（史美先）（图 2-4）制止。她在黑板上用带箭头的直线画

了两幅图：一是垂直而下的线形，二是首尾相连的环形（图 2-5）。那位教师用这两个示意图说明东、西方写作方式的区别，然后强调：既然你们学习英文写作，就要采用西方的思维方式，一件事情写完了，就戛然而止，不要回头照应开头的文字。

图 2-4　来自美国的外籍教师 Michelle Segal（中文名史美先，1992 年 7 月摄于法国的 Avignon）

注：在这位外教赠送给笔者的纪念照片上，她有点衣衫不整，东方女性大概不会将这样的照片送人。东、西方文化的差异由此可见一斑

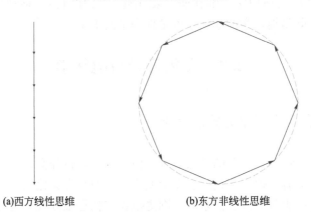

(a)西方线性思维　　　　　　　　(b)东方非线性思维

图 2-5　基于西方思维和东方思维方式写作风格示意图（Michelle Segal 给出）

　　东、西方这种思维方式的差异表现在文化的各个方面。文化背景的不同又影响到地理学的思想和方法。Holt-Jensen（1999）在其《地理学：历史和概念》一书中写道：

  "神经外科学揭示，分析的、客观的和所谓的科学思维模式（scientific models of thought）与大脑左半球存在联系。然而，这种思维过程要想发挥作用，必须有基于右脑的艺术的、整体的、直观的、直觉的以及非理性的思维激发。形象化有助于我们开发利用大脑的完整功能，这也意味着，我们必须考虑那些直觉的且理性较少的成分，这些对我们的智力生活有很大帮助。这就进入地理学人文主义方法的核心——在很大程度上，有关研究涉及一些个人的方法，这些方法运用了直觉的和想象的解释。"（Holt-Jensen，1999）

  在 Holt-Jensen（1999）看来，人脑左、右半球负责不同的思维方式，但右半球的思维方式更适合于地理学研究（表 2-3）。只有充分开发大脑右半球，才能有效发挥大脑的完整功能。不过，这种观点主要适合于西方人，对东方人而言就不合适了。原因在于，西方人是左脑型思维，对他们而言充分开发大脑右半球非常重要。可是，东方人特别是中国人却是右脑型思维，对他们而言充分开发大脑左半球的思维方式，才能有效发挥大脑的完整的功能。因此，在西方地理学家注重形象思维方式的时候，东方地理学家则应该强调抽象思维方式。具体问题具体分析，如果西方学者强调什么中国学者也不假思索地强调什么，那就可能盲从乃至被误导了。

表 2-3   大脑左右半球功能特征的比较

左脑型思维（L）	右脑型思维（R）
言辞的（verbal）	非言辞的（nonverbal）
直线的（linear）	整体的（holistic）
数字的（digital）	空间的（spatial）
抽象的（abstract）	具体的（concrete）
符号的（symbolic）	类比的（analogic）
分析的（analytical）	综合的（synthetic）
逻辑的（logical）	直觉的（intuitive）
理性的（rational）	非理性的（non-rational）
时态的（temporal）	非时态的（non-temporal）
经验的（科学）[empirical（science）]	解释的（艺术）[hermeneutic（arts）]

资料来源：Holt-Jensen，1999

2.3.2 东、西方文化背景及其对地理学的影响

今天的西方文化是在地中海文化基础上发展起来的。欧洲中世纪期间，由于东、西方文化的交流和商业的发展，文艺复兴开始了。古希腊的平等、古罗马的博爱、古希腊的民主和古罗马的法治等逐渐复苏。特别是古希腊的科学和艺术，后来逐步融入了西方文化的主流。西方文化总体上是一种开放型的海洋文化，这种文化背景下的思维方式重视逻辑和经验证据。我们不妨借助两个简单的例子来说明。

一是古希腊学者亚里士多德对球形大地的推断。大约公元前340年，亚里士多德在其《论天》(*On the Heavens*)一书中指出大地是一个圆球而不是一块平板。他的论据有如下两个方面。第一，地球在月亮上的投影总是圆形的，由此判断大地必是球形。亚里士多德已经认识到，月球本身不发光，而月食是由地球运行到太阳与月亮之间阻挡太阳光线所致。第二，如果大致沿着子午线从北往南旅行，则南天区的星体高度不断上升，而北天区的星体（如北极星）高度逐渐下降直至星星消失，由此判断大地也为球形。根据北极星在希腊和在埃及呈现出来的高度的差别，亚里士多德甚至估计地球大圆周长约为40万斯特迪亚（stadia）(Martin，2005；Hawking，1998)。有些地理学家感到费解："令人奇怪的是，他（亚里士多德）从未认识到其他方面的证据可以支持地圆概念，比方说船在地平线上的消失首先是从船身开始的。他应该有足够多的机会观察到这一事实。"(Martin，2005)实际上，古希腊人对"地理学"最初的定义就是：从天文学的视角，采用数学的方法，认识并描述地球。通过Martin（2005）的《所有可能的世界》一书可以看出，古希腊的地理学先驱更重视"远在天边"的观测数据，而往往忽略了"近在眼前"的大量事实。相对于柏拉图（Plato，约公元前427—前347）等纯理性的学者而言，亚里士多德已足够重视大地上的观测证据了。地圆学说影响了公元15~16世纪地理大发现活动，为哥伦布和麦哲伦航行提供了必要的理论指导，而地理大发现则彻底证实了地圆的理论推断。

二是古希腊地理学家埃拉托色尼对大西洋与印度洋连通的推断。埃拉托色尼知道，地中海连接大西洋，红海则连通印度洋。他通过观测发现，红海和地中海的潮汐运动具有关联性。由此他判断：大西洋与印度洋连通。

在亚里士多德的地圆说推论基础上，埃拉托色尼巧妙地利用逻辑学思维计算了地球的周长。这些理论和科研成果为后来的地理大发现提供了重要的理论依据。由于大西洋和印度洋连通的推断，迪亚士等的船队从大西洋绕道好望角，进入印度洋，从而发现了"新航线"。由于地圆说以及地球周长的计算，哥伦布船

队发现了新大陆，麦哲伦船队环球航行成功。

虽然中国古人主要将大地视为一个平面，但也有人意识到大地的非水平形态。《晋书·天文志》介绍的一种模型就是："天似盖笠，地法覆盘，天地各中高外下。"中国古人甚至提出了天静地动的猜想。但是，中国古代似乎从未出现严格意义的地圆说——张衡的浑天说已经很类似于地圆说了，但没有多少古人相信。西方的地圆说是元朝初年由阿拉伯人连同地球仪一起传入中国的（见《元史·天文志》），但没有引起中国古人的太大注意。西方人不仅重视逻辑和证据，同时重视美学思维，特别是数学美。在毕达哥拉斯（Pythagoras，约公元前580—前500）那里，宇宙万物在本质上既具有数学的简洁性，又具有音乐的和谐性。因此，天体的轨道应该是圆形，因为圆形最为简单、优美；天体本身应该是球形，因为球形是最为简单优美的三维形体。正是基于球形的大地、圆形的天体轨道，亚里士多德建立了自己的宇宙模型（Hawking，1998）。

在西方的学术活动中，基于观察和实验的经验证据在实证研究中非常重要，而基于数学的先验美感在理论建树中则十分突出。至于逻辑，则是连接经验证据和数学美感的思维通道。简单、优美和具有启发性至今依然是很多科学家理论模型建设的圭臬。通过这些方法，学者们可以见微知著，通过有限洞悉无限，通过已知侦测未知。

西方文化还有一个非常重要的传统，那就是对知识和智慧的追求。古希腊学者在衣食无忧的情况下，会追求对宇宙的理解，对人生价值的认识，对自然规律的了解。一言以蔽之，对真理的渴望。他们探索知识主要是满足自己对宇宙万物的好奇心。至于这些知识有什么用，很多人似乎并不关心。用东方世俗人的观点看来，古希腊的那些学者们似乎是一群心智不太成熟的人，他们追求的是"不实之务"、"屠龙之技"。可是，他们却是孟子所谓的"大人"——"大人者，不失其赤子之心者也"（《孟子·离娄下》）。以欧氏几何学为例，在古希腊已经形成体系。这些知识有什么用，直到牛顿时代，许多西方人依然不是很清楚。如果纯粹为了土地测量等实际用途，简单的几何学知识就足够了——很多民族没有这样的知识，他们照样过得很好。在地理学方面，计算地球的周长、证明大西洋与印度洋的连通，诸如此类的知识，在当时很难想象有什么实际用途——这些地理知识的实用价值是在地理大发现时代才体现出来的。如果古希腊的学者非常在意知识的实用功能，古希腊的各种哲学和科学理论根本就不可能产生。

今天，西方地理学者在评审一篇学术论文的时候，在逻辑和论据都不成问题的情况下，他们会关注两个方面：一是一项研究是否有趣味性（interesting），二是这项研究是否能带给读者对自然现象的洞察（insight）。所谓洞察，就是由表及里地看到事物的某种结构和本质。这些评价标准与古希腊的智慧追求似乎是一

39

脉相承的。古希腊学者探索宇宙万物规律的时候，寻找的是一种自我满足感，为此十分关注研究过程的趣味性；研究的目的不是为了实用，而是为了认识自然，因此洞察力显得十分重要。所有这些，与东方文化的价值追求大相径庭。

比较而言，中国人更为注重的是实用，伦理标准和道德观念贯穿在一切活动之中，在学术中也不例外。在中国古代的术数中，阴阳（万物属性）、五行（世界构成要素）、八卦（天地分类构成）就与六亲（伦理因素）和六兽（天文现象）联系起来。天、地、人不分家，人与自然一体。术数联系着风水理论，风水理论是中国古代地理学的最重要的成分。与西方人思维方式的逻辑一贯性不同，中国人的思维具有很强的跳跃性和非理性（表 2-4）。不妨列举几个典型的例子说明东方人的思维对地理学的影响。

表 2-4　基于西方思维方式和东方思维方式的研究方法对比

项目	西方（欧美）	东方（中国）
经验	经验证据	经验加直觉
先验	基于数学的美感	基于伦理的道德感
分析	逻辑推理（归纳，演绎）	类推
研究过程	理性、严谨性	非理性、跳跃性
研究结果	趣味性、洞察力	实用性、神秘性

一是天象分野。中国古人将太阳的视轨道——黄道——按照东、西、南、北方位分为四象（青龙、白虎、朱雀、玄武），然后按照木星的公转周期（约 11.86 年，近似为 12 年）分为十二次，进一步根据土星的公转周期（约 29.5 年，接近于 28 年）分为二十八宿。天上的十二次、二十八宿与地面的诸国（封建王国）、诸州对应起来。这种划分，在天为分星，在地为分野。如果木星（岁星）和土星（镇星或者填星）运行到黄道的某一个星宿所在的位置，该星宿对应的地面区域就会受到上天的庇佑，从而兴旺发达，不可侵犯。特别是木星所在的分星对应的分野，特别受到关注。典型的例子是淝水之战前夕（公元 383 年），前秦皇帝苻坚意欲征伐偏安江南一隅的东晋小朝廷。前秦的许多大臣反对这次军事行动，除了东晋拥有长江天险（地利）以及君臣尚未离心（人和）之外，一个重要的理由就是时机（天时）不利："今岁镇星守斗牛，福德在吴。悬象无差，弗可犯也"（《晋书·载记第十四》）。由于得不到大臣的支持，苻坚就与其弟苻融商议。对《周易》素有研究的苻融与一些大臣意见一致："岁镇在斗牛，吴、越之福，不可一伐也"（《晋书·载记第十四》）。根据中国古代的分野理

论，吴越（今江浙一带）的天象分星为木星十二次中的星纪（大约相当于西方黄道十二宫的摩羯宫），在二十八宿中对应于斗宿、牛宿和女宿。苻融等的意思是说，如今木星（岁星）、镇星（土星）守卫斗、牛之宫，而斗、牛的分野为江南的吴、越之地，因此这个地理区域受到上天的保佑，不可冲犯。今天看来，分野理论纯属无稽之谈；上天庇护云云，更是荒谬之说。问题在于，如果前秦的政界和军界有很多重要人物相信这套理论，那么，在苻坚出兵之前，自己的军队首先在心理就已经失败了。因此，尽管他兵多将广，投鞭断流，但终以失败告终。

分野理论反映了中国古人的简单类比和片面归纳思维。分野理论虽然是迷信之说，但它包含了中国古人的天文（天时）-地理（地利）-人事（人和）三元一体的思想和时空统一观念。不了解分野理论，不仅无法读懂中国古代的历史和地理，甚至无法读懂古代许多脍炙人口的文学名篇（如王勃的《滕王阁序》、李白的《蜀道难》等都涉及分野概念）。如果对古人的思想不加分辨地一概以迷信和愚昧予以拒斥，则愚昧的可能不是古人，而恰恰是我们自己。因此，从文化的角度研究分野理论的来龙去脉，如同研究风水学说的前因后果一样，应该是中国人文地理的重要课题。

二是"大九州"模型。战国时齐国思想家邹衍曾经提出了一个大九州的地理图式。在他看来，全世界可以分为九个大州，中间的叫做赤县神州；赤县神州中有九州，为当时人们了解的、据传由大禹划分的九个地理区域。根据《史记·孟子荀卿列传》：

> "（驺衍）以为儒者所谓中国者，于天下乃八十一分居其一分耳。中国名曰'赤县神州'。赤县神州内自有九州，禹之序九州是也，不得为州数。中国外如赤县神州者九，乃所谓九州也。于是有裨海环之，人民禽兽莫能相通者，如一区中者，乃为一州。如此者九，乃有大瀛海环其外，天地之际焉。"

虽然邹衍的大九州模型不符合今天的全球地理格局，但其国外有国、州外有州的地理思想却是超越当时人们的视野和想象力的。大九州模型反映了中国古人的简单类推思维方式。

三是风水理论。风水理论综合地反映了中国古人的地理学和观念。关于堪舆、风水及其与地理学的关系，前面已有所论述。这里讨论的是风水说中的文化观念。①地名吉祥思想。一个好的风水地，其地名应该吉祥如意，如龙、凤、龟、鹤、金、银、玉之类。②地貌象形观念。地表形态组合肖像某种吉祥或威猛的动物（如龙、凤、龟、鹤、狮、虎），或者人间吉祥物品（如钟、鼓、华表、玉带），并且方位适当。③生态意识。如果一个地方山清水秀，则一定藏龙卧虎，有好风水；反之，如果一个地方童山秃岭、草木不生或者气候恶劣、自然景观凶险，则为凶神恶煞之地，不宜人居。④俭约思想。一个人居住的房屋不宜太大，太大则不能聚集生气，从而对健康和发展不利。风水中有所谓的房屋五虚、五实之分。屋大人少为虚，屋小人多为实。避虚就实，才是日常居住之道。如果一个三口之家占据一个阔大的别墅，则为不祥之始。房屋的大小因人的能量而异，以中原地区冬天居住不加暖气而不觉得冷清为宜。⑤和谐观念。建筑房屋要与左邻右舍和睦相处。如果一个人建房阻挡了别人的出路或者遮蔽了别人家的采光，则会彼此妨碍、害人害己。⑥阴阳对称思想。古人讲究阴宅阳向、阳宅阴向。阴宅向东、向北开门，向西北方向延伸；阳宅向南、向西开门，向东南方向拓展。否则就是重阴或者重阳，而纯阳不生、纯阴不长。这种观念可以避免活人与死者争地。⑦孝悌思想。孝敬父母、和睦兄弟，这是阳宅的伦理基础；父母亡故之后，要慎终追远、不忘根本，这是阴宅的道德关键。⑧动态思想和循环观念。镇星（土星）的公转周期大约29.5年，每隔30年左右历经二十八宿一个轮回。因此，"风水轮流转，明年到我家"、"三十年河东，三十年河西"，"好花不常开，好景不长在"，富贵莫骄矜，贫贱莫忧愁，位卑不自卑，位高不高傲。这种思想教育后人要居安思危，不能发达忘本、得意忘形。

所有的学问，都可以分为三个方面的研究：行为研究、规范研究和价值研究。行为研究主要是根据客观实在总结规律，规范研究着重于根据人类优化思想进行规定，价值研究则是基于伦理、道德和美学思想建立评价标准（Krone，1980）。中国古代的风水说也不外乎这三个方面的知识。风水理论中既有行为研究的结果，也有规范研究的结论，还有价值评判的思想。如果剔除风水说中的神秘色彩和迷信内容，可以看到，除了地理学知识和理论之外，风水理论非常强调人地和谐、人人和睦。如果将风水思想用于今天的地理学，至少有如下方面值得注意。第一，产业分布要集中规划，不能遍地开花。如果破坏了生态环境，就会切断地"气"、破坏人地关系，害人害己。第二，城市建设不能铺张浪费。住房大小适可而止，院大屋小或者屋大人少，都是虚耗之象，不利主人。第三，建筑房屋，要与邻里共享阳光和暖空气。诸如此类的理念，可能是行为研究的总结，但更像是一种规范研究的结果。古人发现这类思想有助于子孙后代和睦共处，于是借助巫术和神秘的观念将他们明确规定下来，强制子孙后代遵守不误。如果子孙坚持与自然和谐、与邻里和睦的原则，则其发展自然而然可持续，从而经久不衰；否则，与自然为敌，与邻里为害，则内争外斗，鸡犬不宁，终将不免于衰落。从这个意义上讲，谁又能说风水说没有道理可言呢！

地理学，无论东方还是西方，无论古代还是今天，都不可能像物理学那样是纯粹客观的行为研究。地理学一定包含规范研究的内容和价值研究的成分（表

2-5)。如果古人的一些规范性的研究是有害的，则今天一定要揭露、清除。相反，如果古人的一些规定是善意的、无害的、有助于人地和谐、人人和睦的，则即便没有科学道理，也可以从审美学和地理伦理学的角度予以继承和发展。

表 2-5　东、西方文化背景的差异及其对地理学的影响

项目	西方（欧美）	东方（中国）
主要地区气候背景	温带海洋性气候：中纬西风＋北大西洋暖流（局部为地中海气候）	季风气候：季风＋日本暖流
文化地理历史背景	渔猎型文明	农耕式文明
对自然的态度	征服自然	与自然和平共处
社会发展观	不可持续的发展观	可持续发展观
对地理学的影响	以行为研究为主，价值研究和规范研究为辅	以规范研究为主，价值研究和行为研究为辅
代表性学说	地学和区域地理学	风水学

2.4　科研体制、政策与地理学

2.4.1　国家科研体制、政策与地理学

科学研究可以帮助人类了解自然，促进技术的发展，提高社会生产力，从而推动时代的进步。因此，真正的科学研究人员能够得到社会的广泛尊重，真正的科学成果可以获得国家的资助和奖励。同时，国家总是通过科研体制和政策促进科学研究的发展，但坏的体制和政策，也会阻碍科学发展。健全体制、改善政策，无疑是学科发展的必要条件，也是漫长而曲折的过程。

由于科学研究牵涉方方面面的利益，于是形形色色的伪科学和伪科学工作者就会纷至沓来、层出不穷。因此，科学研究队伍中会鱼龙混杂，在科学研究成果中会泥沙俱下。爱因斯坦曾经多次与学术界的朋友感叹这种现象，但无可奈何。除了利益驱使之外，伪科学、冒牌科学工作者出现的重要原因在于，科学研究成果需要专家鉴定。很多伪成果、赝成果当时无人识别，或者因为某种利害关系而无人道破。利用这个时间差，假科学工作者凭借科学研究的名义损公肥私、牟取暴利。不仅如此。为了长久的利益，假科学工作者常常装出一腔正气，在科学界诬良为盗、贼喊捉贼，以图混淆视听，以虚假的成果鱼目混珠。诸如此类的现

象，从过去到现在，从中国到外国，从地理界之内到地理界之外，可谓是司空见惯、不足为奇。为了维持科学界的秩序，各国、各政府都会建立适当的科研体制。如果科研体制适当，科技政策合理，就会打击伪科学，保证真正科学研究的顺利发展。

下面着重基于中国的情况，从几个方面讨论科研体制和政策等对地理学的影响。

第一，科学评判标准的影响。科学研究的政策肯定离不开科学评判的标准。因为任何一个国家或者政府都会试图支持真正的科学研究，打击非科学的研究。可是，科学的标准是什么？不幸的是，无论东方还是西方，科学评判标准都会有意、无意以物理学的研究为参照。物理研究，至少经典的物理研究，是纯粹的行为研究，不包括规范和价值成分。因此，爱因斯坦在"科学定律和伦理定律"一文中写道："对于科学家，只有存在，而没有什么愿望，没有什么价值，没有善，没有恶；也没有什么目标"（许良英和王瑞智，2005）。可是，地理学与物理学不同，地理学研究不是纯粹的行为研究，还涉及价值研究和规范研究。若以物理学为参照标准，地理学的很多课题就得不到理解和资助。在这种情况下，地理学就会走偏，劳而无功地向物理学的标准看齐；或者导致心理逆反，走向了非理性、偏离科学的路线。

第二，成果目标指向的影响。西方的科学研究偏重于追求兴趣和对大自然的理解，但东方特别是中国，追求的往往是实际应用。一方面，中国人有重实用、轻理论的文化和历史传统（冯天瑜和周积明，1986）。另一方面，中国目前处于市场经济的起步阶段，社会发展则处于初级阶段。根据 Maslow（1943）的需求层次理论，人类追求的首先是生理需要，然后是安全需要以至精神需要。可是，我们国家目前连城乡居民的住房保障、食品安全和交通安全这些基本的生活需要和安全保障问题都未能完全解决，在这个背景下，人们不可能有更高的精神追求。因此，从科研体制和政策的制定，到地理工作者的研究工作，都难免出现急功近利的短、平、快行为。如果政策标准太高，很多研究就会无法开展。由于政策标准低而实惠，地理研究队伍就会良莠不齐，研究成果也是真假难辨。一个不可避免的局面是，中国地理学界更为重视应用，重视地理系统的"快变量（fast variable）"研究，反而忽略了对系统的"慢变量（slow variable）"的探索。

第三，单位评价标准的影响。对于一个科学工作者，包括地理研究者，一个重要的评价指标可以采用如下公式度量：

$$科学工作者的价值 = \frac{成果价值 \times 成果数量}{研究经费数额}$$

这就是说，对于一个研究人员，成果数量越多，成果价值越高，消耗纳税人的经费越少，其自身的价值也就越高。可是，很多高校和研究机构为了捞取资金，有意无意将这个公式搞错了形式，变成如下错误表达：

科学工作者的价值＝成果价值×成果数量×研究经费数额

这样一来，经费多少成了衡量一个研究人员价值的尺度。在这个背景下，很多地理工作者不愿意花费巨大精力从事劳心费力的科学研究，而是将精力花费在争项目捞取科研经费方面，借以名利双收。然而，人的精力是有限的，上天赋予每一个人的时间都是一天 24 小时，这是绝对的公平分配。比较而言，将精力投入经费获取方面远比将精力用于真正的研究过程实惠得多。当一个人的时间大量耗费在捞取经费（为此要广泛社交）和应付经费检查的过程的时候，就不会有太多的精力从事专业思考，其后果是导致一些研究"成果"根本就没有思想、没有学术进步可言。

第四，基金项目审批制度和评审标准对地理学的影响。地理学研究需要足够的经费支持，为此需要申请各种类型的基金项目。一个科研项目的最初立项，其研究目标、内容以及具体的技术路线都不可能完全清楚。正如一位西方科学家所说的那样："如果所有的问题都清楚了，那就不是一个科学研究课题了"（Waldrop，1992）。这个观点其实来自爱因斯坦（Albert Einstein，1879—1955）的一句名言："如果我们已经知道我们要做的是什么，那就不能叫做研究，难道不是这样？"但是，在一个科研项目申请书中如果不将上述问题表达清楚，项目就很难获批，这就涉及科学研究中的"丁肇中现象"。美籍华裔科学家、J 粒子的发现人、诺贝尔奖获得者丁肇中曾经在美国申请五个科研项目，目标都明确写出"发现某某粒子"之类。研究结果表明，有四个没有实现预期目标，只有一个沾点边（算半个）。但是，每个项目实施下来，都取得了重要的科研成果。科学界将这种现象称为"丁肇中现象"。丁肇中现象其实是"基金项目申请书悖论"：如果申请书中目标不写明确，项目不能获批；如果写清楚（具体、明白），但谁也不能保证这个目标一定能实现。例如，丁肇中明白地写出要"发现某某粒子"，但是，谁能保证这个粒子一定存在、并且老老实实地等待研究者去发现？另外，如果不这么写，就会有人批评"你的研究目标不明确"，从而不予支持。

在项目申请书的撰写过程中，无论多么优秀的科学家，都不可能事先将所有的问题都考虑清楚，但又不得不写出明确的目标和清晰的技术路线。对此，中国杰出的理论物理学家郝伯林院士在北京大学的一次学术报告（2000 年）中曾一针见血地指出："项目申请书中明确的研究目标陈述和技术路线表示之类，是写给科学研究的管理者或者外行人看的。科学研究的实际执行不是那么一回事。实际上，如果一个项目完全根据项目计划书按部就班地开展工作，就不可能取得真正的学术创新。"近年一位海外杰出华人学者向中国自然科学基金委员会地球科

45

学部申请一项"海外及港澳学者合作研究基金"资助，项目的选题、前期基础、发展前景都很不错，但就是有那么几位评审人以技术路线不够清晰等为由予以否决。这位学者感叹："我写论文（paper）已经很老练了，写出的东西一定能够找到合适的杂志发表。但是，实在不擅长写大陆的基金项目申请书（proposal）"。

2.4.2 学术界体制、规则与地理学

科研政策往上涉及一个国家的科学管理层面的问题，往下则牵涉学术杂志的论文评审流程问题。讨论科研政策，就不能不涉及学术论文的评审制度（龚旭，2009）。目前的期刊择录论文的过程广泛采用同行评议（peer review）制度。这个论文遴选制度存在的问题像基金项目评审制度的问题一样。任何事物都是利弊并存，同行评议制度也有利有弊。

同行评议的好处比较明显。第一，学术杂志的主编或者有关负责人的压力降低。无论国内还是国外，都存在人情问题。如果没有同行评议的限制，大量人情稿因为种种利害关系涌入一个杂志，其压力是可想而知的。借助同行评议的机会，可以以民主的名义将那些显而易见的糟糕文章拒之门外。第二，如果论文评审人认真负责，的确可以帮助作者改进文章的质量。人类的大脑活动过程，其实就是一个信号传递的复杂过程。信号传递是难免有噪声干扰的（Gleick，1988）。因此，无论多么严密的大脑思维，都不可能不留下疏忽或漏洞。古人所说"百密一疏"、"智者千虑，必有一失"，即此之谓。同行评议可以帮助作者拾遗补缺，完善论文的表达和结构。第三，论文评审过程也是一种学术交流过程。一些对论文要求严格的杂志，一篇文章在发表之前会反复审查：作者投稿，同行评议；作者修改或者反驳，同行再评；作者二次修改，同行三评；编辑部决定。如此反复，文章的质量会大大提高。第四，帮助学术杂志遴选文章。一个杂志的人手是有限的，任何一个人的眼界也会有限。一个杂志的主编或者编辑，无论有多么广博的见识，也不可能凭一己之力对众多的文章进行价值判断。学术研究既是一种开拓的过程，也是一种深入思考的过程。由于"开拓"，就有可能超出编辑部人员的眼界；由于"深入"，就有可能超出编辑部人员的理解。在这种情况下，同行评议有助于对一个研究成果进行更为客观、公正和全面的评判。

但是，同行评议的弊端也是显而易见的。同行评议主要是盲审。一般是双盲（double-blind），至少是单盲（single-blind）。否则，论文评审人很难做人。如果遇到好文章，当然好办；可是，如果遇到糟糕的文章，否决了难免树敌。曾任德国《物理学年刊》（*Annalen der Physik*）主编的著名物理学家普朗克（Max Planck，1858—1947）有一句名言："你不可能当着任何人的面说：你的文章是

垃圾（you can't say to anyone to their face：your paper is rubbish）"（Hoffmann，2008）。于是，盲审制度应运而生。可是，盲审又会引发如下问题。第一，开创性的论文被拒之门外（Bak，1996；Ruelle，1991）。一篇文章越是具有开创性，评审越是困难。有时甚至根本找不到合适的评审人。如果一篇文章是该领域的破天荒之作，谁能评审这个成果？只能依靠时间来检验了。第二，优秀的论文不能及时发表。由于上述原因，一篇开拓性的文章往往多次投稿，多次被拒，这当然耽误了好文章的及时发表。早年有关混沌的一些开拓性论文，曾经一再被编辑部拒稿（Gleick，1988）。复杂性研究最初也遇到类似的尴尬（Waldrop，1992）。原因很简单，论文评审人和杂志主编都认识不到有关研究的价值和意义。第三，为学术作弊提供了条件。有人因为竞争的原因故意否决有价值的文章，以便自己的同类文章优先发表；还有一些人借助评审之机将别人的成果据为己有，反而将被评审的有价值的文章故意否决（任本等，2006）。这样的情况在学术界时有发生，那些未见报道的情况还不知有多少。

学术论文的审查与发表，有所谓的"Ruelle 现象"，可以理解为论文发表的"中庸"现象：真正的好文章和明显的差文章都倾向于被拒绝，反倒是似是而非的中流文章最容易被录取。法国著名物理学家 Ruelle（1991）在一本书的附录中写道：

> "对于许多科研工作者来说，成功职业生涯的一个先决条件就是在匿名审稿期刊（refereed journal）上发表科学论文。换言之，任职和提升是根据论文发表数量来决定。这种形势迫使许多既没有研究兴趣也没有研究能力的人撰写论文并且将文章投稿给期刊。论文评审人本身也是从事有关研究的科学家，他常常要处理大量的平庸之作，并且写出评审报告。可是，对评审者而言，他们有自己更感兴趣的事情要做，论文评审报告往往写得草率而肤浅。貌似合理的文章被接受了，明确糟糕的论文被拒绝了，有一些原创性又有点不符合常规的论文也倾向被拒绝。这是众所周知的问题，没有人知道该怎么办。幸运的是，世界有很多科学杂志，一篇真正的好文章最终会找到发表的地方。"（Ruelle，1991）

除了 Ruelle 所说因素之外，好文章难以发表的原因还有其他方面。在国际上，资深的科学家一般不会审稿。参与论文评审的大多是年轻气盛的中青年。有些中青年的学者也不直接审稿，而是将文章交给自己没有多少见识和研究经验的学生代为评审。一家国际学术杂志曾将一篇文章送交美国的一位青年学者评审，这个学者将文章交给他的研究生代评，他的研究生不熟悉其中的一些关键环节，又将该作品送到本章作者这里……我们知道，如果客观事物如一篇文章是 x，一

47

个人的见解是 y，它们之间由映射 f 联系起来，构成一种函数关系 $y=f(x)$。同样一篇文章（x），却可以导致不同的见解（y），因为不同读者（包括评审人）的知识结构、认识水平不一样，从而映射方式 f 不同。一个读者知识越是渊博、研究经验越是丰富，对一篇文章的认识越是准确、到位。反之，认识越是褊狭、肤浅。大量具有丰富研究经验的科学家直接或者间接退出了科技论文评审过程，怎么可能期望期刊把好论文选择关？

重要的科学成果可以粗略地分为两大类型。一是滞后于时代的悬而未决的科学难题。有些问题在学术上早就应该解决，或者在实践中早就认识到它的意义。可是，由于问题的艰深或者条件的限制迟迟未能得以解决。典型的案例之一是地图的四色问题。大家都知道它的意义，只要有人解决，就会立即引起轰动。当年杰出华人物理学家李政道、杨振宁解决的宇称不守恒问题，物理学家都知道它的重要意义，关键是看谁能通过巧妙的实验来证实这个问题。这样的例子很多，相当一部分诺贝尔奖的获得者就是因为解决了这种难题而扬名天下。二是超越于时代的开拓性问题。这样的学术研究往往会遭遇极大的困境。伽罗瓦（E. Galois，1811—1832）的群论、罗巴切夫斯基（N. I. Lobachevsky，1792—1856）的非欧几何学、孟德尔（G. J. Mendel，1822—1884）的遗传学定律等，都属于此类。在地理学中，Christaller（1933，1966）的中心地研究在德国被冷落了很长时间。要是没有计量革命的发生，还不知要冷落到什么时候。超越于时代的开创性论文是往往无法正常评审的，原因很简单：没有人可以评审它。在这种情况，研究者的"运气"十分重要。1905 年，德国两位杰出的物理学家普朗克（Max K. E. L. Planck，1858—1947）和维恩（Wilhelm Wien，1864—1928）负责《物理学年刊》。当他们收到爱因斯坦有关相对论等具有革命性思想的论文以后，文章根本没有送审，整个发表过程就是普朗克阅读文章，然后发表它们。这一年《物理学年刊》先后发表了爱因斯坦的 4 篇重要论文，成为所谓的爱因斯坦"奇迹年（Miracle Year）"（Fölsing，1997；Parker，2000；Schweber，2008）。如果普朗克等将论文送审，文章可能会推迟发表，甚至无法发表。Bak（1996）的自组织临界性理论提出，投稿 Nature 和 Science 都被拒绝。后来，Bak 的理论产生影响，Nature 和 Science 发表了不少其他作者的后续性研究成果。在一次学术会议上，Bak 愤愤不平地责问有关负责人：既然后续成果都可以发表，为什么我当初的原创性成果反而没有被采用？有关当事人面红耳赤（Bak，1996）。正是因为他的文章有很大的原创性，杂志的负责人又没有当年普朗克那样的眼界和魄力，他的文章才被拒绝。

因此，具有划时代意义的开创性论文往往不是发表在顶尖杂志上，而是发表在普通刊物上、增刊上或者某种论文集中。1826 年，罗巴切夫斯基在俄罗斯喀山大学物理数学系学术会议上宣读他的文章"几何学原理及平行线定理严格证明概要",遭到冷漠和反对。1829 年,罗巴切夫斯基成为喀山大学的校长,职权所在,在《喀山大学学报》发表了他的"几何学原理"全文。喀山大学学术委员会将该文章送到彼得堡科学院评审,著名数学家 Ostrograski 院士负责论文的鉴定。可是,评语的开头写道:"作者旨在写出一部让人费解的著作以达到自己的目的",结论则是"罗巴切夫斯基校长的这个著作谬误连篇,不值得科学院的重视"。40 多年后,罗氏几何学才引起关注(Bell,1986;Greenberg,2007;Jeremy,1989)。之所以如此,原因在于:第一,他挑战了当时科学真理的化身"欧氏几何学";第二,非欧几何学在直观上难以理解;第三,罗巴切夫斯基的思想大大超越了时代。

孟德尔的学术论文"植物杂交实验"于 1865 年在 Brünn 自然历史研究会上两次宣读,但与会者反应冷淡。1866 发表在《Brünn 自然历史研究会年报》上,没有产生任何学术影响。孟德尔对自己的研究成果很有信心,将自己的文章寄给国际植物学名家,并多次给植物学家的最大权威写信,希望引起关注,但没有引起反响。究其原因,可能主要在于如下几点:第一,他的研究偏离当时生物学的主流思想,被认为文不对题;第二,他的研究用到数学思想和统计学方法,让当时的生物学家无法理解;第三,整个生物界对遗传规律认识的准备工作远远没有到位,大大落后于孟德尔的思想。因此,直到 1900 年后,孟德尔的遗传学定律才逐步引起学界的重视,并从此改变了人类对生命以及对我们自身的看法(Bateson,1902;Bowler,2003;Moore,2001)。然而,有人认为孟德尔自身存在问题,他的成果报道不够诚实(Fisher,1936)。实际上,孟德尔报道了研究结果中的理想模型而有意无意地忽略了随机扰动导致的不稳定现象,一些人对他的攻击是夸大其辞的(Carlson,2004)。

在科学界,这类不幸的现象出现了无数次。任何一个领域,如果发生这类不幸的事情,表明这个领域有重大突破,个人不幸学科幸。遗憾的是,我们的地理学领域,除了 Christaller 的中心地理论最初受到同行冷落之外,没有太多这样明显超越时代现象的思想成果。这是地理学家的幸运,在某种意义上又是地理学科的不幸。

我们现在讨论的论文评审,上述内容似乎有些文不对题。作者引用这些历史典故旨在说明,没有人可以评审真正开创性的成果。如果这类文章被送出盲审,其命运可想而知。可是,不盲审又有什么更好的办法呢?Matt Hodgkinson 说:"批评论文盲审很容易,但提出更好的文章评审体制却很难(It's easy to criticize peer review, but it's harder to come up with a better system)"。目前,西方一些著名物理学杂志已经试图改变论文选择策略。一般的杂志对论文是先判断(judge)、后发表（publish），一些杂志试图反其道而行之：先发表、后判断。特别是随着国际开放杂志（open journal）的兴起，发表文章不再像过去那样耗费纸张和印刷经费，以致一些电子期刊尝试先将作者的文章发表出来再观察后效。有一些与地理学领域相关的学术期刊已经在尝试这种途径。

对于地理学而言，盲审制度更成问题。总体而言，地理学不是实验性的科学，数学方法也不成熟。地理学论文的写作和评审基本上都是依靠经验。假如一篇文章是基于数学语言的，评审人可以检查作品的数学推理过程；假如一篇文章是基于实验室实验的，评审人可以重复作者的实验。可是，对于这两个方面，地理学都很难做到。一个地理工作者调研很长时间，撰写一篇研究论文或者报告，评审人却无法重复对方的调研，只能假定作者的调研正确无误。在这种假定的框架里进行评审，评判的效果很难做到客观公正。如今，一些西方的杂志负责人已经有硬性规定：作者要想发表论文，原始数据必须在网上公开。这样有三个好处：其一，读者可以检验作者的研究过程；其二，读者可以判断作者的数据是否存在差错或者作弊；其三，对于好数据，读者可以共享，并且利用这些数据开展其他研究。

2.5 小　结

人类生活在这个世界上，需要认识并解释这个世界。地理世界与人类的生活和生产直接相关，人们一直希望认识地理空间格局及其变化规律。地理系统是复杂的系统，这个系统的演化过程充满了不确定性。外界环境的不确定性容易导致人类内心的不安乃至庸人自扰。对地理环境变化过程的不确定性的消除过程，就是一种地理信息获取的过程。在地理信息获取过程中，如果能够揭示空间格局的确定图式或者演变规则，则对人类解释因果关系、预测未来发展有所帮助。于是，地理学的思想和理论在人类与环境的交互作用过程中逐步创生并不断发展。

但是，思维方式不同、文化背景差异会导致地理学思想和研究方法的差别。东方人以右脑思维见长，具有形象思维的优势，更容易创新并发展具体的技术；西方人以左脑思维见长，具有抽象思维的优势，更容易发展理论、构建体系。从地理学发展的历史看来，西方的地理学是基于理性的思考，东方的地理学则是更多地基于非理性的想象。西方地理学更多行为方面的研究（现实如何），东方地理学则偏重于规范方面的探讨（应该如何）。如果说西方地理学探讨很多实然世界的理论，东方的地理学则构造了一些应然世界的框架。可惜，东方古代的地理学与风水理论融合在一起，今天没有公认的发展空间。

当今发展地理学，自然要申请项目、发表论文，于是科研体制、学术政策等都会对地理学发生影响。当一个国家对学术研究缺乏适当的评判标准时，地理工作者的研究就会走偏，乃至开展毫无意义的工作。一个世界性的问题是学术论文的发表。在西方，资深的地理学家通常并不评审论文，或者由于工作太忙而草率评审；文章一般交由经验不足、见识不广、思考不深的年轻学者审阅，甚至这些人还将文章交给学生代评，于是学术期刊的论文选择就大有问题。在这种情况下，最好的文章和最差的文章常常被拒绝，倒是那些中流的甚至似是而非的文章被接受。不好的文章一旦发表，就会对后来的研究者形成误导。于是，很多研究难免误入歧途。浏览一下国内、国际的期刊，很容易发现种种问题。

第3章 自然科学、系统科学与地理学

科学研究是为了揭示自然规律，据此认识世界、理解时空。不同的学科为人类认识宇宙万物及其内在联系提供不同的视角。世界的基本规律是统一的，不同的学科也彼此关联。德国科学家普朗克（Max Planck，1858—1947）指出："科学是内在的整体，它被分解为单独的整体不是取决于事物本身，而是取决于人类认识能力的局限性。实际上存在从物理学到化学、通过生物学和人类学到社会学的连续的链条，这是任何一处都不能被打断的链条"（钱学森等，1990；白光润，1995）。这个链条也联系着地理学。地理学与不同的学科有不同程度、不同角度的关联。本章将讨论数学、物理学、生物学和系统科学如何影响地理学思想、方法以至理论建设。严格说来，系统科学不算是纯粹的自然科学，而是处于自然科学与社会科学之间的交叉科学。考虑到系统科学的源流首先在于数学和生物学等自然科学，不妨将其与自然科学并为一体开展分析。

3.1 地理学与数学

3.1.1 地理学与数学关系的历史源流

从学科发展的历史看来，地理学与数学方法具有非常密切的联系。被公认为"地理学之父"的埃拉托色尼，首先是一位数学家，然后是天文学家、地理学家以及诗人。他对地理学的主要贡献表现为五个方面：其一是最早提出"地理学"概念；其二是最早相对准确地测量地球的周长；其三是采用经纬网绘制地图——尽管非常粗糙，但毕竟有了开端；其四则是热、温、寒的地带划分；其五是大西洋与印度洋联系的推断。埃拉托色尼的这些贡献，大都与数学思想和定量分析概念有关（表3-1）。

表3-1 埃拉托色尼的地理学术贡献及其与数学的关系

五大贡献	与数学思想的关系
地理学概念的提出	采用天文学的视角、运用数学方法描述地球的科学
地球周长的测量	巧妙运用数学假设、几何定理和数学计算方法
经纬网的绘制	笛卡儿坐标系的雏形
热、温、寒带的划分	需要定量判断标准
大西洋和印度洋连通的推断	需要观测数据判断

资料来源：Geography. Online Encyclopedia, 2008. http://au.encarta.msn.com

在希腊语中，"地理学"一词就是"地球的描述"，但不是一般意义的描述，而是从天文学的视角，采用数学方法进行描述。另一个有资格获取"地理学之父"荣誉称号的，一般认为是公元 2 世纪的亚历山大学者托勒密（Ptolemy）。托勒密是一位天文学家、地理学家，同时也是一位数学家。他采用更精密的经纬坐标描述世界，并且在地图绘制方法方面有独到的创新。但是，托勒密的空间计量技术比不上他的前辈埃拉托色尼。他也给出了一个地球周长的测量结果，但这个结果将地球的实际周长大大低估了。

地理学发展到近代，数学对地理学整体的影响一度减弱。在思想意识方面，这种变化与德国著名哲学家、自然地理学教师康德（I. Kant，1724—1804）有关。康德是一个非常重视科学研究中数学方法运用的思想家，在他的眼中，如果一个学科没有用到数学，那就根本算不上是科学。因此，在康德看来，当时的化学算不上一门科学，充其量就是一门学科。因为那时化学很少用到数学（Thompson，1966）。化学成为一门科学是 19 世纪末以后的事情，那已经是康德百年之后了。荷兰杰出化学家范托夫（Jacobus H. Van't Hoff，1852—1911）成功地将数学方法运用于化学，同时建立了化学与物理学的关系。作为一个里程碑式的人物，范托夫因为在反应速度、化学平衡以及渗透压等方面的研究工作而成为首位诺贝尔化学奖（1901）的获得者，并且赢得墓志铭上的不朽荣誉——"沟通物理与化学的人"（Thompson，1966）。

话说回来，如此重视数学方法的康德，为什么不提倡数学地理学呢？这源于康德的一种独特思考。康德担任过长达 40 多年的自然地理学教师，在此期间产生了如下两种思想。其一，他将自然地理学与人文地理学分别对待。在这种意义上，康德可谓是地理学二元论的始作俑者。其二，他将人文地理学与历史学类比。康德认为，就像历史学是时间描述的学科一样，地理学特别是人文地理学是空间描述的学科。康德的这种思想可谓是承先启后。所谓承先，是因为这种思想与有"历史学之父"称誉的公元前 5 世纪古希腊学者希罗多德（Herodotus）及其以后的古希腊历史学家和地理学家斯特拉博（Strabo）的地理学描述工作有关。所谓启后，则是因为康德的思想影响了德国地理学家赫特纳（Alfred Hettner），而赫特纳则影响了美国地理学家哈特向（Richard Hartshorne）。康德–赫特纳–哈特向的区域思潮在地理界逐步发展成为主流，地理研究也因而走向了"例外主义"的道路（刘盛佳，1990；张祖林，1993）。

如此看来，似乎是一些精英人物在影响地理学与数学的联系——"牛人"可以建立这些联系，也可以根据个人的见识或者偏好任意切割这些联系。其实不然，"牛人"没有那么大的能量或者影响力。一门学科对另外一门学科的影响，既有偶然性，也有必然性。

53

我们知道，当前各门学科中应用最多的就是高等数学。高等数学分为"旧三高"和"新三高"（图 3-1）。实际上，新三高（拓扑学、泛函分析和抽象代数）主要用于发达的学科如物理学，经济学理论中也有一些应用。各门学科广泛运用的还是旧三高即通常意义的高等数学：数学分析、线性代数以及概率论与统计学。高等数学的基本内容是微积分，微积分主要侧重计算和应用，而数学分析则是侧重于理论解析。人们通常将微积分作为高等数学最为核心的内容。微积分主要用于具体学科问题的理论推导。将微分方程离散化，则可以开展建模和计算。当我们利用微积分的有关知识建立了一个数学模型之后，需要确定参数，并且用于现实问题的解释和预言（测），这时线性代数就会发挥关键性的作用。可是，我们实际得到的观测数据并不反映研究对象的总体（population），我们取得的数据通常只能是样本（sample）数据。科学研究主要是通过样本推断整体，通过局部了解全局。在这种情况下，抽样过程是否具有足够的随机性就非常关键。于是，当人们运用线性代数方法确定模型参数的时候，需要借助概率论和统计学的知识来对建模结果进行评估。评估的基本思想通常是，一个数据集合与某种模型相互吻合的偶然性有多大。

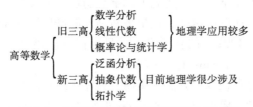

图 3-1　高等数学框架及其与地理学的联系

不妨以城市化水平增长的 logistic 模型为例，说明高等数学的运用过程。首先，我们假定一个区域的城市人口和乡村人口具有异速生长关系（allometric relation）（United Nations，1980）。从这个假设出发，借助微积分知识，可以得到一个二阶微分方程，该方程的解就是 logistic 函数，这个函数可以用做城市化水平变化的预测模型（Karmeshu，1988；United Nations，2004；周一星，1995）。为了确定 logistic 模型的参数，需要取得连续多年的数据序列，这个序列可以作为全部城市化过程（相当于总体）的一个样本路径（sample path）。然后，我们将模型线性化，并借助线性代数的知识，运用最小二乘法，估计模型参数。可是，这个城市化水平序列是否真的符合 logistic 模型？在多大程度上符合？曲线与数据匹配的结果是否是一种巧合？于是需要用到统计分析。统计分析主要是基于概率论的思想，一种模型与数据匹配的偶然性机会越小（显著性水平越低），则其必然性就越大（置信度越高）。

可是，高等数学在地理学研究中的运用并非一帆风顺，问题如下。第一，微积分是基于欧氏几何学发展起来的，主要用于处理光滑、规则的现象。可是，地理现象却是不规则的，地理过程表现的曲线也是不光滑的。第二，线性代数主要是基于线性叠加原理，它的基本假设就是研究对象具有线性性质，或者可以近似为线性过程，或者可以转化为线性分析。可是，地理演化过程本质上是非线性的。第三，统计学的基础主要是概率论中的特征分布，即有尺度分布，特别是正态分布。可是，地理现象多数属于无特征尺度的分布，主要是 Pareto 分布。由于地理空间现象及其演化过程与高等数学的基本性质相互对立，传统的高等数学在地理研究中的应用受到极大的局限（表3-2）。

表 3-2　常用高等数学的特性与地理学需要的对比

序号	传统高等数学	地理学需要
1	微积分——规则几何学（连续可积）	不规则几何学（离散或者连续不可积）
2	线性代数——线性叠加原理（可还原）	非线性不可加和原理（不可还原）
3	概率论、统计学——有尺度分布（平均值有效）	概率与统计——无尺度分布（平均值无效）

3.1.2　数学方法与地理学计量革命

地理学的数学方法的产生与发展源流今天看来是一个颇有争议的问题，即便是回归方法在人文地理学中的最早应用，至今似乎也没有一个学术共识。下面以计量地理学的发展历程为例，说明数学对地理学的影响过程。

到 20 世纪 80 年代，计量地理学经历了三个发展阶段（Philo et al.，1998）。此后，计量地理学进入第四个发展时期（陈彦光，2005）。这四个阶段的大体情况如下（表3-3）。

表 3-3　计量地理学发展的四个阶段

阶段	时间段	起点标志	高峰期标志	阶段特征
第一阶段	1650 年到 20 世纪初	Varenius《地学通论》的发表	Humboldt 的学术成就	混合数学化阶段
第二阶段	20 世纪初到 1940 年代	工业区位论的创建	Christaller 的中心地理论	初步理论化阶段
第三阶段	从 1950 年代初到 1970 年代末	Schaefer 对"例外主义"的批判	1964 年国际地理学定量方法委员会（CQMG）成立	全面计量化阶段
第四阶段	从 1980 年代初期至今	后现代数学方法的引入	暂且不详	理论化和计算化阶段

注：由于第四阶段处于正在进行时期，故高峰期的成就暂且无法评估

第一阶段的起点可以以 1650 年瓦伦纽斯（Bernhard Varenius）的拉丁文《地学通论》（*Geographia Generalis*）出版为标志，持续到 19 世纪与 20 世纪之交。1672 年英国科学家牛顿（Sir Isaac Newton, 1642—1727）将《地学通论》改版，1734 年译成英文后题名改为《一般地理学的综合体系——解释地球的性质和特征》[①]。该著作的基本构架受托勒密数学地理学思想支配，目标在于"解释地球的性质和特征"。这一时期主要是地理学的综合时代，到德国的洪堡（Baron F. H. Alexander von Humboldt, 1769—1858）时期达到高峰。洪堡特别重视数量化方法在地理学中的应用，Dickinson 和 Howarth（1933）在其《地理学的创建人》一书中曾经指出："洪堡主要是一位自然地理学家，他的方法是真正科学的，他不仅协调各种观测事实，而且建立法则解释性质与分布。"在此期间，杜能（Johann H. von Thünen, 1783—1850）发表了他的农业区位论。总之，这是定量地理学发展的初始混沌时期，地理学的和非地理学的定量化内容混杂在一起，彼此之间往往没有明确的界限。

第二阶段大致可以以韦伯（Alfred Weber, 1868—1958）的工业区位论发表为标志（1909），到廖什（August Lösch, 1906—1945）的区位论分析方法为终结（1940/1954）。20 世纪 30 年代克里斯塔勒（Walter Christaller, 1893—1969）中心地理论的建立是该阶段进入高峰期的标志（Christaller, 1933）。这一时期具有人文意义的理论地理学正式诞生，克里斯塔勒也因此被 W. Bunge 誉为"理论地理学之父"（Mackay, 1964）。第二阶段的基本特点是人文意义的地理知识理论化，但同第一个阶段一样，这个时期仍然不是纯粹的地理学数量化，因为区位论的发展与经济学之间存在紧密的联系——区位论的创始人大都是经济学出身的专家。

第三阶段以 20 世纪 50 年代 Schaefer（1953）对"例外主义"的批判为标志，此后的 10 余年即 20 世纪 50～60 年代地理学界掀起了所谓"反区域"思潮，借助数学-统计学工具发动了规模宏大的"计量运动"。1964 年第 20 届国际地理学大会上"地理学定量方法委员会（CQMG）"的成立标志着运动的高峰。1976 年，在莫斯科举行的第 23 届国际地理学大会上，CQMG 宣布解散。此后地理学又一度"阴盛阳衰"（Philo et al., 1998）。一般认为，CQMG 解散这一事件标志着地理学"计量运动"的结束，或者是"计量革命"的失败。但也有人认为，此时计量革命已经结束，进入了地理学的理论革命时期（Burton, 1963）——只是理论革命没有成功。这个时期是地理研究的全面计量化的时期。

---

① 英文书名为 *A Complete System of General Geography—Explaining the Nature and Properties of the Earth*.

第四阶段，非线性和计算化数学方法的应用。20 世纪 80 年代以后至今，随着后现代数学方法包括分形（fractal）和混沌（chaos）等数学工具的引入（Batty et al.，1997），地理数量方法的发展进入了一个全新的阶段，"地学计算"方法正在快速发展之中。一种看法是，新时期的地理数学方法开始局部化、计算化和可视化（Fotheringham，1997；Fotheringham，1998a；Fotheringham，1998b）。如果说 20 世纪 60 年代前后发生的是"计量革命"，则今天的地理学变革可谓"理论革命"了。不仅如此，这个时期计算地理学开始萌芽。因此，第四阶段也许可以称为理论化和计算化阶段。

对地理学计量革命的评价，在某种程度上反映了关于数学对地理学影响的评价。可是，如何评价计量革命及其倡导者，在学科内外却是一个长期以来颇具异议的问题。计量革命的前因是第二次世界大战之后地理学在美国科学界地位不高而遇到生存危机（Smith，1987），后果则是使得其他学科对地理学刮目相看。实际上，计量革命的初衷就是增强地理学的政治纯洁性（politically untainted），提高地理学家的社会地位（参见《牛津地理学词典》）。不能说地理学业已实现了这个目标，但可以肯定在相当程度上改变了不利处境。澳大利亚昆士兰（Queensland）大学地理学教授 Robert J. Stimson 在 1960 年是年仅 16 岁的大学生，他曾经以计量革命亲历者的身份对计量和理论地理学的前辈及其功绩作出如下评述："他们的贡献涉及诸多领域，从经济地理学、城市地理学、社会地理学到行为地理学，并且一直延伸到地理信息科学（Geographical Information Science，GISc）的发展。他们是我们这个行业的真正巨人，代表着一类学者的典范：开拓了地理分析与建模的先河，使得人文地理学因为严格科学方法的采用而成为更受尊重的社会科学"（Stimson，2008）。一个观点是，计量革命到 1960 年前后基本结束，此后进入了理论地理学的阶段（Burton，1963；Philo et al.，1998）。在计量革命最繁荣或者理论革命刚开端的时候，外界对地理学的评价已经很高了。Kenneth E. Boulding（1910—1993）曾经高度评价地理学在社会科学中的地位："在所有的学科中，只有地理学达到了研究地球及其全部系统的境界，因此它有权自称为人文科学的王后"（Boulding，1966；蔡运龙和 Wyckoff，2010）。Boulding 具有多方面的成就，但不是一个地理学家，他的称号包括经济学家、系统科学家、教育家、交叉学科哲学家、和平活动家、诗人、宗教神秘主义者以及虔诚的贵格会教徒（devoted Quaker）。他是一般系统论的协同发展者，为系统理论在社会科学特别是在经济学中的应用作出了很大贡献。可见，Boulding 对地理学的评价代表了一个学识渊博、见多识广的业外人士的评价。在 Boulding 看好地理学的那个时候，Stimson 是澳大利亚的一名地理专业的研究生，在导师的忠告下阅读了大量计量和理论地理学文献。当他广泛了解地理学在理论和方法方面的长足进步之后情不自禁地发出感叹："哇！人文地理学是一门真正的科学了，而不再仅仅是一种描述性的人文学科！"（Stimson，2008）。

在西方地理学计量革命时期，中国则处于"文化大革命"阶段，但西方计量革命的余波对中国地理界仍然产生了很大影响。不妨看看两位目前已退休的中国地理学家的描述。北京大学城市地理学家周一星教授回忆道："1964 年大学毕业后，我留校任教。不料，接着是'四清'和'文化大革命'，接近 10 年没有接触业务。直到 70 年代，为了配合当时的地理教育革命，北大地理系办过两份油印刊物《地理译丛》（1973—1974）和《城市规划参考资料》（1978—1979），刊登一些教员小心翼翼地从欧美、苏联、日本最新地理期刊上翻译的文章，以了解国外地理学动向。结果令人大吃一惊，在中国关起门来埋头于阶级斗争的同时，世界的地理学，特别是西方人文地理学已经发生了根本的变革，'计量运动'不仅发生，并已进入尾声，对人文地理学产生了重大的影响"（陈彦光，2011）。

南京大学计量地理学家林炳耀教授回忆说："1978 年，（我）在江苏地理学会、全国地理学会上宣读了两篇计量地理学的论文，引起了吴传钧老师、周立三老师、李旭旦老师的重视。吴老师带我参加中、英地理学家在英国曼彻斯特举行的会议，并且亲自带我参访了著名的地理学家约翰斯顿（R. Johnston）、威尔逊（A. G. Willson）、本内特（R. J. Bennet）等的工作室，并和他们座谈。他们赠给我许多历年的作品、新书。后来，在吴先生的推荐下，我也担任了两届国际地理联合会（IGU）数学模型学术委员会的常务成员，主持了两次区域会议。这一学术委员会中三分之一的教授都是数学家，同时也是地理学家。周立三院士、李旭旦教授还经常为我提供许多当时英美各国出版的地理数学模型的论文和著作……"。[①] 当事人的经历回顾胜过局外人的千言万语，由中国老一辈杰出地理学家对数学方法的重视程度，可以看出数学方法对中国地理学的影响。

然而，前途的光明并不意味着道路的平坦，万事万物的发展，波动和曲折都在所难免。计量革命之后，地理学的理论革命并非一帆风顺（Philo et al.，1998）。因此，地理学的科学性依然是一个受人质疑的问题（陈彦光，1998；蔡运龙和Wyckoff，2010）。需要澄清的是：地理学是否科学与一个地理学家具体的工作方法是否科学完全是两码事。地理学的科学性之所以受到怀疑，关键在于，由于数学描述和系统受控实验手段的局限，地理学的理论核心和学科范式没有建立。地理学之所以长期不能有效运用数学方法，主要的原因不在于地理学家不够重视，

---

① 林炳耀教授致科学出版社科学分社编辑韩鹏的信，2009 年 12 月。

关键因素是常规的数学方法与地理系统的性质存在冲突。这个问题前面已经简单地说明（表3-2）。需要强调的是，地理学发展的这种不利局面正在改观。第一，在数学分析与建模方面，由于分形几何学的产生，我们有了处理不规则现象的数学工具。微积分方法在地理研究中的局限正在被逐步克服。第二，在数据处理方面，由于非线性科学的发展，特别是仿生数学工具的引入，我们可以处理越来越多的非线性过程。线性代数在地理研究中的局限也正在逐步被突破。现在我们还面临第三个问题：地理现象的概率分布主要是无特征尺度的，而传统的概率论主要是基于有特征尺度的分布建立起来的理论体系。因此，统计学在地理学中的应用局限至今是一个有待克服的难题，这个难题只能留待数学家解决。对于数学家而言，这类问题已经提到研究日程上了。在数学方法不断发展的同时，计算机模拟实验方法的发展也在逐渐弥补地理学研究不可实验性的不足（图 3-2）。

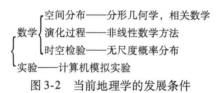

图 3-2　当前地理学的发展条件

59

最近几年，计量和理论地理学在西方地理界有回归的趋势。2008 年，美国《地理分析》（Geographical Analysis，GA）杂志主编换届，Daniel A. Griffith 出任该杂志的主编，他立即着手复兴在地理理论和应用中被证明具有持续生命力的数学模型和定量方法，先后组织了关于空间自相关、空间相互作用、空间统计分析等地理理论和方法的研究专辑。其中以地理统计分析的专辑规模为最大（Kerry et al.，2010a；Kerry et al.，2010b）。此前 GA 杂志的主编是 Alan Murray，此人本科学习数学，硕士阶段学习应用概率论和统计学，博士阶段才开始涉足地理学。他的研究兴趣广泛，涉及地理信息科学，城市、区域和自然资源规划，计量方法应用，区位建模，以及空间决策支持系统等。可是，由于此人缺乏足够的地理学修养，在他担任主编期间，GA 的论文选拔方向基本走偏，发表的文章往往具有很强的数学风格，而与真实地理世界及其建模以及模型的实证分析关系不大。一言以蔽之，过于理论化和复杂（Openshaw and Abrahart，2000）。GA 杂志的人事与风格调整过程从一个侧面反映了西方计量和理论地理学的衰落和复兴。

3.1.3　几何学与地理空间分析

在各种数学理论和方法中，几何学与地理学的关系最为密切（艾南山，1993）。了解几何学对地理学的影响，有助于我们认识数学影响地理学的过程。

国内外地理界有一个传说，那就是 Bunge 认为理论地理学就是地理几何学（杨吾扬和梁进社，1997）。其实，Bunge 在其《理论地理学》一书中从未指出理论地理学就是地理几何学（Cox，2001）。不过，这个讹传说明一个问题，那就是几何学对地理学研究的极端重要性。从发生学的角度来说，地理学与几何学有着共同的渊源：都是在大地测量过程中诞生，因此他们的英文单词都带 geo 字头（艾南山，1993）。可是，由于欧氏几何学在地理研究中应用的局限性，二者渐行渐远，终于分道扬镳了。

对于任何一个领域来说，数据建模的难题主要在于如下方面：一是分布中存在空间变量，二是演化中存在时间滞后，三是观测中存在人与系统的相互作用关系。经济学处理社会经济问题是不考虑空间变量的，他们通常将空间变量约化为模型中的一种参数（曾菊新，1996）。但是，地理学不同，地理学必须考虑空间变量。在地理学家找到非常有效的处理空间变量的数学工具之前，直接借助几何学建立模型，是最为便捷的一种技术路线选择。

在古代如古希腊时代，地理学家主要是借助几何学进行大尺度的地球描述和计算。欧氏几何学对于宏观描述非常有效。例如，埃拉托色尼计算地球周长，非常成功地运用了欧氏几何学知识。尽管地球周界曲曲折折，但在宏观计量方面，完全可以忽略细枝末节。他建立的经纬网坐标、地带性模型，其实也是一种基于几何学思想的表达或者成果。但是，当我们将地理空间尺度缩小到一定程度的时候，欧氏几何学就失效了。欧氏几何学主要是处理直线、平滑曲线、圆、三角形等形态或者形状。然而，地理现象却是不规则的。欧氏几何学的语言要素在中小尺度的地理空间中没有太多的用武之地。

尽管如此，近现代非常重要的地理学模型大多具有几何学特征。以区位论为例，Thunen 的农业区位论模型表现为同心圆，Weber 的工业区位论表现为三角形，Christaller 的城市区位论表现为正六边形网络。在城市地理学中，Burgess（1925）的城市土地利用的同心圆模型（concentric zone model）、Hoyt（1939）的扇形区模型（sector model）、Mann（1965）的同心圆-扇形区折中模型和 Dantzig 等的紧凑城市（compact city）模型（Dantzig and Saaty，1973）等都是欧氏几何学的描述结果。有些模型，表面看不出带有欧氏几何学的要素，实际上则具有欧氏几何学思想。例如，城市人口密度分布的 Clark（1951）模型，形式上是一种负指数函数，可是，它的建模思想却是同心圆结构——假定城市人口在统计平均意义上是围绕中心的同心圆分布。再如，城市规模分布的 Zipf（1949）定律，形式上是一个负幂函数。可是，该定律却隐含一个基本假定，那就是城市形态是欧氏几何形状，从而城市人口可以客观地测定。如果城市形态不是欧氏几何学的，则城市人口无法测定；如果城市人口无法客观测定，则城市规模分布的模型也难以理解（陈彦光，2003）。

　　然而，欧氏几何学的运用遇到很多困境。西班牙和葡萄牙分别测量它们共同的边界线长度，可是测量结果却相差 20% 左右——误差也太大了。河流的长度测量更是非常著名的学术问题，对于同一条河流，不同学术团体或者研究机构测量的结果大不相同，人们称之为"Steinhaus 伴谬"（Goodchild and Mark，1987）。像海岸线长度、国界线长度、河流长度、城市边界长度等，都存在长度的不可测量问题，形成地理学著名的长度之谜（conundrum of length）。这类问题导致一种新的几何学——分形几何学的诞生。

　　实际上，在分形几何概念提出之前不久，地理学家已经正式探索有关问题了。20 世纪 60 年代，美国密歇根数量地理学家校际社团（Michigan Inter-University Community of Mathematical Geographers，MIUCMG）着手调研地理空间的长度之谜以及与此相关的学术问题。调查工作完成之后，J. D. Nysteun 于 1966 年撰写了一篇题为"边界形状效应和局部凸性概念"（*Effect of boundary shape and the concept of local convexity*）的文章，报告了有关成果（Batty，1991）。该文一针见血地指出：对于地理现象，长度的确定依赖于尺度。不仅如此，该文章循着历史轨迹追溯到 H. Steinhaus 在 1954 年和 1960 年的工作，追溯到波兰地理学家 J. Perkal 在 1958 年的工作，而 J. Perkal 注意到奥地利地理学家 Albrecht Penck 在 1894 年的工作——后者早在 19 世纪末期就知道长度之谜了。这个问题开始困扰人类可能更早。Batty（1991）指出："有证据表明达·芬奇（Leonardo da Vinci）也已与长度难题较量过了，如果真的如此，那就意味着古希腊人已经知道长度之谜。"

　　为什么地理空间的长度问题如此重要？因为长度是最最基本的空间测度。科学研究首先要进行适当的描述，然后才能解释为什么（Gordon，2005）。要进行准确的描述，就得明确一些测度：长度、面积、体积、重量、密度等。英国著名物理学家汤姆孙（William Thomson，1824—1907）指出："当你对你正在讨论的对象进行测量，并且用数字表达出来时，你对它算是有所认识了。可是，当你不能测量它，当你不能用数字表示它的时候，你的有关知识在数量、程度和范围方面都存在欠缺，属于那种不能令人满意的知识。"因此，Taylor（1983）在其《地理学中的定量方法》一书中强调："测度是数学和经验研究的基本连接（basic link）"。也就是说，测度是定量化的开端，是从定性研究通往定量研究的中介环节。如果我们连基本测度都不清楚，建模、分析、解释、预测等都是空谈，没有意义。

　　从 J. D. Nysteun 报道的成果看来，地理学家的探索离分形思想虽然已经很近，但却擦肩而过。今天看来，J. D. Nysteun 的报告是一篇开创性的文章。可是，那篇文章居然没有公开发表，只是作为 MIUCMG 组织的讨论文章系列之一在密歇根大学地理系存档保留下来。这反映了一个问题，欧氏几何学的思想在地理学家那里根深蒂固，以至于这种具有分形概念的成果很难及时引人注目（可能作者自己都不想发表它）。就在 J. D. Nysteun 撰写报告的第二年，Mandelbrot（1967）发表"英国的海岸线究竟有多长"一文，提出地理线的长度依赖于测量尺度的思想。10 年之后，分形几何学的专著正式发表（Mandelbrot, 1977）。在此之前一年，"地理学定量方法委员会（CQMG）"宣布解散。20 世纪 80 年代，分形几何学产生巨大影响，并且深深地影响了地理学。直到这个时候，地理学家才恍然大悟：原来长度之谜是这么回事！可是，地理学家与发现分形的业绩已经失之交臂（艾南山等，1999）。

分形几何学对地理学的影响是深刻而且深远的，有些意义恐怕要等数十年后才能明确。具体说来，分形理论对地理学的影响如下。

第一，找到了地理测度的关键因素。对于欧氏几何体，我们只需要长度、面积、体积等量值，据此建模；维数是已知的（0，1，2，3），没有信息。对于分形几何体，我们需要维数，而长度、面积、体积等等在理论上是已知的（理论上，长度、面积为 0 或者无穷大），常规测度没有信息。以城市为例，城区面积是无法客观确定的，改变度量范围或者遥感图像的分辨率，测量的结果大不相同。但是，城市形态的维数却可以反映很多有用的信息。因此，整个地理学的建模方向发生了变化。

第二，认识到地理空间秩序的本质。地理秩序是无序背后的有序，是一种更高层次的秩序。很多自然和人文地理现象，表面看起来毫无规则，其实隐含着更为深刻的自然法则。后现代地理学家一度哀叹："当我们寻找空间秩序的时候，我们才发现，这个世界原来是没有秩序的。"（唐晓峰和李平，2000）可是，几乎与此同时，人们通过混沌和分形理论却揭示了无序系统往往隐含着更为深刻的空间秩序——"大自然只让很少几类现象是自由的"（Gleick, 1988）。不自由意味着非随机，不完全随机那就意味着有秩序。可是，这些秩序无法通过直观考察或者传统数学方法揭示，必须基于分形思想等途径，采用新的数学工具进行透视。

第三，长期悬而未决的地理学理论难题迎刃而解。传统的很多地理理论和模型都与分形有关，包括中心地理论（Arlinghaus, 1985；Arlinghaus S L and Arlinghaus W C, 1989；Chen and Zhou, 2006）、位序-规模分布（Frankhauser, 1990；Nicolis et al., 1989；Wong and Fotheringham, 1990）、引力模型（陈彦光，2008；陈彦光，2009b；Chen, 2009a；刘继生和陈彦光，2000）、异速生长定律（Batty and Longley, 1994）。中心地理论预言的城市规模分布是一种阶梯结构，

这与位序-规模分布的光滑曲线相互冲突，传统的理论无法解释（De Souza，1990）。今天，我们基于分形思想，采样递阶结构分析和非线性城市化动力学，可以很好解释这个问题，将中心地理论与 Zipf 定律统一起来（Chen and Zhou，2004）。关于位序-规模分布的标度指数（q），过去也没有一个明确的理论解释。今天我们知道，它具有双重分维特征：一方面，它是城市规模分布的分维的倒数；另一方面，它又是城市网络分维与城市体系人口分布维数的比值；此外，它在理论上还是中心城市形态的维数与人口分布的维数的比值。

下面以城市人口（P）-城区面积（A）异速生长定律为例，说明分形思想解决传统理论问题的作用。城市形态的异速生长定律可以表作

$$A = aP^b \tag{3-1}$$

式中，a 为比例系数；b 为标度指数。比例系数容易理解，标度指数的地理含义是困惑地理学家很长时间的问题（Lee，1989）。根据几何学知识我们知道，一个测度如人口（P）与另一个测度如面积（A）形成比例关系的前提是二者的维数相等。如果不等，就通过开方变换将二者的量纲转为一致。否则，它们就不能构成比例关系。式（3-1）表示的是一种比例关系。其中面积测度 A 的维数可以视为二维，即 $d_a = 2$。人口的维数呢？地理学家首先想到的是三维，即有 $d_p = 3$。于是，根据几何测度关系，标度指数 b 当为面积测度 d_a 的维数与人口规模测度的维数 d_p 的比值，即有

$$b = \frac{d_a}{d_p} = \frac{2}{3} \approx 0.667 \tag{3-2}$$

可是，这个判断却得不到观测数据的支持，因为实际计算的标度指数大多显著大于 0.7（Lee，1989）。于是，人们重新假定人口分布为二维，即 $d_p = 2$。这样，理论上应有

$$b = \frac{d_a}{d_p} = \frac{2}{2} = 1 \tag{3-3}$$

然而，这个判断依然得不到经验数据的支持，也得不到理论上的支持。在经验上，实际计算的标度指数大多显著小于 1（Lee，1989）。理论上，如果 $b = 1$，那就意味着城市人口与城区面积具有相同的相对增长率，从而大城市不能集约用地。大量的观测计算结果表明，b 值既不近似等于 2/3，也不近似为 1，而是趋近于 0.85，介于上述两种结果之间。

这就难倒了地理学家。人口既非二维，亦非三维，究竟是什么维数？由于没有分数维的概念，理论预期与观测结果的矛盾无法解决。在这种情况下，人们另辟蹊径，提出各种各样复杂的概念来解释上述维数现象，最后还是难以自圆其说。因此，从 20 世纪 50 年代到 70 年代，经过 20 年的异速生长分析，有关研究

终于冷却下来。直到分形概念出现，维数问题才得以澄清。原来，城市人口和城市形态的维数均非整数，而是分数，因此应有

$$b = \frac{D_a}{D_p}$$ (3-4)

式中，D_a 为城市形态的分维；D_p 为城市人口的分维，它们都不必为整数或者整数之比。这样，标度指数的量纲难题终于找到了出路（Batty and Longley，1994；陈彦光和许秋红，1999；陈彦光，2008；Imre and Bogaert，2004）。

人文地理学的引力模型遇到类似的困境，也找到相同的出路，有关问题后面将专门讨论。

第四，现实中的地理问题得到解答。如果说分形影响政治地理问题，读者可能感到难以置信。可是事实的确如此。作者上大学的时候，一位地图学老师兴奋而又神秘地告诉同学们一个消息："最新测量结果，我们的国土总面积1000多万平方公里。但是，对外不能公开，还是老数字——960万。"为什么呢？地理老师解释：如果我们宣布自己的国土面积突然增加，从哪儿来的土地？——是不是侵略了别的国家？容易引起政治纠纷。现在，时间过去20多年了，我们的国土面积数字依然围绕960万变动，官方从来没有提及1000万那个测量结果。究其原因，在于我国与周边一些国家存在未确定边界。如果公布一个面积大得多的数据，容易引起邻国的误会——是不是将其他国家的土地也计算进来了（陈彦光，2012）？

其实，根据分形思想，我们知道，上面的数字分歧是普普通通的地理测量问题，并不涉及国际政治。可是，这个问题的讨论本身，却是一个有趣的政治地理问题（陈彦光，2012）。由于地理形态大多具有分形性质，其长度和面积都依赖于测量尺度。遥感影像的分辨率不同，测量时采用的尺度不同，计算结果会有很大差异。因此，在同样的时空范围内，其他国家测量的中国国土面积与中国人自己测量的国土面积是不同的，否则反而是巧合。中国人在不同时期测量的结果也不尽相同，这涉及测量的尺度和影像的粒度。有了分形思想，国土面积的测量问题就不会引起政治纠纷，否则就是无知而可笑了。

对于中国而言，长江、黄河等，不仅仅是一种地理现象，更是一种文化标志，一种民族精神的象征。因此，人们很关心它的基本测度——长度。可是，长江的长度充分表现了地理学的长度之谜。1978年之前，长江长度的官方数字是5800公里。1976年，长江流域规划办公室等机构组织考察队考察发现，过去的长江源头搞错了。1978年新华社根据1976年的考察成果发布消息：长江源头不在过去以为的巴颜喀拉山南麓，而是在唐古拉山脉主峰各拉丹东雪山西南侧的沱沱河；长江全长也不是5800公里，应该改为6300公里。长江源头和长度的重新

确认，成为具有历史意义的一件大事。其实，关于长江长度的数据，一直以来，有多种估计结果：5498 公里、5500 公里、5701 公里、5769 公里、5800 公里、6275 公里、6288 公里、6300 公里、6380 公里、6397 公里、6403 公里、6407 公里……长江似乎在不断地变长！2001 年，中国科学院遥感应用研究所公布了一个测量结果：6211.3 公里。长江突然变短。科学家给出了解释：河道深泓线（talweg）即最深谷底线变化，河流局部截弯取直，测量技术改进，等等。

实际上，在几十年的时间内，长江深泓线的演变对测量结果影响是不大的，只有发生黄河那种历史性的改道，才会对测量结果形成明显影响。除了非技术原因（源头搞错、计算失误）和技术原因（遥感影像的分辨率提高、测量工具改进）之外，还有一个重要因素，那就是测量尺度。采用的尺度不同，计算的长度肯定不同。

类似的，还有中国海岸线的长度，中国国境线的长度，中国各省各地区的边界线长度，等等，都会存在类似的长度谜题。2009 年，国家文物局和国家测绘局首次联合发布明长城"家底"，总长度为 8851.8 公里。可以预见，如果其他机构再测量一次，结果一定会有所变化。因为明长城依山脉走势而修建，其轨迹必然具有某种分形性质。

总而言之，分形几何学的创生，对地理学理论分析和实践认识都产生了巨大影响。Batty（1992）指出："我们许多的自然地理学和人文地理学理论正在被运用分形思想重新解释，明天，它们在我们的教育和经验知识中将如同今天的地图和统计学一样常见。"现在，时间过去将近 20 年，分形几何学不断影响地理学，但地理界和业外人士依然没有明确地感受到分形的影响。不少人认为，分形无非测量了一些维数，没有太多的理论意义和实际价值。实际上，他们看到的仅仅是最初步、最基本的地理分形研究。分形应用于地理学，绝对不是测量分维数值这么简单。它将会在思想、哲学、技术、方法和理论建设等各个层面影响地理学的发展。Batty（2008）认为，分形几何学、异速生长和复杂网络理论正在形成一种城市演化分析的集成理论。的确，如果将分形思想、异速标度概念和自组织网络科学有机结合，可以很好地解决城市结构和演化分析的许多理论和方法问题（陈彦光，2008）。

对于几何学，存在如下对立概念。相应于欧氏几何学，我们有非欧几何学（non-Euclidean geometry）；如果将欧氏几何学视为整数维几何学，则分形几何学可以叫做分数维几何学。由于它们都是相对于欧几里得几何学而言的，有人将分形几何学也视为一种非欧几何学。通常意义的非欧几何学主要是指罗氏几何学和黎曼几何学。

65

3.2 地理学与物理学

3.2.1 物理学与地理学的哲学基础

在各门学科中，对地理学产生巨大影响的学科，除数学之外，可能就是物理学了。在西方，数学并非科学，而是与科学并驾齐驱的领域。所谓科学，都不是纯粹的推理性学科，而是实验性的学科。至今为止，无论人们是否乐意承认，科学的核心部分是物理学。著名物理学家卢瑟福（Ernest Rutherford，1871—1937）曾经指出："所有的科学，要么是物理学，要么就是集邮"（Gallagher and Appenzeller，1999）。所有的学科，在根本上，都与物理学有某种联系。物理学对地理学的影响，包括哲学基础、模型建设等诸多方面。首先看看物理学对地理学时空观念的影响。

数学和物理学都是影响人类思维的重要领域。每一次数学危机，都会对整个科学思维产生巨大的影响。每一个重大的数学成就，则或迟或早会影响到众多的科学分支领域，地理学当然不能例外。物理学虽然不能像数学那样波及科学各个领域，但它的影响也可以达到形而上的层面。一般认为，传统的思维方式有三大支柱：牛顿－莱布尼茨（Newton-Leibniz）的微积分原理，达朗贝尔（Jean Le Rond d'Alembert，1717—1783）的线性叠加原理和亥姆霍兹（Hermann L. F. von Helmholtz，1821—1894）的守恒原理（何博传，1989）。传统的世界观是 Newton-Descartes 式的机械论世界观，传统的方法论是 Bacon-Newton 式的还原论（Rifkin and Howard，1980）。从人类世界观到方法论，标准的制定者都是天才的数学家和物理学家。这两门学科对人类影响之大，由此可见一斑。在这种情况下，地理学没有可能超越数学和物理学的影响。

著名理论地理学家 Couclelis（1997）曾经指出，传统的地理空间可以分为两大类型：一是笛卡儿空间（Cartesian space），即绝对空间；二是莱布尼茨空间（Leibnitzian space），即相对空间。前者是定性地理学的空间思维基础，后者是定量地理学的空间思维方式。笛卡儿空间也就是牛顿－笛卡儿空间，是基于牛顿物理学和笛卡儿数学产生的哲学理念。整个传统的地理学，其空间思维方式都是牛顿－笛卡儿式的，直到计量革命以后，地理学家的空间观念才发生了一定程度的转变，由牛顿－笛卡儿绝对空间转向莱布尼茨相对空间。

我们知道，哲学包括世界观和方法论。世界观的核心就是时空观。如果一门学科影响另外一门学科的世界观，其作用不可谓不深刻；既然影响到世界观，当然也就影响到方法论。

3.2.2　物理学与地理学的模型建设

　　物理学对地理学的模型选择和建设有多方面的影响。典型的现象是地理学领域的社会物理学和反社会物理学演变过程。大约从第二次世界大战之后开始，地理学家和相关领域的学者开始运用物理学的思想研究人文地理学现象（Stewart，1950；Batty and Longley，1994）。在此期间，产生了一些著名的地理数学模型，如 Clark（1951）的城市人口密度衰减的负指数模型，地理引力模型，Wilson（1970）的空间相互作用模型（威尔逊，1997；Wilson，2000）。社会物理学的特点，一是强调量化，二是强调实证（相当于物理学的实验），三是强调物理学类比。统计学家 Clark（1951）在其"城市人口密度"一文的开头就写道："地理学的这个分支领域似乎没有见到足够定量化的研究。有时发表在有关参考书中的城市人口密度描绘结果实际上没有意义。"他基于欧美 20 多个国家的观察数据，归纳出人口密度衰减的负指数变化规律，并用观测数据进行了验证。从美国波士顿（Boston）1940 年的情况来看，人口密度衰减在平均意义上可以非常好地拟合负指数模型（图 3-3）。Clark（1951）的这一发现后来被人们称为 Clark 定律。

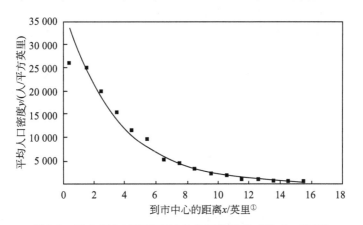

图 3-3　波士顿人口密度衰减的负指数图式（Clark，1951）

注：Clark（1951）原文没有提供原始数据，此图数据来自 Banks（1994）；1 英里 = 1.609 344 千米

　　物理学影响地理学的一个标志性模型是引力模型，该模型来自于牛顿万有引力模型的类比。在人文地理学领域，最早可以追溯到 Carey（1858），后来 Ravenstein（1885）提出迁移律，引力模型的运用变得更为明确化。第二次世界大战前后，西方学者基于地理引力模型开展了大量研究。Reilly（1931）提出了零售引力定

67

律，Converse（1930）推导出断裂点（breakpoint，breaking point）公式，Zipf（1946）提出了城市之间人口流动的距离反比假说，Stewart 等则导出了潜力公式（Stewart and Warntz，1958）。在这一系列的研究过程中，Stewart 起了关键性的作用，而此人是普林斯顿天体物理学出身（Martin，2005）。Stewart 的工作在两方面显得突出。一是引力模型的物理学类比。在此之前，一些学者有意回避或者无意忽略了引力模型与牛顿万有引力的关系。二是从物理学中借用了相关的思想、概念，认为人口潜力的数学描述与物理学中重力场、磁场及静电场等的数学描述一样。

对地理引力模型的发展发挥重要作用的学者之一是 Wilson（1970），此人是英国剑桥大学数学专业出身，一度在英国交通部从事核物理和数学研究。Wilson 将数学方法和物理思想运用于交通地理学问题，借助最大熵方法推导出空间相互作用模型，这个模型后来被视为地理引力模型的替代形式。Wilson 的工作还导致另外一个成果，那就是 Clark（1951）人口密度负指数模型的理论推导。Bussiere 和 Snickers（1970）将 Wilson（1970）的区域子系统两两关系压缩到一个城市与周边地区的关系，得到人口分布的负指数函数，从而使得 Clark 模型从经验定律向理论定律迈进了一步。

引力模型的发展过程中也遇到一系列难题，这类难题最终导致了社会物理学走向衰落。其一是量纲问题，后面还要专门讨论；其二是参数问题，参数不稳定（Mikkonen and Luoma，1999）。计量革命期间，很多理论地理学家企图通过概率分布等方式导出地理引力模型的引力常数，但是劳而无功（Harris，1964；哈维，1996；Lowry，1964；Schneider，1959）。其他重要的地理学模型或者定律，如异速生长定律，如前所述，也遇到类似的难题。后来的理论和计量地理学家走向了另外一个极端：由自觉不自觉地模仿物理学研究偏向了刻意追求与物理学不同。于是，形形色色的地理引力模型出现了（Fotheringham and O'Kelly，1989）。这些模型似乎更有地理特色，也似乎更为实用。但是，形式更为复杂，理论解释也更为困难。

3.2.3 维数、量纲与地理空间分析

物理学对地理学的影响往往与数学的影响交织在一起，典型的案例就是前面所述的引力模型。地理引力模型有两种常见的表达形式：一是基于负幂律的阻抗函数（impedance function），二是基于负指数律的阻抗函数。长期以来，人们总是认为只有 Wilson（1970）指数式引力模型才具有理论意义，因为该模型可以用最大熵方法推导出来。幂次引力模型仅仅是一种经验模型，来源于物

理学类比，没有明显的理论意义。还有一个原因，那就是基于幂律的引力模型遇到量纲解释的困难，而基于负指数函数的引力模型则不存在这个问题（Haynes，1975）。具体说明如下。以负幂指数函数为阻抗函数的引力模型的量纲表达式为

$$N^2 \hat{=} k \frac{N \cdot N}{L^b} \tag{3-5}$$

式中，$\hat{=}$ 为"量纲上等价于（is dimensionally equivalent to）"；N 为人口规模；L 为长度；k 为比例系数。由式（3-5）可得

$$k = L^b \tag{3-6}$$

这里距离衰减系数 b 理论上应该为整数，即有 $b=1$ 或者 $b=2$，否则，地理"质量"（通常用一个地方的人口规模度量或者地区产值度量）的量纲无法理解。

可是，基于经验观测数据计算的结果表明，b 值通常并不为整数，而是变化于 $0\sim3$ 之间的分数。这就引发了量纲解释难题。与此相反，基于负指数函数的引力模型就不存在这个问题。对于以负指数函数为阻抗函数的引力模型而言，量纲表达式为（Haynes，1975）

$$N^2 \hat{=} 1 \cdot N \cdot N \cdot 1^{L^{-1}L} \tag{3-7}$$

这个式子看起来自然而然，不存在量纲上不可理解的地方（Haggett et al.，1977）。因此，基于负幂律的引力模型长期在理论地理学中受到排斥，多数学者接受了基于负指数律的引力模型。

由于如下几个方面的问题，Wilson（1970）的空间相互作用模型影响越来越大。首先，地理引力模型最初是牛顿万有引力模型的物理学类比的结果，似乎缺乏理论依据，这是问题之一。一方面，地理学家不甘心使用一个源于物理学类比的公式；另一方面，地理引力模型长期以来找不到引力常数——实际上也许根本没有这种地理引力常数。其次，如上所述，地理引力模型在解释方面存在量纲的困难。由于幂次引力模型的距离摩擦系数不是整数，标度因子涉及分数，这在早年是无法解释的，地理学家因此而困惑不已。在这种背景下，Wilson 空间相互作用模型一经提出，立即受到地理学界的普遍欢迎。地理学家认为找到了与物理学不同的、而且具有明显理论意义的引力模型。Gould（1972）高度评价了 Wilson 的研究成果："Wilson 的工作为许多基于不太严格的物理学类比的空间相互作用模型提供了更为坚实的理论基础，使得引力模型像凤凰一样在积木自焚后的灰烬中获得再生。"

Wilson 的最大熵模型及以此为基础的引力模型在理论地理学界产生了巨大的影响，并且引发了众多的理论研究和应用探讨。2010 年，美国《地理分析》杂志发表了一个关于空间相互作用模型的论文专辑，纪念 Wilson 的地理最大熵理

69

论提出 40 周年（Griffith，2010）。Wilson（2010）对熵在城市和区域建模中的应用作了回顾和展望。基于负指数式阻抗函数的空间相互作用理论似乎已经不可动摇，但实际上却隐含着更为深刻的理论难题。问题之一，简单与复杂。指数函数意味着简单，而幂指数函数暗示着复杂。城市和区域都是复杂的空间系统（Allen，1997；Wilson，2000），空间相互作用过程理当服从负幂律，而不是负指数律。问题之二，局域性（locality）与长程作用（action at a distance）。负指数暗示着局域性，而负幂律才表明长程作用（Chen，2008）。地理空间相互作用理当是非局域的，否则与地理学第一定律发生矛盾。问题之三，线性与非线性。过去人们假设交通运输成本随距离的增加而线性变化，经验证据表明，这个假定也未必符合事实（Haggett，2001）。

需要特别强调的一个问题是，基于负指数函数的引力模型暗示着局域性，这与引力模型刻画的长程作用相互矛盾。自相关分析表明，负幂函数的偏自相关函数为拖尾，而负指数函数的偏自相关函数为一阶截尾——截尾现象表明空间作用的传递尺度有限。波谱分析则表明，负幂函数的波谱指数不等于 2，而负指数函数的波谱指数接近于 2——当波谱指数接近于 2 的时候，空间变化的自相关系数为 0。自相关分析和波谱分析揭示同一个事实：基于负幂函数的引力模型反映了空间上的长程作用，而基于负指数函数的引力模型则暗示一种局域性即局部性质。所谓局域性，就是说一个空间单元仅仅对紧邻的单元产生作用，对间隔的单元理论上没有影响，实测中影响很弱（Chen，2008）。如果空间相互作用是局域性的，那就意味着地理引力的直接传递范围很有局限，这与地理现象的空间过程不尽一致，与地理学的第一定律不尽相符。从这个意义上讲，基于幂指数的引力模型较之于基于指数函数的引力模型更为符合地理系统的现实特征。

量纲问题，本质上是一种维数的问题——物理学中的"量纲"与数学中的"维数"在英文中共享同一个单词（dimension）。实际上，量纲和维数是一个问题的两个方面。量纲一致性意味着维数一致性。基于负幂律的引力模型之所以存在量纲困难，是因为距离摩擦系数 b 如果不为整数，则意味着人口规模等"质量"测度存在分数的维数，而实测的结果表明 b 值的确常常为分数。这在过去是无法理解的现象，毕竟地理学家过去都将人口、面积之类视为整数维的事物（Lee，1989）。

分形几何学产生以后，引力模型的量纲问题就不再成为一个难题了。距离衰减系数 b 值之所以不为常数，是因为地理系统是一个分形的系统，地理测度对应的是分维而非整数维。整数维仅仅是分维的特例，距离衰减系数 b 出现整数的情况也仅仅是一种特例。另外，只要假定交通运输成本与距离之间的关系不是线性关系，而是对数关系，则 Wilson 的指数式引力模型自然返回到幂次引力模型（陈彦光，2009b）。这样，模型的表达形式绕了一个圈子，返回原点。

至此可以总结一下地理引力模型在发展和演变过程中受到的物理学和数学的影响。第一阶段，物理学类比，得到一个类似于牛顿万有引力定律式的模型。第二阶段，基于引力模型的推导和变换。既用到数学方法，也用到相关的物理学思想。特别是引力模型参数的解释打上了经典物理学的烙印。但是，幂次引力模型遇到了量纲解释的困境。第三阶段，模型的理论演绎，即借助最大熵方法推导出新的引力模型形式。熵是一个物理学概念，最大熵建模和推理则包含微积分以及求条件极值等数学思想。非线性规划、空间优化等数学方法此时都与引力模型发生联系。第四阶段，模型参数的分数维解释。分形几何学产生以后，人们对引力模型的量纲有了新的理解（陈彦光和刘继生，2000；陈彦光和刘继生，2002）。

3.2.4 物理学与地理学理论的价值判断

由于物理学影响到哲学特别是科学哲学思想，而科学哲学则影响到地理学，从而影响地理学家对理论的价值判断。这些判断既有正面的，也有负面的。地理系统与经典物理系统有很大的不同。经典物理学规律是时空平移对称的，而地理规律时空平移不对称（陈彦光，2008）。因此，物理学的模型、定律等必须用观测和实验数据进行验证。但是，地理学不同，地理系统的模型或定律必须借助理论、观测和经验同时验证。在物理学中，一个反例就足以否定一个定律；在地理学中，少数的反例不足以否定一个定律。城市人口密度的 Clark 定律、城市规模分布的 Zipf 定律、城市人口-城区面积的异速生长定律等都遇到反例，但是人们并没有放弃它们。中心地理论的重要发展者 Losch 曾经指出："如果一个数学模型与现实不尽一致，那么很可能不是模型错了，而是现实错了。"意思是说，假如有那么一个数学模型，在大多数情况下与现实吻合得很好，并且得到理论的支持。可是，有些情况下会出现例外。这个时候，不能因为例外的情况否定这个模型，而是应该用模型评价现实。比方说，大多数单中心的城市的人口密度服从 Clark 定律，并且 Clark 模型在理论上可以用最大熵方法推导出来，暗示一种优化结构。这样，如果我们遇到某些单中心城市的人口密度不服从 Clark 定律，就不能因为这些反例否定 Clark 模型，而是应该用 Clark 模型检验现实。根本原因可能不在于 Clark 模型存在错误，而是在于现实的城市形态和结构不够优化。只要人类采取正确的优化措施，或迟或早，城市形态会逐渐满足 Clark 定律的特征要求。

上述处理方式与物理学是不一样的。对于物理学，只能用事实检验理论；对于地理学，理论与事实可以相互检验。这就涉及地理学与物理学研究的根本区别之一：物理学主要是系统的行为研究（现实如何），地理学则不仅开展行为研究，还要进行规范研究（应该如何）和价值研究（判断标准）。可是，在经验中，真正能够理解Losch这种思想的学者很少。大多数人依然坚持用事实检验地理学的理论。不管一个地理学理论多好，只要在现实中遇到若干反例，地理学家就会对这个理论进行质疑，而没有想到是否是现实错了。究其原因，在于物理学理论评判的价值观念根深蒂固。一个现象可以说明问题，那就是理论地理学家一度企图寻找地理引力常数。地理系统不存在物理学意义的常数，之所以花费大量精力寻找引力常数，根本原因是受到物理学价值观念的影响。

在纯粹的定性研究和通常的唯象研究中，任何学科都非常关心研究结果的学术意义（meaning）解说。但是，在地理学理论研究中，情况并非完全如此。如果能够通过观测数据揭示系统背后普遍存在的数学规律，并且用公式将其表示出来，则即便这个公式的含义暂时不能回答，也不影响其学术价值的判断。一言以蔽之，反映规律性的数学公式本身就有价值。这个学术标准是来自于物理学的，特别是量子物理学的发展过程。

近年来，由于地理观测数据质量的提高，地理学家也可以通过大样本数据的归纳分析寻找地理规律，并且用数学公式将有关规律表示出来。然后，基于归纳得到的经验公式，还可以开展数学演绎分析，推导出一些新的结论。可是，对于这类研究，地理学界的评价尚未达成共识。深知理论研究规则的学者认为，地理数学规律的探索非常重要，即便其意义不能马上揭示出来；可是，缺乏理论研究背景的地理学家则常常认为，这类研究是纯粹的数字或者数学游戏，没有太多的价值可言。孰是孰非，需要通过更大的学术时空了解科学理论建设的标准和规范形成的前因后果才好判断。

科学研究并非总是从一本正经的严肃思考开始，有许多重要的科学发现滥觞于"游戏"性质的探索工作。量子物理学的起源，在某种意义上就与科学家的数字"游戏"有关。19世纪与20世纪之交，不少物理学家研究黑体辐射，并试图借助数学公式拟合实验数据。人们先后发现两个黑体辐射公式，但都有缺点：维恩（Wilhelm Wien）的半经验公式符合短波的实验结果，但与长波不一致；瑞利－金斯（Rayleigh-Jeans）公式符合长波的实验数据，但与短波不吻合。为了更好地拟合黑体辐射数据，德国物理学家普朗克（Max Planck）经过苦思冥想，拼凑了一个黑体辐射公式，可以很好地描述实验数据。1900年10月19日，普朗克在一次德国物理学会的会议中公布了这个公式。但是，普朗克公式像是一种数字游戏的结果，其物理意义没有人解释清楚。为了能够从理论上揭示这个公式的本质，普朗克假定能量是离散的，即一份一份辐射的。基于这个假设，普朗克从数学上将其公式推导了出来。

今天看来，到了这一步，普朗克公式的科学意义已经比较明朗。可是，普朗克的假设却与当时人们的直观认识不一致。那时的物理学家普遍认为，能量是连续的，不可能是一份一份的。因此，普朗克的理论推导前提"错"了。10 多年后，普朗克的理论才得以认可，这似乎又要归功于另外一个数字"游戏"。

在中学物理中，有一个表示氢原子谱线波长的经验方程，该公式由巴尔末（Johann J. Balmer，1825—1898）发现，故称巴尔末公式。巴尔末原本是瑞士的一个中学数学教师，一度在巴塞尔（Basel）大学兼任讲师。1884 年，年近 60 的巴尔末向人夸下海口："我能用数学公式将任意 4 个数字有规律地组织起来。"当时正在研究光谱的物理学教授哈根巴赫（E. Hagenbach）闻听此言，就将氢光谱中红、绿、蓝、紫的四条谱系的波长数据 410nm、434nm、486nm 和 656nm 写给了巴尔末，看看他能否找到这些数字之间的内在关系。没有想到巴尔末果然顺利地找到一个数学公式，建立了上述谱系波长的数值联系。1884 年 6 月 25 日，巴尔末在一次会议中公布了这个公式，随后又将其发表在当地一个期刊上面。1885 年，巴尔末公式被《物理、化学纪要》杂志转载。可是，这个公式的物理意义究竟是什么，当时谁也说不清楚。直到 1913 年 2 月，丹麦物理学家玻尔（Niels H. D. Bohr，1885—1962）从文献中发现这个公式，它的意义才开始闪闪发光。玻尔当时正在研究英国物理学家卢瑟福（Ernest Rutherford）的原子的行星结构模型，并在该模型中引入了能级（energy levels）概念。有了巴尔末公式，原子结构的能级关系理解定量化了，所以玻尔回忆说："一见到巴尔末公式，我眼前的一切立刻变得明朗起来。"由于当初巴尔末公式的发现过程带有游戏性质，后来有人戏称与之有关的一系列科学发现是由数学游戏引起的。

由于巴尔末的数学游戏，玻尔的能级概念被肯定；由于玻尔的能级概念被肯定，卢瑟福的原子模型被接受；由于原子的行星结构模型和电子跃迁理论的发展，普朗克的能量离散假说最终得以肯定，他的那个拼凑而成的公式也被称为"普朗克辐射定律"（Planck's radiation law）。物理学界终于掀起了一场量子革命，狄拉克（Dirac）、爱因斯坦（Einstein）、海森伯（Heisenberg）、薛定谔（Schroedinger）等杰出物理学家先后为这个领域作出了巨大贡献。从此，科学理论研究形成了两个基本规则或者标准。第一，理论模型建设的前提假设如何构造，是理论家自己的事情，别人不得说三道四，除非你能够提出新的假设，据此建立更好的理论模型取而代之。第二，对于描述客观世界内在规律的数学公式，即便暂时不能解释其物理意义，也不妨碍其学术价值的判断。定性研究与定量研究不一样，唯象研究与唯理研究也不尽相同。对于定性研究，揭示含义（meaning）十分关键，而对于定量研究，则更关心测度（measurement）及其关系；对于唯象研究，一个数学模型及其公式的含义必须给出科学意义的挖掘结果；对于唯理研究，数学公式的科学意义暂时挖掘不出来也没有关系，与观察数据吻合程度很高的公式本身就具有学术价值。

如今很多学科都在关注和研究一种常见的幂律，即所谓 Zipf 定律（Bak，1996；Chen，2010；Gabaix and Ioannides，2004）。这个定律原本起源于城市位序-规模分布研究（Carroll，1982；许学强和朱剑如，1988；周一星，1995）。可是，当初中心地理论的创始人 Christaller（1933）对城市位序-规模法则是持否定态度的，他认为 Auerbach 的城市规模分布公式只不过是一种"数学游戏"。可见当初 Christaller 没有看到 Auerbach 模型的学术价值。Auerbach 公式是 Zipf 模型的前身，否定 Auerbach，也就等于否定了后来的 Zipf 定律。但 Christaller 没有料到的是，基于中心地模型的 Beckmann 模型最终还是将 Christaller 等精心构建的城市体系等级结构导向了位序-规模分布，即滥觞于"数学游戏"的 Zipf 法则（Chen and Zhou，2006）。事实上，当代西方科学前沿的所谓复杂性理论有许多乃是从计算机游戏开始的（Waldrop，1992）。西方地理学家为了探索城市演化机制，甚至专门开发了城市游戏（City Game）软件系列（Portugali，2000）。可见，德国诗人、批评家、戏剧家莱辛（Gotthold E. Lessing，1729—1781）所谓的"游戏，有许多正理；正理，也有许多是游戏"的确是一句至理名言。

3.3 地理学与生物学

3.3.1 生物学思想和概念的影响

生物学对地理学的影响是潜移默化的，但其作用是非常强大的。概括说明，生物学影响地理学主要表现于如下几个方面：其一是早年通过系统论发生影响，其二是近年通过复杂性理论产生影响，其三是通过类比和方法的移植产生影响，其四是通过思想的扩散产生影响。下面以城市地理学的影响为例，说明生物学对地理学思想和方法产生的影响。

Jacobs（1961）在她那著名的《大城市的死与生》中提出如下问题："为什么城市从前没有被当作有组织的复杂性（complexity）来认识、理解和对待？如果关注生命科学的人们可以将他们的难以解决的问题视为有组织的复杂性问题，为什么关注城市的专业人士没有认识到他们也涉及这种问题？"由于受到牛顿机械论世界观根深蒂固的影响，Jacobs 这类思想早先没有引人注目，但是近年来越来越受到地理界的重视。20 世纪 60 ~ 70 年代，系统论思想波及许多领域，地理学也受到很大影响。由于"文化大革命",系统论对中国地理学的作用滞后 10 ~ 20 年。20 世纪 80 年代,中国地理界一度出现过系统思想热。可是,当系统论影响我国地理界的时候,西方思想界已经发生了很大变化,复杂性理论悄然而生。对于城市地理学而言,系统论的有关思想逐渐汇流进入复杂性理论,而城市地理学的理论前沿则是空间复杂性理论(Batty,2000,2005)。

系统论的创建人 Bertalanffy(1968)是生物学出身,系统论的思想中蕴含着大量的生物学思想。随着科学的发展,人们发现生物进化、生命演化、生理变化等过程,其实都是各种复杂的计算过程,而生命系统的计算要比人类的计算聪明得多。于是出现了前面提到是元胞自动机(CA)、人工神经网络(ANN)、遗传算法(GA)、生命游戏(life game)等一些仿生数学方法和复杂性理论科学群(图 3-4)。这些学科如今正在影响地理学的各个方面。CA 模型在城市演化模拟中的应用最为引人注目,ANN、GA 等也逐渐应用于地理学的建模、计算和预测分析(Batty,2005;黎夏等,2007)。生命游戏的思想渗透到城市地理学,产生了"城市游戏"的概念(Portugali,2000)。

仿生科学体系
- 1. 元胞自动机(cellular automata,CA)—元胞空间模型(cellular space model,CSM)
- 2. 神经网络(neural nets/networks,NN)
- 3. 进化计算(evolutionary computation)
  - a. 遗传算法(genetic algorithm,GA)
  - b. 遗传规划(genetic programming,GP)
- 4. 人工生命(artificial life,A-life)

图 3-4 仿生数学体系示意图

3.3.2 生物学方法的移植和发展

生物学对地理学最直接的影响是方法的移植和发展。比较典型的理论和方法移植及其改编包括最邻近分析、空间自相关分析和异速生长分析。

最近邻分析(nearest neighbor analysis,NNA)将区域中点的现实分布与基于相同区域中点的理论意义的随机分布相比较。这个方法最初是植物生态学(plant ecologist)定义的一个间距指数(spacing index),用于比较观测到的一个区域的植物聚落图式与理论上的随机分布的异同。Clark 和 Evans(1954)提出最近邻分析概念,King(1969)将这种方法引入城镇聚落的空间分布分析。其他学者如 M. F. Dacey 在这种方法的应用方面也有贡献。此后,NNA 逐渐发展成为一种人文地理特别是城市地理学的空间分析方法(Burtenshaw,1983;Haggett et al.,1977;Taylor,1983;Tidswell,1978)。理论上,假定所有的点完全随机分布,则其平均距离为其密度倒数值的一半。用这个结果与借助图像观测到的实际的点分布格局相比较，可以得到一个比值，这个比值通常叫做最近邻指数（nearest neighbor index），或叫 R 尺度。

空间自相关分析最初起源于生物计量学研究，首先影响到生态学（Moran，1950；Geary，1954；Sokal and Oden，1978；Sokal and Thomson，1987），后来则成为理论地理学的基本方法之一（Haggett et al.，1977）。最初，Moran（1950）基于生物现象的空间分析将一维空间概念的相关系数推广到二维空间，从而定义了 Moran 指数；此后不久，Geary（1954）类比于回归分析的 Durbin-Watson 统计量提出了 Geary 系数的概念。于是，空间自相关分析方法雏形形成。在地理学的计量运动期间，空间自相关分析方法被引入地理学领域。此后数十年，经过广大地理学家的努力（Anselin，1995；Griffith，2003；Odland，1988），特别是 Cliff 和 Ord（1973；1981）的相关工作，空间自相关逐渐发展成为地理空间分析的重要主题之一——另一个突出的主题，如前所述，是 Wilson（1970）的空间相互作用理论和模型。在 Moran 指数和 Geary 系数的基础上，Anselin（1996）发展空间自相关的局部分析方法，Getis 和 Ord（1992）提出了基于距离统计的空间联系指数，等等。特别地，Moran 散点图分析方法的出现，代表着空间自相关分析的一个显著进步。

空间自相关分析的基本测度是 Moran 指数，Moran 指数来源于统计学中的 Pearson 相关系数。将互相关系数推广到自相关系数，将时间序列的自相关系数推广到空间序列的自相关系数，最后采用加权函数（weighting function）代替滞后函数（lag function），将一维空间自相关系数推广到二维空间自相关系数，即可得到 Moran 指数。Moran 指数其实就是标准化的空间自协方差。其他的统计参量，如 Geary 系数（Geary's C）、Ripley 指数（Ripley's K）、连接数分析（join count analysis），Getis 的 G 统计量（Getis'G），等等，都是在 Moran 指数的基础上衍生出来的地理空间关联测度。

空间自相关不仅仅是一种空间统计方法，该理论关系到 Tobler（1970；2004）的地理学第一定律，而地理学第一定律则是地理分析的基本理念之一。计量运动结束之后，空间自相关研究一度进入低谷状态，但仍然有许多学者潜心研究这种方法的理论基础和应用方向。近年来，理论和计量地理学在西方呈现复兴的态势。2009 年，美国《地理分析》杂志发表了一个关于空间自相关的论文专辑，纪念 Cliff 和 Ord 的地理空间自相关理论提出 40 周年（Griffith，2009）。不少计量和理论地理学名家为此撰稿，其声势大大超过后来的 Wilson 最大熵模型的 40 周年纪念。Cliff 和 Ord（2009）应邀回顾地理空间自相关思想形成和理论创造的过程。

生物学影响地理学的最典型的案例是异速生长分析。异速生长定律（law of

allometric growth）在生物学中有着较长的演变历史（Gayon，2000），在地理学中的发展已逾半个世纪。它是生物学和生态学最基本的标度概念（Wu et al.，2006），也是城市地理学的重要标度关系之一（陈彦光，2008）。不妨相对详细地讨论这一定律的移植、发展过程、面临的困境及其最后的出路。

现在人们知道，早在 1932 年讨论 D'Arcy W. Thompson 的名著《论生长与形态》的时候，Huxley 就曾提出了异速生长这个概念。实际上，Huxley 的思想可以追溯到 Snell 的一项研究：Snell 曾于 1891 年提出哺乳动物的头脑尺寸与身躯大小具有异速生长关系（Lee，1989），因此异速生长的原意一般理解为"与整个机体的绝对大小（magnitude）的变化相关的比例的差异"（Gould，1966）。这个发现后来被发展为生物体的局部与整体的几何测度关系（Beckmann，1958）："一个器官的相对增长率与整个生物体的相对增长率具有恒定的比值。"类比于生物现象，地理学家自然会联想到，城市地理系统中也会存在这种关系。例如，城市体系的局部（如最大城市）的相对增长率可能与整个城市体系的相对增长率具有恒定的比值（表 3-4）。实际上，正是基于这种思想，Beckmann（1958）提出了他的城市体系异速生长方程，用于描述区域最大城市人口（表为 y）和所有城市的总人口（表为 x）的相对比率（Carroll，1982；周一星，1995），即有

$$\frac{\mathrm{d}y}{y\mathrm{d}t} = b\frac{\mathrm{d}x}{x\mathrm{d}t} \tag{3-8}$$

式中，b 为异速生长系数，为常数。

表 3-4　城市与生物体的维数类比

测度	生物体	城市体	维数（欧氏维数）
面	表面（surface）	城区面积（urban area 或 land-use area）	$d=2$
体	体积（volume）	城市人口（urban population size）	$d=3$

异速生长定律最初由 Naroll 和 Bertalanffy（1956）从生物学领域引入地理学领域。但是，有一个生物学家对此产生了一定的影响，那就是 Gould。Gould 具有很强的语言能力，欧洲一些非英语国家的学者撰写的有关异速生长的论文他也能看懂，并将有关讨论发扬光大，在生物学中产生了影响（Gayon，2000）。不仅如此，他的工作对地理学家也产生显著作用。从事过异速生长研究的早期地理学家，大多从 Gould 的文章中受益。而且，Gould 的研究不限于生物现象，他还探讨过罗马教堂的面积与周长之间的异速标度关系（Gould，1973；陈彦光，2010）。

异速生长并不限于刻画系统局部与整体的关系。异速生长的要义在于，系统的一个测度的相对变化率与另一个测度的相对变化率比值为常数。Nordbeck

（1965）研究发现，一个生长体的某两个有关变量（如高度与重量）也可以满足异速生长方程。Naroll-Bertalanffy 的城－乡人口关系、Nordbeck-Dutton 的城市人口－城区面积关系即人口－面积关系（population-area relation）都是这种概念的推广（Naroll and Bertalanffy，1956；Nordbeck，1971；Lee，1972；Dutton，1973）。关于异速生长定律在城市地理学中的发展，Lee（1989）有过较为详细的回顾。1973 年美国的《城市与区域规划学》（*Ekistics*）杂志曾经发表过研究专辑，该专辑重印了 Naroll 和 Bertalanffy（1956）的文章以及 Gould（1966）的文章。

从地理学家对异速生长定律的提法，我们可以看到这个模型从生物学到地理学的过渡。20 世纪 50 年代，Beckmann（1958）在"城市等级体系和城市规模分布"一文中写道："生物学家发现了一个异速生长定律"；20 世纪 70 年代，Nordbeck（1971）在"城市异速生长"一文中的开头就写道："异速生长定律最初由生物学家发现"……后来，Lo 和 Welch（1977）在"中国城市人口估计"一文进入正题之后，写道："Nordbeck 借助异速生长定律讨论过城市人口和城区面积关系"，不再特别强调异速生长定律是一个生物学定律了。总体看来，早先的地理学家用到异速生长定律的时候，大多要提到它的生物学来源；渐渐地，地理学家主要提到早先地理学家的研究，不再言及其生物学的起源。

生物学对地理学的影响也常常与数学等其他学科交织在一起，这种现象的典型案例依然是异速生长模型。影响的原因和机制与地理引力模型的情况相似。过去人们认为城区面积是二维现象，人口为三维现象（表 3-4）。于是标度指数理当为 $b=2/3$。但实验结果不支持这个假说。于是，异速生长模型遇到量纲困境。问题的最后解决依赖于分形思想。有关问题前面已经具体说明，不再赘述。

可以预计，生物学对地理学的影响将会越来越大。原因是，生物学正在影响着整个科学界的基本思想。除了直接的模型移植、理论转化等，生物学可能会更多地通过仿生数学、复杂性理论和类比等途径影响地理学。

3.4 地理学与系统科学

3.4.1 系统科学的两条发展路线

系统科学对地理学的影响广泛而且深远。第二次世界大战期间，由于需要引导和控制大型军事行动，美国科学家着手发展出一门叫做"系统理论（theory of system）"的数学分支学科。这门学科的发展目标是要解决寻找最优的工程进度、最佳的补给路线等议题。作为该研究的继续，第二次世界大战结束以后，科学家开始探讨是否可能存在一门"系统科学"（science of system），解决交通网络之类的优化问题。可见这门学位由军用转为民用时，一开始就与地理学问题存在联系。当时人们普遍关注的是，作为一个系统，是否必须具备某些性质：就像凡是金属都能导电、凡是哺乳动物都是胎生并且两性繁殖一样，是否凡是系统就有一种明确的属性。当初人们有各种猜想，正如人们今天面对复杂性一样，各类猜测层出不穷。系统问题爱好者找来不同系统进行研究，详细分析每一个系统的特性，但却没有找到系统的共同性质，从而否决了上述猜测。

20 世纪 40 ~ 70 年代，系统分析的发展形成了两条不同的路线。

一是实用的路线，着重于进行经济合理思维的工具，系统分析方法通过官方的渠道发展起来。将数学和经济学用于第二次世界大战和战后时期新型防卫武器系统之类的研究。第二次世界大战期间研制原子弹的曼哈顿工程（Manhattan Project）、战后 1958 ~ 1969 年的阿波罗登月工程（Apollo Project）之类，都是庞大的系统工程，没有系统分析方法是无法组织运行的。20 世纪 40 ~ 50 年代使用很多的名词是："运行分析"、"损益分析"、"运筹学"及"系统工程"等。当时最有影响的一个机构是圣莫尼卡（Santa Monica）的兰德研究与发展（R&D）公司。艾森豪威尔（Dwight D. Eisenhower）和肯尼迪（John F. Kennedy）当政时期有影响的分析人员，都来自这个机构。1960 年，肯尼迪当选美国总统之后，他任命的国防部长罗伯特·麦克纳马纳（Robert McNamara）就将系统分析及其直接产物计划－规划－预算系统方法（PPBS）带到华盛顿。PPBS 包括三个组成部分：长期预算、管理信息系统（监督有关项目及其开展情况）和系统分析。肯尼迪的后任总统约翰逊（Lyndon B. Johnson）基于国防部的经验于 1965 年进一步指示将 PPBS 方法用于美国所有的联邦政府机构。从当时的资料看来，约翰逊的指示未能得到全部执行，有关系统分析和 PPBS 的方法有可能因为称职人员的短缺而被滥用。1966 ~ 1968 年，关于系统分析的争论白热化了。尼克松 1969 年上台伊始，就企图发布政令贬低系统分析在国防部的意义。此后，"系统"一词曾经在美国激起抨击乃至仇视。原因在于：一方面，由于美国政府在 20 世纪 60 年代的过度宣传导致逆反心理（物极必反）；另一方面，人们一度误以为将系统思想用于某些领域具有"反人道"的性质（Krone，1980）。

尽管系统方法一度被人冷落，"系统"一词的应用却越来越广泛。人们找不到一个更为一般性的词汇，以便描述所要讨论的问题的性质和有关的丰富生动的现象。简而言之，系统也许不是一个最好的词汇，但是，迄今为止，人们的确未能发现一个更好的术语。

在同一时期，一些民间机构也开始利用系统分析方法，旨在改进交通、通信、计算机、公共卫生等设施的效率和效能。这方面的典型事例是载人和不载人空间飞行器的研制。在此过程中，滥觞于兰德公司的系统分析很快从军界流传到民间和半民间的研究结构中。

二是理论的路线，着重于理论面向社会的学院式研究，体现在与大学有关的教学和研究活动之中。在这方面，存在一种试图将众多学科加以系统地理论化的倾向。首先是生物学和数学，一般系统论的奠基人 Bertalanffy（1968）就是生物学出身，典型的知识领域是控制论；其后扩展到工程学、通信理论、一般系统论、政治结构和国际关系、管理系统、生态系统、心理和精神分析以及教育系统。

上述两条渠道开始是并行的，两种研究路线相互脱离，这种状况一直持续到20世纪70年代。后来，由于一些自然和社会科学家在著述、宣传等方面的努力，人们才开始明白从第二条路线取得的成果，对于来自第一条路线的技术的有效利用和进一步发展非常有益，此后两类研究路线逐渐殊途同归（Krone，1980）。系统分析方法再度受到关注和重视。

通过这个事例我们可以看到研究方法如何在实践中由正面走到反面。当一种科学方法表现出独特优势时，就会受到不适当的追捧、夸大，成为主流，以致一知半解的人也经常误用，不应该应用的地方也盲目滥用。当滥用、误用导致的副作用充分暴露的时候，人们对该方法的看法就会走到反面，并最终势利地将其抛弃，转而采用原先被冷落的方法，于是另外的方法成为热门和主流。当这种方法被冷落的时候，少数头脑清醒的人仍然在潜心研究，弥补原先的不足，发扬原有的优势，挖掘潜在的优势。与此同时，当前被人们热捧的方法也因为同样的原因暴露缺陷，受人厌弃。于是，一度被冷落、被抛弃的方法又被人们重新重视、广泛应用。地理学的计量方法如此，科学界的系统分析方法也是这样。三十年河东，三十年河西。循环往复，此起彼伏。社会系统发展的动力学机理由此可见一斑。

由于没有找到系统的基本属性，也就不能建立严格意义的、作为数学分支的系统理论。Bertalanffy（1968）的一般系统论是以一门交叉科学的面貌出现的。实际上，虽然系统理论的发展初衷未能实现，但有关研究的科学意义非常之大——现代科学许多大的进步都是由此发展起来的，包括所谓的"老三论"和"新三论"，以及后来的混沌、分形等诸多理论（图3-5）。这又是一个"无心插柳柳成荫"的例子。老三论包括系统论（system theory）、控制论（control theory，cybernetics）、信息论（information theory），合称 SCI 理论（Bertalanffy，1968；Shannon，1948；Wiener，1948）。新三论包括耗散结构论（dissipative structure theory）、协同学（synergetics）和突变论（catastrophe theory），合称 DSC 理论（Arnold，1992；Haken，1983；Prigogine and Stengers，1984）。需要注意的是，作为系统科学分支的突变论不同于生物学进化学说中的突变论（mutationism），后者又译为骤变论，是生物进化的一种观点。

图 3-5   系统科学群的基本框架

3.4.2   一般系统论对地理学发展的影响

整个系统科学发展的两大路线都对地理学的理论和方法产生了巨大而深刻影响。1948 年，美国哈佛大学因为种种原因取缔了地理系，此后美国的很多大学纷纷效仿，以"地理学不是科学"为由取消地理系。地理学在美国的生存空间越来越小。如果地理学在作为世界科学中心的美国消亡了，其后果对于国际地理学是可想而知的。1953 年美国出现的地理学"计量运动"，本质是地理学界年轻人救亡图存的过程。地理学计量化的过程，也是系统理论与地理学逐步交融的过程。在西方计量地理学和理论地理学的著作里，"系统"是一个非常普通的概念。由于计量化和系统思想化，美国地理学终于在风雨飘摇中得以生存下来。

计量革命之后，美国地理界又发生一次所谓的革命，那就是基于地理信息系统（geographical information system，GIS）的地理技术革命。GIS 的源头是管理信息系统（MIS），而 MIS，如前所述，正是系统分析发展第一条路线的产物之一，PPBS 的一个组成部分。在 MIS 中引入地理空间测度、变量和模型，才产生了地理学的技术支撑系统——GIS。虽然计量革命后数学方法在地理研究中一度被冷落，但 GIS 技术却开始接力（relay），继续维持地理学的学术影响和社会影响。在 GIS 之后，由于数学、非线性科学和计算机技术的发展，地学计算（GeoComputation，GC）发展起来了。有人认为，GC 可能是继 GIS 之后的地理学的又一次革命（Openshaw and Abrahart，2000）。

为了避免泛泛而谈，笔者将以中国地理学和城市地理学为例，说明系统科学对地理学发展产生了怎样深刻的影响。

系统科学对地理学的影响时间与计量运动大体一致。西方地理学计量运动时期和系统科学发生影响的时期，正是中国的"文化大革命"时期。"文化大革命"结束之后，地理数学方法和系统科学几乎同时对中国地理学产生影响。1985年，为了服务于高年级大学生和研究生地理教学，全国综合自然地理教学研究会与西南师范大学地理系合编《综合自然地理学文献选编》（第1辑）。这本文献分为两大部分：第一部分为总论——"科学哲学与方法论"文献（27篇），第二部分是专题——"土地科学"文献（12篇）。另有两个附录。专题姑且不论，且看总论部分收录的文献：

1）地球表层的系统与进化（浦汉昕）；

2）保护环境的工程技术——环境系统工程（钱学森）；

3）现代系统论的产生和发展（魏宏森）；

4）从存在到演化（I. Prigogine）；

5）系统的结构与功能初探（黄麟雏等）；

6）耗散结构论中的哲学问题（沈小峰）；

7）关于协同学（H. Haken）。

这几篇文献在思想上涵盖了当时所谓"老三论"和"新三论"的大部分观点，并且涉及系统工程技术。在没有互联网的20世纪80年代，这种文献辑录工作是具有影响力的。这个选编作品作为非正式出版物在高校流传，地理系大学生人手一本。阅读总论部分的学生不限于自然地理学爱好者，很多偏爱人文地理学的学生也将系统科学文献作为方法论的资料阅读。系统科学对中国地理学的影响由此可见一斑。

系统科学概念在中国地理学中已经打下了深深的烙印，不妨举几个有影响的例子予以说明。例子之一是吴传钧的地理学思想。改革开放之初，中华大地如同久旱遇甘霖，到处生机勃勃。在这个大环境下，中国地理学界也非常活跃。系统科学思想一度强有力地影响中国地理学。基于系统理论，吴传钧（1981）发展了自己的人地系统概念，正式提出"人地关系地域系统"。吴传钧最初主要是基于人文地理学提出人地关系地域系统概念的。10年之后，他将这个概念提高到整个地理学的层面，认为人地关系地域系统是地理学的研究核心（吴传钧，1991）。另一个例子反映的是来自中国地理"系统"之外的影响。20世纪80年代，我国著名科学家钱学森开始关注地理学，并且于1983年提出了"地球表层学"的概念，认为地理学是研究"地球表层系统"的科学（钱学森，1987；1989a；1989b）。钱学森的地球表层学概念是基于系统科学思想提出的，他在发表地球表层学意见时，往往将之与开放复杂巨系统概念联系在一起。概括起来，钱学森的思路如下：地球表层是一个"开放复杂的巨系统"，地理科学就是研究开放复杂巨系统的学科，应该称之为"地球表层学"，相应的方法则是"从定性到定量综合集成"法（钱学森，1987）。实际上，地球表层概念源远流长。系统科学产生之后，西方地学界又出现了地球表层系统（earth surface system）的概念（Huggett，1985）。钱学森的思想与西方地理系统思想遥相呼应，不谋而合。可见，钱学森的地理思想是：基于系统科学思想，借助定性-定量综合集成的方法，研究地球表层系统。

在吴传钧去世之前，有关他的各种学术活动常会打出"人地关系地域系统"的旗号。近年来，地理界整理发表了吴传钧的一些讲话和报告。不妨看看吴传钧（2008）的"人地关系地域系统的理论研究及调控"这篇短文的有关论述。

1）地理学着重研究地球表层人与自然的相互影响与反馈作用。

2）系统是以一定秩序相联系的一组事物，人地关系是包括两个各不相同但又相互联系的变量的一种系统。在这个系统中，所谓"地"是指由自然和人文要素按照一个规律相互交织、紧密结合而构成的地理环境整体。

3）人地系统是由地理环境和人类社会两个子系统交错构成的复杂的开放的巨系统，内部具有一定的结构和功能机制。

4）分析人地关系地域系统，单纯地定性研究是远远不够的，还要和定量分析相配合。因为这种关系是一种可变的量，系统中任何一个要素的变化，都会引起其他要素的相应变化，所以是一个不稳定的、非线性的、远离平衡状态的耗散结构。

从这里摘录的吴传钧的有关论述可以看到这样一些关键词：系统、整体、结构、功能、反馈、开放、复杂、非线性、远离平衡态和耗散结构等。这些概念都是系统科学的术语。由此可以看到，系统科学思想已经深深地影响了吴传钧的地理思维方式。而且，吴传钧的有关论述与钱学森的思想也遥相呼应。吴传钧的思想可以概括如下：在地球表层，人类社会与自然环境分别代表两个交互作用的子系统，在一定的地域范围内，人地关系的过程表现为一个复杂的开放巨系统，这个系统被称为人地关系地域系统，它是地理学研究的核心内容。

继吴传钧之后的一个人文地理学系统概念就是陆大道（1988）的点-轴系统模型。运用系统的观点，陆大道（1995）将社会经济点-轴系统的形成划分为四个主要阶段：第一阶段——低度平衡阶段；第二阶段——孕育阶段；第三阶段——发展阶段；第四阶段——形成阶段。如果说吴传钧的"人地关系地域系

83

统"是从地理学的高度提出的一种思想和理念，陆大道的点–轴系统则是从社会经济地理学的角度提出的一种理论和模型。而且，陆大道的点–轴系统理论已经包含了复杂系统演化思想（刘继生等，2003）。

需要特别指出的是，系统科学思想对地理学的影响通常是与数学方法的影响相辅相成的。1985 年 5 月 9 日，中国地理学会在北京召开座谈会讨论钱学森教授的地理学思想，会议议程包括数量地理学。会后在《地理学与国土研究》上发表了一个报道，题目就是"中国地理学会召开座谈会讨论钱学森教授提倡建立的地球表层学与数量地理学"。1986 年 10 月，北京大学地理系计量地理学教授朱德威在武汉华中师范大学作了一个题为"地理学与数学"的学术报告，整个报告的内容可以公式化为"地理对象+系统思想+数学方法"。系统科学与数学之所以对地理学同时产生作用，道理非常简单。第一，系统科学最初原本就是作为应用数学的一个分支发展起来的，不了解数学方法就难以深入理解系统思想及其方法论。第二，研究开放复杂巨系统，仅仅开展定性分析是绝对不够的，数学建模、演化仿真都是必不可少的探索手段。第三，作为地理数学方法，如果没有相应的系统思想，则容易流于纯粹的数字表现和解释，显得单调、乏味、缺乏生气。

84

3.4.3　自组织理论对地理学发展的影响

系统科学主线的发展路径大体如下：系统理论（老三论）—自组织理论（新三论）—复杂性理论（Batty，2000）。复杂性理论体系包括混沌学（chaos theory）、分形论（fractal theory）、自组织临界性（self-organized criticality，SOC）理论和自组织网络理论等（Gleick，1988；Waldrop，1992）。下面以城市地理学为例，从学科的角度看看系统科学对地理学的影响过程。

1960 年，O. D. Duncan 等在《大都市和区域》一书中首先使用"城市系统"一词（周一星，1995）。随后，西方城市地理学的泰斗级人物 Berry（1964）发表"作为系统的城市和城市体系"一文。从此，系统思想、概念和方法在城市地理研究中开始流传。系统论、信息论、控制论先后成为城市地理学的分析工具。Narroll 和 Bertanffy（1956）合作将异速生长分析引入人文地理学的时候，就是基于系统思想研究城乡人口变化的。Keyfitz-Rogers 的城市–乡村人口迁移的城市化动力学模型其实就是一个线性系统模型（Karmeshu，1988），该模型也可以视为一种简单的控制论模型。熵和信息的概念，更是在人文地理学中频繁使用，并且最终成为城市地理学的基本概念（Batty，1974；Batty，1976）。1980 年前后，Allen 等（1979，1981，1997）将耗散结构论的有关思想引入城市地理学，借助模拟实验研究中心地、城市体系和城市空间演化。Allen 的中心地对称破坏过程的模拟分析受到 Prigogine 等的关注，Prigogine 将有关研究成果写进自己的著作（Prigogine and Stengers，1984）。在 Allen 的作品里，城市系统、区域系统、中心地系统和自组织系统等频繁出现。20 世纪 90 年代，Haken（1995）本人将协同学思想引入城市地理学分析。此后，Portugali（1997，2000，2002，2004）等基于协同学思想发展了自组织城市的概念，并且与 Haken 合作研究城市自组织演化及其信息传播与转换过程（Haken and Portugali，2003）。一般认为，耗散结构论是宏观自组织理论，协同学是微观自组织理论。Allen 等的城市体系耗散结构模拟以及 Portugali 的城市演化协同学分析分别代表宏观层面自组织和微观层面自组织系统理论在城市地理学中的应用和发展。相比而言，突变论在城市地理学中的应用相对少见。

从一般系统论到自组织系统理论，从自组织系统理论到复杂性理论，系统科学不断演化并且影响逐渐扩大。今天，系统科学对地理学，特别是城市地理学的影响，主要是通过复杂性理论发挥作用，并且当初系统论的很多重要原理，如整体不等于部分之和的系统公理，都在复杂性理论中以全新的概念表现出来（Batty，2000）。20 世纪 80 年代以后，混沌理论、分形理论、自组织临界性理论和复杂系统理论等，先后被引入城市地理学（Batty，2005；Batty and Longley，1994；Batty and Xie，1999；Dendrinos，1996；Dendrinos and Sonis，1990；Dendrinos and Mullally，1985；Frankhauser，1998；Nijkamp and Reggiani，1992；Portugali，2006a，2006b）。空间复杂性的概念在地理学中应运而生，自组织城市理论逐步形成体系（表3-5）。

表3-5　自组织城市理论和模型的理论基础与创建人

类型	理论基础	理论基础的奠基者	基础理论的发展者
耗散城市	耗散结构论	I. Prigogine	P. A. Allen 及其合作者
协同城市	协同理论	H. Haken	J. Portugali，W. Weidlich，H. Haken 及其合作者
混沌城市	混沌数学	E. Lorenz，J. York 等	D. S. Dendrinos，P. Nijkamp 等
分形城市	分形几何	B. B. Mandelbrot	M. Batty，P. A. Longley，P. Frankhauser 及其合作者等
细胞城市	元胞自动机模型	A. Turing，von Neumann 等	H. Couclelis，R. White，M. Batty 及其合作者等
沙堆城市	SOC 模型	P. Bak 及其合作者	M. Batty 及其合作者

资料来源：Portugali，2000

1998 年，西方学者出版的《城市和它的科学》文集，已经包含了大量的复杂性的思想（Bertuglia et al.，1998），尽管有些文章有生搬硬套的痕迹。2008 年，西方学者出版了一本关于城市科学的文集《复杂城市系统动力学——交叉科学方法》，介绍了更为成熟的研究成果（Albeverio et al.，2008）。在此期间，复杂系统的研究工具之一——元胞自动机和多重智能体模型技术，也先后被引入城市科学研究（Batty，2005；黎夏等，2007）。

自组织在西方地理界是一个非常普通的概念，但在中国地理界却引起了众多的歧义和误解。有人说，自组织一词让自己想起了无人驾驶汽车；也有人说，自然地理系统是自组织的，人文地理系统没有自组织；还有人说，西方城市是自组织的，因为人家是市场经济，而中国城市没有自组织，原因在于计划经济的约束……2006 年，以色列自组织城市理论专家 Juval Portugali 在北京大学作学术报告的过程中，有人问他，像中国深圳这类由政府力量倾斜造成的城市，是否是自组织城市。Portugali 的回答非常干脆："所有城市都是自组织的，无一例外"。的确，只要理解自组织概念的内涵，都会赞成"所有城市都是自组织的"的观点。种种迹象表明，系统科学的三阶段（线性系统理论—自组织系统理论—复杂性系统理论），目前影响中国地理界的主要止于第二阶段。关于"自组织"这个概念，中国地理界还需要很长时间来消化它。

现在，我们可以整理一下系统科学对城市地理学思想和方法的影响。各方面的影响难以一一列举，以下撷取要点说明。

1）由于系统科学，城市地理学有了整体、优化和约束条件的思想。整体不等于部分之和。对于优化系统，整体大于部分之和。强调整体是为了优化，但任何优化都是满足一定约束条件的系统整体结构改进和功能增强的结果。

2）由于自组织理论，城市地理学有了微观层面的协同发展概念和宏观层面的开放思想。从一般系统论到自组织理论的最大跨越就是从线性思维到非线性思维的跨越。城市是自下而上演化的系统，该系统既包含快变量，又包含慢变量。最后演化为序参量并控制系统的，是少数的慢变量。绝大多数的快变量则处于伺服（servo）地位。只有找到城市演化的慢变量，才能真正揭示城市演化的本质。

3）由于混沌和分形思想的引入，表面看起来没有秩序的城市结构中可能隐含更为深刻的秩序。由于城市形态和位序-规模分布是分形的，城市化水平之类的指标是不可比的，并且最优城市规模之类是不可能找到的。在城市演化的混沌层面，城市规划没有意义。只有城市的确定性层面，城市规划、管理和控制才能产生作用。

4）由于自组织临界性理论的引入，城市位序-规模分布、城市分形结构等暗示城市演化的某种临界状态，这种状态最为复杂，但信息也最为丰富。由于自组织网络理论的引入，人们认识到，只有找到了城市和城市体系的关键性节点，人们才能有效地管理好城市。

诸如此类的影响不胜枚举。与此相应，研究方法也发生了很大的变化。非线性数学工具、复杂性模拟实验等，在城市研究中日益广泛。20 世纪末，英国科学院院士 Batty（1995）在 *Nature* 上撰文指出："在过去 10 年里，地理学家和规划师在城市生长与形态方面的思考方式发生了巨大变化。"变化的根源在于复杂系统理论的发展，而变化的结果对城市规划和管理影响深远："早在 100 多年前，城市规划在西方社会就已制度化了，但始终保持为一种自上而下的活动（top-down activity）。随着社会的日渐多元化以及基于命令经济的中央计划（central planning）的崩溃，旧有的规划观念已趋式微了。理解复杂系统必须从头开始，毕竟管理复杂性的现实方式已经形成"（Batty，1995）。自上而下的城市规划理念被自下而上的城市演化思想替代，就是自组织系统理论影响的结果。

3.5 小 结

科学界的一个共识就是，整个西方科学有两大基础：一是实证道路（基于系统受控实验），二是数学语言（数据整理、假设建模、逻辑推理和数学变换等）。长期以来，地理学发展的外部条件的欠缺着重在于两个方面。一是实验方法。地理学就整体而言是一门不可实验的学科，尽管地理学的一些分支领域可以进行实验室和现场的实验。地理系统是复杂的非线性系统，因此不可控制。系统实验必须是受控实验，只有可以控制的系统才可以通过实验寻找因果关系。二是数学工具。数学方法的欠缺在于三个方面：其一，传统的数学分析主要是基于欧氏几何学的，而地理现象是分形几何学的。其二，传统的数学方法主要是基于线性叠加原理的，而地理过程是非线性的。其三，传统的概率论和统计分析主要是基于有特征尺度分布（正态分布和泊松分布等）的，而地理现象主要是基于无特征尺度（帕累托分布、Zipf 分布和 Mandebrot 分布等）分布的。由于上述三点，科学理论建设最重要的数学方法——高等数学在地理学中很难发挥作用。

如今，转机出现了。由于计算机模拟实验技术的发展，地理研究不可实验性的不足正在得到弥补。由于分形几何学的兴起以及非线性理论的发展，数学方法的第一和第二两方面的问题正在逐步得以解决。不过，基于无特征尺度分布的概率论和统计学尚未发展起来。无论怎样，定量方法在地理学中的用途将会大为突出，因为三套枷锁已经解除了一个半。由于根本问题正在逐步得以解决，加之其他外部条件的改善和外部有利因素的影响，地理学的发展前途十分光明，但道路可能依然非常曲折。

一门学科，要想在整个科学的殿堂中提高自己的地位，就必须在扎根本领域开展研究的同时，有人逐步寻求超越。所谓超越，就是一门具体学科的科学家，可以代表本领域对整个人类关心的自然本质、宇宙演化等重要问题提出独到的见解。与此同时，为科学共同体提出一些有待解决的跨学科问题，其中特别包括数学问题。在经济学地位提高的过程中，理论经济学就曾多次提出了一些难倒了数学家，并且数学家非常有兴趣的理论课题。当洛伦兹（Edward N. Lorenz，1917—2008）的气象学研究已经越来越没有气象学味道的时候，他实际上在追求一种理论上的超越：立足于气象学领域，代表气象学家，向整个科学共同体发表自己对自然规律的见解。有人评价，洛伦兹的一些学术论文，根本不像气象学文章，而像一篇篇的数学文章。的确，洛伦兹最后关心的问题已经超出气象学领域，涉及混沌、奇异吸引子等多种学科包括数学、物理学、化学、生态学、经济学等领域共同关心的理论问题（Gleick，1988）。气象学家可以关心的问题，地理学家当然可以关注。科学研究的初衷是认识自然，了解宇宙。不同的学科可以提供认识自然的不同窗口。当这些窗口的信息相互"交织"的时候，人们才可望通过更大的视野认识自然规律，进而认识自身。这就是各门学科都在寻求超越的根本原因。

在地理学的思想发展和理论建设过程中，科学界的其他学科通过不同渠道，以不同的方式影响了地理学。对我们这个学科而言，不能总是受人家影响，也应该主动影响别的学科。只有这样，地理学的学术地位才会真正提高。为此，地理学必须改进自己的研究方法，关心整个科学界普遍感兴趣的问题。地理学有没有能力向整个科学共同体提出学术界普遍关心的理论问题或数学难题呢？回答是肯定的。例如，我们今天在城乡人口迁移的二维映射模型中，可以发现 May（1976）30 年前在生态学的一维 logistic 映射模型中发现的混沌现象，而且能够得出更多的理论信息，据此重新解释混沌概念（Chen，2009b）。这样的研究只有地理学可以给出，因为我们拥有一个非常简单但对一维映射与二维映射转换至关重要的概念——城市化水平。类似的例子还有许多。今天西方的地理学，特别是西方人文地理学，可谓是百花齐放、五彩缤纷，也可以说泥沙俱下、鱼龙混杂。地理学将会走向何方？没有人可以断言。一项学术研究的价值，只有在更大的视野中才能更为准确地定位和评价。

第 4 章 社会科学、哲学与地理学

地理学的研究对象地球表层系统包括自然环境子系统和人类社会子系统。自然环境的地理研究与自然科学存在复杂关系，人类社会的地理研究则与各种社会科学分支具有不同程度的关联。社会科学中的许多领域对地理学的思想发展与理论建设产生并将继续产生影响。这些学科包括历史学、经济学、政治学、社会学、人类学、考古学、行为学、文化学和心理学等。从起源看，历史学对地理学影响深远；从当代看，经济学对地理学的影响非常显著。受篇幅限制，不能全面讨论社会科学对地理学的影响。因此，本章仅以点带面，探讨典型社会科学分支如历史学、经济学与地理学的学术关联。哲学是自然科学和社会科学的概括和总结，本章也将重点论述哲学对地理学的影响，并将科学哲学独立出来开展分析。如同前面几章一样，作为思想性的探讨，本章写作不求面面俱到，但求观点独到和有所启发。

4.1 地理学与社会科学

4.1.1 地理学与历史学

最早影响地理学的自然科学分支是天文学，而最早影响地理学的社会科学分支是历史学。西方地理学在古代有两个源流。一是天文学源流，由埃拉托色尼和托勒密开创。这条路线的特点是天文、地理合一，应用数学方法，有关研究成为自然地理学、系统地理学以及数理地理学的古代起源。二是历史学源流，由希罗多德和斯特拉波开创。这条路线的特色是历史、地理合一，采用区域描述的方法，有关研究是今天人文地理学、历史地理学、社会与文化地理学等的早期来源。公元前 5 世纪的古希腊学者希罗多德被尊为"历史学之父"。他虽然是一个历史学家，但从区域的角度进行了一些地理方面的描述。因此，后来有人将其尊为地理学界的"地志描述之父"。希罗多德的工作影响了 400 年后古希腊历史学家和地理学家斯特拉波，他百科全书式的 17 卷《地理学》（*Geographica*）采用的区域描述方式与希罗多德的方法类似，只不过希罗多德的描述更偏重自然（如山河、气候和地震等），而斯特拉波则更偏重人文景观的描述（如文化分异、特定

地方的政府和习俗等）。

在中国古代，地理学的起源也可分为天文学源流和历史学源流。如第 2 章所述，中国古人将天文与地理相提并论："三光，天文也；山川，地理也"（《汉书·郊祀志》）。所谓"三光"，就是日、月、星辰。天文学与地理学相互作用，逐步演化为分野、风水等玄学理论。再看另一源流，古代的重要地理信息通常以"志"的形式记录在历史学著作中。以《汉书》为例，卷二十四《食货志》、卷二十五《郊祀志》、卷二十八《地理志》、卷二十九《沟洫志》都属于地理记载或者与地理有显著关系的记载。根据德国哲学家康德的观点，历史学是关于经验时间的学科，地理学则是关于经验空间的学科（刘盛佳，1990；张祖林，1993）。在中国古人那里，时间概念并非来自人的感觉，而是来自天体运动，故有"天时"、"地利"之说。古人生产、生活都离不开历法知识，否则不知道四季更替规律。只有帝王身边少数懂得天文学知识的人，通过对日影和月亮、星辰运行规律的观测结果，编制历法，才能明确经验上的时间。因此，《史记·五帝本纪》有如下记载："乃命羲、和，敬顺昊天，数法日、月、星辰，敬授民时。"人类在时间中的演化过程形成历史。在历史进程中，各地要保留当地的天象、地理、人物信息，形成所谓方志（陈恩明，2009）。如今方志所属的一级学科是地理学，二级学科为历史地理学。可是，在中国从事方志研究的往往是历史学者，而方志的编写者则依然参照古代的志书。本章作者认识一位地方志一线工作者，他根据自己的工作经验表示：实在分不清方志究竟属于地理学，还是属于历史学。分不清，那就说明一个问题：在中国古代，历史与地理同根并蒂；在当前，二者依然藕断丝连。

可见，无论中国还是西方，地理学都有天文学和历史学两个源流，并因此逐步形成两种不同的传统。基于两种不同的传统，地理学内部形成两种类型的世界：一是反映在数理地理学中的理想世界（也叫应然世界），二是反映在区域地理学等分支领域的现实世界（也叫实然世界）。因此，"地理学应包括两重内容，经验事实的搜集与理念系统的建立"（唐晓峰，2009b）。地理学两个世界的形成，充分反映了历史学与地理学在思想和发展历程上的密切联系。

4.1.2 地理学与经济学

在社会科学中，没有比经济学对地理学影响更大的学科了。当然，主要影响领域在于人文地理学。理论地理学的核心内容之一是区位论，城市地理学的核心内容之一是中心地理论。农业区位论的创始人 J. H. Thünen、工业区位论的创始人 A. Weber 都是经济学家。中心地理论的奠基人和发展者 W. Christaller、

A. Lösch 也都是经济学出身。这些人的学说在地理学、经济学和社会学领域同样流行。地理学家将 Christaller 尊称为"理论地理学之父"，这类荣誉称号表明其成果的开创地位。Christaller 在 1914 年之前则一直学习哲学和政治经济学。他本是从经济地理学的角度研究人类聚落分布规律，试图揭示人类聚落空间图式形成的支配法则，却"无心插柳柳成荫"，不经意中成了国际驰名的地理学家。经济学的理论、方法、思维模式，都会在一定程度上影响人文地理学的发展。经济学对人文地理学的影响可以概括为如下方面。

第一，理论的渗透或者移植。如果一个经济学家的理论涉及空间变量或者空间参数，则他们的成果很快就会被地理学家拿来借鉴。如上所述，区位论、中心地理论如今都成为地理学专业的重要教学和科研内容。实际上，如果一个经济学家关注空间问题或者关心地理现象对经济系统的影响，那么他们的成果就会引起地理学家的极大兴趣，他们也会被看做地理学家。一个典型的例子就是克鲁格曼（Krugman），现为美国普林斯顿大学伍德罗·威尔逊公共事务与国际事务学院的经济学与国际事务教授（professor of Economics and International Affairs at the Woodrow Wilson School of Public and International Affairs），伦敦经济学院跨世纪教授（Centenary Professor）。克鲁格曼 2008 年因对新贸易理论（New Trade Theory）和新经济地理学（New Economic Geography）的贡献而获得诺贝尔经济学奖，瑞典皇家科学院在给他的颁奖词中指出："他发展了一个开拓性（groundbreaking）的国际贸易新模型，他对贸易格局和经济活动区位的分析作出了重要贡献"，这两方面独特而有联系的成就"开启了一门新经济地理学"①。从他的两部主要著作《地理学与贸易》（Krugman，1991）和《发展、地理学与经济理论》（Krugman，1995）可见，其实他既是经济学家，也是经济地理学家。在我们的经济地理学教科书中，经济学理论的分量往往大大高于地理学理论的分量。由此可以看出，经济学对地理学的影响之大。

第二，研究方法借用。人文地理学家，特别是经济地理学家，往往拥有区域经济学或者城市经济学的知识，他们的研究方法通常是经济学的分析方法，包括经济学的模型、曲线和理论解释体系。以国内地理界非常推崇的 Alonso（1964）城市土地利用理论为例，其研究方法就采用了经济学的分析思路。

第三，交叉学科的形成。在地理学与经济学的交融和影响过程中，在经济地理学之外，空间经济学、地理经济学等边缘学科也在交叉过程中出现了（Brakman et al.，2001；Fujita et al.，1999）。其实，城市经济学、区域经济学及

---

① AAG Newsletter，2008，43（10）：1，4.

区域科学等，大都是经济学影响地理学或者地理学追随经济学发展的相应结果
（Huriot and Thisse，2000）。

在经济学与地理学相互作用的过程中，两种学科互相交融，相得益彰。一方
面经济学像地理学一样，在研究方法上存在不可实验的先天不足。但是，经济学
在理论和应用方面，数学化和定量化取得了相当程度的成功。经济学在这方面为
地理学树立了一个榜样。克鲁格曼获得诺贝尔经济学奖的颁奖词中就指出他"数
学模型的优雅（elegance of Krugman's mathematical model）"，"由于其简明性……
以一种特别清晰的方式阐明了若干关键机制"①。这使得某些地理学家仰望经济
学，就像某些经济学家仰望物理学一样。北京大学城市与环境学院的资源环境与
城市规划管理专业学生以选修经济学课程为一种时尚。如果他们攻读第二学位，
大多以经济学学位为目标。另一方面，地理学者以其对空间关联和地方、区域特
殊性理解方面的专长，也在经济学领域作出独特贡献，并越来越多地参与经济决
策。经济学专业的一些学生对地理学课程兴趣盎然，如北京大学原地理系教授陆
卓明后调入经济系，开设"世界经济地理"、"中国经济地理"、"日本地理"、
"南亚地理"、"苏联地理"和"拉丁美洲地理"等课程，成为经济系最受学生欢
迎的教师②。

4.1.3　地理学与政治学

研究人与自然的关系避不开政治和政策，尤其在自然资源利用和环境保护方
面。因此关注资源环境的地理学与政治学也有密切的联系。

2009 年诺贝尔经济学奖得主奥斯特罗姆（Elinor Ostrom）是一位政治学家，
在美国加利福尼亚大学洛杉矶分校获得的学士学位（1954 年）、硕士学位（1962
年）和博士学位（1965 年）都是政治学的。她现在是美国印第安纳大学政治理
论与政策分析研讨班的联合主任（Co-Director，Workshop in Political Theory and
Policy Analysis），也是亚利桑那州立大学体制多样性研究中心的创立者和主任
（Founding Director，Center for the Study of Institutional Diversity）。奥斯特罗姆近年
来主要研究资源政治（resource policies）、社会生态系统（social ecological
systems）和体制（institutions）。作为获得诺贝尔经济学奖的第一位女性，获奖的
原因是她"关于经济治理的分析……表明，公共资源（森林、渔场、油田和牧

---

① AAG Newsletter，2008，43（10）：4.
② 见吴志攀主编《燕园风骨：陆卓明先生纪念文集》，北京大学出版社，2011.

场等）的使用者如何能成功地管理公共资源……"，其理论挑战一种被普遍接受的固有观点：只有政府管制和私有化才能成功地管理公共资源①。奥斯特罗姆最近与一些生态学者和地理学者合作，发表了一系列颇有地理学色彩的论文，如"人与自然耦合系统的复杂性"（Liu et al.，2007a）、"人与自然耦合系统"（Liu et al.，2007b）、"一个从制度视角分析社会-生态系统坚固性的框架"（Anderies et al.，2004）。政治学与地理学的关联由此可见一斑。

实际上，地理学所关注的环境变化、区域差异、城乡关系、城市空间结构、产业转移与布局、社会公平等问题，都无不涉及政治和政策。地理学者们已经认识到，"政治和环境无处不存在着密切的联系"（Bryant and Bailey，1997）；哈维（Harvey，1993）指出：

> "所有的生态规划（和争论）同时也是政治经济规划（和争论），反之亦然。如同社会-政治争论在生态上并不中立一样，生态学上的争论，从社会角度看向来也不是中立的。如果我们想更好地应对环境/生态问题，那么必须进一步关注生态和政治相互关联的途径"。

哈维是严格意义上的地理学家（他本人多次强调这点），1961 年以《论肯特郡 1800～1900 年农业和乡村的变迁》一文获剑桥大学地理系哲学博士学位。他 1969 年发表的《地理学中的解释》（Harvey，1969），集地理学"科学化"之大成，被誉为"新（理论）地理学的圣经"（Amedeo，1971）。后来哈维的兴趣转向了社会问题，关注福利分配、贫困、社会公正、城市化、农村发展、妇女地位、规划决策、人类精神和知识与发展困境的相关等；他的思想立场转向马克思主义，分析方法诉诸历史唯物主义，在理论上抓住社会关系这个线索。由此产生了一系列政治学色彩很浓的地理学著作，如《社会公正与城市》（*Social Justice and the City*，1973，2009 年修订版）、《资本的限度》（*The Limits to Capital*，1982，2006 年修订版）、《资本的城市化》（*The Urbanization of Capital*，1985）、《意识与城市经验》（*Consciousness and The Urban Experience*，1985）、由《资本的城市化》和《意识与城市经验》两书删节修订成的《城市经验》（*The Urban Experience*，1989）、《后现代性的条件》（*The Condition of Postmodernity*，1990）、《公正、自然与差异地理学》（*Justice，Nature and the Geography of Difference*，1996）、《希望的空间》（*Spaces of Hope*，2000）、《资本的空间：走向批判的地理学》（*Spaces of Capital：Towards a Critical geography*，2001）、《新帝国主义》（*New*

93

---

① http：//en. wikipedia. org/wiki/Elinor_ Ostrom#cite_ ref-13.

Imperialism，2003）、《新自由主义简史》（*A Brief History of Neoliberalism*，2005）、《全球资本主义的空间：走向不均衡地理发展的理论》（*Spaces of Global Capitalism*：*Towards a Theory of Uneven Geographical Development*，2006）、《世界大同主义与自由地理学》（*Cosmopolitanism and the Geographies of Freedom*，2009）等，都是当代地理学的经典之作，也是"寻求用历史–地理术语来认识从资本主义向社会主义转变的政治方案"（Harvey，1984）的学术成果。哈维不仅是以思想见长的杰出地理学家，也是一位社会理论大家；其论著不仅在地理学界，也在社会学、人类学、政治经济学、城市规划理论、哲学和社会理论等方面产生了显著影响。

　　布莱基（Blaikie）是另一位对政治学作出重要贡献的地理学家。他在剑桥大学获得人文地理学博士学位后，长期任东英吉利大学国际发展学院教授，专注土地退化问题。他尝试将土地管理者置于"核心地位"来分析其与环境的关系，并强调这种关系是在一定的历史、政治、经济背景下产生的（Blaikie et al.，1987）。他注意到"为何土地利用者往往不愿意，或者无力防止不断加剧的土地退化？"要回答这个问题，必须把自然科学家和社会科学家联合起来，分析土地管理者置身其中的社会生产关系。面对这种关系的复杂性，他提出了"区域政治生态学"的分析方法：一种解释链（explanation chains）分析模式，即土地—土地管理者—其他土地利用者—国家—世界经济这一系列因素构成了对土地退化现象的解释链条。这种政治经济分析模式克服了基于人口压力解释模式的片面性，不但可以用来解释土地利用决策过程和土地退化的深层原因，而且可以用来解读面对自然灾害时不同群体的脆弱性差异（Blaikie et al.，1994）。布莱基所采用的这种研究范式被学界称为政治生态学（political ecology）。政治生态学对"政治因素"的强调非但弥补了其他环境研究范式的缺陷，更为重要的是提出了一个强有力的观点：为了认识和解决第三世界面临的环境危机，就要充分认识当前状况作为政治利益和政治冲突产物的产生途径。政治生态学在世界发展中国家和发达国家都有了丰富的研究案例。已融入全球化的中国，自然和社会之间有着极其复杂的相互作用，完全可以利用这种理论和方法，去研究土地问题和环境问题，开创出一条具有中国特色的"政治生态学"之路（林初昇，2009）。

4.1.4　地理学与其他社会学科

　　地理学研究人与自然环境、人与人之间的关系。人是社会性的动物，研究人就不能不涉及社会学和其他社会、人文学科。地理学与社会学和其他社会、人文学科的联系通过如下现象可见一斑。一是大学的系科设置，国外有"社会学与地理学系"、"地理学与社会学系"、"犯罪学、社会学与地理学系"、"地理学与人类学系",等等；国内早期的地理学与历史学往往合为一系,称史地系。二是国内图书馆的图书分类,在中国国家图书馆,很长时间内,城市地理学之类的图书是放在社会学图书的书架里的。三是学术研究合作,北京大学城市地理学家周一星教授与美国著名社会学家 John R. Logan 开展了多次有意义的合作（周一星,2010）。四是学科外的理解,一些物理学家如日本的高安秀树（1989）将城市地理学的 Clark（1951）模型当做社会学定律。社会学研究人类社会行为,特别是人类社会的起源、组织、习俗和发展。人类活动离不开地理环境的影响,因此地理学必然影响社会学,而社会学的研究内容、分析方法、探索成果自然而然反作用于地理学的思想和发展。

心理学主要是研究人类精神过程和行为,似乎与地理学没有关系,其实不然。地理学研究人地关系和地表空间过程。在人类获取地理信息、识别空间结构、探查人–地相互作用的过程中,涉及心理、认知和行为等问题。感知地理学和行为地理学就是地理学和心理学的交叉结果。近年来,西方学者借助心理学、信息论和自组织科学理论探索城市动力学问题,并提出"城市面孔（city face）"等概念（Haken and Portugali, 2003；Haken and Portugali, 2005；Portugali, 2004；2006）。实际上,多年以来,地理学家的著作引用过许多相关的心理学文献和研究成果。荷兰艺术家埃舍尔（Maurits C. Escher, 1898—1972）的"不可能世界"、法国艺术家图卢兹–劳特累克（Henri de Toulouse-Lautrec, 1864—1901）的含混图片（ambiguous figure）等常被地理学家用以从心理学的角度说明环境认知的似是而非、模棱两可或不确定性。

其他像人类学、考古学和行为学等,都在不同程度上与地理学交互作用或者相互影响。

4.2　地理学与哲学

4.2.1　世界观与地理时空观

地理学的研究工作,甚至很具体的研究工作,都会涉及哲学的思考（Backhaus and Murungi, 2002；约翰斯顿, 2001）。过去人们谈论哲学,总是将哲学定义为世界观（world outlook, world view）和方法论。有人认为这个定义太空泛,但也没有找到更为简单和明确的定义。由于人们对哲学的认识分歧很大,有必要界定一下本节讨论的哲学的含义。Teichmann 和 Evans（1999）认为："哲学是有关根本的、抽象的和非常一般的问题的研究。这些问题涉及存在、知识、道德、原因和人类目的等的性质。"Grayling（1998）的看法大同小异："哲学探讨的目标是获取对如下问题的深刻认识：知识、真理、原因、实在、意义、精神和价值。"在 Honderich（1995）主编的《牛津哲学论丛》中，A. Quinton 将哲学分为三个组成部分，即①形而上学（metaphysics）或者存在论——关于世界的一般性质；②认识论或者知识论——关于信仰的理由；③道德规范（伦理学）或者价值论——关于生活的指南。存在论也就是世界观，在此基础上引申认识论和价值论。价值论主要用于指导人类生活规范，学术研究则主要与认识论有关。因此，我们不妨沿着世界观和方法论的方向展开探讨。

在汉语中，世以年计，界为田分。世界引申为时空。四方上下谓之宇，古往今来谓之宙。宇宙也是时空。世界观属于形而上学问题，其核心含义就是时空观，进而延伸到事物的本原、存在的本质。计量运动对于地理学而言之所以被视为一场革命，除了对区域地理范式的改变之外，地理学家的空间观念也发生了变革。传统定性地理学的空间观是基于牛顿力学的绝对时空观，而定量地理学的空间观则主要是基于莱布尼茨哲学的相对时空观（Couclelis，1997）。由于空间观念不同，地理研究过程中的处理方法也必有差异（表 4-1）。于是涉及认识论的问题。在这里我们可以看到，由于研究方法的变化，地理学家的世界观发生了改变；世界观影响到认识论，世界观的改变，反过来通过认识论又影响到研究方法的变化。

表 4-1　地理空间及其相应的概念

类别	定性地理学		定量地理学		
空间类型	牛顿–笛卡儿的		莱布尼茨的		
空间性质	绝对（absolute）		相对（relative）		
特征词	地方（place）/场所（site）		关系（relation）/位置（situation）		
关键词	区位（location）		联系（connection）		
处理方法	地理编码，GIS		城市或区域模型		
	矢量—对象	栅格—场	空间相互作用	核心—边缘	输入—输出
	Voronoi				

注：本表根据 Couclelis（1997）制作

4.2.2　地理学中的本体论、认识论、方法论

讨论时空，自然涉及万物的本原、存在的性质。于是本体论的概念就不可回

避。在哲学论著中，本体论、存在论、时空观和形而上学等，这些哲学概念的关系很难讲清楚。我们在这里关注本体论、认识论和方法论的边界问题。在我们的讨论中，世界观和本体论属于同一个层面的概念。瑞典地理学家 Anders Löfgren 曾经给出了一个从哲学概念到科学概念的关系图式，明确地表示了一套概念的包含与被包含关系（Holt-Jensen，1999）。在这个图示中，本体论包括认识论，认识论包括方法论，往下依次是方法、技术、应用和研究任务（图4-1）。为了便于讨论，不妨对该图中的有关概念给出简单的解释。

图 4-1　本体论、认识论和方法论关系示意图

注：这个示意图由瑞典地理学家 Löfgren 于 1996 年给出，由 Holt-Jensen（1999）翻译为英文

1）本体论（ontology）：或者叫做实体论，主要是对存在本质（the nature of being）的研究，有的哲学家将其与形而上学概念等同起来，不过一般认为它属于形而上学的理论分支。

2）认识论（epistemology）：从属于本体论的一个哲学分支，研究知识的性质（the nature of knowledge）、先决条件（presuppositions）和基础（foundations）、范围（extent）和有效性（validity），等等。

3）方法论（methodology）：或者叫做方法学。研究的是一套工作方法，涉及从事某个学科研究或者某项探索所要用到的一批操作（practices）、程序（procedures）和规则（rules）体系。

4）方法（method）：一种程序性的手段或者方式，特别是，用于完成某种工作的一种规范的、系统的步骤。它的同义词有系统性方法（system）、常规性方法（routine）、独特性方法（manner）、习惯性方法（mode）、个性化方法（fashion）和一般性方法（way）。

5）技术（technique）：为完成复杂的或科学的任务而采取的系统步骤（systematic procedure）。

6）应用（application）：技术的具体实现。

7）研究任务（task）：根据目标实施某种应用技术的对象。

在上面的概念系列中，本体论、认识论和方法论属于哲学的范畴，而方法、技术、应用以及任务则属于科学的范畴。因此，只要界定了"方法论"和"方法"两个概念的区别，我们的讨论就会明确多了。可是，在现代科技文献中，不少人有意无意用"方法论"代替了"方法"一词，有时甚至带有某种故弄玄虚的色彩。

实际上，区分"方法"和"方法论"两个概念并不困难。以地理调查（geographic survey）为例，我们可以设计一整套人文地理学的调查步骤并且实施这种步骤，包括选点、取样、发放问卷、数据整理与分析，最后撰写论文或者研究报告。这里整个调研程序的设计和实践，属于方法的问题。

可是，这种地理调查是否科学，据此获得的知识是否可靠？人们会借助有关的认识论开展批评和探讨，并且最后形成一套工作规则，这就是方法论的问题了。作为一种经验性的工作，地理调研与实验室实验不同，可重复和可检验性不强。例如，你围绕某个地理现象苦心调研一年半载，工作万分辛苦，结果十分可靠。你的辛苦我不怀疑，但你的可靠性怎能令我心悦诚服？我不可能沿着你的路径重复你的全部调研；即便重复，有些事物已经时过境迁，结果会有不同。可能你的调研记录出现差错，或者你的报告不够诚实，诸如此类，我都保留怀疑的权利，你无法让我绝对的信任。即便我相信你的认真负责，但我不能完全相信你不会出现任何疏忽。一言以蔽之，传统的地理调研方法存在先天缺陷。所有这些，属于方法论乃至认识论的问题。

在西方，很多学者的论文发表之后，要在互联网上公布原始数据。在美国，据说调查问卷要送到华盛顿的一家机构保留十年。究其原因，是为了社会科学研究的可重复性和可检验性。公布数据的目的在于三个方面：一是数据共享，二是质疑和评判，三是研究工作的重复和检验。

现在，我们可以根据相应的科学知识和认识论制定一套完整的地理调研规则。第一，调研必须抽样，根据概率论可以制定一套随机抽样的规则。第二，问卷的方法要避免选择偏性和不回应偏性，投放问卷也必须遵循随机性的规则。第三，问卷回答可能出现不真实的答案，问卷的可靠性分析要遵循一定的统计规则。第四，当问卷问题不大时，结果分析要采用一定的统计学原理。第五，论文或者研究报告发表之后，所有的调查资料，包括原始问卷，都必须在网络上公开，或者保留在一个可靠的机构，供质疑者查询。上述这些规则的研究，就属于方法论层面了。

从世界观–本体论到认识论以至方法论，任何一个层面发生变化，都会影响

98

到一门学科的方法；只要研究方法受到影响，这门学科就会受到影响。一般来说，越是顶级的哲学观念，越是容易长期稳定。原因在于，有能力动摇顶级概念的哲学家和科学家很少，百年不遇。人类时空观的变化，自然而然会影响地理学，但迄今为止，地理学似乎没有能力影响人类的时空观。目前有能力改变人类时空观的学科主要是数学和物理学。因为时空观的标准就是由数学家和物理学家的研究结论确定的。牛顿-笛卡儿的时空观支配人类思想很长时间。这种时空观是绝对的：空间无边无际，时间无始无终。与牛顿-笛卡儿时空观不同，莱布尼茨的时空观是相对的，但他的时空观没有占据主流地位。传统的定性地理学的空间观就是牛顿-笛卡儿空间观，这是绝对的地理空间，强调地方、场所及区位等。计量地理学发展以后，莱布尼茨的相对空间观代替了牛顿-笛卡儿的绝对空间观，地理学家更为重视的是关系和位置，而不再是地方和场所；地理学家更为强调的是联系，而不再是区位（表4-1）。

定性方法和定量方法的哲学本体论、认识论和方法论存在巨大差别（表4-2）。这种差别也反映在计量地理学与定性地理学的方法差异上。虽然定量地理方法不是源于某种哲学理念，但计量革命已然导致哲学概念的重大变化。Philo 等（1998）将计量地理学的本体论、认识论及方法论总结如下。

表4-2 定性方法与定量方法的哲学比较

哲学基础	定量方法	定性方法
本体论	确切实在（tangible reality）	模糊实在（intangible reality）
认识论	通过经验研究和演绎/归纳推理确定的规律	通过社会交互作用/解释性理解构建的知识
方法论	假设-检验（hypothesis testing）	深度调研（in depth fieldwork）
数据分析	证明/证伪（verification/falsification）	意义解读（interpretation of meaning）

资料来源：McEvoy and Richards, 2006

1）本体论：计量地理学倾向于遵循实证主义（positivism）思想，假定研究对象服从法则，具有切实（tangible）、可测（measurable）而且稳定的一般性。不过，一些实践工作者更多地强调经验主义（他们对定律关系不太肯定），还有其他一些人对借助统计和数学方法推断复杂的因果关系感到迷惑不解（他们考虑一点系统论和结构主义的思想）。

2）认识论：计量地理学遵循常规的假设-检验（hypothesis-testing）科学程序，同时多少有一些波普尔（Sir Karl R. Popper, 1902—1994）的批评理性主义所坚持的证伪（falsification）原则。

3）方法论：计量地理学方法的特征表现在以下三个方面：一是计数，（enumerative）简单地测出事物的数量；二是统计（statistical），利用描述与推断方法；三是数学（mathematical），基于方程建设模型。计量地理学在方法论方面以计数、统计和数学为原则，计数是最基本的，数学是最高层面，统计分析介于其中间层次。

4.2.3 康德的时空观与地理学二元论

西方哲学中有各种各样的主义，如经验主义、逻辑实证主义、证伪主义。在诸多的"主义"中，康德（Immanuel Kant，1724—1804）的先验主义对地理学的影响持久而深刻。康德是德国古典哲学的创始人，欧洲"启蒙运动"时期最重要的思想家之一，并且在天文学中贡献了太阳系演化的"星云假说"，是一个自然科学型的哲学家。在其哲学体系里，康德将世界划分为"现象世界"与"自在世界"即本体所在的世界，并将人的认识分为"感性"、"知性"、"理性"三种类型。于是产生了先验感性论、先验知性论和先验理性论。在康德看来，时间和空间属于"感性"的先验形式，因果性（causality）等12个范畴则是"知性"所固有的先验形式。"理性"不同于感性和知性，它要求对本体即自在世界的物自体有一定的认识。人类对时间和空间有着感性纯直观，故时空属于感性直观的先验形式。但是，时空的先验观念性不妨碍它们的经验实在性。借助先验观念性的感性纯直观，纯粹的数学思维有可能，于是时间和空间分别对应着代数和几何学。通过经验实在性，时空可以延伸到非抽象的学科，从而历史和地理与经验的时空对应起来。康德认为，历史学是关于经验时间的学科，地理学则是关于经验空间的学科；地理学是按照空间分布描述现象，正如历史学是按照时间顺序记录事件一样。

对于地理学，康德将其划分为自然地理学和人文地理学两大部分。他是地理学二分法和二元论的创始者。然后，他将地理研究分为五大类型：精神的（moral）、政治的、商业的、神学的（theological）和数学的地理学。前四种类型处理地球的人类空间占据行为，最后一种类型即数学地理学则是研究地球的形状、大小和运动，并且与太阳系建立联系。在康德看来，自然地理学是一切地理学的基础。康德的科学标准在相当大的程度上以数学为判据（Thompson，1966）。可以想见，在康德的心目中，地理学中的人文分支其实根本就不是科学，而且没有希望成为科学。人文地理学充其量就是一种事物和事件描述的学科而已。如果当初不是这种想法，非常重视科学的数学标准、并将时空联系着代数和几何学的康德，不会不强调人文地理研究过程的数学方法的运用。总体看来，康德将地理学特别是人文地理学定位为区域描述的科学。

康德的思想深深地影响了德国地理学家赫特纳（Alfred Hettner）。根据赫特纳的自述，他对地理学的许多看法与康德不谋而合。当他得知自己的一些关于地理学的见解与大哲学家"英雄所见略同"的时候，兴奋不已，以此为精神动力，基于区域思想发展了一整套关于地理学的理论构架（赫特纳，1983）。或许赫特纳没有想到，康德原本就没有将地理学的重要部分视为一种科学。赫特纳又深深地影响了美国地理学家哈特向（哈特向，1963）。地理思想史学家将这一条发展脉络称为"康德-赫特纳-哈特向"路线（刘盛佳，1990）。康-赫-哈的区域思潮一度左右着整个地理学界，代表地理学的正宗或者主流。可是，由于忽视科学方法，偏重于集邮式的条块研究，地理学界终于在祸起萧墙的同时，受到来自外界力量的沉重打击（Smith，1987）。美国地理学界直到风雨飘摇之际，才为了自我保全，掀起了轰轰烈烈的计量运动。可是，由于第 3 章论述的种种原因，计量革命之后的理论革命不了了之，区域思潮回归。于是，地理学在科学化方面兜了一个大圈子，似乎又返回到原地（Johnston，2008）。

通过对上述过程的简析，可以看到康德哲学对地理学的巨大影响。除了康德的先验主义之外，欧洲哲学家的经验主义在计量运动之前也有很大影响。计量革命之后，逻辑实证主义（logical positivism）和波普尔的证伪主义等，相继影响地理学的认识论和方法论。计量运动之后，影响地理学的哲学思潮更加多元化。人本主义、结构主义等纷纷粉墨登场（约翰斯顿，2001）。由于众多主义的影响，地理学特别是人文地理学也产生了形形色色的主义（表 4-3）。

101

表 4-3　影响人文地理学的哲学思潮比较

哲学思潮	认识论	本体论	方法论
经验主义思潮	通过经验来认识	存在就是经验	提出经验事实
实证主义思潮	通过经验获得知识，但经验要作为公认的可证实的依据而稳固地确定	认可的证据	对事实陈述的证实
人本主义思潮	由个人创造的意识世界主观获取知识	存在的事物就是人们感知的事物	研究个人世界，强调个别性和主观性，而不是重复性和事实
结构主义思潮	现象世界并不一定揭示机制世界	实际存在的东西不可能直接观察到，只能进行思考	建构理论，解释观察现象，但真实性不可检验

资料来源：约翰斯顿，2001

4.2.4　无规矩不成方圆——Sokal 事件与地理哲学的警醒

20 世纪末，自然科学家在人文学科领域扔下一个"重磅炸弹"，这颗炸弹炸得后现代主义哲学焦头烂额。由于地理学领域也到处充斥着后现代主义、女权主义、解构主义等后现代概念，有必要"解构"一下 Sokal 诈文（hoax paper）事件的认识论意义。

1996 年，美国纽约大学理论物理学教授 Alan Sokal 精心制造了一个轰动学术界的论文恶作剧：在后现代文化研究认可率极高的学术杂志《社会文本》（*Social Text*）上发表了一篇题为"超越边界：走向量子引力的变换诠释学"的文章。人文杂志探讨什么量子引力，人们有些奇怪。此文长达 36 页，列出的参考文献有 217 条之多，并且附加了 109 条注释（Sokal，1996a）。文章形式看起来非常严谨。而且，该"论文"的语言表达很"酷"，具有强烈的后现代气味。然而，不久之后，Sokal（1996b）在《语言交流》（*Lingua Franca*）上发表题为"一个物理学家的文化研究实验"的文章，宣布发表在人文学科一流杂志《社会文本》上的文章完全是不知所云的胡编乱造，是对后现代研究的滑稽模仿（parody），而编造这篇文章的目的就是考验一下那些后现代学者是否货真价实、实至名归。原来，这个不甘寂寞的家伙拿后现代主义的顶级杂志当实验品，开了一个十分严肃的"玩笑"。紧接着，Sokal（1996c）写了一篇题为"超越边界：写作后记"的文章，对其制造诈文的来龙去脉作了更为详细的说明。这篇文章投稿《社会文本》，遭受戏弄的杂志主编以"文章水平不够"为由拒绝发表，后来刊发在《异议》（*Dissent*）和《哲学与文学》（*Philosophy and Literature*）上。Sokal 强调，自己撰写一篇学术赝品的目的，就是要证明很多后现代之类的人文与社科研究其实是"时髦的胡言乱语（fashionable nonsense）"——这些人在"以其昏昏，使人昭昭"地故弄玄虚。

继此之后，还有更加恶搞后现代主义的事情发生。澳大利亚莫纳什（Monash）大学的一名计算机软件专家专门编写了一个名为"后现代文本生成器"的软件，摆放在互联网上。有兴趣者可以通过鼠标点击这类简单而机械的动作，借助该软件模拟生成所谓的"后现代论文"。据称这个程序随机生成的"后现代文章"与《社会文本》上发表的论文达到了鱼目混"珠"的程度：都是采用晦涩、不知所云的语句东拼西凑而成。

"Sokal 事件"在全球学术界触发了一场自然科学家与后现代哲学家之间的大论战。众多的科学家包括数学家、物理学家、化学家、生物学家纷纷投入科学与理性的"保卫战"。与此相应，文学家、历史学家、社会学家、后现代哲学家等则借助于所谓"外部因素"来"解构"科学、"解构"理性。该论战涉及科学的本性、科学事实的客观性、科学方法、科学技术以及政治、经济、军事等方方面面的社会因素及其关系讨论。可以说，这是一场理性思考与人文想象的冲突，是科学与反科学的对决。论战过程波澜壮阔、激动人心，对人类文化和学术发展将会产生持久而深刻的影响。

了解 Sokal 炮制该诈文的社会与文化背景，对我们进行地理学的理性思考和哲学反思不无裨益。Sokal 原本是一个政治上的"左派"，同情女权主义者。但有一次，他浏览 Gross 和 Levitt（1994）的《高级迷信——学术左派及其关于科学的争论》一书，越看越感到焦虑不安。他发现他的政治上的同盟，尤其是那些被称为"学术左派"的盟友们，竟然痴人说梦般地否定科学的内在标准，并且在理论上离奇地将学术话语都简化为以争夺社会地位抑或话语权为目的的权利之争。这些人大放厥词，将数学定理、物理学定律也看成是所谓"社会建构"的产物，甚至声称要对"科学话语霸权"进行政治文化意义上的抵抗或者遏制。更有甚者，一些女权主义者居然将自然科学上的客观求证或去伪存真标准视为"男性话语霸权"的极端表现，以博人怜惜的性别弱势为幌子攻击科学规则……总之，后现代主义者，大多在有意无意地将学术理性混同于世俗偏见，将科学论证归结为意识形态。Sokal 晕眩了：究竟是自己误解了后现代学术观点，还是这些貌似高深莫测的论述其实是浅薄无知的"时髦"。他决定做一个文化研究实验，于是才有了前面提到的那颗文化"炸弹"。在诈文中，Sokal（1996a）一开头就"精彩地"写道：

> "许多的自然科学家，尤其是物理学家，一直拒绝相信有关社会与文化批判的学科有能力对他们的研究做任何实质性的贡献。他们中绝少有人接受如此观念：他们的世界观基础必须根据社会与文化批判来修正或者重建。他们宁可坚持一种教条（dogma）——一种由于长期的后启蒙主义霸权（post-enlightenment hegemony）在西方知识界中所强制推行的教条，该教条可以简要地概括如下：存在着一个外部世界，这个世界的性质独立于任何个人以及人类全体；这些性质用'永恒的'物理规律编码；尽管不够完善，带有尝试性质，通过坚持（所谓）科学方法规定的'客观'步骤和认识论规则（epistemological strictures），人类可以获得这些定律的可靠知识。"

接下来，他模仿《社会文本》的文章格调，将一系列数学和物理学术语、后现代主义的常用概念糅合在一起，拼凑成一篇"论文"。为了检验后现代派的基本学理素养，他在文章中穿插一些常识性的科学错误——非常低级的错误，如宣称物理学的万有引力常数不客观、数学中的圆周率具有相对性……为了迎合后现代主义的意识形态取向，Sokal 在文章的结论中宣称量子物理学的发现完全支持关于科学真理的社会建构论（social constructivism）和文化多元论。他写道："具有后现代资格的简单科学标准在于它独立于任何客观真实的概念。"并且他在文中主张可将量子物理学的先驱如玻尔（Bohr）等视为"后现代主义者"。

Sokal 事件的发生，标志着后现代主义从哲学层面"解构"自然科学的精神破产。尽管这类主义对"硬"科学无能为力，但对"软"科学却影响很大。地理学中的人文地理学属于地理科学体系中的软成分，既容易受到积极思潮的影响，也容易受到消极思想的污染。我们知道，受哲学思潮的影响，地理学中也有形形色色的、后现代味道浓厚的主义。1969 年，国际激进地理学杂志《逆反》（*Antipode：A Radical Journal of Geography*）创刊；1985 年，《逆反》发表或者重印了一系列思想前卫的地理学论文；1994 年，女权主义地理学杂志《性别、地方与文化》（*Gender，Place & Culture：A Journal of Feminist Geography*）问世……诸如此类的事件，标志着激进地理思潮的高峰，同时也反映了"新新地理学"、"新新新地理学"积极的探索和思想的活跃（Amin and Thrift，2005；Domosh，2001；Harvey，1990；Hayford，1974；Hayford，1985；Minca，2001；Smith and O'Keefe，1980；Soja，1989；Soja，2000）。20 世纪末，左派地理学的代表之一 Peet（1998）的《现代地理学思想》一书出版，朴次茅斯（Portsmouth）大学的 Andrew Ryder 如此评价："这对那些不太熟悉当代激进思想的各种'主义（isms）'的学者和其他人来说是非常有用的书——不仅在地理学内部，而且在整个社会科学领域……该书对激进人文地理学的起源和成长进行了很好的概括。"[①]

但是，毋庸讳言，在思潮澎湃的地理学发展过程中，后现代主义的一些消极成分也悄悄地渗透到免疫力尚且不高的人文地理学领域。不能说所有的后现代讨论都是非理性的，但反科学的观念在各种相关的论坛和文献中的确甚嚣尘上。到了世纪之交，人文地理学中的反科学观念和非理性思想已经相当普遍，引起了很多严肃的地理学家的深深忧虑和不安（Openshaw，1998）。有人这样描述当时的人文地理学现状（Openshaw and Abrahart，2000）：

> "现代人文地理学的很多内容如今看来十分混乱、站不住脚。大部分不是地理学，许多无异于讲故事，还有一些过于理论和复杂，差不多都不是以科学为基础，极少用到世界数据库，大量的是孤立现象的轶事般描述，这些与当代世界的需要没有关系，绝少用到甚至完全没有用到

---

① http：//www.amazon.com/.

当代技术手段，不关心满足快速变化世界的社会需求或者商业需求。"

更糟糕的是，后现代非理性、反科学观念在哲学层面谬种流传，喋喋不休，影响着地理学界思想尚未成熟的新生代。没有规矩不成方圆，没有准则，学术研究就会走偏。用哗众取宠代替哲学思考，用胡言乱语代替理性判断，用不懂装懂代替真知灼见，用"圈层"利益代替知识追求……长此以往，一切都会彻底乱套，地理学术泡沫就会到处冒泡。Sokal 事件引起了整个学术界的反思，地理界也应该对此进行理性思考。解析 Sokal 事件背后的文化含义较之于后现代主义以往的任何一种"解构"都更有价值，对于地理学的哲学选择尤其有意义。在 Openshaw（1998）对人文地理学现状发表不满意见之后 10 年，华盛顿大学教授、有着 50 年地理工作经历的资深地理学家 Morrill（2008）在美国《地理分析》杂志上发表了一篇标题有点怪怪的随感（essay）——"地理学（还）是一门科学吗？"这篇文章的标题"怪"就怪在括号中的"还（still）"这个词。作者表示："我不想谈论作为人本性（humanity）的地理实践——对于人本性我很尊重，我也不谈论作为自然科学的自然地理学，我想说的是被视为社会科学的那部分地理学内容。"他的观点大意如下：地理科学实践长期以来在方法论基础和基本原理方面受到批评，这些批评无可厚非。但是，他感到不能容忍的是：空间和地方中人类行为的客观发现和解释方面的基本科学观念受到持久的攻击。作者的观点可以概括为一句话："科学的认识论与相对的认识论不可兼容。"相对的认识论就是后现代主义以及其他反科学的各种"主义"的认识论。

4.2.5 哲学时空观与人地关系

地理学的核心内容之一是人地关系。无论科学哲学还是一般哲学，人类的世界观总是会对人地关系发生影响，从而影响地理学思想。世界观的一个定义就是"人类对世界的总的和根本的看法"。在中世纪（约 476~1453 年），欧洲人相信有神论。有神论也是世界观的一个组成部分，认为世界不为人所有，首先为神所有。由于有一个高高在上的神灵，人类的行为不能过分放纵。人类的欲望要节制，对自然的索取当然要适可而止。典型的现象是欧洲人的基督宗教观。公元 1 世纪前后，从古老的犹太教的一支衍生出后来的基督教（图 4-2）。公元 5 世纪以后，由于西罗马帝国的灭亡，基督教开始统治欧洲思想。该宗教的基本观点是，人类是上帝创造的，人类的祖先亚当和夏娃因为贪婪在伊甸园中偷吃了禁果，从此人类为此而负罪——这就是原罪（original sin）。人类来到这个世界上，不是为了寻求享乐，而是为了寻求救赎（atonement）——通过自己的积德行善

105

和真诚忏悔来争取上帝的谅解，以期最终达到人神和解，重返伊甸园。

犹太教→（公元 1 世纪）基督教→（公元 11 世纪）$\begin{cases} \text{东正教} \\ \text{天主教→（公元 16 世纪）} \begin{cases} \text{旧教} \\ \text{新教} \end{cases} \end{cases}$

图 4-2　五百年必有圣人出？——基督教衍生源流示意图

　　人类的原罪观在基督教里是非常重要的思想。原罪的本质在于：人类拒绝服从神的旨意，企图自作主张；原罪的要素则在于：知识上的自大，意志上的自专，感情上的恣肆。由于原罪的思想和生产力水平的限制，整个中世纪，欧洲人对地球的破坏力是有限的，人地关系不会进入紧张状态。

　　由于科学和技术的发展，基于神学的世界观逐步被基于科学的世界观所取代。特别是由于康德哲学的兴起，上帝在人们心目中的地位和影响逐渐沦丧。于是，基于牛顿力学和笛卡儿数学的世界观逐步形成。基于牛顿–莱布尼茨（Newton-Leibniz）的微积分原理、达朗贝尔（d'Alembert）的线性叠加原理和亥姆霍茨（Helmholtz）的能量守恒原理形成了另外一种世界观、认识论和方法论（何博传，1989）。人们相信物质不灭、能量守恒，相信科学技术的强大能力。人类无需求助于外力，无需祷告于上帝，依赖于科学和技术的发展，人类终究会解决人类遇到的一切生存和发展的难题。这样，科学在人类的心目中逐步形成了一种新的宗教。人类开始日益狂妄、自高自大，开始征服地球、冲向太空。在此期间，地理环境被日益破坏，生态系统不断失调，人地关系高度紧张。

　　地理学的自然–人文二元化在某种程度上表明了人类对自然的不尊重。一方面地理学家研究自然地理学，但最初主要是将地理知识作为博物学的一个组成部分。自然地理学家在研究地理现象的时候，过去很少想到从人文的角度关怀地球，尊重自然。另一方面，人文地理学家研究地理现象的时候，主要考虑的是最有效地利用地理空间和自然资源，很少想到环境保护、生态平衡。早期的区位论的建立基础都是经济学的效用思想，在这些理论框架里看不到明确的人地关系的影子。理论地理学最重要的理论——中心地理论，追求的是空间的完全填充和市场区的彻底弥合，没有为自然系统留下发展空间，没有将人地关系作为理论建设的基础。

　　地理学的定量–定性二元论则从另外一个角度表明人类对自然系统认识的不足和对人文系统认识的局限。早年的定性地理学过分强调区域描述，强调知识而不重视理论，将地理学当做空间知识的货栈。一个毫无根据但颇为流行的观点是，人文地理现象不同于自然地理现象，人文地理学系统不像自然地理学系统那样遵循规律。总之，人类是万物之灵，与自然现象迥异。人类的地理空间行为也不受自然规律的支配。因此，人文地理研究不必探寻法则，主要是记录现象。这是典型的人类"自大狂"的观点——自大到可以不受法则的约束。这类"无法无天"的观念从何而来不得而知，但在地理界似乎颇为流行，似乎成为"约定俗成"的概念。可是，人们忘记了一个基本事实：在大的时空尺度上，人类是大自然的一个组成部分。人类首先是一个生命体，一个生物学的个体，然后才是社会意义的一个分子。如果在宇宙中存在自然法则或者普遍规律的话，人类似乎没有理由例外。如果这个判定成立，则地理系统的演化理当受制于目前尚且不为人知的法则。

在概念层面，不少地理学家强调人地关系。可是，在实际的理论建设过程中，很少有人将人地关系作为理论建设的基石。举例说明，地理学家在发展区域规划、空间优化理论的过程中，过多地从经济学的视角考虑人类的利益最大化，很少考虑人与自然的协调性。地理优化模型中的约束条件主要是人文意义的，很少有纯粹自然地理学意义的。当然，也许并非地理学家不想关注自然，我们的理论建设手段有限，可能是主要原因。

实际上，地理学家的一些世界观，也是某个时期整个人类的世界观。当人类强调物质不灭、能量守恒的时候，当人类强调时空无限、科学发展十分迅速的时候，却忽略了如下基本事实。

第一，虽然物质不灭、能量守恒，但它们的有效结构却不断变化。当我们开发利用一种资源或者能源之后，这些资源和能源很快就会变成废物；当我们在生产有用产品的时候，我们同时在制造难以处理的垃圾。所有人类追逐、珍视，甚至不惜生命为之争夺的各种有效物品（城堡、别墅、轿车、桥梁、装饰品、美味食品、金钱和美女等），乃至争夺者自身最终都会变成垃圾。现在很多发达国家非常头痛的问题之一就是垃圾为患。美国的一些垃圾场已经没有太多的填埋空间，核垃圾更是难以处理的废料，进军太空的结果是制造了大量的太空垃圾。在这种背景下，一些发达国家采取种种交换条件向发展中国家转移垃圾，而发展中国家则悄悄地向海洋倾倒垃圾（Gore，2000，2006）。

第二，地球是一个准封闭的系统。系统可以分为孤立、封闭和开放三类。只有开放系统才能通过自组织演化从无序向有序发展和演进。虽然地球表面的各个子系统可以视为开放系统，但整个地球却不是严格意义的开放系统。在人类可望交流的宇宙空间范围内，地球是唯一的。地球只能与外界（太阳系）交换能量，物质的交换十分有限，没有其他太空生物进行信息交流。这样的一个系统，在形成秩序的同时，也会制造大量的无序因素。

人类逐渐认识到这种紧张的人地关系。20世纪60年代，Carson（1962）的《寂静的春天》出版；70年代，罗马俱乐部的 Meadows 等（1972）发表了著名的

107

《增长的极限》（1974 年再版）；80 年代，Rifkin 和 Howard（1980）的《熵——一种新的世界观》一书出版；90 年代，美国前副总统戈尔（1997）发表《濒临失衡的地球》一书；21 世纪，Carson（2002）的著作再版，Gore（2000；2006）的著作多次修订出版。这类著作还有很多，它们多是影响较大又颇受争议的代表性作品。这里想要强调的是，人类的世界观正在悄悄地发生改变：基于机械论和静力学的世界观正在逐步被基于热力学和动力学的世界观所取代。

需要特别提到的是 Rifkin 和 Howard（1980）的《熵——一种新的世界观》一书。这也是一部争议很大的作品。有人认为该书第一作者 Riflin 是文科出身，可能没有学过普通物理学，因此误解了热力学第二定律；还有人宣称该书作者不懂科学研究。我们现在感兴趣的不是这本书是多么科学，而是该书代表一种新的思想，一种哲学观念。这种哲学与新的人地关系思想遥相呼应。

该书的基本观点是：地球是一个封闭的系统，而根据热力学第二定律，封闭系统的熵趋于增加。物质不灭，能量守恒，这是不错的。但是，在封闭系统中，能量只能从可用形式转换为无用形式，从有效状态转换为无效状态。人类社会在从无序向有序、从低级向高级发展的过程中，也为自然环境制造了大量的热熵。地球上有用的能源正在日益减少，有用的资源不断地转换为废物、垃圾。为了利用这些垃圾中的能量，我们需要投入并消耗更多的能量。熵的一个形象的表述就是"时间之箭"，一个从有序到无序的不可逆转的过程。一旦一种生物灭绝，一种环境被破坏，一种土壤转换为钢筋混凝土地面，那么它们就永远不可能恢复原样。

这类著作的预言可能脱离实际，它们的观点也可能有点危言耸听。但是，它们反映了人类环境意识的觉醒，反映了人类对地球系统观念的更新。不管人们对这类著作如何批评，有一点是显而易见的：很多人已经认识到需要调整人与环境的关系，可持续发展的思想已经进入地理研究的意识形态领域。

4.3　地理学与科学哲学

作为哲学的一个分支，科学哲学（philosophy of science）主要是从哲学角度研究科学，考察科学的假设、基础、方法和意义，关注科学的用途和价值，有时涉及形而上学和认识论乃至方法论。前面 4.2 节的讨论已经涉及许多科学哲学的问题。一些具体学科的哲学，如数学哲学、物理哲学和生物哲学等，也属于科学哲学的范畴。至今似乎没有成形的地理科学哲学，但地理学家的确在考虑地理学与哲学的关系（约翰斯顿，2001）。尽管目前关于科学哲学的著作汗牛充栋，但科学哲学对科学研究和发展究竟有什么作用，依然是一个言人人殊的问题。美国物理学家费曼（Richard P. Feynman，1918—1988）曾因对量子电动力学的研究成就而荣获 1965 年诺贝尔物理学奖，他对科学哲学的价值就明确地持保留态度："科学哲学对于科学家来说，就像鸟类学（ornithology）对于禽鸟一样。"的确，任何关于鸟类的研究论文或者著作都不会直接影响任何一只具体的小鸟。但是，如果某个鸟类学的研究结论影响了人类社会对于鸟类的观念，那对小鸟生活的影响可就大了。

对于物理学这类发达的学科来说，科学哲学可能没有太大的直接影响。相反，科学哲学会受到这些发达学科的巨大影响。但对于地理学这样的学科可就不太一样了，科学哲学可能会产生显著的作用。有人认为，地理学的落后在于其地理哲学的贫乏（白光润，1995）。这里所谓的哲学主要还是科学哲学。地理学是不是一门科学？是否是一门例外的学科？如果地理学是科学，目前已经是科学了吗？地理学的学科标准如何界定？地理系统是否存在通用法则和空间秩序？怎样判断地理学的规律及其价值？诸如此类的问题，无不涉及科学哲学的思想（表4-4）。对于一线的地理研究者而言，这类问题解答与否似乎无关紧要。很多地理学家没有时间也没有兴趣思考这些问题。可是，对于地理学教育和知识普及，对于提高地理学作为一门学科的凝聚力来说，这类问题的中肯回答就非常重要乃至十分必要了。

109

4.3.1 科学哲学与地理学理论的检验标准

科学理论有一些检验标准，用于区分科学与非科学，以及不同阶段的科学理论。这些检验归结起来包括两个方面，一是逻辑检验，二是经验检验（图4-3）。它们共同构成所谓的科学认识论法则（epistemological rule）。逻辑检验主要是判断结论是否能够合乎逻辑地从前提假设中推导出来。但是，逻辑假设是理论科学判断的必要条件，而非充分条件。要想充分肯定一个理论是科学的，还必须经过经验检验。经验包括三个方面。一是一致性检验，主要是判断理论结论与经验观测结果是否一致。二是全面性检验，主要指一个理论是否可以解释该理论相关的全部观察现象；如果存在反例，这些反例是否的确可以作为特例对待。三是简单性检验，也就是所谓"Occam 剃刀"，主要是检测理论前提和推理中是否存在可有可无的东西；如果一个假设或者一个原理并非必不可少，则应该毫不犹豫地将其剔除，以免将后来的研究者引入歧途。上述检验方法不仅适用于自然科学，而且同样适用于包括经济学在内的社会科学（陈彦光，1998；Eichner，1983）。

表4-4　地理学的科学哲学问题及其回答举例

问题	一种回答	对立的回答	中间的回答
地理学是科学吗？	是科学	不是科学，而是一种学科	部分科学，部分非科学
如果地理学是科学，目前已经是科学了吗？	目前已经是科学	目前尚未成为科学	目前部分成为科学
地理学是自然科学还是社会科学？	自然科学	社会科学	自然地理学是自然科学，人文地理学是社会科学
地理学是例外的学科吗？	不是例外的学科	是例外的学科，与其他学科不一样	只有人文地理学例外
地理系统存在规律和空间秩序吗？	存在内在规律和空间秩序	没有一般法则和空间秩序	存在有限适用的规则和秩序

图4-3　科学的认识论法则（适用于规律对称的系统）

也许地理学者不尽赞同这些检验标准，但在实际工作中，地理学者却有意无意在遵循这些检验规则。我国一位著名的地理学家曾提出一个有关城市发展的理论模型，但后来很少提到这个研究成果，因为他后来发现了一些反例。看来，地理学家有意无意地承认了黑格尔（Georg W. F. Hegel，1770—1831）的一个命题："凡是现实的，就是合理的"（《哲学史讲演录》）。关于这个命题有许多文字游戏式的辩证分析，姑且不论。关键在于，根据前述科学的认识论规则，如果一个理论与现实观测结果不一致，错的一定是理论，而不是现实。

地理学中很多著名的数学模型，如 Zipf 定律、Clark 定律、异速生长定律，都在不同程度上受到质疑，原因就是不能全部通过上述检验（陈彦光，2008a）。以 Clark（1951）的人口密度负指数分布模型为例，说明如何进行上述检验。首先，逻辑检验。可以借助城市演化的最大熵假设，以不同的方式将这个模型推导出来（Bussiere and Snickers，1970；Chen，2008）。其次，一致性检验。Clark（1951）本人曾经考察了欧美的20多个城市，发现理论符合实际。中国的杭州等城市的人口密度也符合这个定律（Chen，2009；冯健，2002）。再次，全面性检验。所有的城市都符合 Clark 定律吗？情况并非如此，西方有些城市符合负幂律，即所谓 Smeed 模型（Batty and Longley，1994）。中国的多中心城市如北京，其城市人口密度也不太符合这个规律（冯健，2004）。最后，简单性检验。围绕 Clark 定律发展起来的理论都是必需的吗？研究发现，西方学者如 Bussiere 和 Snickers（1970）基于交通网络的最大熵假设导出 Clark 模型的过程存在多余成分：第一，推导 Clark 模型没有必要与交通网络联系起来；第二，假设条件可以更加简化。于是，Chen（2008）基于城市人口分布的粒动-波动对立统一假设，采用最大熵方法直接将其推导出来。对于 Clark 定律，关键的问题是不能有效通过全面性检验。

问题在于，图 4-3 所示的检验体系真的全部适用于地理学特别是人文地理学吗？

Eichner（1983）就曾根据这些标准判断经济学不是一门科学。他认为，经济学理论不去解释可观测条件下现实发生的事情，而是从逻辑上根据一定的目标进行资源最优配置（optimal allocation of resources），这对科学的目的来说是本末倒置。问题在于，Eichner 忽略了一个重要的事实：经济学不同于物理学。经济学不仅关心系统的行为（现实如何），同时关心系统的规范（应当怎样）。经济学出身的理论地理学家、中心地理论的重要建树者 A. Losch 就曾指出，如果一个理论模型与现实不符，很可能是现实错了。根据传统的科学认识论，这种观点是非常荒谬的。问题在于，人文系统是规律不对称系统，人文现象、社会经济演化、地理过程等都可能在一定程度上偏离乃至违背规律。如果遵循自然规律，系统结构就优化；反之，系统功能就退化甚至恶化。因此，对于经济学、人文地理学这类学科，科学的认识论法则有必要修正。图 4-3 所示的经验检验基本上是面向过去的行为，应该补充一个面向未来的规范检验，或者叫做优化准则。如果一个地理理论模型通过了逻辑检验和大部分经验检验，但却存在少数例外，那就考虑规范检验。具体说来，运用有关理论对少数例外的现实系统进行规划和优化。如果理论模型的应用的确可以改进例外的现实状况，使得它们符合理论预期，并且系统结构和功能得以优化，那么这个理论就是可以接受的。修正后的科学认识论法则如图 4-4 所示。这套准则适合于地理学、经济学等人文、社会学科。

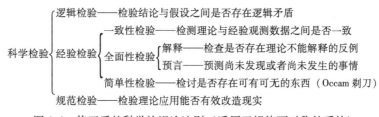

图 4-4 修正后的科学认识论法则（适用于规律不对称的系统）

4.3.2 科学哲学与地理学研究方法

科学研究方法大体上可以划分为四个层次，包括特殊性的方法、一般性的方法、普遍适用的方法和哲学方法（张卓民和康荣平，1985）（图4-5），分别说明如下。

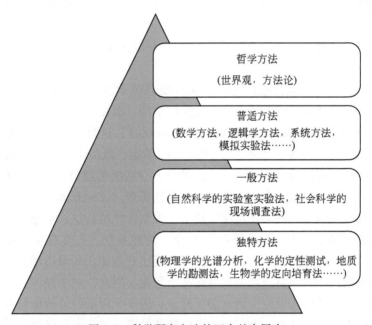

图 4-5　科学研究方法的四个基本层次

1）独特方法，即特殊性的方法适用于各个具体的学科，如物理学的光谱分析法、化学中的定性测试法、地质学的勘测法、生物学的定性培育法、地理学的野外考察法等。一门学科是否拥有大家认可的、其他学科不得挪用、不可替代的独特性方法，是判断该门学科发展水平和地位的指标之一。不同学科可以借鉴对方的方法，但适用范围和程度都有限。

2）一般方法，即分别适用于自然科学和社会科学的研究方法（也有人单独分出思维科学）。自然科学普遍采用的实验室实验法，主要是通过系统的受控实验寻找因果关系。这类方法适用于物理学、化学、生物学、环境科学等学科，但它们不适合社会性的学科。社会科学也进行典型试验，但它们不同于严格意义的实验室实验。社会科学采用调查分析法，包括访谈、问卷等方法，这些方法不太适合自然科学。自然科学也开展现场调查，但通常借助必要的实验来辅助调查分析。

3）普适方法，即普遍适用于自然科学和社会科学的方法，包括数学方法、逻辑分析法（归纳、演绎、类比等）、系统分析法（结构分析法、功能分析法、控制论方法、信息论方法、动力学方法等）及计算机模拟实验法。

4）哲学方法，即各门具体学科方法的高度概括结果，有关世界观的方法，这类方法涉及本体论、认识论和方法论。不过，对哲学方法的实践价值，目前见仁见智、众说不一。

越是独特的方法，越是可以用于巩固一门学科的基础；越是一般的方法，越是有助于一门学科在整个科学界的地位。独特方法是树根，哲学方法是枝叶。树根扎得越深，枝叶的光合作用能力越强。根深蒂固，才能枝繁叶茂。但是，对于科学研究成果而言，最重要的成果是可以动摇哲学上的时空观的成果。爱因斯坦的相对论就属于此类，它在一定程度上改变了长期以来支配人类思维方式的牛顿–笛卡儿时空观。等而下之的研究成果可以动摇人们对物质、能量或者信息结构的固有看法。例如，宇称不守恒的发现，富勒烯（Fullerene）即 C_{60} 结构的发现，都是物质和能量层次。这类研究成果足以配得上诺贝尔奖。对于某个具体学科内部问题看法的颠覆，那是更为等而下之的了。地理学定量与定性之争的问题，属于此类。在各种学科中，目前只有两种学科的重大成果可以改变人类的时空观，那就是数学和物理学。化学至多改变人类对物质的看法，生物学至多改变人们对生命的看法。其他学科则很难改变人类的时空观。

任何一门学科，必须采用独特的方法，否则就无法处理独特的对象，失去存在的基础；同时也要采用一般的方法、普适的方法乃至哲学的方法，力争在不同的层次看待问题、解决问题，并且发挥学科自身的影响。一方面，如前所述，科学研究的初衷就是帮助人类认识宇宙、理解时空，另一方面，有些问题在小尺度无法判断其价值，但在大尺度却可以给出更为公允的判断。例如，李天岩等"周期三意味着混沌"一文是有关混沌学的经典性作品，但却发表在《美国数学月刊》这类面向中学的数学普及杂志上（Li and Yorke，1975）。究其原因，在于两位作者当初根本没有意识到这样研究的学术意义，而是将其当成可发表可不发表的普通数学问题予以对待。直到文章第二作者在一次多学科联席会议上发现来自不同领域的学者都在议论并困惑于混沌问题的时候，他们才意识到这篇论文的重要性，立即着手整理、抢先发表。

在地理学中，城市位序–规模分布研究最初也没有引起普遍重视，Christaller（1933）就认为 Auerbach 的城市位序–规模法则是没有什么意义的数字游戏。但是，随着越来越多的学科（语言学、经济学、社会学、物理学、生物学、地质学

113

与计算机科学等）关注并迷惑于这类分布规律，它的学术价值逐渐凸现出来。研究城市位序–规模法则这样的问题，仅仅将眼界局限于本学科的方法是远远不够的。可以肯定，位序–规模分布研究需要一般层面的方法和普适层面的方法；有迹象表明，这类研究涉及哲学层面的方法。早年 Berry 及其合作者开展了对城市地理学影响很大的城市规模分布研究（Berry，1961；Berry and Garrison，1958）。他们将城市规模分布分为"位序型"和"首位型"两种，这个分类一直被城市地理学家视为圭臬。但是，从更大的空间尺度看来，这个分类其实是有问题的，首位型其实是不存在的（陈彦光，2008a）。原因在于，Berry 的城市规模分布分类是基于国界的，而一些国家的城市影响范围是超越国界的。伦敦作为顶级的世界城市（global city）之一的影响范围大大超越英伦三岛，墨西哥城作为超级城市（megacity）之一，其影响范围可能覆盖整个中美洲。最近本章作者的一位朋友（瑞典的 Bin Jiang）提供的新的、强有力的定量观测证据表明，即便基于国界，从更大的规模尺度看来，首位型城市规模分布也是不存在的。之所以找到这样的证据，是因为采用了全新的方法：基于自组织网络的尺度思想借助计算机在遥感图像上提取自然城市（natural city）的边界。可见，尽管 Berry 是一位城市地理学界的"泰山北斗"，但由于方法的局限，其研究结论依然不免出错。

从历史看来，地理学与诸多学科在研究方法上是存在联系的。举例说来，地理学家早先不仅可以提出数学难题，甚至可以发明数学分析方法。如今应用很广的回归分析，其奠基人是达尔文（Charles R. Darwin，1809—1882）的表弟高尔顿（Sir Francis Galton，1822—1911）。人们公认，高尔顿不是规范的数学家，他首先是一位地理学家和气象学家。高尔顿曾经因为非洲的地理考察业绩获得过英国皇家地理学会的金奖。在数学模型包括回归模型参数估计中广泛采用的最小二乘算法，实际上最初起源于"地理大发现"过程中远洋航行的船只定位问题。这类基于地理学的数学难题曾经难倒了几代数学大师，后来德国数学王子高斯（Karl Friedrich Gauss，1777—1855）将其解决。其他诸如有关拓扑学的七桥问题、源于地图绘制的四色问题、导致分形几何学创生的海岸线长度问题等，都与地理现象有关。有些问题地理学家一度发现了苗头，但没有深入探讨（如海岸线问题），有些地理学家则丝毫没有察觉。在原创性方面，影响地理学交通网络理论的校园抄近道问题，其本质也是一个地理学问题，但却由德国的物理学家最先提出（Helbing et al.，1997）。种种事实表明，由于太相信地理学的独特性而在一定程度上忽略了普遍性，由于太局限于基本层次的研究方法而没有足够重视更为一般和普适的研究方法，地理学家失去了大量发现和创新的机会。

4.3.3 科学哲学与地理学的功能定位

较之于能够直接、快速影响并塑造人类生活的尖端科学（top science, frontier of science）而言，地理学只能算是"钝端科学"了——这是黄秉维（2003）生前对地理学的定位。钝端科学的社会功能和地位究竟怎样？科学自身的评价和定位属于科学哲学问题。德国诗人和戏剧家、"史诗戏剧"的开拓者布莱希特（Bertolt Brecht，1898—1956）对科学有一个著名的评价，他说："科学的目标不是向人类打开无限智慧的大门，而是为无穷的错误设定一个界限"。从这个意义看来，尖端科学可以发挥的功能，钝端科学在一定程度上也可以做到。

北京大学的王恩涌教授讲述了一个发人深省的故事。国家某部门有人申请200亿元的经费治理西北风沙（目标很有吸引力），办法是植树造林（技术路线看起来有理）。申请书送到了时任国务院总理的朱镕基的办公桌上。正当朱镕基对这个似是而非的项目踌躇不定的时候，有人将著名地理学家黄秉维的一篇文章送了过去。那篇文章写道，在生态脆弱的干旱、半干旱草原地带根本不能随便植树造林。如果不植树，还可以长草；一旦植树，不仅树不能长期成活，最终草也会大量干死。因为每一棵都是一个"抽水机"，它们会将地下水大量吸收，通过太阳蒸发掉，导致地下水位下降。当地下水消耗到一定程度，草、树的根系都无法得到地下水的滋润，最终是草木不生，草原变成沙漠。因此，植树非但不能治理风沙，反而加剧风沙的扩展速度。朱镕基读完这篇文章，立即将那个项目否决。

设想一下，假使当初黄秉维没有撰写这篇文章，或者朱镕基没有见到这篇文章，后果将会怎样？如果这个项目得到批准，将会导致如下后果。其一，纳税人的200亿元人民币肯定打水漂儿，这是明显的损失。其二，西北有关地区的环境进一步恶化，这是亦明亦暗的损失。其三，这个项目很可能成为一个钓鱼项目，国家继续为此投入更多的植树造林经费，要是这样，最终的损失将无法估量。

黄秉维的那篇文章具有系统的整体性思维、非线性思维。复杂系统具有反直观性。表面看来，植树造林治理风沙非常有理，而实际上大成问题。如果植树造林可以遏制风沙的扩展，可能古人早就已经植树造林了。路边没有人吃的李子是苦的，简单的方法却长期没有人使用说明该方法可能是非常有问题的。这涉及逻辑学思维。在中国西北部，的确有人借助植树造林阻挡风沙，其结果的确如同黄秉维的推断。这又涉及实证性的方法。这个实例充分表明，作为钝端科学，地理学不一定能帮助人类制造什么，但它可以告诉人们不应该制造什么；它不一定能直接创造经济效益，但却可以避免非常巨大的经济损失。关键在于，选择问题要准确，研究方法要得当。于是问题的讨论又返回哲学层面。

4.3.4 方法论变革：一个非欧几何学案例

人类认识论的巨大变化影响到整个科学界，当然也会影响地理界。在 19 世纪以前，科学家的主要精力都在试图发现各种真理。但是，19 世纪之后，人们的观点发生了根本性的改变：科学家的任务不再是去发现真理，而是提出假设（postulate），建设模型。导致这个转型的根本原因是非欧几何学的创生（陈彦光，2008b）。这是一个比较典型的科学哲学思想影响地理学发展的案例。

欧氏几何学的诞生标志着人类空间观念的第一次伟大革命。正是在这次革命中，产生了抽象与证明的概念。欧氏几何学的理论体系是从 23 个定义（definition，基本概念）、5 个公设（postulate，无需证明的假设）和 5 个公理（common notion，常识）中演绎出来的，其推理过程妙不可言，人们视之为"完备理论（complete theory）"。在 19 世纪以前，包括牛顿在内的伟大科学家都要精心研究欧氏几何学：不仅学习这门学科的理论，更重要的是学习抽象和证明的思想，训练演绎推理的思维。人们一度将欧氏几何学当做发现客观真理的典范。那时，最理想的做学问的方法，就是确立一些不证自明（self-evident）的公设（the axiom），然后应用形式逻辑学推导出定理。

欧氏几何学虽然很优美，但其最后一个公设即所谓"第五公设"一直令人怀疑。不证自明的公设都应该表述简单，内容直观，但第五公设——等价的表述是"过一条直线外面一点，有且只有一条直线与已知直线平行"——既不简单，也不直观。这个公设看起来更像是一条定理，但人们无论如何不能从其他四个公设、五大公理和有关定理中将其推导出来。19 世纪的时候，罗巴切夫斯基（Николай Иванович Лобачевский）试图采用归谬法证明欧氏几何学的第五公设的正确。他假定："过一条直线外面一点，不止一条直线与已知直线平行。"他将此假设与欧氏几何学的另外 4 个公设放到一起，然后进行新的演绎推理，试图导出逻辑矛盾，从而证明原欧氏几何学的第五公设正确。然而，事与愿违。推理越来越长，但却没有出现内部矛盾的任何迹象。直到后来，罗巴切夫斯基导出一整套与欧氏几何学完全并列的另外一套几何学体系，这就是对科学观念影响极大的罗氏几何学。再后来，德国数学家黎曼（Georg F. B. Riemann，1826—1866）假定："过一条直线外面一点，没有一条直线与已知直线平行。"根据这个假定和欧氏几何学的前 4 个公设，又演绎出黎曼几何体系。罗氏几何学和黎曼几何学统称为非欧几何学。

非欧几何学的诞生是具有划时代意义的，这些理论最终颠覆了当时学术界的最高意识形态，摧毁了此前固定不变的学术教条。人们终于认识到，所谓公设其实并非不证自明的道理，所有公理也都是理论家的假说（hypothesis）。既然这样，哪里谈得上什么颠扑不破的真理的存在？欧几里得空间本身并非一个绝对存在、固定不变的空间，而是一种数学家提出的、可以当做模型使用的空间。从此以后，人类的认识论发生了根本的转变。人们扬弃过去的学术信念，代之以全新的科学哲学观念：学术研究人员的任务不再是发现真理，而是去提出假设、建立模型。由于这次观念的革命，科学家在人类社会所扮演的角色由真理发现者转换为模型建立者（model builder）。构造假设、建立模型、发展理论是科学家的首要任务。科学研究的过程由归纳-推理过程转变为假设-求证过程。

非欧几何学冲击的是整个科学界的传统认识，它通过认识论影响方法论，进而影响科学思想和研究方法。后现代主义者强调："20 世纪的重大教训是，任何伟大的真理都是虚假的"（唐晓峰和李平，2000）。实际上，20 世纪初已经完成了一个观念变革：走在前沿的科学家不再追求真理。既然整个科学界都不再试图追求真理，既然最发达的学科也感到真理可望而不可即，地理学家当然也不会将真理作为探索的目标了。地理学家建立的任何理论，都是地理工作者认识世界的模型。

除了上述科学研究任务的改变之外，非欧几何学与量子物理学等学科还一起导致一些新的科学标准的产生。非欧几何学的前提假设是违背人的直觉的，最终人们发现不同的假设适合于不同的时空范围。量子物理学最初的发展也涉及类似的问题：理论推导的前提看起来违背常识，甚至稀奇古怪。例如，普朗克（Planck）的黑体辐射公式的推导就假定能量是离散的，即一份一份发出的。而在当时的物理学家看来，能量是连续的。最后的理论演绎和实验结果都表明，能量的确是离散，普朗克当初的假定是合理的。从此以后，科学界形成一种默认的规则：评判一个理论模型不要斤斤计较它的前提假设是否合理，而要看它对现实的解释能力和预言的准确性。科学理论的判断标准也不再是看它是否被证明绝对正确无误，而是看它是否具有可以被重复和检验的性质。

地理学的一些理论，如中心地理论，它的前提合理吗？请不要轻易说长道短。关键要看该理论对现实的解释能力和预言效果。直到有一天，你能构造更简单的假设，据此建立更完善的、可以取代中心地理论的理论，你才真正有资格对中心地模型的假设条件品头论足。否则，你就需要了解一下当前科学哲学的基本思想甚至发展历程了。

4.3.5 地理学（还）是一门科学吗？

任何事物的发展都未必是直线或者单调上升的曲线，地理学的发展也存在反

117

复、曲折、迟滞和波动。10 多年前白光润（1995）等提出的地理哲学贫困问题今天仍然没有过时。基于传统的科学价值评判标准，规律对称性是一门学科走向发达的必要条件。地理哲学贫困和例外道路的根源都可以归结为地理规律的不对称。满足时空平移对称性的规律才是普适的规律。缺乏普适性，很难保证科学研究的科学性。一门学科在成为理论科学之前，首先必须成为一门好的经验科学（陈彦光和刘继生，2004）。经验科学发达的前提是实验方法的有效利用。只有借助系统的受控实验，才可望揭示隐含的因果关系；只有准确找到因果关系，才能对系统进行准确预测和监控。不仅如此。只有规律对称，不同地域、不同时期的科学实验才可以重复和彼此验证，从而一项研究才具有可重复性和可检验性。只有规律对称的学科，才可以通过实验建立简明的科学定律，进而借助逻辑和数学方法演绎成理论体系。

任何一门学科要发展，都必须开展必要的实验工作，地理学也不例外（黄秉维，2003b）。可是，地理系统特别是人文地理系统研究过程不具备严格意义的可重复和可检验条件。究其根源，在于人文地理系统的规律不对称性（陈彦光，2008a；陈彦光，2008b）。因此，人文地理学一直没有找到类似物理学规律那样严格的、令人心悦诚服的定律。城市体系的中心地理论、城市规模分布的 Zipf 定律、城市人口密度的 Clark 定律等都一直受到质疑——质疑者几乎都是基于经典物理学的哲学眼光看待地理规律。因此，地理研究逐步分裂为多个派别：一派坚持标准的科学的道路，但困难重重；另一派则走上"例外主义"的道路乃至后现代主义的道路，将地理学当成不同于标准科学的另类学科。还有一些学者对地理学彻底悲观失望，一度演变为西方的"地理虚无主义"（张祖林，1994）。例如，加拿大地理学家 Hurst（1985）就曾宣布"地理学既不存在、也没有未来"。诸如此类的问题，不是通常意义的认识分歧，而是涉及地理系统的根本性质及其哲学基础。在西方，每隔 10 年，科学界就会发生巨大的变化。但是，Hurst（1985）的地理悲观论调并未消除。世纪之交的时候，Atkinson 和 Martin（2000）仍在质疑："作为地理学家，我们为什么想要放弃地理学？"

根据传统的哲学观念特别是认识论、方法论和价值评判标准，地理学的理论体系很难发展起来。因此，地理学的核心理论欠发达，或者说我们的学科没有形成自己的科学"范式（paradigm）"。由于没有范式，地理学共同体就缺乏凝聚力，对其他学科缺乏影响力，从而对新生代也就缺乏吸引力。本章作者调查发现，在中国，很多地理专业的学生并非主动选择地理学专业，而是在高考志愿调配过程中被动进入这个专业。

上面提到 Kuhn（1996）所谓的范式（或译为"范型"）概念——可能许多地理学家不同意作者"地理学目前没有形成范式"的观点。虽然包括 Kuhn 本人在内没有人可以将"范式"这个术语真正讲解清楚,但一个学科有没有范式还是容易识别的:有范式的学科在基本认识方面没有太多的争议,没有范式的学科对科学基础、研究目标和发展方向众说纷纭。地理学怎样呢?20 年前有人感叹:"地理学的内容如此广泛,以致一个地理学家都很难回答'什么是地理学'"(刘宗超和孙莉,1988)。这不是个别学者的观点,中国杰出地理学家黄秉维也是这个看法,他曾对钱学森(1991)感叹:"地理学太乱了,有各式各样的说法。"地理学思想的混乱局面说明一个问题:地理学当时没有范式。有范式的学科不可能如此之乱(陈彦光,1998)。

10 多年后,情况有所好转吗?前面提到美国资深地理学教授 Morrill(2008)的一个设问:"地理学(还)是一门科学吗?"对于这个标题,可以做两个层面的理解:其一,地理学是科学吗?其二,地理仍然是科学吗?不看括号里的词"还",这篇随感是对地理学的科学性进行设问;考虑括号里的补充副词,则是对地理学科学观念大倒退的一种责问。由于相对主义认识论的泛滥成灾,地理学的价值判断更加缺乏标准。今天地理学的状况,至少在西方,较之于 20 年前,混乱程度有过之而无不及。地理学至今依然没有严格意义的范式。

地理学家一直在寻找范式。有了范式,才能形成凝聚力,影响其他学科,并且吸引新生代。元胞自动机(cellular automata,CA)模拟实验技术兴起,一些地理学家判断 CA 可能成为 21 世纪的地理学研究范式(Batty,1997)。地学计算(GeoComputation,GC)研究的崛起,也被一些学者视为一种可能的范式(Openshaw and Abrahart,2000)。Couclelis(1998)指出:

> "地学计算具有一种借助空间成分影响许多其他空间科学、学科和应用领域的潜力,并且它引起的注意将会超出大学和研究中心的围墙之外。这种潜力建立在如下事实的基础之上:地学计算联系了当代社会的若干主要趋势……较之于乏味的定量地理学,地学计算有更好的机会吸引地理研究新生代的兴趣,这些新生代的成长过程就是软件的操作乃至编写过程——软件的复杂程度将不亚于我们业已编制的任何软件。"

CA 也好,GC 也好,都是地理学领域具有良好发展前景的新分支或者新方法。地理学仍然在探索自己的方向,探索过程涉及认识论、价值判断,自然而然不可回避哲学思考。

119

4.4 小　　结

作为一种"钝端科学",地理学与尖端科学有显著区别,与经济学、社会学等学科也不能同日而语。地理学与其他学科有密切的关系和频繁的互动。地理学者经常引入其他学科的思想和方法，并受其影响（张祖林，1993）。经济学是对地理学影响最为强烈的社会科学领域。从历史上看，区位论的创立者都是经济学家或者经济学出身，但他们的成果都被地理学家拿来甚至作为地理学理论的核心构成。当前看来，时髦的新经济地理学也是经济学家首先发展起来，成形之后地理学家才开始欢呼、追随和模仿。这种引入促成了地理学的发展和创新，至少最近10多年，地理学的创新型研究涌现很多。

　　哲学是自然科学和社会科学的高度概括和总结，对各门学科都有不同程度的影响，对地理学也不例外。计量革命之前，影响地理学的哲学思想主要是康德的先验主义和欧洲哲学家的经验主义思潮。计量革命之后，逻辑实证主义和证伪主义等开始影响地理学思维和理论发展。在时空观方面，传统的定性地理学主要是基于牛顿–笛卡儿的无限平直绝对时空观，后来的定量地理学则基于莱布尼茨的相对时空观。此后 Couclelis（1997）等提出了邻近空间观的概念，但没有引起足够的反响。影响人文地理学的哲学思潮很多，各种主义令人眼花缭乱。在这众多主义的基础上，地理学似乎迄未发展自己的哲学理论核心和体系。10多年前，有人指出地理学的贫困在于哲学贫困（白光润，1995）。今天看来，地理学的哲学依然没有摆脱贫困的窘境。地理系统是规律不对称的系统，改变了时空坐标，地理学的模型或者参数会随之发生变异。在这种情况下，科学的认识论法则对地理学不能全部适用。地理学必须为自己的理论发展建立适当的认识论准则。进一步地，在一般哲学思考的基础上，地理学应该发展自己的哲学，形成地理学的科学哲学分支。

第 5 章　技术发展与地理学

应用数学、物理学、化学和生物学等的研究成果都在不同程度上运用于或者转化为关系到国计民生的尖端技术，而地理学的这种功能并不显著。黄秉维（2003）提出地理学是一种钝端科学，而钝端科学"必利其器"。地理学怎样磨砺自己的"器具"呢？黄秉维（2003）认为地理学应该"掌握物理学、化学和生物学所已经证明的规律"，要有意识地"吸取数学、物理学、化学的知识来建立观察、分析和实验技术，其中有许多是在其他自然历史科学中业已建立的技术"。黄秉维的建议主要是针对自然地理学而言的，但根据本章作者近 20 年的城市地理学研究经验，他的主要观点对于人文地理学照样适用。事实上，地理学正在因为技术手段的快速发展而长足进步。

为了庆贺美国地理学家协会（Association of American Geographers，AAG）建设 100 周年（1904—2004），Brunn 等（2004）曾主编了《地理学与技术》一书。该书开头几章考察了技术对地理学科的影响，然后分别讨论了制图、照相、航空摄影、计算机以及基于计算机的各种工具。今天我们提到地理技术，最令人感兴趣的莫过于地理信息系统（Geographic Information System，GIS）、全球卫星定位系统（Global Positioning System，GPS）以及遥感与制图等。

本章主要讨论技术发展对地理学的影响，特别是遥感技术、GIS 和计算机模拟实验技术在地理研究过程中的作用。

5.1　航空航天技术与地理学观测手段

5.1.1　观测技术是地理学发展的基础

地理学的产生和发展与观测技术息息相关。埃拉托色尼创造地理学概念的时候，想到的就是从天文学的视角描述地球。不言而喻，科学的描述不可以想当然，地理描述过程联系着观测。埃拉托色尼的确是一个观测高手。在当时非常简陋的观测条件下，他居然通过巧妙的观测方法、几何学知识和无穷大概念测量出地球的周长。古希腊时期测量地球周长的科学家还有两位：一是阿基米德，二是托勒密。但是，他们的计算结果误差都很大。作为数学家，埃拉托色尼的水平和成就远不及阿基米德。但是，作为地球观测者，埃拉托色尼的水平就不同一般了。通过对地中海（连接大西洋）和红海（连接印度西洋）的潮汐现象观测，埃拉托色尼判断大西洋和印度洋是连通的。他的这个结论影响到"地理大发现"过程中贸易"新航路"的发现。高超的观测设计、非凡的逻辑推断能力，加之适当的数学计算技巧，使得埃拉托色尼成为人类历史早期最优秀的地理学家。

长期以来，地理学的考察主要依赖于目测和简单的观测器具。例如，中国古代有所谓标（标尺——垂直测量之器）、准（准平——揆平取正之器）、规（规绳——正圆之器）、矩（曲尺——画方之器）和罗盘（测定方位的仪器）等。有了这些简单的工具，就可以测量地物的高低、远近、大小。无论在东方古代还是西方古代，地理测量的重要性是令人无法想象的。部落的集聚、城市的建设、都城的迁移，特别是历法的制定，都要进行周密的天文和地理观测。河南登封有所谓的"周公测景台"，传说周公旦为了营建东都洛阳，到此进行天文观测。其实，古代的天文观测与地理观测从来是不分家的。虽然东方古代的地理学思想与古希腊人的地理学思想有很大差别，但在借助天象观测地理现象方面却又有相通之处。地理计量运动时期的基本定量分析方法之一是回归分析，回归分析的算法主要是最小二乘法。如前所述，该方法由法国数学家勒让德（A. M. Legendre，1752—1833）突破、由德国数学王子高斯（Karl F. Gauss，1777—1855）发展。可是，很少有人知道，这个算法的起源则是地理学的定位问题。地理大发现之后，海上航行日益频繁。为了船只的地理定位，人们根据月球等天体与地面的关系构建一个带参数的方程。船只所到之处，只要观测月球的方位，取得数据，求解方程参数，就可以为船只定位。可是，为了求解这个方程，耗费了几代数学家的心血。高斯解决这个问题之后，便成功地进行了一次小行星的运行预测。直到计量运动之后，这个源于地理问题的数学工具才开始在地理学领域发挥作用。

西方社会在"文艺复兴"之后开始快速发展。16 世纪末、17 世纪初，荷兰人先后发明了显微镜和望远镜。从此，人类在微观和宏观层面的观测能力大为加强。进入工业文明之后，人类的观测技术开始加速进步。19 世纪前期，摄影技术因为光学和化学的发展而问世。19 世纪末（1890 年的法国）、20 世纪初（1903 年的美国）飞机产生；1957 年人造卫星上天；1962 年，宇宙飞船问世。人类对地观测的视野越来越大，水平和精度越来越高。当摄影技术与航空、航天技术结合在一起的时候，地理学家开始从全局认识地球了。

当然，航空、航天摄影数据需要计算机存储、转换和处理，这个问题下面再讨论。可以明确的是，由于航空、航天、摄影、录像的发展和计算机技术的普及，地理科学的时代真正到来。黄秉维（2003）认为："系统论、系统工程、地理信息系统、遥感遥测都是综合研究地球表层的重要理论和技术工具。地理科学所面对的是一个复杂的开放巨系统。处理如此复杂的系统，又要迅速取得信息、处理信息、更新信息，不能不依靠系统科学，借助于信息科学和遥感应用。"在评述 Brunn 等（2004）主编的《地理学与技术》一书时，AAG 常务理事 D. Richardson 曾经指出："正如新技术已经深刻地影响其他学科如生物学、物理学和医学等的研究潜力（research possibilities）和知识基础（knowledge base）一样，地理新技术在过去十年已经发生了革命性的进步，并且延伸到地理研究、教育和应用的前沿"①。

　　人类不仅可以借助遥感技术提取自然和人工建设的地理物体的数据，还可以利用计算机、卫星和互联网等技术提取人类活动的数据。最近几年，地理学家对利用全球网（Web）生成、收集和传播由个体自愿者提供的数据产生了极大的兴趣（Goodchild，2007）。由于卫星技术的发展，地理学家可以根据自己的研究需要设计人类活动数据提取的技术路线。下文以海外华人学者 Jiang 等（2009）的一项基于 GPS 轨迹的人类活动图式研究为例，具体说明新技术如何提高了人文地理学的研究能力。他们的 GPS 数据集非常庞大，这个数据集的建设是由安装有 GPS 接收机的 50 辆出租车行驶 6 个月所收集的数据组成，其中每辆车每 10 秒记录一个 GPS 数据点。除了这些 GPS 坐标数据之外，还有匿名记录的 170 000 条客户信息，包括何时乘车、何时下车等信息。通过对数据的分析，Jiang 等（2009）阐明了一个事实，那就是人类活动模式主要取决于无尺度特性的道路网。为了进一步验证这个结论，他们采用基于智能体的模拟（agent-based simulations）方法，通过大量的"随机行人（random walkers）"模拟了人类活动。结果表明：①模拟的人类活动能够还原相同的活动模式；②模拟的活动量与实际观测到的活动量有很高的相关性。有关研究最近又有了新的进展：在一个给定的道路网的前提下，目的行人与随机行人形成相同的活动模式（Jiang and Jia，2011）。如果没有现代化的观测技术和计算机技术，这类研究不可能开展。

5.1.2　观测技术发展与地理研究的新时代

　　科学源于对大自然的好奇，但科学研究过程却始于观测。探索任何一个系统，都要求该系统具备可观测性。科学的标准是可重复、可检验的。一个地理学家的野外考察成果，原则上其他地理学家可以重复和验证，但实际上十分困难。这与数学推理和证明不同，也和物理、化学实验不一样。一个数学家的证明，其

---

① http：//www. amazon. com/.

他数学家很容易验证；一个物理或者化学实验，其他学者相对容易重复。可是，一个地理学家野外考察半年，撰写研究报告，其他学者却将信将疑。如果观测存在错误，或者报告者弄虚作假，其他人很难查证。著名童话作品《小王子》就明确流露出作者对地理学家的轻视和不信任。

如今时代不同了，遥感技术水平越来越高，图像的分辨率也越来越高。黄秉维（2003）指出："利用航空照片和卫星影像，是最近几十年蓬勃发展起来的地理科学研究的新途径，世界许多国家都采用这一方法来研究地理环境。"而且一张航片或者卫片所蕴含的地理信息，任何科学家都可以利用。原则上，地理学家拥有相同的、更为客观的信息源——如果你不相信我的数据，你完全有条件检查我所使用的遥感照片或者电子地图。这样，地理学成果的公信力就大为增强了。不仅如此，由于卫星测时测距导航（Navigation Satellite Time and Ranging）/全球定位系统技术的发展，地理学家的观测手段更是今非昔比。

相对于以往，今天的地理学数据可以满足如下条件。

第一，完整性。为了研究某个地理系统的空间分布规律，我们需要完整的、准确的空间截面数据。在航空/航天遥感技术成熟之前，大面积的完整数据一般是很难取得的。过去的实地勘察、记录，不能保证数据的完整性。即便实现完整的调查，也难以满足同时性和口径一致性。在西方国家，有10年一次的人口普查，可以据此得到完整数据。但是，这种普查费时费力，局限性很大，不能在所有领域采用这种方法。至于统计数据，则准确性较低。今天的遥感数据，在完整性、准确性方面大大超越过去任何时期的地理数据。

第二，连续性。为了研究系统的演化规律，揭示其动力学机制，我们需要连续的观测数据。过去，大范围地适时监控、定期取样几乎是不可能的。今天，由于航空、航天遥感技术的发展，我们可以通过遥感图片获取连续多年的地理演变的系统数据。

第三，系统性。时间上连续、空间上完整的数据，就可以形成一套系统的数据集合。有了系统的数据，我们就可以据此开展地理时空演化的动力学分析。复杂性理论兴起以后，人们不再满足于系统的静态结构描述，而是更加注重动态分析；不再满足于整体性思想的简单运用，而是寻求探索局部与整体的相关机制。地理空间复杂性的探索，离不开尖端观测技术的支持。

观测技术的提高，为地理学家发展、验证和运用法则提供了技术支撑。以城市地理学为例，遥感技术在传统的地理规律研究中发挥了新的作用。在城市地理学中，有几个基本的定律：城市人口–城区面积异速生长定律、城市规模分布的Zipf定律和城市密度的衰减定律等。下面分别举例说明。

我们前面讨论过异速生长定律在地理学中的移植和应用。城市人口（P）–城

区面积（A）异速生长关系可以表示为幂指数形式。在该式两边取对数，化为线性方程

$$\ln A = \ln a + b\ln P \qquad\qquad (5\text{-}1)$$

等价地，可得

$$\ln P = c + d\ln A \qquad\qquad (5\text{-}2)$$

式中，a、b 为常数；参数 $c = -\ln a/b$，$d = 1/b$。然后，借助最小二乘算法或者最大似然算法，容易估计模型参数，进行解释和预测。在解释方面，理论上要求标度指数 b 必须大于 1，这表明城市人口的相对增长速度大于城区面积的相对增长速度，城市用地节约；否则，城市用地浪费。在预测方面，只要根据已知数据估计了模型参数，并建立模型，今后就可以根据卫星图像提供的城市面积数据预测城市人口。

1977 年，Lo（罗楚鹏）等基于观测数据和卫星图片，借助异速生长分析方法预测我国城市人口增长（Lo and Welch，1977），其准确程度曾令我国已故著名地理学家李旭旦（1979）感到惊叹："美国曾有人用类推法，利用了我国解放初期发表的七年城市人口统计，根据其后城区面积的逐步扩大（用卫星图像量算）与人口增长的比例关系，建立模型，推算出今日中国城市人口数字，其正确程度达 90% 以上。"这里所谓的"比例关系"，就是城市人口–城区面积异速生长关系。后来，Lo（2002）又发表过一篇探讨中国城市异速生长关系的论文。

其实，李旭旦（1979）的评述不是十分准确。在明确研究对象之后，Lo 和 Welch（1977）的建模分析过程如下。

首先，模型参数估计。根据中国政府公布的 1951～1956 年若干城市人口（P）和城区面积（A）数据建立对数线性模型

$$\log P = 4.8733 + 0.7246\log A$$

相关系数 $R = 0.75$。标度指数 $d = 0.7246 < 1$，其倒数为 $b = 1/d = 1.38 > 1$，城市用地存在浪费现象（Lee，1989）。

其次，参数校正。根据 1972～1974 年的卫星图像（LANDSAT image）数据对模型参数进行校正，得到

$$\log P = 5.3304 + 0.4137\log A$$

相关系数 $R = 0.82$。标度指数 $d = 0.4137 < 1$，其倒数为 $b = 1/d = 2.4172 > 1$，这暗示中国在 20 世纪 70 年代的城市用地更加浪费——这可能是"文化大革命"的无序管理导致的城市化混乱的结果。

最后，预测分析。有了这个校正后的模型，他们就可以估计有关年份的城市人口。例如，将 1970 年的卫星图像显示的有关城市数据代入式（5-2），就可以得到人口估计数据。对于他们研究的那些城市而言，1970 年的人口估计值在 40

万到 300 万之间。由于中国当时处于"文化大革命"时期，城市人口等社会、经济数据都非常匮乏，借助遥感技术和异速分析方法估计中国城市人口数据既具有学术意义，也具有现实意义。

现在我们看看 Lo 和 Welch（1977）建模分析的要件：①数学模型——异速生长方程；②观测数据——空间上相对完整、时间上连续的城市人口和城区面积数据；③遥感数据——用做模型参数校正和预测分析的基础。

城市规模分布的 Zipf 定律非常出名。将一个区域的城市根据规模大小自上而下排列，如果城市规模服从位序–规模定律，则有

$$P(r) = P_1 r^{-q} \tag{5-3}$$

式中，r 为城市位序；$P(r)$ 为位序为 r 的城市人口；系数 P_1 理论上为最大城市人口；q 为标度指数。将式（5-3）代入式（5-1）可以导出

$$A(r) = aP(r)^b = aP_1 r^{-bq} = A_1 r^{-p} \tag{5-4}$$

式中，参数 $A_1 = aP_1$，$p = bq$。这意味着，如果城市人口规模分布服从 Zipf 定律，城市人口–城区面积服从异速生长定律，则城区面积一定服从 Zipf 定律（陈彦光，2008）。

过去，很少有人借助城区面积测度研究城市位序–规模分布规律，重要的原因在于城区面积的测定困难。今天，借助卫星遥感图像，研究城区面积的 Zipf 定律非常方便。不仅如此，借助城市人口数据研究城市规模演化的动力学，要么采用不太准确的统计数据，要么采用"十年等一回"但相对可靠的普查数据。今天，我们借助卫星遥感图像，可以研究连续多年城市位序–规模变化的规律。

城市密度衰减定律在不同条件下表现为两种形式：一是局域性（locality）系统，密度衰减服从负指数律；二是长程关联系统，其密度衰减服从负幂律。对于第一种情况，其密度分布服从 Clark（1951）定律

$$\rho(x) = \rho_0 e^{-x/x_0} \tag{5-5}$$

式中，x 为到城市中心的距离；$\rho(x)$ 为距离城市中心 x 处的平均密度；比例系数 ρ_0 理论上为城市中心的人口密度；x_0 为尺度参数，与人口活动的平均距离有关。对于第二种情况，其密度分布服从 Smeed（1963）公式

$$\rho(x) = \rho_1 x^{-a} \tag{5-6}$$

式中，比例系数 ρ_1 理论上为半径为 1 单位的人口密度；a 为标度指数。实际上，上面两个模型不仅可以用于描述城市人口密度衰减，也可以用于城市用地密度衰减。今天，由于遥感观测技术的应用，我们研究城市用地密度衰减较之研究城市人口密度衰减更为方便。

遥感技术对城市地理学影响最为突出的方面可能是城市分形研究了。实际上，上述异速生长定律、位序–规模分布定律、城市密度衰减定律等都与分形结

构有关（陈彦光，2008）。过去人们认为，城市人口负指数衰减不是分形（高安秀树，1989）。可是，最近的研究表明，Clark 模型在性质上不同于常规的负指数函数，它与城市形态的自放射性有着密切的联系（Chen，2008）。至于 Smeed 模型，只要参数 $a<1$，则其刻画就是一种典型的分形结构。对式（5-6）积分得到

$$P(x) = 2\pi \int_0^x s\rho(s)\mathrm{d}s = 2\pi\rho_1 \int_0^x s^{1-a}\mathrm{d}x = \frac{2\pi\rho_1}{2-a}x^{2-a} = P_0 x^D \qquad (5\text{-}7)$$

式中，$P_0 = 2\pi\rho_1/(2-a)$ 为城市中心人口数；$D = 2-a$ 为分形维数，Frankhauser（1998）称其为半径维数或者放射维数（radial dimension）。

实际上，刻画城市形态和结构的分维参数有许多种。Frankhauser（1998）曾经将城市地理信息分为两种类别：全局信息（global information）和局部信息（local information）。反映全局地理信息的参数有网格维数、扩展维数和关联维数系列，反映局部地理信息的参数有放射维数和标度行为曲线指数（表 5-1）。此外，刻画城市形态的分维还有边界维数（boundary dimension）、自仿射记录维数（self-affine record dimension）等（Batty and Longley，1994；Chen，2008）。

表 5-1　描述城市形态的常见分形参数

信息	测算方法	分形维数
全局信息	网格法（the grid method）	网格维数（grid dimension）
	伸缩法（the dilation method）	闵可夫斯基维数（Minkowski dimension）或者扩展维数（dilation dimension）
	关联法（the correlation method）	维数系列（dimension series）
局部信息	半径法（the radial method）	放射维数（radial dimension）
	标度行为曲线（the curves of scaling behavior）	标度指数（scaling exponent）

资料来源：根据 Frankhauser（1998）整理

所有这些城市形态和结构的分维测量都需要遥感观测技术的支撑。那么，计算这些维数有什么用呢？维数是地理空间分析最重要的测度。今天我们知道，绝大多数地理现象，包括城市生长和形态，具有无标度性质，亦即没有特征尺度。对于有特征尺度的地理系统，可以采用距离等变量定义地理空间。对于没有特征尺度的系统，传统的测度，如长度、面积、体积、密度等，都失去了意义。因此，地理空间不能继续采用距离变量定义。在这种情况下，有必要基于传统测度估计分维，然后借助分维开展地理空间分析。

那么，分维能反映哪些信息呢。具体说来，维数有如下用途：

1）分维是空间填充性的测度，据此可以反映空间利用效率和开发程度。

2）分维是空间增长率的指数，相对增长率越高，分维值也越高。

3）分维是空间均衡性的测度，据此可以考察地理现象的分布是否均匀。

4）分维是空间关联性的测度，据此可以解释地理空间的关联程度和特征。

5）分维是空间复杂性的测度，Hausdorff 维数、Shannon 熵和 Kolmogorov 复杂度理论上等价（Ryabko，1986）。一个系统越是复杂，控制变量也就越多；控制变量越多，维数就会越高。

6）其他。

分维测度的应用价值需要理论分析和比较判断，以下将举例说明。

其一，优化判据。一些经典的地理模型都与分维有关。例如，根据城市规模分布的 Zipf 定律，即式（5-3），可以估计城市规模分布的分维 $D = 1/q$。过去人们不知道这个参数的地理本质意义及其用途，往往用它进行简单的城市分类。今天，我们知道，它是一个城市规模分布的优化判据。就人口规模而言，如果 $1/2 \leq D < 1$，城市规模分布的结果复杂并且协调；如果 $D > 1$，城市规模分布的结构存在不合理的因素；当 $D = 1$ 时，城市规模分布的结构相对简单，也很合理。简而言之，该数值不得超越 $1/2 \sim 1$ 的数值范围（Chen，2011）。根据这个理论，我们可以评价我国当年的城市体系发展方针——"严格控制大城市的规模、合理发展中等城市、积极发展小城镇"。关于这个城市规模分布的政策，学术界真可谓是众说纷纭、莫衷一是。其实，判断这个政策的合理性的方法也很简单，首先应该借助式（5-3）计算分维。一方面，如果维数小于 1/2，则必须实行这个政策，但应该有一定时限。当分维值进入 $1/2 \sim 1$ 的范围内时，就不必继续执行该政策了。另一方面，如果分维值大于 1，那就绝对不能执行这种政策，否则，城市规模分布将会形成一种不合理的结构，影响城市体系的效率。实际上，根据 2000 年的人口普查数据（周一星和于海波，2004a，2004b），中国城市规模分布的维数大于 1.1。因此，对于中国城市规模分布而言，这种政策早就应该终止。

其二，演化判据。利用 Smeed 模型可以估计城市形态的放射维数，放射维数本质上是一种关联维数，反映的是城市中心与边缘的演化关系。理论上可以证明，放射维数小于 1.5 的城市，城市发育以向内填充为主，向外扩展为辅；放射维数大于 1.5 的城市，城市发育以向外扩展为主，向内填充为辅。也就是说，当一个城市的形态的维数大于 1.5 时，就应该尽可能减少见缝插针式的向内填充建设，而适当考虑城市的空间扩展。并且，据此可以推断，只有当分维大于 1.5 时，城市的郊区化才能发生。这些结论对未来的城市规划具有一定程度的指导意义。

根据多分形的思想，城市形态的关联维数不得等于 2，否则城市空间结构退化，城市的空间关联混乱。我国首都北京市，早在 1981 年，分维就高达 1.93（Batty and Longley，1994），今天的主城区分维已经接近于 2 了（姜世国和周一星，2006）。这是一种退化的城市形态和空间结构，政府有必要根据分形思想采取适当措施改善城市结构。

其三，结构判据。城市内部用地可以分为各种功能类，如工业用地、商业用地、教育用地和交通运输用地等。理论上，借助信息熵等分析方法，可以导出如下结论：城市各个功能类的网格维数不得大于整个城市形态的分维。否则，城市内部结构不够合理（陈彦光和刘明华，2001）。从杭州城市形态看来，各个功能类的用地的分维的确无一例外地小于整个形态的维数（冯健，2003；Feng and Chen，2010）。可是，这并不意味着不会出现相反的情况。如果某个城市的某类用地的维数大于整个形态的维数，那就要考虑采取空间优化措施，通过城市化过程中的功能分区原则将有关用地适当集中起来。

上面仅仅是从三个侧面给出三种例子，据此说明分维在城市形态研究中的应用方法。现在，分形理论、异速生长和自组织网络等理论在城市研究中殊途同归，形成一种系统的分析方法（陈彦光，2008）。Batty（2008）在 *Science* 上撰文指出，分形几何学、异速生长和自组织网络正在形成一种解释城市演化的集成理论。

通过上面的实例分析，不难看到观测技术的提高对地理学的思想和方法所产生的影响以及未来的潜在应用。过去我们不重视对法则的追求，因为既缺乏相关的数学工具，又没有必要的观测技术。今天，这两方面的问题正在逐步得以解决。地理学家有条件开展地理学规律的探索，地理学理论的可重复性和可验证性正在逐渐加强。由于理论的建设，地理学的解释能力和预言能力也大大提高。一度冷却的地理数学方法渐渐复苏，过去很少用到的模拟实验方法也正在逐步发达起来。当然，所有这些影响，都与计算机技术的应用不可分割。

5.2　计算机技术与地理学

5.2.1　计算机技术与可能的地理革命

到目前为止，没有哪一种技术比计算机技术对地理学的影响更为深刻和广泛了。前面讨论了观测技术的影响。可是，要是没有计算机技术，通过遥感观测技术获得的海量数据根本无法存储、转换、管理和分析。观测技术之所以发挥了巨大作用，是因为计算机技术的支持和辅助。不仅如此。如果没有计算机技术，遥感技术也不可能发展到今天的水平。

第二次世界大战之后，地理学界发生了几次被称为"革命"或者可能属于革命的事件。

一是众所周知的计量运动，导致了计数概念和统计分析的广泛应用并深入人心。支配美国地理界的所谓"区域地理学范式（regional geography paradigm）"——假如算得上"范式"的话——一度被标准科学范式取代。

二是地理信息系统（GIS）技术的应用与推广，导致地理数据处理、制图、空间分析和模拟实验的广泛应用。黄秉维（2003）指出："地理信息系统的意义和作用是它能够迅速、系统地收集、整理和分析各地区、国家乃至全球的各种地理信息，通过数字化存储于信息数据库，并采用系统分析、数理统计等方法建立模式、提供各地区基本现状、历史过程和发展趋势等全面的信息，在国土整治、区域规划和环境治理中，可以给决策者进行判断和制定政策提供依据。"由于GIS的发展，计量方法和空间建模找到了全新的地理应用途径（Jiang and Yao, 2010；Wang, 2006）。

有的学者将GIS视为地理学的一种语言："如果说，地理学的第一代语言是文字描述，第二代语言是地图的话，那么地理信息系统可称为地理学的第三代语言——用数字形式来描述空间实体。"（陈述彭和赵英时，1990）地理语言从文字到图形再到数字，表达方式不断进步。然而，多年的发展情况表明，虽然GIS是一种工具，但不只是一种语言工具（Longley et al., 2001）。GIS导致了地理研究技术和方法的革命。Goodchild（2004）在地理信息系统（GISystem）的基础上提出所谓的地理信息科学（GIScience）的概念。GISystem和GIScience统称为GIS。GISystem为通常的、狭义的GIS，重在地理信息技术及信息系统；GIScience则是广义的GIS（有人将其简写为GISc以示区分），是希望整合技术、方法和数据，以便形成一门地理系统理论，增进人们对地理过程及空间关系的理解（蔡运龙和Wyckoff, 2010）。由此可见，今天的GIS已经不再是昔日狭义的GIS了。Clarke（1997）较早地响应了Goodchild的GIScience概念，他将地理信息科学定义为"一门借助地理信息系统的工具理解世界的学科"。地理信息系统与信息科学相辅相成，最近10多年的发展非常引人注目（Longley et al., 2011）。

三是目前计算地理学和地学计算（GeoComputation, GC）方法的迅速发展。GC被誉为地理学继GIS之后的一种新的革命（Openshaw and Abrahart, 2000；陈彦光和罗静，2009）。有关问题下面将专题讨论。

计量方法、GIS和GC是不是地理学的革命，学界存在较大的争议。不过没有关系，将它们视为地理学某个分支领域的革命应该不成问题，至少可以看做地理学发展中的几个里程碑。这些里程碑式的发展无一例外地与计算机技术的支持存在关联（图5-1）。由此可见，计算机技术的发展和应用对地理学的理论建设和方法进步的影响何等深刻。下文将举例说明。

Jiang（2007）采用含有40个美国城市的较大的数据集，借助拓扑分析方法，

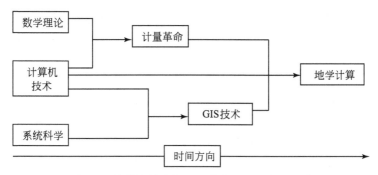

图 5-1　计算机技术与地理学发展的几个里程碑

发现了城市道路网的一个普适特征，即"二八原则（80/20 principle）"：80% 的城市道路连接性较低（低于平均值），而 20% 的城市道路连接性较高（高于平均值）；在这 20% 的城市道路中，只有 1% 的道路连接性非常好，城市的大部分居民对这些道路往往耳熟能详……为了深入此类研究，Jiang 及其合作者借助计算机技术开发了一种工具用于描述上述普适的特征，并且对街道进行自动排序。排序的结果可以用来预测街道的交通流量，进而探索人类活动的图式和规律，如较少部分的道路占有绝大部分的交通量（Jiang，2009）。规律的发现使得人们对城市结构有了更深入的认识，而且人类活动行为也可以通过自主开发的工具进行捕获。通过诸如此类的工具，城市地理工作者的研究能力大大超出了现有商业 GIS 软件所能提供的服务范围。而且，通过扩展模块的方式，这些研究者自主开发的分析工具都能被集成到现有的 GIS 之中。

5.2.2　计算机技术与地理研究方法变革

早在地理学的计量运动时期，计算机技术就开始在地理研究中发挥作用。20 世纪 50 年代，计量运动的先锋人物 Garrison（1956）率先将计算机应用于地理数据分析，Tobler（1959）则将其应用于制图学，过去依赖于手工的统计分析和地图绘制逐步被自动处理替代。从此，地理研究出现一个显著的变化，那就是地理学家有能力更为快速和精确地处理大规模数据集。早期的计算机技术应用远不像今天这么方便，那时要掌握一定的编程技术，将自己需要解决的定量和计算问题用一定的算法语言表现出来。调试程序是一件非常麻烦的事情。即便是应用其他学者编好的程序，应用者起码要懂得如何对有关程序语句作适当的修改，否则无法解决具体的问题。虽然这些困难限制了计算机技术的普及，但计量地理学家的数学计算能力却因为计算机技术的相对原始而得以锻炼。

计量革命后期，计算机在地理学中的重要应用领域是数字图像处理（digital image processing），这就涉及 GIS 了。地理学 GIS 的变革起源于地理学之外（Marble，1981；Tomlinson，1972；Tomlinson et al.，1976）。前面谈到，由于系统科学和系统工程的发展，管理信息系统（MIS）应运而生。由于实践中管理地理空间数据的需要，MIS 被用于处理地理空间数据，从而产生了 GIS 技术。从此，大规模地理空间数据的存储、变换、处理、分析及其结果的直观、动态显示变得更为简易和方便了。不过，在很多地理学家的眼里，数字计算机也好，GIS 也好，它们仅仅是一种工具。除了空间数据处理之外，计算机并没有为我们带来新的理论概念（Marble and Peuquet，1983）："地理学家究竟利用计算机做了哪些真正新、异（new and different）的工作？很遗憾，答案是，到目前为止，十分罕见，至少，与计算机在其他一些学科中引起的巨大变化相比，地理学的发展微不足道。"

的确如此。可是，批评者应该明白如下浅显的道理，一方面，理论概念是思想的产物，不能期望任何工具自身能为我们带来理论概念。如果人们通过自身的思想得到了某种理论概念，这些概念最终要与现实挂钩，为此要将理论概念转换为数学模型，然后用数据检验模型。这时候，数字计算机以及 GIS 就会显示自身的强大功能了。如果反过来，在自己没有思想的前提下要求一种工具赋予自己某种思想，那不啻钻冰取火、缘木求鱼。另一方面，科学思想不同于哲学理念，科学思想不是水月镜花那样虚无缥缈。在科学中，任何理论概念，如果不能与现实数据挂钩，那种概念只能是肤浅和空洞的，没有深刻的理论价值。对于一门学科的发展而言，计算机技术以及基于计算机技术的 GIS 仅仅是学科的基础设施，不是上层建筑。只有有思想、有理论的人，运用这些技术才能产生理论概念。

在传统的地理分支学科里面，计算机技术业已产生巨大影响。受计算机技术影响最为明确的领域是计量地理学，因为大规模的空间数据处理需要利用计算机。20 世纪末，Fotheringham（1997，1998a，1998b）曾经总结了计量地理学的三个发展方向：局部化方向、计算化方向和可视化方向。这三个方向的进步无一例外地与计算机技术有关。局部化方向需要利用地理加权回归（Geographically Weighted Regression，GWR）技术，而开展 GWR 需要计算机编程（Fotheringham et al.，2002）。计算化方向主要就是计算地理学，没有计算机的支撑无所谓今天的地理学计算。可视化方向主要是地理分析的直观表达和显示技术，今天的可视化根本上依赖于计算机图形学、多媒体技术以及相关的计算机图像处理技术。

在地理学的定性研究方面，计算机技术的影响也十分明显。第一，定性地理学研究利用计算机程序包展开对访谈文本和其他原始文件进行系统分析方面的兴趣不断增长（Philo et al.，1998）。第二，定性地理学研究越来越重视可视化技术的应用，据此直观、动态、生动地展示它们的研究结论。第三，定性地理学研究对地理模拟实验技术的兴趣也与日俱增。

　　计算机技术导致的一个时髦概念是数字地球（digital earth）以及相关的衍生概念。这个概念的产生与美国前副总统 Al Gore 于 1998 年 1 月 31 日在美国洛杉矶加利福尼亚科学中心的一个题为"数字地球——认识 21 世纪的人类行星"（*The Digital Earth：Understanding Our Planet in the 21st Century*）的演讲有关。Al Gore 是一个喜欢在公众面前和著作里使用新兴科学技术概念的学者型政府官员，他对自己使用过的一些概念（如自组织临界性）虽然似懂非懂，但对科学研究和普及影响很大。对于管理者而言，重视科学概念应该是一个优点，可以引领公众重视学术。由于 Al Gore 的一个演讲，数字地球概念在地理界不胫而走，近年发展相当迅速（表 5-2）。

表 5-2　有关数字地球的国际论坛

事件	年份	地点	主题
ISDE 1	1999	北京，中国	走向数字地球（Moving towards Digital Earth）
ISDE 2	2001	新布伦兹维克，加拿大	超越信息基础设施（Beyond Information Infrastructure）
ISDE 3	2003	布尔诺，捷克	全球可持续性的信息资源（Information Resources for Global Sustainability）
ISDE 4	2005	东京，日本	数字地球作为全球公产（Digital Earth as a Global Commons）
数字地球峰会06	2006	奥克兰，新西兰	全球可持续性的信息资源（Information Resources for Global Sustainability）
ISDE 5	2007	伯克利和圣弗朗西斯科，美国	将数字地球落地（Bringing Digital Earth down to Earth）
数字地球峰会08	2008	波茨坦，德国	地球信息科学：全球变化研究的工具（Geoinformatics：Tools for Global Change Research）
ISDE 6	2009	北京，中国	数字地球在行动（Digital Earth in Action）
数字地球峰会10	2010	内塞巴尔，澳大利亚	数字地球社会服务：共享信息，建设知识（Digital Earth in the Service of Society：Sharing Information, Building Knowledge）
ISDE 7	2011	佩斯，澳大利亚	知识生成（knonledge generation）
数字地球峰会12	2012	威灵顿，新西兰	数字地球与技术：数字环境，建造弹性城市和崛起的数字（Digital Earth and Technology：the digital environment, buliding resilient cities and growing up digital）

　　注：ISDE 是国际数字地球研讨会（International Symposium on Digital Earth）的缩写；数字地球峰会即 Digital Earth Summit

数字地球的技术基础包括计算机科学、卫星遥感技术、GIS、网络技术、虚拟现实等众多传统和高新技术。在互联网上，数字地球的知识介绍比比皆是。在这大量的信息中，各种观点和见解泥沙俱下，目前难以给出相对准确的评价，故本章不拟开展详细的讨论。可以肯定的是，数字地球以及各种数字城市、数字区域的概念，反映了计算机技术以及相关技术对地理学发展的巨大影响。

5.2.3 计算机技术与地学计算的崛起

计算机技术在地理学中引起的一个新的发展动向是地学计算（GC）。近年来，GC 在地理界呈现快速的发展态势（表 5-3）。推动 GC 发展的不仅仅是计算机技术，还有诸多学科的交叉影响，特别是复杂性科学的兴起。从某种意义上讲，复杂性理论是一般系统论的继续发展（Batty，2000）。但较之于强调静态结构描述的系统论，复杂性更加强调动力分析。因此，有人将 GC 与动力学联系起来，提出了 GeoDynamics 的概念（Atkinson et al.，2005）。本章的主题是讨论技术对地理学的影响，以下将从技术的角度分析一下 GC 的发展过程。

GC 是由计算地理学（computational geography）这个名词拓展而来的一个概念。GC 的倡导者和奠基人之一 Openshaw 和 Abrahart（2000）在其主编的《地学计算》（*Geo-Computation*）一书的开头就写道："地学计算（GC）新颖、令人振奋，并且就摆在我们面前，但它究竟是什么东西？有些作者认为自从计算机应用于地理学的时候就有了地学计算，而另外一些人则或多或少地认为 GC 是崭新的发明。"GC 是计算机技术在地理学应用发展中的重要产物。1993 年，英国 Leeds 大学地理学院基于 40 多年的空间分析与建模经验成立计算地理中心（Center for Computational Geography），旨在发展和应用地理系统分析、建模和可视化的最高技术水平的工具。1996 年，Leeds 大学主办第一届国际计算地理学学术会议。在大会筹备过程中，有关学者对计算地理学概念展开了讨论。人们感到，计算地理学这个概念比较狭隘：由于中心词是地理学，计算方法在空间分析中的应用可能因此受限；同样的原因，可能会限制其他领域的地学工作者的参与。此前，Openshaw（1994；1998）曾提出计算的人文地理学（computational human geography，CHG）一词，但这个概念无法接纳自然地理学的研究内容。"也许只有地理学领域之外的学者才敢于走得更远"（Openshaw and Abrahart，2000）。正当地理学家意见纷纭、莫衷一是的时候，冰川物理学博士、被人们昵称为"冰（ice）地理学家"的女学者 T. Murray 提出了 Geocomputation 这个更为一般化的概念。这个名词具有三个优点：一是简明易懂，二是可以囊括自然、人文两大领域，三是有利于多学科交叉。

表5-3 历届国际地学计算科学学术会议的时间、地点和承办单位

届次	时间	地点	主办单位或者东道主
第一届	1996 年 9 月 17 ~ 19 日	英国利兹大学	University of Leeds; Leeds School of Geography; GMAP Limited; GeoInformation International; Elsevier Science
第二届	1997 年 8 月 26 ~ 29 日	新西兰 Otago 大学	European Research Office of the U. S. Army; Air New Zealand; MapInfo
第三届	1998 年 9 月 17 ~ 19 日	英国布里斯托尔大学	University of Bristol, U. K.; University of Oxford, U. K.; University College Cork, Eire; Intergraph Corp
第四届	1999 年 7 月 25 ~ 28 日	美国玛丽·华盛顿学院	Mary Washington College, Fredericksburg, Virginia
第五届	2000 年 8 月 23 ~ 25 日	英国格林威治大学	European Research Office of The U. S. Army; Centre For Advanced Spatial Analysis; Elsevier Science
第六届	2001 年 9 月 24 ~ 26 日	澳大利亚昆士兰大学	University of Queensland, Brisbane, Australia
第七届	2003 年 9 月 8 ~ 10 日	英国南安普敦大学	The Ordnance Survey, Taylor and Francis, Wiley, Quantitative Methods Research Group of the RGS/IBG, The AGI and PCI Geomatics
第八届	2005 年 8 月 1 ~ 3 日	美国密歇根大学	SNRE, University of Michigan, IGRE Eastern Michigan University, ESRI, Center for the Study of Complex Systems
第九届	2007 年 9 月 3 ~ 5 日	爱尔兰国立大学	National Centre for Geocomputation National University of Ireland, Maynooth
第十届	2009 年 11 月 30 日 ~12 月 2 日	澳大利亚新南威尔士大学	School of Biological, Earth and Environmental Sciences at the University of New South Wales, Sydney, Australia.
第十一届	2010 年 7 月 20 ~ 22 日	英国伦敦大学	University College London

资料来源：http：//www. geocomputation. org/；http：//casos. isri. cmu. edu/；http：//igre. emich. edu/

　　地学计算的起源与计算科学有关，二者具有某些相同的目标。计算科学（computational science）是 20 世纪晚期出现的多学科交叉型科学研究范式（paradigm）。计算科学与计算机科学（computer science）不是等价的概念，但与计算机科学有深刻的联系。正是基于计算机领域的一系列科学和技术的发展才奠定了 GC 发展的坚实基础，因此，MacMillan 曾经指出，计算机导致的新技术之于 GC 正如望远镜之于天文学（Longley et al.，1998）。至于计算机科学对于 GC 发展的作用，Gahegan（1999）概括为四个方面：

1）计算机结构和设计（即并行处理）；

2）搜寻、分类、预测和建模（如人工神经网络）；

3）知识发现（即数据挖掘工具）；

4）可视化（如代替借助图像表示的统计摘要）。

上述及相关技术的发展推动了计算科学的成长和进步。那么什么是计算科学？对此学界也是见仁见智（Stevenson，1994；Stevenson，1997）。计算科学起源于众多的传统学科，如宇宙学（cosmology）、地理学、药物学（pharmacology），以及相关的分支领域。在这些领域里，计算是寻求问题解答的首要工具。计算科学迄今为止没有统一的定义，但有一些代表性的看法。Sameh（1995）认为计算科学是多学科的综合体，这些学科以某个应用领域（如地理学）为顶点，在概念上可以表示为一个金字塔。金字塔的四个基石如下：

1）算法（algorithms）；

2）建构（architectures）；

3）系统软件；

4）性能评估与分析。

O'Leary（1997）的见解与此不同，但有类似之处：计算科学是联合导向的（team-oriented）交叉学科，它依赖于数学、计算机科学以及数值分析等特定理学和工程学科的基础要素。尽管不同学者对计算科学有不同的定义，但基本上有一个共识，那就是："利用模型获得理解（the use of models to gain understanding）"（Armstrong，2000）。这是计算科学的精神要领，也应该是地学计算的发展内核。

可见，地学计算发展的一条技术主线索应是：计算机科学（在地理学中的应用）→计算科学（与地理学的交叉）→计算地理学→地学计算科学。

实际上，GC 是一个开放的领域，它是多学科交叉的结果。通过 GC 的发展，我们可以看到诸多学科对地理学的影响的缩影。1998 年的地学计算国际学术会议预告中，GC 被解释为众多学科汇集的空间计算（spatial computation），这些学科包括计算机科学、地理学、地图空间信息学（geomatics）、信息科学、数学以及统计学（Longley et al.，1998）。不仅如此，GC 的源流和基础还有地理信息系统（GIS）和定量地理学等多种领域（Atkinson and Martin，2000）。Openshaw 和 Abrahart（2000）概括了 GC 发展的四种首要的边缘科技：

1）GIS——创生数据；

2）人工智能（AI）和计算智能（CI）——提供智能工具；

3）高性能计算（HPC）——提供动力；

4）科学——提供哲学基础。

其中的 AI 和 CI 涉及诸多的学科。"可以认为，地学计算包括大批基于计算机的模型和技术，其中大多来自人工智能（AI）以及近来定义的计算智能（CI）领域。它们包括专家系统、元胞自动机、神经网络、模糊集合、遗传算法、分形建模、可视化与多媒体、试探性数据分析和数据挖掘，以及诸如此类。"（Longley et al.，1998）

任何新生事物的发展都会引起众多的争议。GC 没有统一的定义。Longley 等（2001）将 GC 定义为计算密集型方法在自然和人文地理学中的应用。在此之前 P. Rees 等提出"地学计算可被定义为计算（computing）技术应用于地理问题的处理方法"（Longley et al.，2001）。Couclelis 给出的临时性初步定义与此类似：综合应用计算方法和技术"去描绘空间特性、解释地理现象、解决地理问题"（Longley et al.，1998）。如果采纳 Rees 等的定义，则早在 20 世纪 60 年代，地学计算就已萌生。Openshaw 不赞成这个观点，他认为在 1996 年之前不存在严格意义的 GC。Openshaw 所理解的 GC 可以归结如下：在地理和地球系统（"geo"）背景下，在范围广泛的问题研究中，计算科学范式的应用（Openshaw and Abrahart，2000）。他指出，GC 是一种以高性能计算为基础的解决通常不可解甚至不可知问题的方法，包括三个内在相关的组成部分：一是地理或者环境数据，二是现代计算技术，三是高性能计算硬件。顾名思义，GC 的特色在于三个方面：

1）强调"地（geo）"的主题；

2）强调计算的特殊地位；

3）最重要的是，基本的思维方式。

Openshaw 在评述了多位学者的定义、观点和论述之后，总结了关于 GC 的"6 个不（是）"：

1）不是 GIS 的别名；

2）不是定量地理学；

3）不是极端归纳法优越论（inductivism）；

4）不缺乏理论；

5）不缺少哲学；

6）不是百宝囊或者混杂的工具袋。

根据逻辑学的基本规则我们知道，一个概念不可以用否定式给出定义，但否定的陈述的确有助于读者认识 GC 的范围和定位。

地理系统分析需要借助模型寻求理解，而模型建设的前提是研究对象的适当简化和假设条件的合理构造。但是，由于计算能力的限制，过去的地理建模往往用了过多的假设，并且对研究对象进行了过度的简化，因而难以获得可靠的研究结果。GC 可望帮助地理学家在一定程度上改变此类窘境。从这种思想出发，Fisher（2006）等给出了一个关于 GC 的特殊定义。除了考虑由 CI 技术提供的更多的计算效率和"模糊性（fuzziness）"之外，他们认为 GC 可以"利用计算密集程序减少假设的数量，并且消除由于计算能力局限导致的不恰当的简化，从而改善研究结果的质量"（Fischer and Leung，2001）。这个定义与前述几种定义的视角不同，但不乏启发意义。

GC 的发展综合地反映了计算机技术对地理学思想和方法的影响。现在，我们总结一下有关 GC 的来龙去脉。

第一，GC 的核心概念是计算，而且主要是高性能计算。因此，GC 发展的基础是强大的计算机技术。

第二，GC 是多学科交叉的产物，涉及地理学内外的诸多学科。相关学科的交叉与计算机技术的结合，导致了 GC 的创生。

第三，GC 是面向地理学问题的，以处理海量空间数据为基础，以解释地理现象和解决地理问题为目标。

第四，GC 是反地理二元化的，它试图借助计算范式将自然地理问题和人文地理问题统一到同一个框架中。

可见，GC 正在影响着地理学的思想、方法和未来的理论建设。

5.3　地理学的实验、模拟和数据密集计算

5.3.1　地理研究中的受控实验方法

计算机技术在地理学中引起的重要方法性变革是模拟实验技术的发展。讨论这个问题涉及科学研究的基本方法。西方近代科学有两大基础：一是形式逻辑，二是系统实验（Einstein，1953）。形式逻辑应用的最高境界就是数学。因此，科学史家如 Henry（2002）将标准科学方法（the scientific method）归结为两个方面：一是世界图景的数学化（the mathematization of world picture），二是经验和实验（experience and experiment）。整个西方科学的发展可以归结为两个方面：一是实证道路（经验和实验），二是数学语言（逻辑和数学）（冯天瑜和周积明，1986）。由于计算机技术的发展，模拟实验也成为科学研究的重要方法之一。因此，有人指出，当代科学采用三种方式开展工作：数学理论、实验室实验和计算机建模（Waldrop，1992）。但是，也有科学家如 Bak（1996）认为，计算机建模和模拟属于一种实验方法，科学研究方法至今依然为两种，即数学和实验。

广义的实验至少包括四个方面：一是常规的实验室实验，二是地理学常用的经验观测和检验，三是计量运动时期常用的统计学实验，四是目前正在发展的计

算机模拟实验。实验室实验仅仅在自然地理学的有限分支常用，对于人文地理学，特别是对于整个地理学的建设而言，实验室实验不能有效发挥作用。野外观测和经验研究方法较为常用，但这种方法的可重复性太差。举例说来，一个学者花费一个月乃至半年的时间考察一个城市，并且撰写了研究论文，但读者很难重复他的调研和分析过程。统计学实验是基于数学思想的一种实验。Martin（2005）指出："地理学家以前总是认为，他们研究的这门学科性质不允许采用受控实验，这种论调已经不再正确。统计方法是地理实验室的等价物。"所谓受控实验，通常就是控制其他条件并使之不变，然后改变其中某个条件，据此考察所改变的这个条件对系统的变化的影响。一个典型的例子是 Tobler 的一项研究。Tobler（1959）曾经开展如下工作：在地图上控制运输、地形以及其他条件的影响，据此有效检验中心地概念。其实，回归分析中的偏相关分析，就有些类似于系统受控实验。至于计算机模拟实验，后面将要详细讨论。顺便说明，如今统计学实验与计算机模拟方法已经结合起来，并且有应用于实际问题的研究报道（Meirvenne and Meklit，2010）。总之，科学研究方法可以简要地概括为如下框架（图 5-2）。

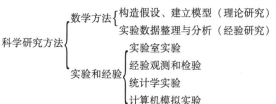

图 5-2　一般科学研究基本方法的分类体系

对于人文地理学的主体而言，实验室实验是无法发挥作用的，因为地理系统是不可控的非线性系统，我们无法对它们开展受控实验。以天气系统为例，我们在一个区域实施人工降雨，最后雨水可能降落到另外一个区域，我们期望降雨的区域并没有得到多少雨水。原因在于人类无法控制天气系统。自然地理学的一些分支，如土壤学、环境地理学和生态地理学等，可以开展实验室实验。可是，这些学科不能解决地理学的核心问题。而且，其中一些分支发达之后，往往从地理学中分离出去，很难说属于严格意义的地理学领域。正因为如此，主流地理学家常常抱怨，我们这门学科不能开展系统的受控实验（James and Martin，1981）。

5.3.2　计算机模拟实验与城市地理研究

实验设备的发展，影响了地理学的一些分支领域。但是，长期以来，整个地理学并没有因为实验设备的改进而表现出明显的进步。地理学几个里程碑式的发展，没有一个与传统意义的实验室实验有关。地理系统的不可实验性是地理学发展长期滞后的根源之一。黄秉维（2003）指出："任何一门学科要发展，必须要发展相应的实验工作，地理学也不例外。尤其是随着时间的推移，一般的调查已经远远不能满足需要了，不开展实验模拟与定位试验将没有出路。"幸运的是，由于计算机模拟技术的发展，地理系统的受控实验已经逐步发展起来。近年来，地理学包括人文地理学纷纷出现自己的实验室。以城市地理学为例，下面是国外一些有关城市模拟的实验室（Albeverio et al.，2008）。

1）英国伦敦大学学院（UCL）的高级空间分析中心（Centre for Advanced Spatial Analysis，CASA）。UCL 的 CASA 在国际上非常有名，在城市理论研究、地理模拟（geosimulation）和地理计算（geo-Computation）方面走在世界前列。

2）以色列特拉维夫大学地理与人文环境学系的环境模拟实验室（Environmental Simulation Laboratory，ESLab），这个环境模拟实验室实际上研究自然环境和人文环境两个领域。

3）瑞士 USI（大学）建筑学院的复杂系统建模和应用实验室（Laboratory of Modeling and Applications of Complex Systems，MACS Lab）。

4）意大利萨萨里大学建筑与规划系的规划分析和模型实验室（Laboratory of Analysis and Models for Planning）。

5）意大利比萨大学土木工程系的地域和环境系统工程实验室（Laboratory of Territorial and Environmental System Engineering，LISTA）。

6）意大利博洛尼亚大学物理系的 Fisica della Citta 实验室（Laboratory of Fisica della Citta），这个系的很多物理学工作者从事城市演化的模拟实验研究。

……

建立人文和城市地理模拟实验室，既需要相应的软件，又要有必需的硬件。软件发展已经比较成熟，硬件设备包括高性能并行计算机、工作站以及专门的硬件，如元胞模拟器等。

计算机模拟的主要分支与数学方法同源。如果对一个系统的认识足够深入，我们就有办法构造假设、建立数学方程，方程的解通常就是研究者需要的数学模型。方程建立之后，我们有两种方法求解：一是通过数学方法求解析解，二是通过某种算法借助计算机技术求数值解。这个求数值解的过程，通常就是数值模拟实验的过程。对于复杂的非线性方程，解析解一般是无法求出的，只能通过计算机寻求数值解。如果这个数值解可以利用计算机图形学直观地在二维或者三维空间展开，就可以得到计算机模拟实验结果了。

计算机模拟实验在地理学研究中早有应用，比较著名的是 Allen（1997）城市系统模拟。借助耗散结构论的有关思想，利用计算机技术，Allen 模拟发现，即便没有非均质地理因素的影响，仅仅由于集聚因素和机遇因子，均匀分布的中心地系统也会对称破坏。

目前，地理学中最重要的模拟实验技术就是元胞自动机了（黎夏等，2007）。有人甚至认为，元胞自动机看起来像是 21 世纪的新范式（Batty et al.，1997）。以城市地理学为例，城市地理模拟的主要模型是 CA。从 CA 的应用发展轨迹可以看出城市地理模拟的演变特点。CA 理论最主要的开创者之一是 von Neumann（国际公认的 20 世纪最伟大的科学家之一，现代计算机技术的开创者）。von Neumann 在生前没有发表他的有关 CA 的著作，他的作品由其学生 A. W. Burks 整理，于 1970 年出版，这就是《元胞自动机随笔》（*Essays on Cellular Automata*）。地理学家 Tobler 在密歇根大学与 Burks 是朋友和同事，所以他是最早受 CA 理论影响的学者之一。Tobler（1979）曾经发表了元胞地理学（*Cellular Geography*）一文，现已成为经典。Tobler 的思想影响了 Couclelis，Couclelis 研究 CA 理论和模拟方法，主要是研究城市的 CA 模拟，她因此坐了很长时间的冷板凳。后来，物理学家 Wolfram（1986）发现简单的 CA 模型可以表现非常复杂的行为、创造非常复杂的图式（如分形），出版《元胞自动机理论与应用》一书，并且开发了著名的数学软件 Mathematica，在国际上影响很大。世纪之交，Wolfram（2002）又基于复杂性模拟提出了"一种新科学"概念。由于来自物理界的理论影响和技术支撑，基于 CA 模型的地理模拟技术逐步发展起来。Couclelis 也成为人们关注的地理人物（Batty et al.，1997）。今天，城市 CA 模型的关键技术就是基于 CA 的地理自动机系统（geographic automata systems，GAS）和多重智能体系统（multi-agent system，MAS）。

城市地理模拟用到的基本模型包括狭义的 CA、广义的元胞自动机模型以及更广义的元胞空间（cellular space）模型。CA 模型将早期分形城市模拟中的受限扩散凝聚（diffusion-limited aggregation，DLA）模型和电介质击穿模型（dielectric breakdown model，DBM）都包括在内。在 CA 和 CS 的基础上，一些高校的地理系结合自己的特色开发了一些模拟系统。例如以色列特拉维夫大学地理与人文环境学系开发了元胞空间自由智能体（free agents on a cellular space）模型和相互表示网络（inter-representation network，IRN）模型，并且开发了一个模拟软件系列：City-1、City-2、City-3、City-4、City-5……（Portugali，2000；Portugali，2006）。近年的方向主要是发展混合模型（hybrid models）。混合模型包括如下三个方面：

1）最好的 CA 元素（the best elements of CA）；

2）传统的土地利用、交通以及区域科学技术（traditional land-use and transport and regional science techniques）；

3）基于智能空间运动主体的模型（models based on intelligent spatially mobile

141

agents）（Benenson and Torrens，2004；Torrens and O'Sullivan，2001）。

需要说明的是，智能体是一个非常重要的概念，国外一些物理学家开展的城市和交通模拟，采用的主要也是这种模型。相关的技术涉及可视化（visualization）、虚拟现实（visual reality，VR）等。

城市模拟模型（urban simulation model）的定义如下：现实世界物体和现象的抽象和简化版本，用于探索城市运行方式和演化规律的实验室（Benenson and Torrens，2004）。城市模拟是一种应用科学，它的目标表现为如下几个方面。

1）理论研究：探索理论规律，检验理论模型——用于模拟的模型也比较简单，容易实现。

2）实践工作：城市规划，城市管理，政策制定（policy formulation）——用于模拟的模型建设过程非常复杂。

3）应用的重要方向——规划支持系统。

4）跨越和交叉：在规划、政策等领域的用户与城市模型之间建立一个界面或者沟通渠道。

5）教育、教学：提供一种动态、形象和交互式城市演化的教育工具。

计算机模拟实验主要包括三个环节：一是建立数学模型或者模型体系，二是寻求适当的计算方法，三是编程计算，实现数值求解的图像化乃至地图化。数学建模是基础，计算方法是关键，编程计算是主要过程。如果可以通过某种算法和编程技术将模拟结果以地图的形式表现出来，那就是典型的地理空间模拟了。城市地理模拟模型需要构建一定的规则，这些规则的性质如下：①递阶结构（hierarchy）；②自修正（self-modification）；③概率表示（probabilistic expression）；④效用最大化（utility maximization）；⑤可达性测度（accessibility measure）；⑥外生连接（exogenous link）；⑦惯性（inertia）；⑧推测性（stochasticity）；等等（Torrens and O'Sullivan，2001）。其中的关键在于：如何将抽象的数学表达（abstract mathematical formalism）转换为城市模拟工具（urban simulation tool）。目前的问题在于过多地关注模型建构（model construction），没有关注为什么这样建构。

计算机模拟实验的优点表现为联系城市形态（form）与功能（function），沟通城市格局（pattern）与过程（process）。主要特性为可视化（visualization）、灵活性（flexibility）、动态处理（dynamic approach）以及与 GIS 和遥感数据的亲和性。最明显的优良品质乃是相对的简单性（relative simplicity）。模拟实验的最大的问题是，在概念层面无表述，对理论建设贡献不明确。具体到 CA 模型，其缺点在于简单性和抽象性——从而表示现实世界的能力受到局限。可见，简单性既是优点，也是缺点。该简单的时候必须简单，不该简单的时候不能简单。

5.3.3 第三范式：计算机模拟实验

由于模拟实验设备和软件技术的发展，地理学的空间分析和复杂性探索能力大为增强（Batty，2005；Langlois，2011）。下面仍然以城市地理学为例，说明计算机硬件设备的发展和模拟实验技术的提高对地理学思想和方法的影响。

首先，城市地理学的有效研究对象日益广泛，解决理论和实际问题的能力也今非昔比。目前的城市模拟主要用于研究城市形态（form）、城市生长（growth）和城市区位（location）等。具体说来，包括如下内容：交通模拟（traffic simulation）、区域尺度城市化（regional-scale urbanization）、土地利用动力学（land-use dynamics）、多中心城市（polycentricity）、历史城市化（historical urbanization）和城市开发（urban development）等。现在的城市模拟研究工作分工很细，如模拟分析一条城市管道的延伸导致的各种后果（Batty，2005；Benenson and Torrens，2004；Torrens and O'Sullivan，2001）。

以城市 CA 模型为例，研究的内容包括如下方面：城市蔓延（sprawl）、社会空间动力学（sociospatial dynamics）、种族隔离（segregation）、中产阶级恶果（gentrification）、城市生长、城市多核化（urban multinucleation）、城市土地利用转换（urban land-use transition）、城市未来（urban future）、边缘城市（next edge city）、技术园区（technopole）和都市带现象（megalopolis phenomenon）。城市系统的元胞模型有三个目标。

1）探索空间复杂性——理解城市作为复杂适应系统（complex adaptive system，CAS）的本质，这一点与自然科学的有关模型没有区别。

2）以抽象的方式检验有关城市的思想和理论——涉及的领域有城市经济学、城市地理学以及城市社会学。

3）作为可操作的城市规划支持系统——主要是实践规划和政策工具。应用的拓展方向如下：社会公正（social justice）、区位理论、城市设计、政治经济、环境研究、城市社会学及城市生态学等（Batty，2005；Benenson and Torrens，2004；黎夏等，2007；Torrens and O'Sullivan，2001）。

其次，城市地理模拟向集成化方向发展。钱学森等（1990）提倡的从定性到定量综合集成法不是直接地针对地理学，而是针对复杂开放巨系统。地球表层系统虽然是复杂开放巨系统，但它涉及难以处理的空间变量。由于计算机模拟实验技术的发展，地理学领域也在发展综合集成方法。下面以 White 和 Engelen（1997）的基于 CA 的集成动态区域建模为例予以说明。该集成动力学模型包括如下三个相互联系的组成成分。

143

第一个成分——模型成分。包括三个子系统：自然子系统、社会子系统和经济子系统。自然子系统包括：海洋系统、河流系统、海岸系统、陆地系统和生态系统。社会子系统采用两个最重要的变量描述：人口和财富。经济子系统的刻画则采用经济学最基本的变量——供给、需求和就业。

第二个成分——技术成分。主要是微观尺度的空间元胞模型。包括五个亚层：宏观尺度分布、微观尺度分布、邻位适宜性、可达性（accessibility）和行政区域适应性。

第三个成分——基础成分。主要是 GIS 支持的地理数据库，反映的是环境适应性。

再次，由于模拟实验技术的发展，城市地理学理论研究和应用研究的集成方法正在逐步形成。根据理论地理学家和对城市研究感兴趣的物理学家开展的城市系统演化分析研究，可以归纳得出城市理论研究的一般步骤（陈彦光，2009a）。第一步，借助遥感、遥测数据或者统计数据建立数学模型，这种模型是一种经验模型。这是整个研究的现实基础。第二步，构造假设，建立方程并求解。如果求解的结果刚好就是前述经验模型，并且参数的理论预期与第一步经验模型的估计结果吻合，则完成了逻辑检验过程。否则，重新构造假设并再次建模、求解，直到得到满意结果为止。第三步，基于第二步的假设和 GIS 技术等，借助计算机编程技术开展模拟实验分析。如果模拟实验的结果与第一步的观测现象一致，则完成了"经验"的检验工作（图 5-3）。上述模拟分析包括纯粹的数值模拟、CA 模

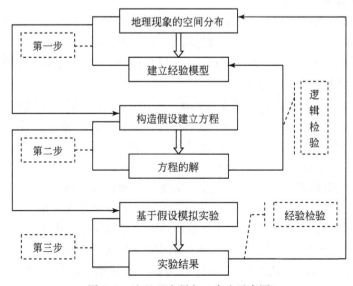

图 5-3　地理理论研究三步法示意图

拟和 MAS 模拟。在模拟实验过程中，有可能引入前述分形几何学的分维测度分析（黄秉维，2003b）。

最后，由于上述各个方面的发展，城市地理学的理论层面正在逐步靠近标准科学。标准科学以寻求法则即一般规律为目标，以模型建设为主要任务，其判断标准是可重复性和可检验性，基本方法是数学理论和实验，主要功能是解释和预言（表5-4）。

表5-4 地理学与标准科学的比较

项目	标准科学	地理学
目标	寻求法则	关注差异
任务	建立模型	似无明确任务
判断标准	①可重复，②可检验	似无简单标准
方法	①数学，②实验（包括模拟）	①经验观察，②定性分析
功能	解释、预言	说明、比较

可是，长期以来，地理学走的是偏离标准科学的"例外主义"道路，形成了所谓的区域地理学范式。计量革命是对区域范式的几次强有力的反动。但是，由于前面论证过的原因，计量革命虽然使得数量分析概念深入人心，但地理学理论建构的根本问题未能解决。如果传统的区域地理学的缺陷是"有地无理"（What's where in the globe），计量地理学的问题就是"有理无地"（The geography of nowhere）（Couclelis，1997；Johnston，1985）。计量革命结束以后，地理学又向区域地理范式的方向悄然回归，形成所谓新区域学派。如何做到李旭旦（1979）当年盼望的"有地有理（避免例外论）"、"目中有人（避免二元化）"、"心中有数（降低模糊性）"，对地理学家而言，仍是任重而道远的任务。由于模拟实验技术的发展，以及相关数学方法的改进，加之各种相关的动力，如今，地理学的一些分支领域与标准科学更为接近了。

计算机模拟实验可以帮助人们认识地理过程，有效解释空间与地方中的人类行为及其动力学。最近 Jiang 和 Jia（2011）借助智能体（agent）模拟城市街道的人类流动现象，有一个有趣的发现：给定一个出发地和目的地，模拟两类人在街道网络中的空间运行行为。一类人的活动是有目的的，如回家、去学校、去购物等；另一类人的活动是随机的，漫无目的地从出发地向目的地移动，有点像酒鬼的运动。结果表明，街道网络的结构是塑造整体流量（aggregate flow）空间图式的主要因素，而人类行为对整体流量图式没有太大影响。简而言之，对于确定的街道网络，有目的的行人和没有目的的行人会形成相同的空间运动图式。形象地说，10 万个以上有理性的行人通过街道网络的空间运动图式与 10 万个以上随机行走的猴子通过相同街道网络的空间运动图式是一样的——没有本质不同。这个发现具有如下两点重要的启示。第一，人文地理空间图式如分形和位序-规模分布等可能与人类的智商或者理性没有关系。地理学家过去总是认为地理学研究必须考虑人类与自然物的差别，但实际上，对于大尺度地理空间结构的形成，人类的思维和情感不会发生实质性的影响（Buchanan，2007）。第二，城市和区域的交通规划可能需要改变思路。既然人类在城市网络中的运动与理性没有必然的联系，那么城市规划更应该考虑利用自然规律，而不是单纯的社会、经济规则。

5.3.4 第四范式：数据密集科学与数据密集型地理空间计算①

随着数据挖掘技术水平的提高，人类获取各种数据的规模和尺度越来越大，高性能超级计算机处理的信息量已经达到千千兆字节（terabyte）乃至千千千兆字节（petabyte）。因此，传统的数据分析和处理方法已经不能有效适应如此规模宏大的数据集合。在这个背景下，计算机科学家、图灵（Turing）奖获得者、有"数据库超级天才"之称的 Jim Cray 提出了"第四范式（the fourth paradigm）"——数据密集科学（data-intensive science）的概念（Bell et al.，2009；Hey et al.，2009）。前述 Waldrop（1992）提到的、当代科学常用的三种科学研究方式——数学理论、实验室实验和计算机模拟——分别代表第一、第二和第三范式。Bell 等（2009）指出："至少从 17 世纪牛顿运动定律提出以来，科学家已经认识到实验和理论科学是理解自然的基本范式。最近几十年，计算机模拟已经实质上变成了第三范式：一种科学家用于探索理论和实验两种范式鞭长莫及或者力不从心的领域——如宇宙的演化、载人小汽车碰撞测试以及天气变化预报——的标准工具。由于模拟和实验产生更多的数据，第四个范式现已凸现出来，这个范式包括数据密集科学必要的工艺和技术。"

由于信息化时代的到来，每一种科学都似乎在沿着两个方向相辅相成、并驾齐驱地发展：一个是信息指向，另一个是计算指向。Gray 指出，在过去几十年里，对于任何一个学科 x，都在朝着计算化和信息化两个方向演进，在出现 x-信息学（x-informatics）的同时，也出现了计算 x 学（computational x）（Hey et al.，2009）。例如，在出现生物信息学（bioinformatics）的同时，也产生了计算生物

① 本小节部分参照了瑞典耶夫勒大学 Bin Jiang 教授提供的材料 "A Short Note on Data-intensive Geospatial Computing"。

学（computational biology）。地理学也不例外。我们既有研究数据收集和地理信息分析的地理信息学（geoinformatics），也有开展地理现象建模和模拟的计算地理学。前者与 GIS 结合演化出地理信息科学即 GISc，后者则发展成为后来的地学计算即 GC。由于第四范式概念的影响，许多学科产生了数据密集计算（data-intensive computing）的概念。相应地，地理学界出现了数据密集地理空间计算（data-intensive geospatial computing）技术的研究趋势。2010 年，《国际地理信息科学杂志》（International Journal of Geographical Information Science，IJGIS）征集有关"数据密集地理空间计算"的论文出版专辑，瑞典耶夫勒大学的 Bin Jiang 讲授为其客座编辑。本章作者对此没有研究，不敢发表过多的评述，但有幸从 Bin Jiang 教授那里获得一些资料和信息，记录于此，权且作为地理界技术发挥新动向的一个简介。

5.4 小　　结

古人说："工欲善其事，必先利其器"（《论语·卫灵公》）。科学的发展离不开有效的研究方法——方法有效方为"利器"。正是由于"利器"的欠缺，地理学的发展相对于尖端科学显得滞缓、落后。牛文元（1992）在其《理论地理学》一书的序言中引用古人的话表示谦虚："然高鸟未挂于轻缴，渊鱼未悬于钓饵者，恐钓射之术或未尽也。"这段话用于反映地理学当时的情况也未尝不可。由于科学技术的迅速发展，地理学思想、理论和方法也在不断成长、更新和体系化。遥感、遥测技术为地理学提供了相对全面、系统和准确的空间信息，GIS 为地理学存储、变换、管理和运用这些空间信息提供了工具，计算机模拟实验技术则可以用于弥补地理研究长期不可进行系统受控实验的不足，使得地理学揭示因果关系、开展动力学分析和检验基础理论成为可能。

由于有了遥感、GIS 和模拟实验技术，地理学家可以重新审视传统地理理论，建立全新的地理理论，并且解决现实问题。地理学家可以模拟地理系统演化的非线性动力学、探索空间复杂性；可以借助完整的系统数据建立模型、发展基本原理；可以更好地理解地理系统的规模、尺度、形状和维数的关系；可以从新的角度解释空间和地方中的人类行为……GIS 技术早就用于城市规划和设计了。近年来，GC 技术、计算机模型技术都向城市规划等应用领域渗透（Murgante et al.，2009；Stolk and Brömmelstroet，2009）。而且，上述各种技术可以与理论分析方法有效结合，形成完整地理系统的三步集成分析方法：第一步，基于遥感、遥测等数据建立经验模型并开展统计分析；第二步，构造假设、建模方程并求解，比较求解结果与经验模型的异同；第三步，基于 GIS 技术和理论假设开展计算机模拟实验，将模拟实验结果与经验结果进行对照分析。如果一项地理研究完整地采用了上述研究过程，则其成果的科学性就会大为提高，从而实用性也会大大增强。

任何研究方法或者技术手段都是一种途径或者工具，任何工具都不能代替科学家本身的思考。创造性地使用技术方法，简单的方法也可以解决重大问题；机械地套用技术，尖端的技术也可能导致负面效果。爱因斯坦的学术研究用到的数学已经足够艰深，并且他承认形式逻辑（当然包括数学）和系统实验是西方科学的两大基础（Einstein，1953）。可是，爱因斯坦曾经表示："我不信任数学。"他认为："当数学定律涉及现实的时候，它们不确定；而当它们确定的时候，却不能涉及现实。"那么，爱因斯坦相信实验室实验吗，其实未必，他曾风趣地说："没有人相信理论这种东西，除了理论创建者本人；几乎所有的人都相信实验这种玩意儿，除了实验的操作者自己。"那么什么才是最重要的研究方式呢？爱因斯坦认为是科学家的想象及其围绕想象进行的逻辑思考。他说："想象要比知识更为重要。"他还说："物理学家最重要的工具是他的废纸篓。"爱因斯坦的见解超凡脱俗、非同一般。本章作者曾一再忠告我的朋友，世界上有两种人普通人不能效仿：一是天才，二是伟人。常常有人断章取义、一知半解地引用爱因斯坦等名人的名言反对地理学采用数学方法和实验工具，故此笔者就之进行简要讨论以作为本章的结语。

第 6 章　地理学思想的发展

人类在认识自然、认识社会、认识人与自然的关系、认识世界不同地区的过程中产生和发展了地理学思想，地理学思想也不断受其他自然科学、社会科学以及技术发展的影响。本章将概述西方地理学思想和中国地理学思想的主要发展线索。

6.1　西方地理学思想发展概要

6.1.1　主要发展阶段

西方地理学思想的发展（哈特向，1963；1996；马丁，2008；皮特，2007；约翰斯顿，1999；克拉瓦尔，2007）可按不同时期的社会需求和知识环境（哲学、科学技术、社会理论、对自然和社会的认识）梳理出 4 个重要阶段：传统阶段（逻辑实证主义前的地理学）、科学化阶段（逻辑实证主义地理学）、人本化阶段（反思逻辑实证主义而出现的马克思主义地理学和人文主义地理学）和多样化阶段（所谓"后现代"地理学）。有学者分别称之为传统地理学、"新地理学"、"新新地理学"和"新新新地理学"（克拉瓦尔，2007）。

1. 传统阶段

传统地理学是以空间差异为基础的综合学科，其历史可上溯到古希腊的希罗多德和埃拉托色尼时期。到"文艺复兴"时期，艺术和科学的蓬勃发展，地理考察和发现的积累，为认识世界提供了丰富的自然、人文及二者关系的具体素材。西方地理学在革新考察技术、积累资料和建立地理唯物论哲学的基础上，为建立近代地理学创造了前提。德国地理学家洪堡和李特尔集传统地理学大成，创始了近代地理学①。洪堡的代表作《宇宙》阐述了地球是统一整体，人类是自然

---

① 某些西方地理学思想史著作将洪堡和李特尔开创的现代地理学称为"新地理学"，是相对于古代地理学而言（见普雷斯顿·詹姆斯，杰弗雷·马丁. 地理学思想史. 北京：商务印书馆，1989 年）。笔者以为其思想和方法一脉相承，而与当代地理学大异其趣，故统归为传统地理学。

的一部分；探讨了地表各区域相互关联现象的差异性；注重联系与周围环境的关系来研究特定的自然要素。洪堡这种"综合的、辩证的、比较的自然要素编整"，被恩格斯誉为"打破十九世纪保守自然观的六大缺口之一"（恩格斯，1971）。李特尔在其代表作19卷的《地学通论》中，确定了区域的概念和层次，指出地理学的基本概念是差异性中的一致性，从而导出这门学科的两个基本部分：系统地理学和区域地理学。李特尔指出"土地影响着人类，而人类亦影响着土地"，被认为是近代地理学中人地关系的最早阐发者和人文地理学的创始人。

另一些学者也为近代地理学思想作出了重要贡献。例如，俄国地理学家道库恰耶夫创立的自然地带学说，把地理学对自然现象的描述传统改造成空间分异和地域结构规律的探讨；美国地理学家马什第一个指出和分析了人类活动对自然环境的干预（Marsh，1864），成为现代环境保护运动的先驱；美国地理学家戴维斯将进化论引入地理学，创建了地貌轮回理论及其分析方法；美国地理学家怀特关于自然资源、自然灾害和人类环境的综合研究，开启了环境管理的先河。

随着自然科学不断取得成果，人类不但有能力解释世界，而且可预测世界的演化。越来越多的学者相信理性也能改革社会和经济生活，一些科学思想和方法也引入人文地理学。地理学中出现的统计学方法、历史调查法、野外考察法、科学地图学、解释方法、景观概念和进化概念等，都是这种理性思维的反映。

近代地理学是与工、商社会相适应的知识形态，其特点是以对地球表面各种现象及其关系的解释性描述为主。虽然其概念体系渐趋完善，学科分化也日益精细，但其知识形态与农业社会的地理学并无本质差别，仍然属传统地理学范畴。传统地理学是传统生活方式的产物，地理概念如方位、环境及其可开发的方式、社会组织与社会互动的空间性，都源于实际的生产活动与社会生活。

传统地理学一直是解释性学科，通过解释人类在地表分布状况而推进科学认识。哈特向是集其大成者，他的"作为一门空间科学的地理学概念：从康德和洪堡到赫特纳"（Hartshorne，1958）对传统地理学的思想作了精辟的概括。其主要研究范式是地表形态与景观、人与环境关系、区域类型与结构、空间关系。相应地有四个学派和传统，即地学传统与自然地理学派、生态传统与人地关系学派、描述传统与区域学派、空间传统与区位学派（Pattison，1964）。传统地理学的空间差异直到现在还是地理学的核心思想。

2. 科学化阶段

传统地理学本质上依然是一门经验性学科，其方法论以经验论归纳主义为基础，其基本途径就是各地事实的调查、收集、归纳整理和表述，并未建立普适性的规律，德裔美国地理学者舍费尔将之批评为"例外论（exceptionism）"

（Schaefer，1953）。一方面，随着所收集事实的增加和认识的发展，人们进而要求深入了解事实的内在本质和事实之间的相互联系，需要认识事物的普遍规律从而预测事物的发展，经验主义显然不能为此提供锐利武器。另一方面，随着地理学中系统研究的发展，地理学者与相关学科的接触更为密切了，最先作为物理学然后作为整个自然科学甚至也成为经济学和社会学研究框架的实证主义被引进地理学。20世纪60年代以后，地理学家普遍强调建立普适性科学法则从而能够预测的重要性。于是将自然科学和工程技术中的很多科学思想和方法引进地理学，企图通过科学方法论的构建来实现自身的科学化，同时强调社会和经济的空间互动，强调创新的扩散途径。从而产生了计量革命、空间经济学、理论地理学、时间地理学等在内的"科学"地理学，其科学思想和方法论本质上是实证主义或逻辑经验主义。

在地理学者们看来，实证主义科学观的特点是"实在、有用、精确、确定、相对"（Gregory，1978）。实证主义地理学思想和方法的要义是：第一，一切关于事实的知识都以经验的实证材料为依据；第二，在事实的领域之外，则是逻辑和纯数学知识，也就是关于观念关系或纯形式的科学。实证主义着重科学理论结构的逻辑分析，但又以经验证据来解释科学的概念和理论。这样，就把科学形式的逻辑分析和科学内容的实证（经验证实）结合在一起。实证主义方法论的中心是证实原理，即科学解释的演绎-法则模式和科学理论的假设-演绎观点。这成为20世纪五六十年代地理学者们所神往的"科学方法"，其目的就是"建立普遍的法则来概括所论学科关注的那些经验事件或客体行为，从而使我们能将关于孤立的已知事件的知识联系起来，并对未知事件做出可靠预测"（哈维，1996）。实证主义地理学的基本途径是取法自然科学方法，着重理论、模型和计量化，推求因果关系，寻找普遍性抽象法则，追求地理学的"科学"化（蔡运龙，1990）。

实证主义方法论的引入，使地理学（尤其是人文地理学）发生了以下革命性的变化。第一，地理学作为研究空间关系的科学重建了研究内容和理论主体。传统地理学关注地方（place）特点因而是独特的，理论发展受到抑制；空间科学的地理学则寻求用空间（space）分布的普遍规律来解释各地区的独特事件。例如，人文地理学就确立了中心地论、农业区位论、工业区位论、城市社区论、空间相互作用论等理论主体。第二，在空间科学的理论框架内更多地采用假设-演绎方法。第三，强调实证研究所需的技能，尤其是数量化技术，以数学或统计学的形式表达研究成果，这意味着精确性、可重复性和确定性。这样，实证主义方法论的引入就加强了地理学的"科学"化。

作为实证主义地理学的一个重要成果，系统论思想和方法得到广泛认同和应

151

用（Chorley and Kennedy，1971；威尔逊，1997）。系统论不仅应用于自然科学，也应用于社会科学，对于在探讨真实世界时兼顾自然和社会要素的地理学，更增加了一个有力的思想和方法武器。特别是系统模型在地理学研究中有突出的进展，出现了一些重要的模型（大部分是数学模型），包括生态学模型、土壤侵蚀模型、水文学模型、跨界层模型、全球模型和区域模型、演化模型、区位模型、城市化模型、土地变化模型等，甚至还可以模拟人类活动的影响。

计量化和系统方法在地理学中的应用，引发了一个更有影响的创新，这就是地理信息系统的发明和发展，成为地理学和所有涉及空间信息的其他学科的一个强大工具，大大推动了科学研究手段的进步。

实证主义地理学在一定的社会需求和学术背景下发展并取得重要成就。社会需求方面如城市和区域规划、产业布局和转移、资源环境管理等；学术背景则不能不提到科学哲学的进展（参见第 4 章）和"科学革命"的概念、计算机技术和遥感技术的发展和广泛运用等（参见第 5 章）。

实证主义地理学取得了重要成就，但随着认识和社会需求的发展，也逐步显示出其缺失。

从科学哲学和方法论层面看，其缺失和不能自圆其说之处可归纳如下：①观察依赖理论，事实并非"客观"；②不可能充分证实，因为观察再多，也不能证明一个全称命题为真；③实证主义方法论是为基础科学定义的，而像地理学这样的综合科学太复杂，以至于难以用这样严格的科学观加以限定；④实证主义社会理论试图排除价值观的作用、鼓吹"中立"科学，这不仅是不可能的，而且由于其抵抗这种不可能性而把自身置于科学的应有之义外。

从地理学与社会实践的联系看，"科学的"地理学缺少社会内涵，解决不了很多社会问题；再者，实证主义关于"社会和人的模式"以及"市场经济中的人是有理性的经济人"这两种简单假设，远不能反映实际经验的复杂性；此外，在科学范式下，人的精神世界及其宗教、伦理、艺术、哲学、民俗等诸多"非科学"性领域的普遍价值基本上被忽略了，这是它的历史局限和弊端之所在（钱宏，1996）。

3. 人本化阶段

针对"科学"地理学的缺失，地理学中发展出两种新的思想和方法途径。

一是从"关注社会公正"的宗旨出发，在马克思主义中寻求思想和方法武器，因为马克思主义理论提供了许多对社会不平等、不均衡发展和剥削等现象作解释的可能性。此派被称为激进地理学，其干将包括曾经集实证主义地理学之大成的哈维和邦奇，被视为地理学发展过程中的另一次革命。此阶段哈维发表的一系列论著（Harvey，1973，1982，1985，2001）成为马克思主义地理学的代表作。马克思主义地理学还建立了地理唯物主义和空间辩证法，对历史唯物主义和自然辩证法作了重要的发展和补充。

二是针对"科学主义"倾向于认为要在科学而不是人本的范畴内来讨论人的话语权，指出人类不是机器，社会也不是。由此产生了一个地理学的新研究取向，即将焦点集中在"人对空间和大地的经验"。这就是包括地方感、地理个性、文化及空间生存经验、现象学方法、诠释学方法等在内的人文主义地理学途径。人文主义地理学是华裔美国地理学家段义孚将心理学、哲学的方法引入地理学而创建的。人文主义地理学着重知识的主观性，因为人是一种有思想的生灵，人的意向性创造他在其中行动的世界。人文主义地理学主张包容性，虽然对"科学主义"持批判态度，但并不否定和抛弃科学，并以科学为其基础之一。人文主义地理学以对人与环境关系的深入理解为终极目的而考察地理现象。探索的主要论题是人与环境的关系，以及人与人在其特定空间关联域内的相互关系。段义孚认为：人文主义地理学的主题包括地理知识、领地和地方（territory and place）、拥挤和私密（crowding and privacy）、生计和经济（livelihood and economics）以及宗教。人的经历、意识和知识是讨论这些主题的基本途径（Tuan，1976）。人文主义地理学的目的不是增进解释和预测能力，而是增进认识和理解。所取得的认识被用来帮助各种人理解他们自己，从而增进自我认识的深度，并能够改善生活质量。

153

马克思主义地理学和人文主义地理学的焦点分别是社会公正和人类的情感、经验，都关注社会中的人，因此这里"人本的"地理学包含两者。从"科学的"走向"人本的"地理学，固然主要是受整体科学交叉化发展趋势的影响，但更重要的是地理学本身的综合性特征，及其对主要研究内容——"人地关系"——中"人"的认识不断深化与拓展。

4. 多样化阶段

传统地理学、"科学的"地理学和"人本的"地理学都在发展。然而，在全球化背景和后现代思潮的影响下，地理学思想和方法出现了更加多样化的趋势。

因为人们总是依赖环境，所以地理学在后现代社会里的重要性依然有如在传统或工业化社会里一样。不过人们不再只依赖当地生态系统，也消费遥远地区所生产的物品。所以人们不仅关注居住的环境，也关注全球性生态平衡。地理学者更深入地探讨生态机制及人类响应。人类的经验与景观、聚落和遗址相联系，空间被转换为地域，而集体的认同经常源自于此。地理学者的兴趣已趋于多样化，地理学探索人的思维体系，强调人地关系的多样性，用以联结群体中的成员，并赋予生命意义，倡导一种既民主又尊重自然的社会组织模式。这种文化取向赋予地理学者认知真实世界一个生动的新维度，出现了地理学的"制度和文化转向"（Martin，2000；Thrift，2000）。

随着大众文化的娱乐化，许多曾具社会性价值的内容已被消融；相对地，高层文化也失去了作为社会导向的意义，结果是传统意识形态的衰退和虚无感的广布。面对这样的现实，地理学也试图去探索"认同（identity）"问题。人们的选择以主观价值考虑为主，如追求精神享受、身心健康，追问"我是谁?"，参与慈善和自愿者活动等，这都不是"理性经济人"的假设所能解释的。同时，经济转型的动力已不只是来自传统的经济因素，而且来自文化。在这样的文化转向时代，重建人文地理学的途径之一是"研究别人的观点"。地理学所探讨的"世界"，应是芸芸众生之眼所见的"世界"。世界基于无数个人的经验，这就涉及感知、表征、意象及经过这些组合而成的广阔场景或叙事，即地理学要探讨现实世界中主观的一面。重建人文地理学的途径之二是"分析真实与符号"。地理学者专注于地球表层事物，专注于人们如何治理和改变这样的实物世界，但对世界的探索要通过研究者的"眼睛"，这意味着"表征"的重要性有时会超过对"客观"因子（如生态和经济）的追寻。地理学者需要探索世界表征及价值问题。重建人文地理学的途径之三是"认识世俗与神圣"。作为"科学的"地理学有理由忽视神圣性的存在，因为神圣性基于信仰而无法验证。但若承认学术不应只是研究理性行为，则无法否定别人的信仰和研究宗教。学者不一定非要相信别人的认知，但他们亦无权拒斥别人的经验。于是地理学由功效主义的道德范畴转到了伦理学境界。这才有可能解释诸如西藏那样的社会情况，那里有"与现代主流社会完全不同的社会逻辑"（克拉瓦尔，2007）。

随着自启蒙时代以来主宰思想的历史哲学的终结，对现代化的反思以及"科学代表进步吗?"的质疑，地理学开始强调后现代世界的空间观点，不仅以理性来解释世界，也重视人类感知和地方的复杂性，更加关注知识的条件、论述的角色及社会状况的文化方面，注重探索人的思维体系，强调人地关系的多样性，重视"空间"也重视"地域"，探索"认同（identity）"及其与地域的联系，以文化的视角认识经济转型的动力，并涉及感知、表征和意象，重视伦理和信仰对社会逻辑的作用，地理学不再是一种纯科学和技术性的知识，而是已转化为对人文的反省，并导致了区域研究兴趣的再兴（克拉瓦尔，2007）。地理学似乎又回到了哈特向所强调的"区域差异"，但已不可同日而语。地理学思想和方法不断经历着"否定之否定"的螺旋式上升辩证过程，呈现出多元化局面。

5. 地理学思想多样化的反思

正如地理的多样性是客观存在且有助于人地系统的稳定性和可持续性一样

（蔡运龙，2007），地理学思想的多样化既是必然的，也是有益的。但从科学立场和方法论视角看，则要警惕其中所谓后现代地理学的一些不良倾向。所谓"后现代"的视角，是"把世界看成是偶然的、没有根据的、多样的、易变的和不确定的，是一系列分离的文化或者释义"。就此而言，后现代主义"以一种无深度的、无中心的、无根据的、自我反思的、游戏的、模拟的、折中主义的及多元主义的艺术反映这个时代性变化的某些方面"（伊格尔顿，2000）。后现代性导致的多元性和相对主义，使人们对权威不再信任。它一旦由人们的一种哲学信念变成一种存在方式，就从不同层面解构了学术谱系赖以维持的心理学基础、知识论基础和社会学基础，这不能不说是现今学术之道统遭遇多重危机的时代原因。后现代性强调相对性、多元性，固然可以说是一种解放和宽容，但其代价是颠覆了对传统文化的认同基础，既导致学术传统的断裂却又能使人心安理得（何中华，2006）。

关于地理学的多样化，贝里（Berry，1980）评价到："在提供了能够产生大量纯理论性新探索的自由之后，立刻退化成放纵……教学的标准与学术行为的标准都受到了侵蚀，而这种侵蚀却被例外论与现象主义的新形式证明为合理"。特纳（Turner，2003）也指出，那些"混沌（chaotic）"和"杂乱无章（anarchic）"的基础理论，无论在支持者中多么流行，都无助于地理学的繁荣，还很难在知识重构中幸存，而这种知识重构已在科学中开始并必将展开。特纳还警告，地理学对哲学和多样化的兴趣，超过了对适当发展学术结构和体制的兴趣。

地理学思想和方法的多样化必须有一个合理、自洽的结构。哈维对此进行了探索，他既极大地包容各种后现代论题，又反对后现代主义话语（Harvey，1990）。他的目标并不仅仅在于解释的结果，更注重建设解释的框架。他提出"具体抽象（concrete abstraction）"的概念，这是一种认识论途径，一种分析总体社会结构的具体概念工具，包括三个方面的任务：第一，"努力表明各种各样的具体抽象……是如何必然地联系着的"；第二，"选出那些有力地综合和解释这些具体抽象之间联系的基本概念"；第三，"运作这个整体系统，建立一套说明（尽管是不完全的说明）社会运动必然规律的综合体，以便解释社会的历史和地理"（Harvey，1989）。

哈维是首先反思和批判"科学"地理学的学者之一，但他又是"科学"（实证主义）地理学集大成者（蔡运龙，2002）。很多其他开拓"人本的"地理学和多样化地理学的著名学者，也都经过严格的科学训练。正因为他们对"科学"地理学认识极深，把握极准，才能批判性地发现其问题，在地理学学术思想和方法上作出很多创新。因此，可以说"科学"地理学是地理学发展的必经阶段。而中国还没有完成这个阶段，中国地理学者（尤其是人文地理学者）尚需提倡

155

科学方法，多做"实证"的研究，而不要盲目追随所谓"后现代"思潮。其实，无论什么样的地理学，之所以为"学"，其统一性、自洽性、逻辑性、深刻性、合理性等总是基本的，其方法论（这里不涉及本体论、认识论和目的论）总应该是"科学的"。

中国还处在前现代，地理学要为中国的现代化服务，要在现代化进程中有自己的话语权。后现代主义有反权威、反历史、反中心的趋向，中国地理学者在借鉴西方后现代地理学理论时，必须谨慎。

6.1.2 发展动因

西方地理学发展过程中，新思想层出不穷。尤其是自 20 世纪 60 年代后，呈现出一派百花齐放、百家争鸣的景象。反观整个现代科学发展的大背景，"20 世纪上半叶，发生了以量子力学和相对论为核心的物理学革命，加上其后的宇宙大爆炸模型、DNA 双螺旋结构、板块构造理论、计算机科学，这六大科学理论的突破，共同确立了现代科学体系的基本结构。自 20 世纪下半叶以来，尽管知识呈快速增长的态势，但是基本表现为对现有科学理论的完善，没有能够出现与这六大革命性的科学突破相提并论的理论成就或重大发现。从这个意义上说，'科学的沉寂'至今已六十余年了"[①]。而在地理学内，地理学思想却不断推陈出新，进入了一个激动人心的时代——就学术而言，或许没有任何其他学科可与之相比（Wilbanks，1992）。反思这种发展的动因，至少可指出以下几点。

1. 社会需求的驱动

回顾 20 世纪地理学所取得的成就，社会需求的推动作用巨大。正是针对当时社会的一些重大实际问题，在综合性、地域性和人地关系上不断提出新的学术思想，地理学才取得一系列重要成果。反之，若隔离于社会的重大需求，学科的发展必然处于被动。例如，60 年代环境保护运动蓬勃开展之时，国际地理学界却在热衷于"数量革命"和批判"地理环境决定论"，自古就以人类与地理环境关系研究为己任的地理学错过了主动参与和学科丰收的大好时机。直到对环境的关注由污染问题扩展为"大环境"，地理学才重新在环境研究中活跃起来并树立独特的地位。

---

① 温家宝：让科技引领中国可持续发展. 2009 年 11 月 3 日上午在北京人民大会堂向首都科技界的讲话.

2. 技术进步的推动

本书第 5 章对此已作了充分阐述。特别要指出的是，有了信息技术、航天技术等的发展，才建立起对地观测系统，这使地理学研究手段乃至地理学思想都发生了变革。有人认为这种革新可与哥白尼创立日心说媲美。

3. 其他学科的影响

正如本书第 3、4 章所阐明的，数学、物理学、化学、生物学、系统科学、经济学、历史学、政治学和科学哲学等学科及其发展，推动了地理学思想和方法的进步。地理学从经验主义、实证主义到人本主义、结构主义的发展，与科学哲学的发展几乎同步。

4. "自由"探索的重要性

科学界的"自由"，主要是指无生存压力，无思想禁区。洪堡、道库恰耶夫、马什、麦金德、苏尔（Sauer）、怀特……举凡有创建的地理学家，无不是在非常自由的环境下工作的。魏格纳发现大陆漂移、达尔文创立进化论也都如此，科学史上此类例子不胜枚举。在这一点上，科学创新与技术进步略有不同，需求对技术发展的驱动非常重要，而科学创新似乎更需要兴趣和自由。在把对地理环境决定论的批判当做一种政治运动时，地理学绝无创新的可能。1993 年美国地理学家联合会（AAG）年会中一个专门小组的主题是"重新思考环境决定论：关于一种地理学禁忌的新视角"（*Rethinking Environmental Determinism：New Perspectives on a Geographical Taboo*）。在中国，多年来受"数万年间几乎仍归不变的现象，决不能成为在那几百年间就发生根本变更的现象发展的主要原因"（斯大林，1949）这种不合逻辑教条的影响，强调地理环境的作用被看成反动理论，对这种禁忌更需要重新思考。此外，在"任务"带学科的科技政策下，科学工作者为争"任务"、为完成"任务"而疲于奔命，创新的自由空间就很小了。

6.2 中国地理学思想的源流

当代中国地理学思想是在继承中国古代地理学传统和借鉴西方地理学的基础上发展起来的，已形成既有中国特色，又与国际地理学接轨的学术思想。中国地理学思想与方法的理论研究一直受到中国地理学界的重视。即使在"贯彻执行为生产服务的方针"、"以任务带科学"（裴丽生，1959），"在理论和方法上缺乏总结提高……完成任务很多，推动学科发展很少"（李秉枢，1959）的年代，仍然强调"理论科学或称基础科学是未来科学发展的泉源，我们不能放弃"（竺可桢，1959a）。进入21世纪以来，在回顾与展望我国地理学科发展时，不少学者发出了共同的愿望，要"加强理论研究"（吴传钧，2002）、"加强基础理论研究"（李润田，2002）、"加强地理学的理论研究和综合研究"（陆大道，2003），并提出："21世纪中国地理学应该提倡理论思维和方法论研究……围绕国家的重大需求，通过理论研究、方法论、学科建设、能力建设等方面的研究，同时加强地理学与整个科学发展大势和其他学科发展前沿的联系，加强与科学哲学和国外地理学先进思想的交流和渗透，把我国地理学的发展推向一个新阶段"（葛全胜等，2003）。

中国现代地理学思想的发展，可从以下几方面加以阐述：中国传统地理学思想和方法的发掘与分析、西方现代地理学思想和方法的吸收与择取、苏俄现代地理学思想和方法的影响与吸纳，中西地理学思想和方法的借鉴与比较。

6.2.1 中国传统地理学思想和方法的发掘与分析

中国传统地理学是独立于西方地理学的本土地理学，是中国地理学现代发展的本土之源。中国的传统地理研究，包括中国传统地理学思想和方法的发掘与分析，在当代中国地理研究领域仍然占有一席地位，在当代中国历史地理学界则占主导地位（阙维民，2007），并有学者倡导研究中国传统地理学（于希贤，1999）。

中国传统地理学思想和方法的研究成果，主要出自中国的人文地理学者、地学史研究者与历史地理学者。可从资料整理、本土分析与现代阐释三个方面加以论述。

1. 中国传统地理学思想和方法的资料整理

各历史时期中国地理文献资料的收藏、点校、整理和出版，是中国传统地理学思想和方法研究的资料基础。主要包括以下几个部分。

1）经现代考古发掘整理并出版的甲骨文与竹简文献。例如，《殷墟卜辞综述》（陈梦家，1988）、《北京图书馆藏甲骨文书籍提要》（刘一曼等，1988），其中包括殷商时期的地理认识与记载，有专著《殷代地理简论》（李学勤，1959）。

2）先秦著述中的地理篇章。例如，《尚书》的"禹贡"篇，《管子》的"地数"、"地员"、"度地"等篇，《五藏山经》以及《尔雅》的"释地"、"释丘"、"释山"、"释水"等篇，《吕氏春秋》的"有始览"等篇。

3）中国历代正史中的地理篇章。包括沿革地理、经济地理、水文地理、灾异地理、域外地理等内容（表6-1）。

表 6-1　中华书局二十四史点校本所载地理内容一览表

作者	正史书名	出版年份	沿革地理		经济地理		水文地理		灾异地理		域外地理	
			卷名	册/卷/页码	卷名	册/卷/页码	卷名	册/卷/页码	卷名	册/卷/页码	卷名	册/卷/页码
(西汉)司马迁	史记	1959	—		平准书 / 货殖列传	4/30/1417-1443 / 10/129/3253-3283	河渠书	4/29/1405-1415	—		大宛列传	10/123/3157-3180
(东汉)班固	汉书	1962	地理志	6/28/1523-1674	食货志	4/24/1117-1188	沟洫志	6/29/1675-1700	五行志	5/27/1315-1522	西域列传	12/96/3871-3932
(宋)范晔	后汉书	1965	郡国志	12/19-23/3385-3569	—				五行志	11/13-18/3265-3383	东夷列传 / 西域列传	10/85/2807-2820 / 10/86/2909-2938
(晋)陈寿	三国志	1959	—		—		—		—		—	
(唐)房玄龄等	晋书	1974	地理志	2/14-15/405-472	食货志	3/26/779-798	—		五行志	3/27-29/799-914	四夷列传	8/97/2531-2552
(梁)沈约	宋书	1974	州郡志	4/35-38/1027-1216	—		—		五行志	3/30-34/879-1026	夷蛮列传	8/97/2377-2402
(梁)萧子显	齐书	1972	州郡志	1/14-15/245-310	—		—		五行志	2/19/369-388	蛮、东南夷传	3/58/1007-1023
(唐)姚思廉	梁书	1973	—		—		—		—		诸夷列传	3/54/783-821

160

续表

作者	正史书名	出版年份	沿革地理		经济地理		水文地理		灾异地理		域外地理	
			卷名	册/卷/页码	卷名	册/卷/页码	卷名	册/卷/页码	卷名	册/卷/页码	卷名	册/卷/页码
（唐）姚思廉	陈书	1972	—		—		—		—		—	
（北齐）魏收	魏书	1974	地形志	7/160/2455-2655	食货志	8/110/2849-2870	—		—		西域列传	6/102/2259-2287
（唐）李百药	北齐书	1972	—		—		—		—		异域列传	3/49-50/883-930
（唐）令狐德棻	周书	1971	—		—		—		—			
（唐）李延寿	南史	1975	—		—		—		—		夷貊列传	6/78-79/1947-1991
（唐）李延寿	北史	1974	—		—		—		—		西域列传	10/97/3205-3248
（唐）魏徵等	隋书	1973	地理志	3/29-31/805-691	食货志	3/24/671-693	—		五行志	3/22-23/617-670	东夷列传	6/81/1813-1830
											南蛮列传	6/82/1831-1839
											西域列传	6/83/1841-1861
											北狄列传	6/84/1862-1886

续表

作者	正史书名	出版年份	沿革地理		经济地理		水文地理		求异地理		域外地理	
			卷名	册/卷/页码	卷名	册/卷/页码	卷名	册/卷/页码	卷名	册/卷/页码	卷名	册/卷/页码
（后晋）刘昫	旧唐书	1975	地理志	5/38-41/1383-1781	食货志	6/48-49/2085-2132	—		五行志	4/37/1345-1382	南蛮，西南蛮列传	16/197/5269-5287
											西戎列传	16/198/5289-5318
											东夷列传	16/199/5319-5342
											北狄列传	16/200/5343-5366
（宋）欧阳修 宋祁	新唐书	1975	地理志	4/37-43/959-1157	食货志	5/51-55/1341-1406	—		五行志	3/34-36/871-958	北狄列传	20/219/6167-6184
											东夷列传	20/220/6185-6211
											西域列传	20/221/6213-6266
											南蛮列传	20/222/6267-6334
（宋）薛居正	旧五代史	1976	郡县志	6/150/2011-2023	食货志	6/146/1945-1960	—		五行志	6/141/1881-1891	外国列传	6/137-138/1827-1846

续表

作者	正史书名	出版年份	沿革地理		经济地理		水文地理		灾异地理		域外地理	
			卷名	册/卷/页码	卷名	册/卷/页码	卷名	册/卷/页码	卷名	册/卷/页码	卷名	册/卷/页码
(宋)欧阳修	新五代史	1974	职方考	3/60/713-746	—		—		—		四夷附录	3/72-74/885-923
(元)脱脱等	宋史	1977	地理志	7/85-90/2093-2254	食货志	13/173-186/4155-4586	河渠志	7/91-97/2255-2419	五行志	5/61-67/1317-1490	外国列传	40/485-492/13981-14170
(元)脱脱等	辽史	1974	地理志	2/37-41/437-516	食货志	3/59-60/923-934	—		—		—	
(元)脱脱等	金史	1975	地理志	2/24-26/549-667	食货志	4/46-50/1027-1128	河渠志	3/27/669-690	五行志	2/23/533-547	—	
(明)宋濂等	元史	1976	地理志	5/58-63/1345-1585	食货志	8/93-97/2351-2506	河渠志	6/64-66/1587-1662	五行志	4/50-51/1049-1117	外夷列传	15/208-210/4607-4671
(清)张廷玉等	明史	1974	地理志	4/40-46/881-1221	食货志	7/77-82/1877-2012	河渠志	7/83-88/2013-2174	五行志	2/28-30/425-513	外国列传	27-28/320-328/8279-8510
											西域列传	28/329-332/8511-8628

4）中国全国地理总志与地方志中的地理（城池、街巷、山川、水利、物产、灾祥等）篇章。全国地理总志始于先秦的《尚书》"禹贡"篇，流传至今年代最早的全国总志是唐代的《元和郡县图志》（李吉甫，1983）。宋以降有《太平寰宇记》（乐史，2008）、《元丰九域志》（王存，1984）、《舆地广记》（欧阳忞，2001）、《方舆胜览》（祝穆，2003）、《舆地纪胜》（王象之，2005），元、明、清三代官修《一统志》及清《肇域志》（顾炎武，2002）。据《中国地方志联合目录》（中国科学院北京天文台，1985）统计，保存至今的历代州府县地方志，有 8371 种（阙维民，2003）。

5）以"三通"[《通典》（杜佑，2003）、《通志》（郑樵，2009）与《文献通考》（马端临，1986）]为代表的类书中的地理篇章。除"三通"外，有地理篇章的著名类书有唐代的《艺文类聚》（欧阳询，1965）、《初学记》（徐坚，1962），宋代的《太平御览》（李昉等，1960）、《册府元龟》（王钦若等，1960）、《文苑英华》（李昉，2003），明代的《三才图会》（王圻，1988），清代的《四库全书》及《古今图书集成》（陈梦雷，1721）等。

6）以地方志的舆图图说、舆图图册的图序或图述为代表的舆图文字叙述。例如，裴秀编制《禹贡地域图》（十八篇）地图集时所撰的《禹贡地域图序》（房玄龄等，1984）、贾耽编制《海内华夷图》时撰写的说明《古今郡国县道四夷述》（刘昫，1985）、朱思本（1555）编绘《舆地图》所撰的《舆地图·序》及罗洪先《广舆图·序》、陈组绶（2009）《皇明职方地图·大序》等。

7）以《水经注》（郦道元，1990）与《徐霞客游记》（徐弘祖，1980）为代表的地理专著。还包括先秦的《穆天子传》（郭璞，1989）、明代的《广志绎》（王士性，2006）、清末的《小方壶斋舆地丛钞》（王锡祺，1985）等著述。

8）以晋代《佛国记》（法显，1995）、唐代《大唐西域记》（玄奘，1977）为代表的以中国传统地理视野记载的异域地理专著。明代以来有《星槎胜览》（费信，1954）、《瀛环志略》（徐继畬，2004）、《海国图志》（魏源，1998）、《朔方备乘》（何秋涛，1877）、《五洲地理志略》（王先谦，1998）等。

上述各历史时期的中国地理文献资料，除历代各地的地方志外，多数都已被点校整理而一版再版。有些地理史料还专辑成集册，如《中国地质史料》（王嘉荫，1963）、《中国古代地图集》（曹婉如等，1990；1995；1997）、《清人文集地理类汇编》（谭其骧，1986）等。这些资料为中国传统地理学思想与方法的研究提供了坚实的基础。

2. 中国传统地理学思想和方法的本土分析

中国传统地理学思想和方法的本土分析，即不受西方地理学科体系影响的研究，是主要围绕地理学史而展开的研究。王庸（1938）的《中国地理学史》是第一部中国地理学史著作。侯仁之（1961）的《中国古代地理学简史》是新中国成立以来的第一部中国地理学史著作。此后出版的如《中国古代地理学史略》（于希贤，1990）、《中国地理学史（上册，先秦至明代）》（王成祖，1982）、《中国地理学史（清代）》（赵荣等，1998）、《中国地理学发展史》（鞠继武，1987）以及《从混沌至秩序：中国上古地理思想史述论》（唐晓峰，2010）等，其阐述提纲以通史或断代为经，以地理著述为纬。也有围绕历代地理学家研究而展开的集传，简如《中国古代地理学家及旅行家》（翟忠义，1962），详如《中国历代地理学家评传》（谭其骧，1990，1993），其阐述提纲以历史前后为经，以人物为纬。此外，还有以《中国传统地理学》（于希贤，2002）为代表探讨中国传统地理学特点、内容、分期（孙关龙，1992）的专题研究。

中国传统地理学的特点是：依附经学史学、掺有堪舆成分、伴随方志发展、文献积累丰富、擅长沿革考据、习用传统地图、重视区域观念、持续延续至今（孙关龙，1990；贺曲夫等，2003）。

中国传统地理学的研究内容，包括经学地理、史学地理、志书地理、边疆和域外地理、山水地理、杂记地理以及舆地图（孙关龙，1991）。

中国传统地理学的理论基础是《易经》（于希贤，2002），清代张心言《地理辩证疏》指出，"《易》曰：仰以观于天文，俯以察于地理。遂开后世地理一门。《易》广大悉备，地理实《易》之一端。故离乎《易》以言地理者，咸非诣也"。

中国传统地理学的思想体系，包括太极阴阳学说，大地经络穴位说、天地生人有机循环观念、五行学说、中和观与天人合一思想（于希贤，2002）。

中国传统地理学的研究方法，是堪舆学说中运用罗盘对有关地形的龙、砂、水、穴、风、气的观察、测度与判断（于希贤，2002）。而中国传统制图理论，除"制图六体"与"计里划方"外，还包括古代志书地图的"经营位置"准则（阙维民，1996）。

3. 中国传统地理学思想和方法的现代阐述

中国传统地理学思想和方法的现代阐述，是据西方现代地理学科体系为纲的研究，以《中国古代地理学史》（中国科学院自然科学史研究所地学史组，1984）为代表。

在地形方面，分述为地形分类、区域地形知识、构造地形认识、流水地形认识、岩溶地形认识、海岸地形认识、沙漠地形认识及高山冰川地形认识等章节。

在气候方面，分述为物候、季节、冷热和风雨等气候特征、历史气候变化、地理条件和气候、古代气象仪器等章节。

在陆地水文地理方面，分述为水体和水质的分类与命名、水系分布、江河之源勘探、河湖水汛观测、河湖泥沙和水化学观测等章节。

在生物地理方面，分述为植物地理、动物地理、对生物资源的合理开发与保护等章节。

在土壤地理方面，分述为土壤性质与分类、土壤与地理环境条件、土壤利用改良与保护等章节。

在海洋地理方面，分述为海洋地貌探索、海洋气候知识、潮汐学成就、海洋生物地理知识等章节。

在测量与制图方面，分述为传统制图理论、传统制图学的继续发展等章节。

在方志的地理价值方面，分述为区域自然地理资料、自然灾害资料、自然资源资料、人口地理资料等章节。

在边疆和域外地理考察方面，以中国朝代为纲分述为若干章节。

《中国古代地理学史》上述章节的撰述，从地理学史研究的角度看，存在着"既不能从整体上反映出中国古代地理学发展的过程与规律，又未能将中国古代地理学发展的全部内容包括在内"（于希贤，1986）的缺憾，并被批评为"……将汇总起来的零星地理知识毫无保留地冠以'地理学史'的名义，是过于提高了这些零星知识的学术地位"（唐晓峰，2009a）。但从地理学（尤其是自然地理学）思想与方法研究的角度看，该书挖掘、分析了散见于中国史籍中有关地理学思想的著述，在中国传统地理思想与方法研究领域，具有重要的学术意义，或标以《中国古代地理思想史》更为恰当。

从现代地理学的视野看，中国传统地理学的哲学思想，寓寄于中国传统经史之中；中国传统地理学的地理认识，散布于经史子集各类著述之中。

中国现代地理学萌发于明末清初。当时，一些中国传统地理学者在未受西方近代地理学思想影响的情况下，通过野外考察和自我思考，"在地理学的研究上，突破了旧日的桎梏，开拓了有目的地探讨自然和所谓'经世致用'的新方向"（侯仁之，1961）。

清代地理学思想的特点有三个：重视传统，成就突出；思路活跃，阶段明显；兼容并蓄，趋向"西化"。虽然传统地理学的思想占绝对主导地位，但从地理学科发展的趋势看，"西方地理学的思想体系在中国的发展，已呈现出逐渐发展，不断扩大，以至取代中国古代传统地理学的趋势"（赵荣等，1998）。

此外，中西方传统地理学思想和方法的对比，是中国传统地理学思想和方法发掘与分析的途径之一，也是中国地理学界吸纳西方地理学思想与方法的途径之一。上述中国地理学史研究著述中都有所体现。还有学者基于中西对比研究，探讨了中西地理学传统的差异（李新民等，1988；于希贤，1993）、古代中西地理学思想源流（杨吾杨等，1983）或渊源（鞠继武，1992）、传统夷夏观念的变异（郭双林，2001）及中国地理学思想从传统到近代的转换（邹振环，2007）等问题。

6.2.2 西方现代地理学思想和方法的吸收与择取

中国对西方地理思想和方法的吸收与择取，其渊源可追溯到以丝绸之路为代表的古代中西交流、以利玛窦世界地图为代表的近代西方传教士（张楠楠等，2002）在中国所进行的西方科学技术思想传播（邹振环，2000）。至 20 世纪三四十年代，由于从西方留学归国的中国地理学者的传播与应用，西方现代地理学的思想和方法已经成为中国地理学未来发展的主导。

1949 年新中国成立至"文化大革命"前夕，由于政治意识形态的原因，中国地理学界有过一段全面摈弃西方地理学思想和方法并全盘接受苏联地理学思想和方法的短暂时期。这一意识形态冰封期，以 1959 年纪念洪堡逝世 100 周年（竺可桢，1959b；黄秉维，1959）、1963 年《地理学性质的透视》（哈特向，1963）、"法国地貌学现状"（王乃樑，1963）、1964 年《海陆的起源》（魏格纳，1964）与 1973 年《美国历史地理》的出版或发表，以及 1979 年美国地理学会代表团访华（赵松乔，1979）为标志而逐渐解冻。

在西方现代地理学"汉译名著"的基础上，商务印书馆于 2003 年起推出的"当代地理科学译丛"（分"学术专著"与"大学教材"两个系列），标志着当代中国地理学界关注与分析西方地理学思想与方法研究动态的时间差迅速缩短。

随着《地理学报》英文版的发行、互联网学术检索工具的推广普及、中外地理学者学术交流的日益频繁，以及我国地理学者在西方地理学术期刊发表文章量、质的日益提升，中西方地理学界的思想与方法交流已经趋于同步。

1. 西方现代地理学思想与方法基础著述的译述

中国地理学界对西方现代地理学思想与方法的吸收，首先表现在西方地理学（思想）史、西方地理学家与西方地理学工具书的汉译出版与评述。西方地理学（思想）史的译述，有通史类的（马丁，1989；盛叙功，1990；柯拉法乐，2005；蔡运龙，2008；马丁，2008）、有仅及古代的（柯拉法乐，2005，2007），也有仅涉一国的，如古希腊（佩迪什，1983）、法国（安德列·梅尼埃，1999）等。西方地理学家的译述，有《近代地理学创建人》（迪金森，1980）、《地理学与地理学家》（约翰斯顿，1999）等。西方地理学的工具书译著，有《地理学词典》（穆尔，1980）、《现代地理学思想》（皮特，2007）、《改变世界的十大地理思想》（汉森，2009）、《当代地理学要义》（霍洛韦 等，2008）等。

其次表现在西方现代地理学思想与方法理论著作的汉译出版与评述。通论性译著有《理论地理学》（邦奇，1991）、《地理学——它的历史、性质和方法》（赫特纳，1983）、《地理学的性质》（哈特向，1996）、《地理学中的解释》（哈维，1996；蔡运龙，1990）等。自然地理学译述涉及自然地理学性质（格雷戈里，2006）、地理学与环境（威尔逊，1997）、资源（丽丝，2002；米切尔，2004）、海陆起源（魏格纳，1977；塔林等，1978；魏根纳，1997）等。人文社会地理学的译著有《人文地理学问题》（德芒戎，1999）、《哲学与人文地理学》（约翰斯顿，2000；刘妙龙等，1991；陈健昌，1988）、《人文地理学词典》（约翰斯顿，2004；田文祝等，2005）、《人文地理学研究方法》（基钦等，2007）、《文化地理学手册》（安德森等，2009）、《人文地理学流派》（顾朝林等，1999；2008；马润潮，1999；于涛方，2000；张祖林，1995；朱春奎，1992；于涛方等，2000），以及人文地理学教材评述（汤茂林，2006，2009a）、地理政治思想（帕克，1992）与西方各国如法国（蔡宗夏，1986）、德国（张军涛等，1999）的人文地理评述。经济地理学译述涉及基础读物如《牛津经济地理学手册》（克拉克等，2005；陆大道，2005）、《经济地理学指南》（谢泼德等，2008）、《经济地理学读本》（巴恩斯等，2007），专题著述如《经济空间秩序》（乐施，1995）、《金融地理学》（劳拉詹南，2001），以及西方经济地理学发展动向评述（顾朝林等，2002；李小建等，2004；刘志高等，2006；苗长虹等，2002；2007；庞效民，2000；沈建法等，2002；叶奇等，2004；苗长虹，2004；2005；2007；戈赫曼等，1982）等。历史地理学译著有《美国历史地理》（布朗，1973）、《历史的地理枢纽》（麦金德，2007）与《地理学与历史学》（贝克，2008）等。城市地理学译述涉及研究动态（宁越敏，1985；吴缚龙，1988）、城市社会地理学（诺克斯等，2005；李健等，2006；2008；武前波，2007；姚华松，2006；姚华松等，2007）、城市地理学与行为地理学（李贵才，1987；李燕，1987；沃姆斯利等，1988）、城市经济地理学（巴克等，2005；李青，2001；阎小培，1998）、城市地理生态分析（虞蔚，1986），以及未来城市构想如《明日的田园城市》（霍华德，2000）、《比较城市化》（贝利，2008）、《循环城市》（格林斯坦等，2007）、《养育更美好的城市》（穆杰特，2008）与《都市发展——制定计划的逻辑》（霍普金斯，2009）等专题。此外有涉及区位论（韦伯，1997；阿朗索，2007）、中心地原理（克里斯塔勒，1998）与 GIS 数量方法（王法辉，2009）等具体理论与方法的众多译著。

西方现代地理学思想与方法著作的汉译出版与学术评述的涌现，体现出中国地理学界密切关注西方地理学思想与方法动态、重视地理学思想与方法研究的良好整体状态。

2. 西方现代地理学思想与方法吸纳择取的反思

在汉译出版与学术评述的坚实基础上，中国地理学界开始研读、分析与实践西方现代地理学的思想与方法成果，"逐步吸收消化了西方近 200 年的发展成就，缩小了与发达国家在地理研究上的差距"（孙根年，1997）。具体表现在"地理学期刊的学术质量和国际影响力在不断提高"（赵歆等，2009）。"从引进学习到与世界同步，中国地理学正在完成质的飞跃"（刘睿文等，2006）。"随着新技术、新方法的使用以及观测资料的不断积累，实验测试数据质量的提高和数据量的增加，地理学研究在空间尺度上同时向微观和宏观两个方向扩展，模型研究不断科学化，已具备现代科学的主要特征"（宋长青等，2005）。

进入 21 世纪以来，中国地理学界在学习西方的同时，深刻地感受到地理学已经成为"方向正在变化的科学"，并正视中国地理学面临的"地理学理论、基本概念和区域地理等经典内容的教学和研究被削弱"（陆大道等，2001）的困境："地理学理论，无论是区域学派，还是综合学派，乃至部门地理学理论，主要源自西方地理学。多年来，中国地理学开展了大量实践和实验、观测研究，但是理论总结不够。满足于应用国外的理论做中国实证研究，缺乏创新意识；在完成大量的社会需求时，更多是运用已有的地理学理论开展应用研究，在理论提升方面考虑不足；一些研究人员受研究经费驱动，由经费指挥研究问题的选择，难以顾及学科理论的深入探索。上述情况均造成对地理学理论的归纳和总结不足"（冷疏影等，2005）。

由此中国地理学界开始强调中国地理学的变革（曹诗图等，2000），并反思中国地理科学的进展与趋势（蔡运龙等，2004a）："中国地理学要以国家需求为导向，解决国家发展中的重大地理学问题；要加强基础研究，在若干主攻方向上占领国际学术前沿阵地"（蔡运龙等，2004b）。中国自然地理学界强调："应该更积极主动地参与地球系统科学国际计划，更深切地关注我国可持续发展面临的资源环境限制问题，更开放地引进和吸收新的研究方法和工具，在所有前沿领域中作出应有的贡献"（蔡运龙等，2009）。

6.2.3 苏俄现代地理学思想和方法的影响与吸纳

苏俄现代地理学思想和方法在中国地理学界的传播主要分为三个时期：新中国成立至 20 世纪 60 年代初期的苏联全面影响时期，1977～1990 年的中苏恢复交流时期以及 1991 年以来的中俄正常交流时期。

1. 苏联全面影响时期

这一时期，受政治意识形态的制约，从地理学的理论思想到方法实践，中国地理学界全面和深刻地受到苏联地理学（尤其是自然地理学）思想与方法的影响。

一批苏联地理学著作被汉译出版，包括苏联地理学界的教学研究工具书如《苏联大百科全书选译·地理学》（格里哥黎耶夫，1956）、《苏联地理与外国地理研究提纲》（库达弗耶夫，1949）、《外国经济政治地理》（拉柯夫斯基，1957）等；地理学方法论著述如《地理学的任务和方法论问题》（斯大林等，1952）等；地理学史著述如《地理发现与地理学史译文集》（贝尔格等，1956）、《古代的地理学》（波德纳尔斯基，1958）等；自然地理学著述如《自然地理学基本问题》（伊萨钦科，1958）、《自然区划方法论》（萨莫依洛夫，1957），并涉及自然地理学分支学科，如土壤地理（格拉西莫夫等，1958）与水文地理（普罗塔塞耶夫等，1956；苏联科学院地理研究所，1959）等。

而学术期刊论文的专题内容，涉及苏联地理学会的介绍（贝尔格等，1954）及其组织机构（李文彦，1951；吴傅钧，1958）、学术活动（李文彦，1953；孙敬之，施雅风，1955；地理学报，1960）与学会任务（地理学报，1953；格拉西莫夫等，1955）等；苏联地理学的综述（马尔科夫等，1953；休耳，1960）、现状（阿雨孟特等，1953）与发展动态（萨莫依洛夫等，1958）等；苏联地理学各分支学科或研究的综述和理论方法，如地形学（杜米特拉施柯等，1953；韩慕康和 Лебедев，1957）、气候学（帕高西扬等，1954a；1954b；朱岗崑，1954）、地图学（陆漱芬，1955；伊萨钦科等，1958）、景观学（陈传康，1962）、人类与自然（巴克希捨夫斯基等，1954）等。

2. 中苏恢复交流时期

这一时期，正值中国改革开放初期。中国地理学界在放眼世界的同时，开始重新了解苏联地理学的研究现状（伊萨钦科，1986；李德美，1985；董雅文，1983）与地理学科理论（库德里亚舍瓦，1987；阿努钦，1994；索恰瓦，1991）。分析的重点是苏联的经济地理学（阿纳琴等，1984；巴甫利谢夫等，1988；阿加福诺夫等，1983；帕拉马尔楚克等，1982；冯春萍，1989；祝成，1987；中村泰三等，1983；鲁诺娃等，1990），并触及政治地理学（刘妙龙，1990）、生态地理学（伊万诺夫等，1988）、社会地理学（萨乌什金等，1986）、旅游地理学（李德美，1989；杨国维，1987）、历史地理学（热库林，1992）、荒漠地理（巴巴耶夫等，1985）、气候（贝尔格，1991）、景观（阿尔曼德，1992）等地理分支学科的理论与方法。

3. 中俄正常交流时期

这一时期，是中国经济的快速发展时期，中国地理学界在关注国际地理学发展动态的同时，着重关注苏联解体后俄罗斯的经济地理学（李斌，1997；于国政，1995；吴森等，2009；王殿华，2004；王殿华，2006）与海洋地缘安全研究（陆俊元，1998；孙建军，1998；姚晓瑞，1999），并涉及人文地理学（思睿，1994）思潮（王明进，1999）、旅游地理（赵媛，1995）及原苏联旅游地理研究进展（王庆生，2000）。

中国地理学界与苏俄地理学界就地理学思想与方法的学术交往过程，在苏联全面影响时期，囿于政治意识形态而属不自主不对等的全盘苏化；在中苏恢复交流时期，属自主对等全面交流；在中俄正常交流时期，则趋于自主对等择需交流。

即使在全盘苏化之时，仍然有中国地理学者清醒地认识到："学习苏联的先进经验和理论，无疑是非常重要的，确实取得了很大成绩。但在有些问题上，有书呆子习气"（李秉枢，1959）。

6.2.4 中西地理学思想和方法的借鉴与比较

中国地理学界在吸纳与择取西方地理学思想和方法的同时，进行了反思、分析与比较。

据学术期刊网检索，中国地理学界对西方地理学思想和方法的反思借鉴，涉及城市地理（朱英明，2001；王桂新等，2002；曹传新，2003；吴启焰等，2000）、经济地理（张晓平等，2007；汪涛等，2006；朱英明等，2002）、文化地理（汤茂林，2009a）、工业地理（沈玉芳，1999）等地理学分支学科，以及生态补偿（卢艳丽等，2009）、土地利用（汪祖民，2005）、空间规划（张弢等，2006）、区域地理（方创琳，1999；张灵杰，2001）、地质公园（金利霞等，2007）等专题研究。

对于西方地理学思想和方法的分析启示，重点在城市地理（魏华等，2005；郭九林，2008；吕拉昌，2006；于文波等，2004；曹传新，2003；徐永健等，2000）、旅游地理（李包相等，2006；汪升华等，2006；陆林，1996；张宏等，2005；吴相利，2002）、区域地理（王勇等，2007；梁德阔，2003；敖荣军，2006；王仲智，林炳耀，2004；唐路等，2004；陈湘满，2000；陈志敏等，

2006）、生态环境（龚慧等，2005；冯革群等，2006；梁留科等，2002；王保忠等，2005；袁顺全等，2003）、经济地理（杨青山，2002；丰东升，1997；李小建等，2004）和农业地理（王亮方，2006；张郁等，2006；刘卫东，1992），并涉及地理思想（蔡运龙，2008）、女性地理学（胡宇娜等，2006）、金融地理（武巍等，2005）、景观地理（汤茂林，2005）、地理信息（胡建伟等，2009；张燕锋等，2007）、交通地理（吴建藩，1994；应定华等，1997）、空间规划（孟广文等，2005）、地理教学（汤茂林，2009b；陈德广，2006）及行政地理（王先文等，2006）等诸多方面。

对于中外地理学思想和方法的比较研究，着重于文化地理学（千庆兰等，2004；汤茂林，2009c；韩铣丰，1990；荀志欣，曹诗图，2008；庞嘉文等，2009）、旅游地理（保继刚等，2006；续嵩，2007；王华等，2004；杨絮飞等，2003；韩杰等，2001；陈兴中等，2007）、经济地理（王荣成，1997；贝里等，1993；段洁等，2008）、城市地理（张雷等，2008；郭力君，2007；冯德显，2004）和区域地理（殷为华，2006；刘勇等，1995；李娜等，2008），并涉及地理学科发展（吴殿廷等，2008）、地理思想（鞠继武，1992；于希贤，1993）、规划与建筑（许桂灵等，2005）、社会地理（袁书琪等，1994；赵亮等，2008）、交通地理（张务栋等，1994）、地理教学（韩俊丽等，2005；温煜华等，2008）、犯罪地理（孙峰华等，2006）、地理学史（程雪梅，2003）、地图学史（吕患成，1994）等地理分支学科或研究专题。

从上述文献检索结果可知，在中国地理学科领域中，对西方地理学思想和方法进行反思、分析并与之比较研究的分支学科或研究领域可分为四个等级：城市地理学与经济地理学列第一等级；旅游地理学与区域地理学列第二等级；文化地理学、农业地理学与生态环境研究列第三等级；其余列入第四等级。

自改革开放以来，我国的经济高速发展，城镇化水平迅速提升，经济社会发展取得了举世瞩目的成就。而城市地理学与经济地理学的研究成果数量位列中西比较研究第一等级的分析结果，说明中国地理学界在反思、分析与比较西方地理学思想和方法的研究中，是以中国社会经济发展的需要为主要切入点。这充分说明，中国地理学科的发展、中国地理学思想与方法的研究，时刻与中国社会经济的发展同呼吸、共命运。

第7章 地理学前沿领域

要认识地理学的科学地位和社会功能，必须了解地理学的前沿领域。地理学的前沿领域是与时俱进的，本章阐述当代地理学的前沿领域。

7.1 当代地理学的主要趋向与前沿领域

7.1.1 当代地理学主要趋向

地理学在 20 世纪取得一系列成就，其中对世界产生重大影响的有：区域分异规律，区域综合研究，人地关系思想，人与环境互动研究，人类参与的地球系统，对地观测与地理信息技术，自然地理过程，空间结构（包括景观生态学、区位论），空间过程理论，地缘政治与地缘经济思想，从经验主义、实证主义到人本主义、结构主义的地理学方法论等（Hanson，1997）。

当前，地理学的论题、思想和方法已走向多样化，但仍然有一个合理、自洽的学科结构，主要表现出以下发展态势。

1. 走向地球系统科学

学术界已经普遍认同，研究地球各组成要素及其相互关系的自然科学和研究人类活动的社会科学，对于认识和对付全球环境变化同等重要。这种共识成为建立和发展地球系统科学的主要依据，因为地球系统是一个自然和社会综合的系统（Pitman，2005）。作为自然科学和社会科学桥梁的地理学，应该在认识和对付全球环境变化、发展地球系统科学中发挥重要作用，甚至是核心作用（Johnston et al.，2002）。地理学广泛参与地球系统科学国际研究计划国际地圈生物圈计划（IGBP）、国际全球环境变化人文因素计划（IHDP）、世界气候研究计划（WCRP）、国际生物多样性计划（DIVERSITAS）和地球系统科学联盟（ESSP）（Steffen et al.，2004）。

2. 区域分异规律与区域综合研究

地理学"本质上是关于地球表面区域和分布的科学，其根本基础在于研究与区域相关的地球表面现象"（Dickinson，1969）。地理学以现代科学的眼光，把对自然和人文现象的区域综合描述传统改造成对空间分异和地域结构的规律探讨。区域分异规律和区域综合研究是地理学的基本认识途径。

3. 人类-环境系统与人地关系

地理学家早就敏锐地指出了工业社会以来人类活动显著改变地球面貌的事实并发出警告（Marsh，1864）。地理学也开现代自然资源、自然灾害和人类环境综合科学研究的先河（Kates and Burton，1986），至今这仍是地理研究的主流方向之一（Burton et al.，1993；Liverman，1999；Slaymaker and Spencer，1998）。在国际合作项目"国际地圈生物圈计划（IGBP）"及"国际全球环境变化人文因素计划（IHDP）"中，地理学家都有突出的表现（Ehlers，1999），IHDP 项目中有一半由地理学家领导，表明地理学在当代全球变化、地球系统、人与环境关系的研究中起着不可替代的作用。正是地理学家的工作，使得当代地球系统科学中引入了人类的作用。地球系统不仅是一个自然系统，不仅是一个生态系统，更是一个人类生态系统，这已得到广泛的共识。人类参与的地球系统与人地关系是地理学的基本认识客体。

4. 经济社会的空间重组

第二次世界大战后世界政治地理格局逐渐由"两个阵营"、"三个世界"演变到"全球化"和"只有一个地球"，总的趋势是多元化和互相依存都在增强。经济上开放的需要与对国家安全的担心并存，地缘政治分析与地缘经济分析并重（艾南山，1996）。从计量革命的新古典经济学模型解释，到政治经济学派的社会结构剖析（社会-空间辩证法），再到新区域主义对区域发展独特性和创新能力的分析（如产业氛围、生产网络、产业区等），经济地理学的每一次转变都从更深层次上揭示了经济社会的空间重组过程和规律。随着经济活动频繁跨越国界，地方与全球之间的空间关系成了地理学家关心的核心问题之一。要认识和解释全球化过程中不同地区经济社会格局的差异性及其动态，必须摆脱传统的思维框架。因此，全球经济社会的快速重组以及相伴出现的研究方法和视角的转变，为经济地理学创造了众多新的、充满着思维争辩的研究领域（Clark et al.，2000）。

5. 地理学的人文化和社会化

发达国家的城市化高潮已经过去，城市化研究的重点转向发展中国家和经济转型国家（许学强和周素红，2003）。随着社会发展，社会和文化地理研究逐渐显得重要，地理学的人文化和社会化，成为当今地理学科发展的重要特征之一。

横跨地理学和社会科学的边缘学科——社会地理学，正成为地理学的重要分支之一。社会地理学是研究人类社会及其基本功能的空间组织形态与空间结构形成过程的学科，第二次世界大战后在德、美、英、日等国得到很大发展，现已形成乡村社会地理学和城市社会地理学两大分支。其中，城市社会地理学已成为发达国家人文地理学中最重要领域之一，其研究越来越关注人与社会的实际问题。社会经济生活及空间现象中社会与文化等因素的重要性相对上升。因此，解释人文地理现象的视角从自然因素、经济因素等转向社会因素、文化因素、个人因素等，人与环境相互关系的研究重点也从环境（特别是自然地理环境）对人（特别是自然人）的影响研究转向人（特别是社会人）与环境（特别是社会地理环境）的互动研究（闫小培和林彰平，2004）。

6. 对地观测与地理信息技术

对地观测技术和现代空间信息技术的发展极大地推动了地理学的深入研究。20 世纪人类开始从太空来观测地球，从空间信息流的角度来认识地球，而地球科学与现代空间信息科学技术的紧密结合，促使地球科学的研究领域不断产生出新的生长点。遥感信息科学的发展使得地理学家能在广泛的尺度范围内采集地理研究所需要的信息，地理信息科学应用计算机技术对地理信息进行处理、存储、提取以及管理、分析和可视化展现，大大推进了地理学研究的开拓和深入。随着遥感、全球定位系统、地理信息系统以及因特网（Internet）等空间信息的采集、处理和传播技术的发展及其相互间的渗透，逐渐形成了一个以地理信息系统为核心的集成化地球空间信息技术系统，这就为解决区域范围更广、复杂性更高的现代地球科学问题提供了新的分析方法和技术保证；同时，这些空间信息技术的综合发展及其应用的日益深广，促使了"地理信息科学"的产生。

7. 方法论进展

长期以来，地理学所采用的方法论基本上是经验主义的，比较忽视普遍规律的研究。20 世纪 60 年代兴起的"数量革命"力图用数学的概念和方法，尤其是用数学模型来研究地理现象，并建立各种模式以表达其理论（哈维，1996）。这一方法论革新的最重要贡献，是为地理信息系统的发明和发展奠定了方法论基础。后来出现的人本主义地理学，指出数量学派实证主义方法的局限性，认为如福利分配、均衡发展、社会问题、政治决策等，人的主观意识起重要作用，不是决定论的数学模型所能全面、准确地表达和解释的。于是，古老的人本主义哲学和方法论在地理学中再次复兴。人本主义地理学的目的不是增进解释和预测能力，而是增进理解。人本主义思潮的认识论着重知识的主观性。人是有思想的，人的意向性创造他在其中行动的世界。因此人本主义地理学探索与其主要论题有关的那些方面：人与环境的关系，以及人与人在其特定空间关联域内的相互关系。人本主义地理学取得的认识被用来帮助各种人理解他们自己，从而增进他们自我认知的深度，并使他们能够改善生活质量。再后来又出现了结构主义地理学，这种方法论反对奢谈人、人性和人的意志，主张研究社会结构，研究外部环境。整体性的研究尤其重要，重点在结构上，即系统中各要素的关系上，这不同于实证方法把现实分解为各个部分。但结构主义地理学也强调通过模型，利用符号使知识形式化。结构主义地理学更强调研究"深层结构"，即研究现象背后的机制（Johnston，1986）。

地理学方法论的进展，加强了对科学之社会功能的认识，加强了自然科学与社会科学的融合，IHDP 的设立就是明证。地理学在西方一般被看做社会科学，在中国也常被看成"软"科学。然而，在当代人口、资源、环境、发展诸问题的研究中，这种"软"科学所起的作用越来越大。

7.1.2 自然地理学前沿领域

1. 自然地理系统

普通系统论几乎为所有的学科提供了一个新的研究框架。控制论、信息论和应用研究支持了普通系统论的发展。系统思想和方法把自然地理学的各分支更紧密地联系起来，为综合研究提供了一种有力武器。系统方法在自然地理学中得到广泛的认同和应用（Chorley and Kennedy，1971；Wilson，1997）。其中，系统模型在自然地理学研究中有突出的进展，主要模型（大部分是数学模型）包括：生态学模型、土壤侵蚀模型、水文学模型、跨界层模型、全球模型和区域模型、演化模型等，也模拟人类影响。

2. 自然地理过程

过程研究探索隐藏在表象背后的相互关系和规律，探寻决定环境过程运作的机理及其中蕴藏的结构，以定量观测来检验理论，并力图建立普适性理论，重视运用数学、物理和化学等基本学科里已建立的原理和法则。自然地理过程研究步骤包括：①采用（有时也需要创新性设计）适宜度量过程的技术；②设计度量实际过程速率或模拟过程运作速率的方法，获取相应数据；③用基本自然科学原理来分析和解释结果。过程研究结合传统的格局研究，产生了"过程的格局"概念，从以前相对静态的地表分异研究走向动态的格局分析。相应地要发展自然地理过程研究的方法和技术。

3. 景观与环境变化

侧重于重建过去的自然景观演化序列和建立环境变化年代学。例如，建立在地貌轮回和景观演变模型基础上的剥蚀年代学、土壤侵蚀过程、景观生态格局变化等。联系全球环境变化研究第四纪环境变化，主题有海平面变化、包括冰川序列的第四纪景观变化、冰冻圈研究、更新世与地形、干旱景观变化等。

技术进步和第四纪多学科综合研究的发展导致两个重要的相关方向：更强调年代学和过去环境的重建；更加基于过程或模型而且与全球变化研究联系起来。景观演化的研究技术侧重（Dorn et al.，1991）：①新的表面暴露测年方法；②借助不断改进的实验室和沉积物分析技术，增强对地貌形成过程的认识；③GIS、数字化高程数据和分形数学的应用。

在多时空尺度上展开环境变化研究，包括：①现世尺度（secular scale），具有约 100 公里的空间尺度和约 100 年的时间尺度；②千年尺度（millennial scale），至少覆盖后更新世时期和 1000 公里的空间尺度，气候和海平面变化是主要的运作因素；③进化时间或系统发生尺度（evolutionary time or phylogenetic scale），时间尺度可达 5 亿年，空间范围可达 40 000 公里。

注重环境变化的三种性质。①趋势性。即长期格局，通过过滤技术排除短期变化。②周期性。规律性周期或轮回波动。③滞后性。由于自然因素而产生的滞后，或者由于数据采集和处理结果的滞后。

景观和环境变化研究要推进学科联系。自然地理学各分支应广泛采用相似的模型和概念方法，如提倡流域生态系统的概念，鼓励生物地理学、地貌学和水文学之间的联系，加强自然地理学内部的联系；也应更广泛地联系与环境变化相关的其他学科，多学科计划，包括全球变化计划（IGBP 和 IHDP）都包含大量涉及自然地理研究的跨学科研究和跨国家调查；也要相应地发展测量环境变化的技术。

4. 人类活动与环境变化

自然地理学通过以下途径研究人类活动与环境变化：①研究人为地貌学；②通过比较已改变地区和尚未改变地区，或者通过测量一个地区在受到人类影响之前、之中、之后的状况，度量人类影响的程度；③地球灾害研究和社会经济视角的自然地理学研究；④参与国际研究计划，如当前国际地圈生物圈计划（IGBP）、国际全球环境变化人文因素计划（IHDP）、世界气候研究计划（WCRP）、国际生物多样性计划（DIVERSITAS）（Steffen et al.，2004），以及为加强这些科学计划之间的联系并推进建立共同的科学基础而形成的地球系统科学联盟（ESSP）。

各自然地理学分支都要重视评价人类活动的影响。例如，生物地理学与环境考古学联系，重视人类影响的历史时序和生物地理系统演变的效应；土壤地理学聚焦土壤剖面及其演变、土壤侵蚀与土地利用变化；气候学关注城市气候、大气污染，研究人类活动对地球表面的热量、水分等参量以及大气化学组成的影响，聚焦全球变暖及其区域响应与适应；地貌学和水文学研究人类活动在沉积年代学过程中的影响，几十年尺度上人类对地貌（如河道）的影响，人类活动影响地貌过程等；综合自然地理学加强土地利用/覆被变化研究，以及人类活动的世界性影响（如荒漠化、碳收支等）研究；地球灾害研究重视各种极端事件，研究自然灾害与社会经济的关系，研究环境感知影响决策因而影响管理的方式。

城市是人类影响环境最突出、最典型、最剧烈的领域，发展城市自然地理学分支，研究城市气候、土地向城市利用的转化及其对自然环境的影响，分析排放物，调查城市水体泥沙量、水质、污染物处理场、城市地区下游河道变化等，并促进了城市生态系统的研究。

以人类影响研究进一步推进自然地理学的应用，并与可持续性概念关联；把对人类活动全球因果的认识推向深入，促使全球变化的诸多方面提上议事日程。

5. 全球自然地理学

仅限于传统小尺度、短时期和当时状态的研究，既导致学科分裂，在解决实际问题时也有所局限。对全球问题进行自然地理学研究是一种解决途径，需要加强不同尺度间各种因素交互作用的研究。尤其在气候变化方面，所有国家都重视两大基本问题：①全球气候变化将如何影响各国的自然资源、环境变化和人类发展？②指向政策响应的各种国际压力，特别是减少温室气体排放的国际条款，将如何影响各国的产业、经济和社会发展？

这就需要一种把区域、地方与全球联系起来的研究途径。因此，自然地理学更加重视尺度综合。例如，需要联系土壤-植被-大气模型（SVAT），以便将地表模型、生物自然模型和生物化学模型与全球气候模型关联起来，这就需要尺度上联（van Gardingen et al.，1997）。此外，又需要尺度下联，如对GCMs的输出进行尺度下联，以探索大尺度环流与地方尺度和区域尺度上当前和未来气候条件之间的关系（Rogers，1995）。气候模拟研究人员所得到的结果与气候影响评估人员所需要的信息之间存在某种鸿沟，尺度下联技术的出现在此鸿沟上架设了一座桥梁（Wilby and Wigley，1997）。要发展全球自然地理学的研究技术，包括遥感、地理信息系统、全球数据库、全球定位系统、地统计学和地理计算等，以扩展自然地理学研究的时空尺度。

177

重视全球变化情景的研究。例如，自然地理学家从气候模型、从地表大气温度和降雨量变化的情景中得出有意义的新研究结果，也可厘清不同季节土壤水分的世界格局。

自然地理学切入全球变化研究的关键包括：①继续提供与全球变化相关的数据（特别是遥感解译数据）；②建立大气环流模式与环境系统各部分模型之间的联系；③进一步发展关于全球变化空间影响的研究和调查；④开展多学科和跨学科研究，包括建立与社会科学间的联系。

6. 文化自然地理学

全球环境变化的地球系统方法与自然地理学的流行方法之间存在一个鲜有人涉猎的领域（Slaymaker and Spencer，1998），即决定把什么看成环境、决定科学研究结果怎样被接受的文化条件。这就需要进行文化自然地理学的研究。

"文化"包含整个传承下来的观念、信仰、价值观和知识，它们构成社会行为的共同基础。其实自然地理学本身就具有文化性，它所关注的人类活动（包括文化的、经济的和管理的）是复杂自然系统中的重要变量和反馈机制。因此需要更为整体性的理论和方法。

文化自然地理学的研究论题包括：如何鉴赏自然或景观，以综合的地理观研究技术、文化和自然资源之间的相互联系，生态系统和人类社会系统之间的复杂相互作用，文化景观，环境文化，环境设计。

7.1.3 人文-经济地理学前沿领域

1. 区域发展研究

区域发展研究包括：区域发展因素和机制研究；区域发展过程研究；区域发展格局研究；区域发展的资源环境效应研究；区域管治研究（空间规划和区域政策等）；区域分析方法研究（空间分析、模拟技术和可视化表达等）。

2. "人地系统"研究

"人地系统"研究具有综合性和系统性的特点，其核心是揭示系统内主要组成要素（自然的、人文的）相互作用及其与系统状态演化过程间的互动关系。这种复杂性研究，需要采取综合集成的方法，分析不同要素的特征指标与综合测度指标的关系，反映不同要素作用强度、作用方式和作用效果的差异，综合揭示影响系统发展的主导要素及其要素匹配关系，探究要素同系统发展的耦合机理。

"人地系统"研究的主要议题包括：人地系统的基础理论体系；人地系统的结构特征与演变规律；人地系统动力学机制研究；人地系统的发展状态分析与模拟研究；不同空间尺度人地关系的优化调控机理与途径等。

3. 空间组织与空间相互作用研究

空间组织和空间相互作用研究的主要议题包括：空间集聚因素研究；产业集群演化研究；全球生产网络研究；空间组织效率研究；产业空间扩散与空间转移机制研究；现代服务业的空间结构与空间组织研究；区域空间结构研究；区域间相互作用研究等。

4. 城镇化与城市地理研究

城镇化与城市地理研究包括：我国城镇化的动力机制研究；全球化背景下城市化过程与空间重构模式研究；城市化发展水平的评估体系与动态监测方法研究；城市化发展的类型划分与模式选择理论与方法研究；城市化进程的资源环境效应及其对全球变化影响和区域适应性研究；典型城市群、城镇密集带地区的可持续发展模拟与预警体系研究；城市空间过程与社会过程对城市与区域发展的影响机制研究等。

5. 农村发展与农业地理研究

农村发展与农业地理研究包括：全球化背景下的农业地域功能类型及区域化新格局研究；耕地与粮食生产的时空演进及安全评估和预警体系研究；乡村生产要素快速非农化的格局、机制与优化配置研究；转型期农村空心化过程、时空规律及资源环境效应研究；统筹城乡发展机制与新农村建设的地域模式和途径研究；农业产业化与农村信息化的类型、模式和保障体系研究。

6. 地缘政治经济格局研究

地缘政治经济格局研究包括：我国的能源、资源保障格局研究；国际区域一体化研究；跨界流域研究；国际区域合作研究；贸易格局研究；跨国投资研究；世界地理研究等。

7. 新文化地理研究

研究文化景观的意义、商品和消费文化地理学、企业的文化地理学、全球化（杂居）时代民族及国家的身份和认同感、地方化与全球化、城市公共空间和公民权利等。新文化地理学将涉及媒体再现或表征世界，关注如文学、专著、艺术、电影、电视、音乐、广告、新闻、网络等媒体文化中的景观、空间和地方。强调民族志方法、文本分析、深入访谈等定性研究方法，知识表述形式从过去的数据、公式和地图转向文字、照片，甚至新闻报道和多媒体等多种表述形式。

8. 旅游地理学理论与方法研究

加强旅游地理学的理论研究，强调对意义和价值的深入追问，关注旅游现象的非生产特征，强调对旅游影响、旅游者行为、旅游地演化的研究。在加强传统研究领域的同时，突出城市旅游、旅游景观和旅游规划理论等方面的研究，在加强量化方法的同时创新独特的理论与方法。

7.1.4 地理信息科学前沿领域

1. 地理信息科学发展范式

地理信息科学出现理论化和工程化以及学科交叉的态势。正在加强地理信息哲学和地球信息机理的理论研究，推动地理信息工程研究领域的快速成长，加快理论化和工程化趋势。地理信息科学将与更多的学科交叉融合，进而形成更多的分支学科。

地理信息技术呈现标准化、多维化、集成化、网络化、智能化和虚拟化的趋势。在地理信息及其技术产品的生产过程中，每一个生产环节都必须按照事先取得共识的标准来进行，因此呼唤地理信息和技术的标准化趋势。把二维 GIS 数据模型拓展到三维、四维。集成化包括信息集成、地理信息系统与专业模型库和知识库之间的集成、GIS 之间的集成、信息生产中各个技术环节的集成以及 3S 技术集成等。网络化即利用 Internet 技术在 Web 上发布数据。在赛博空间（CyberSpace）中，以空间智能体为构成模块的 GIS 系统 CyberGIS 是地球信息技术智能化和虚拟化的集中体现。

2. 地理信息本体特征及理论基础

地理研究的对象是"地理实体和现象"（本体）与"地理信息"（本体的映射）的统一，广义而言，它们之间是原型与模型的关系（齐清文等，2010a）。研究地理信息的本体特征，必须掌握地理信息机理。它是指地理信息从产生到被监测，到存储和管理，再到分析、评价、预测，再到综合应用的整个过程的信息流程，即从地理对象和现象的光谱和其他电磁波信息通过发射、反射或散射后被遥感探测器接收并形成遥感图像开始，到遥感图像数据的处理，到生成地理数据库，再到提取出地理系统的变化信息，到地理评价信息、地理预测信息、地理辅助决策方案，以及地理知识和知识库等各个环节中，地理信息的流动构成了有向的和互动的信息转换、信息派生、信息叠加和融合，以及信息深层次挖掘和调控的机制。

研究地理信息的本体特征、机理和功能结构，要认清哪些地理信息或地理信息的哪些方面，能够被何种方法最有效地掌握和调控。要从精度（accuracy）、抽象度（abstraction）和创意性（creativity）三个维度认识地理信息的特性（齐清文等，2010b）。

3. 地理信息科学方法论

地理信息科学针对地理研究中的图形−图像问题、结构化问题、半结构化和非结构化问题、形−数−理一体化问题，顾及目前已经采用的计算机数值模拟和结构/功能仿真模式，采用图形−图像思维、数学模型、地学信息图谱、智能分析与计算、模拟和仿真、综合集成等科学方法，为人类研究和探究地理客体和现象本质规律提供了理念化和系统化的理念、方法和途径；同时，还针对地理信息科学研究过程的信息流和功能链，采用地理信息采集、监测、管理、处理、分析、模拟、表达、服务和地理信息网格，以及"5S"［遥感（RS）、地理信息系统（GIS）、全球定位系统（GPS）、管理信息系统（MIS）、空间决策支持系统（SDSS）］集成等技术方法，为人类利用和改造地理客体和环境提供系列化的工具、流程和工艺。

4. 地理信息系统（GIS）

时空数据模型：发展全关系型时空一体化的数据结构和数据模型，来反映多尺度时空动态变化；在已有的三层数据采样模型和高精度曲面模型的基础上进一步发展高效率的时空一体化曲面模型；集成精确空间拓扑关系与模糊空间关系模型；建立高可信地理空间数据库管理系统软件，解决跨平台、分布式的企业级地理空间数据管理难题。

时空分析建模：针对多种地理对象和现象分别建立空间分析模型；将其集成并研发成为空间分析模型软件和模型库；发展自然语言理解模型、空间统计分析模型、时空推理模型、元胞自动机，将空间分析模型应用到空间数据挖掘中，为空间分析的简易化、多因子集成化、智能化，解决空间定量分析、空间相关性、空间异质性格局等提供有效工具。

高性能计算方法应用于地理空间计算：建立可扩展的高性能地学计算中间件平台，以此平台为基础面向不同的地学领域扩展具有不同专业特色的地学高性能计算中间件。

地理信息网格：基于全球网格模型的新型栅格数据结构，解决传统空间信息技术在海量空间数据库、全球性问题或大区域研究中存在的空间数据表达能力有限、数据空间分布不均匀、不支持多分辨率表示和大尺度透视转换、建模困难、数据组织管理及处理过程复杂烦琐等问题，为全球性问题研究构建更理想的地学建模和科学计算环境提供新的理论和技术方法。

提高空间信息服务性能：利用网格计算最新技术整合 GIS 服务，将空间数据节点构成虚拟组织，有效满足快速膨胀的空间数据分布式存储和访问，真正实现异构操作和海量数据传输。利用最新网格框架 WSRF，对 OGC 服务进行改进，为空间信息服务增加状态属性，实现地图操作业务的长效持久机制；构建虚拟组织，利用 MDS（monitor and discover system）对服务进行注册管理和资源发现，实现网格资源的监测与发现。

虚拟现实技术：首先进行三维实体构建，进而建立图形绘制和存储模型，根据不同行业模型对象的特点分别构建不同三维实体；结合不同业务流程，定义不同的接口集，采用开放集成的方式、插件式的组织，从而构建基于虚拟现实的三维 GIS 可视化信息系统，为地理学研究建立新的模拟和仿真技术方法。

地理信息标准和规范：第一层次是数据集的标准，包括空间数据的元数据标准、内容标准、语义标准、编码标准、质量标准、转换标准和可视化符号标准等。它们形成了空间数据的特征描述与转换标准体系，也是空间数据分发服务和互操作标准的基础。第二层次是地理数据分发服务标准，包括网络环境下元数据的发布模式、文件目录服务、数据的密级及用户权限管理、购买数据的申请与审批流程及电子支付、数据产品的制作传输与转换等内容。第三层次是空间数据互操作的规范，它使异构系统之间使用函数实现对空间对象的实时操纵，获取不同系统之间的数据；又分为抽象规范和实现规范两个亚层次。第四层次是地理空间信息服务的标准，允许空间信息服务系统对用户提供透明的在线访问、个性化的数据、信息和知识服务。

5. 遥感、对地观测系统和信息采集

在继续深入研究遥感的电磁波机理分析、模拟和模型化，以及建立遥感影像认知模型的同时，今后的发展方向是高空间分辨率、高时间分辨率和全天候遥感卫星的影像处理、信息智能化解译和提取、动态监测和信息分析利用，以及定量遥感深化模拟和应用。

建立天-空-地一体化的对地观测体系：建立卫星、航空、近地面多种高度的遥感平台，建立各种成像手段、各种谱段、各种分辨率、各种物理化学探测

仪，大小卫星平台、高中低轨道相辅相成，形成全球性的、立体的、多维的观测体系。定性、定量、定位和定时（四定）地了解遥感对象；全天候、全天时和全球观测（三全）地观测研究对象；获取高空间分辨率、高光谱分辨率和高时间分辨率（三高）遥感影像；大–小卫星平台综合，航空–航天遥感综合，技术发展和应用综合（三综合）。

建立陆地和海洋定点观测台站：形成陆地观测台站网和海洋定点观测台站网，将周期性的、动态的遥感监测手段与长期定点的观测相结合，从而获得从宏观到微观的多种变化信息。

社会经济数据的采集和提取：社会经济最小统计单元的确定和获取是至关重要的一环。

6. 基于全球导航卫星系统（GNSS）的位置服务

全球导航卫星系统（GNSS）又称天基系统，是基于全球导航卫星系统的位置服务技术，解决多种信息系统融合和多种物理手段一体化集成的问题。具体包括：室内外导航定位融合技术、城市行人定位导航难题。

7. 地图学

制图综合：解决地理几何精确性与地理适应性、内容完整性与表达清晰性两对矛盾，解决方案是数学模型、知识推理（智能化）和数字地图平台三位一体，相互配合；研究制图综合机理，深入研究和建立面向不同地理对象、地理区域的知识规则，并将其加入计算机知识库中；实现过程监控，建立制图综合的过程监理机制和软件，执行渐进式策略；面向地理对象从二维地理现象发展到三维立体对象，包括 DEM 的综合、建筑物的综合等。

多维动态可视化：自适应的空间信息可视化，包括用户模型与用户认知反应的模拟与表达、用户界面的自适应设计、符号的自适应设计和自适应用户系统设计等；海量空间信息的渐进式传输与可视化，将原本精细的矢量数据分解为一个最粗略表达和若干多尺度增补表达，核心问题是空间数据的多重表达或多尺度问题。

数字地图：数字地图的数据管理、制图综合、可视化、编制与出版、产品体系、共享与版权保护，以及分析和应用等。

图形–图像思维：重视对不同阶段的图形–图像思维研究模式和成果形式的研究；研究其实现手段，包括人工目视方法，在数字地图系统、GIS 和遥感等工具辅助下完成，以及用全自动技术来实现。

地学信息图谱：以形–数–理一体化的方式研究并解决地理空间的时空格局

问题。

7.2 中国地理学前沿领域进展

7.2.1 自然地理学

中国自然地理学家不仅因其在自然地理区划、土地类型、区域自然地理方面（赵松乔等，1979），以及地表热量与水分平衡、化学元素迁移和转换、生物地理群落方面（黄秉维，1960）的研究成果为当时的国家建设和经济发展作出了独特的贡献，而且其学术思想先进，提出的"综合自然地理"思想在国际上独具特色。中国地理学家早在1956年就根据世界地理学的发展趋势提出了水热平衡、化学元素地表迁移和生物地理群落等自然地理学新方向（黄秉维，2003a），其前瞻性可从当前全球变化研究中逐渐获得共识的地球生物化学循环和地球系统科学概念得到证明。中国地理学家提出的"综合"思想和方法，与目前全球变化研究、地球系统科学、可持续性科学都十分重视的综合（integration）或集成（synthesis）不谋而合。

近年来，中国自然地理学强化了自然地理格局与过程研究。研究内容从地域系统的结构、功能向动态拓展；理论研究从系统变化的驱动力、过程向机理、机制深化；研究途径从简单综合向系统综合与集成转变，在要素集成上不仅集成自然要素，还集成经济、社会要素；在过程集成上不仅集成物理、化学、生物过程，还集成社会文化过程；在区域集成上更强调尺度转换及其产生的效应；与此同时，时空尺度不断拓展。在陆地表层系统、环境系统、人地系统方面的理论建设更加系统化，通过要素综合、过程综合与区域综合，综合性不断得到加强，通过自然与人文的交叉、科学与技术的交叉、多学科交叉研究，交叉性更加明显。

中国自然地理学近几年的主要理论建树，一是对生态水文过程、生物地球化学循环、人地相互作用过程等地表系统中的物质、能量和生物流过程的研究；二是对自然和社会经济驱动、时空变化过程以及资源、环境、生态和灾害效应等地表环境变化的驱动力、过程和效应的研究；三是多学科的区域综合实验研究、区域综合的方法与模型、区域内景观多样性、景观格局与生态过程等区域综合性研究；四是种群、群落、生态系统、景观、区域、全球或坡面、集水区、流域、区域、全球尺度上的尺度推绎与转换研究；五是环境变化与规划、土地利用变化与规划、区域可持续发展等学科交叉融合研究。

7.2.2 经济地理学

中国经济地理学的发展具有突出的特点，其中之一是重视与自然科学分支（如自然地理、环境科学、生态科学等）的交叉。20 世纪 90 年代中期以来，各种尺度的可持续发展研究逐渐成为我国经济地理学的重要研究对象。经济地理学者研究了可持续发展的影响因素及其作用机制，提出了人口-资源-环境-发展（PRED）协调理论和区域可持续发展测度指标体系等，分析了发展模式、产业转型、经济全球化等宏观因素对环境变化（特别是碳排放）的影响，提出了主体功能区思想并研究了不同区域的资源环境承载力。此外，经济地理学者正在探索区域可持续发展模拟和可视化技术。

另一重要特点是将区域发展与区域差异作为经济地理学的主要研究领域。在 20 世纪 50 ~ 60 年代计量革命兴盛时期，西方经济地理学中的区域研究曾因被认为"仅是描述"而被打入"冷宫"，直到 80 年代后随着"当地"与区域的重要性被多数学者认同，区域研究才获得了新生（马润潮，2004）。在我国，虽然"区域"一直是经济地理学研究的重要对象（特别是区域地理），但直到 90 年代以后区域发展及其差异研究才真正成为经济地理学的主要研究领域。这与我国区域差异问题越来越突出是密切相关的。由于经济增长迅速、国土面积辽阔、地区间收入水平差距迅速扩大等因素，自 20 世纪 90 年代以来区域发展及区域差异已经成为我国重大的社会经济问题之一，为相关学科提出了很多具有挑战性的课题。经济地理学者广泛地参与了区域发展和区域差异的研究，并为国家区域政策的制定作出了很多咨询性贡献。

近年来，一批经济地理学者开始直接参与国际经济地理学前沿议题的研究，包括产业区、企业集群、高新技术产业、区域创新系统、信息技术的空间影响、经济全球化等。我国经济地理学正在克服制度和文化差异的障碍、开始与国际主流经济地理学研究接轨。

7.2.3 城市与社会文化地理学

中国人文地理学界逐渐认识到科学主义主导的人文地理学研究范式的不足，重视自然人与自然地理环境之间相互关系研究的人文地理学，已经开始走向以人本主义为主导的、重视社会人与社会地理环境之间相互关系的研究。

城市空间结构、城镇体系与城市带和城市化一直是中国城市地理学研究的重点领域，近期关于经济全球化、全球城市、全球城市体系、数字城市、生态城市、城市可持续发展、城市转型、城市社会问题、城市建模等成为新的研究热点。城市空间研究逐渐从实体空间转向社会空间、行为空间等非实体空间，研究的关注点从土地利用的空间合理配置转向人类行为的空间表现，研究的目的从重视生产的经济目标转向重视生活质量的社会目标（柴彦威和沈洁，2006）。

文化景观研究不断拓展和深化，除物质文化景观外，更加关注非物质文化景观，从文化景观表象的叙述和描述深化到对其意义的解释（江金波和司徒尚纪，2001）。文化地理学越来越注意与经济地理学及城市地理学等的融合，开始关注文化对区域经济、旅游开发、地方发展和城市管理的影响。

旅游地理学的研究内容主要集中在旅游资源与区域旅游开发，关于旅游市场、旅游者行为、旅游影响、旅游环境等内容的研究也有所增长，旅游业发展对经济、文化、环境带来的影响问题也得到关注（高阳和郝革宗，2005）。旅游地理研究的前沿问题主要集中在旅游、游憩行为与旅游吸引物空间模式以及旅游区域影响评价方面（马秋芳和杨新军，2005）。

历史地理学研究近年拓展到疆域政区、人口、城镇聚落、经济（主要是农业）、文化、军事地理等方面，环境变迁以及历史时期人地关系研究一直是历史地理学研究的重要问题（华林甫，2005）。

186

7.2.4 地理信息科学

地理信息科学的研究宗旨是通过对地理对象的监测、分析、模拟和预测来研究地理空间的物质流、能量流、人口流和信息流，并以信息流来调控物质流、能量流、人口流。地理信息科学的形成和发展已使地理研究从定性分析发展到定量分析，从而推动了地理科学的研究迈上合成化和智能化的轨道。

地理信息形态转变是地理信息科学研究的核心内容。在由地理数据到地理信息的转变过程中，传感器获取的数据与地理系统之间的关系是一个关键问题。在遥感信息的形成与大气传输机理、地表遥感信息转换机理、高光谱遥感信息机理、微波遥感信息机理以及遥感信息的尺度效应等方面皆有所进展。在地理信息传输的理论问题（包括语言信息理论、知识模型的测度理论、语义联系与语义操作、数据挖掘、文本挖掘、知识发现等）也进行了大量的研究。在地理专家系统的理论基础以及其中许多环节如空间意象和地理意向等，都取得了一定的进展。

GIS 正从静态的二维模型向多维的动态模型转换。中国 GIS 工作者对 GIS 进行了全方位的研究，包括：时空数据模型的建立和 GIS 数据的优化建模、GIS 数据的自动获取和修改、GIS 数据的质量和不确定性控制、GIS 数据查询和分析、

GIS 数据可视化、GIS 数据的符号和多级表达等。

地理时空数据分析模型方法推动了地理学从定性分析向定量分析的发展。中国地理信息科学学者在此领域建树颇丰，如地理时空分析模型框架建立（包括从空间数据采集和采样、属性数据的空间化、空间尺度转换等一系列环节的模型）（王劲峰，2006）、面向对象的元胞自动机（CA）模型方法（周成虎等，1999；黎夏，2007）、数据挖掘模型方法等。

响应全球范围的"数字地球"战略，中国在"数字中国"建设方面取得了显著成果，建设了中国国家空间数据基础设施（CNSDI），并逐步向数字省区、数字城市、数字社区等更小尺度但更精细的数字化建设方向迈进；地理信息系统的观念也逐渐向地理信息服务方向发展，使之在为国家和区域政府、职能部门提供决策服务的同时，能让更多的大众参与其中。国家空间数据基础设施的数据产品格式已经逐步从模拟形式向数字形式过渡，形成包括数字高程模型（DEM）、数字正射影像图（DOM）、数字栅格图（DRG）和数字线划图（DLG）在内的"4D"产品，也是国家基础地理信息系统（NFGIS）的主要数据源。

以 GeoStar、MapGIS 和 SuperMap 为代表的国产 GIS 基础平台也已经完成了全组件化的体系结构转变，推出全系列适应各种 GIS 应用体系结构的产品，包括桌面–服务器、WebGIS 和一些空间信息 Web Services 结构体系，在应用开发和基础平台构建方面基本跟上国际主流技术，并积极融合 IT 技术的最新进展。国产 GIS 软件已经占据了一定的市场份额。

在数据库系统方面，诸如 MapGIS 的 SDE、SuperMap 的 SDX 在空间数据的存储、进程管理、空间索引、数据缓存技术等方面各有其特点和创新之处，并在海量数据管理能力、图形和属性数据一体化存储、多用户并发访问（包括读取和写入）、完善的访问权限控制和数据安全机制等方面开展了一系列卓有成效的工作。

在地图学研究方面，提出数字地图需要处理和分析实地—地图、读者—地图、读者—实地、数字地图—地图、数字地图—实地、数字地图—读者等六种关系，并进一步论述了地图学的新学科框架应为"地图学四面体"（高俊，2004）。以中国传统的图形思维为基础，提出了地学信息图谱的思想，以此提高对地学规律的认识（齐清文和池天河，2001；齐清文，2004；陈燕等，2006）。

中国地理信息科学家还在地理信息网格研究方面取得了进展。地理信息网格是一种全新的空间信息网络，用它构建的新一代 GIS 将在数据采集/获取、更新、传输、存储、处理、分析、信息提取、知识发现等一系列过程中展现前所未有的功能和优势。

7.2.5 研究手段

中国地理学在 20 世纪 50 年代和 60 年代就开展了定位和实验研究，使地理学由定性的描述转向定量的观测分析。70 年代末在山西开展了卫星遥感图像农业应用实验研究，在云南腾冲开展了航空遥感应用研究，开拓了我国的遥感应用事业；同时开始探讨数学、物理、化学等科学方法在地理学中的应用。之后，模型建立和空间分析在区域研究和城市发展规划中逐步推广，系统论、控制论、协同学、耗散结构论、突变论等在许多分支学科研究领域中的应用取得明显进展，推动了一系列重要科学问题的深入研究。

20 世纪 80 年代以来，随着中国科学院、高等学校 GIS 实验室的建立，空间分析方法逐渐在各种预报、预测和发展研究领域中得到广泛应用。从海洋卫星、资源卫星和气象卫星等对地观测平台获取地球表面遥感数据，拓展了地理学的观测视野。中国目前已有约 180 多个卫星与遥感应用机构和 400 多家地理信息系统公司，70 多所高等院校设置了地理信息系统专业，逐步形成了一支初具规模的地球信息科学专业队伍。目前正在努力完善以地球系统科学为指导，以并行计算、网络计算等信息科学新技术为依托的学科体系（郑度和陈述彭，2001）。地理信息系统作为传统科学与新技术相结合的产物，推动着中国地理学和其他许多领域的发展。技术革命的成果在地理学研究和教学实践中的应用日益普及，各种涉及空间数据分析的新技术、新方法扩大了地理信息系统的应用领域。具有中国特色的地理信息系统科学技术不仅推动了地理学的发展，也为各种涉及空间数据分析的学科提供了新技术手段。

自然地理学实验数据采集从监测、分析、模拟三个方面，加强了数据的科学性和可验证性。利用化学分析技术，加强物质迁移转化过程和机理的研究；应用物理实验，了解地表物质的物理结构及物质运动的动力学特征；利用遥感对地观测系统和典型地理单元长期定位、半定位观测网络，加强典型地区地理要素、地理格局和过程的变化研究；利用室内外模拟实验，简化地理环境的复杂性，加强不同要素作用方式和过程的识别研究（宋长青和冷疏影，2005b）。

在微观尺度上，定位试验观测、实验模拟与分析方法近年来得到进一步发展，野外观测台站建设已经形成网络化体系；实验室、仪器设备、试验方法不断完善；在计算机网络和数字技术的支撑下，系统模型模拟技术也在不断强化。诸如长期定位观测，黄土、冰芯、湖芯、树木年轮、洞穴沉积等的定量测试和定年，坡面、流域、风洞、冰川冻土等的实验模拟，物质能量生物地球化学循环的实验室测试等现代实验手段在自然地理研究中得到广泛应用。

由中国科学院统筹规划，建成了以中国生态系统研究网络（CERN）和特殊环境与灾害监测研究网络等为主要依托的可供地理学创新研究的野外工作平台。目前，特殊环境与灾害监测研究网络由 8 个台站组成，中国生态系统研究网络的 36 个野外台站包括了农田、森林、草地、湖泊、海湾、湿地和荒漠等典型类型生态系统试验站，具有良好的地域和生态类型代表性（翟金良和冯仁国，2004）。

对地观测系统的建立与全球准同步动态监测已成为现实，使人类有能力对全球性问题进行系统研究和综合集成。航天航空遥感资料和地理信息系统的应用，为土地科学研究的定量化和动态监测，以及在全球环境变化领域中土地利用与土地覆被变化动力学研究提供了可靠的技术基础。

从研究方法和技术手段看，近年来定位试验、模拟实验和遥感技术的应用，地理信息科学的发展，使系统分析和综合集成的方法得以广泛应用，促进了中国自然地理的综合研究工作并使之提高到新的水平。目前正朝着以地球系统科学为指导、以并行计算、网络计算等信息科学新技术为依托的学科体系稳步发展。

自然地理学通过借鉴和集成其他众多学科的研究方法，在地方、区域、全球等不同空间尺度上动态观察世界，并应用图像的、语言的、数学的、数字的和认知的方法进行空间表述。特别是非线性科学和复杂性科学在地理系统研究中的应用、地理过程模型的发展、模型的有效性检验与验证等，近几年来都有比较明显的进步和发展。在融入现代科学体系的过程中，模型研究备受重视。为了兼顾基于假设的过程解释和对未来的有效预测，增强模型的连续统一性，经验模型与物理模型并行发展，是更准确刻画地理真实的重要途径（宋长青和冷疏影，2005b）。

经济地理学者越来越多地采用集成研究、模拟研究、基于 GIS 的研究方法以及可视化表达，使定性研究和定量研究有机、紧密地结合起来，提高了研究质量。"人地系统"是我国经济地理学研究的重要理论武器。在"人地系统"研究中，经济地理学者首先对系统的各部分进行解剖，并对各部分之间的相互关系进行研究，强调通过"结构"研究而认识"系统"。"人地系统"研究具有地域性和空间层级性，即人地关系研究是基于"地域系统"的研究。"人地系统"研究的主题是系统要素相互作用的机制与演化趋势，特别是系统内主要组成要素（自然的、人文的）相互作用及其与系统演化过程间的互动关系。这种关系体现为方向、变化幅度等。经济地理学者认为，在"人地系统"中，每一个要素的变化都可能引起其他要素的变化和整个系统的变化。在研究方法上，主要采取了定量分析和定性研究相结合的方法，其中定量工作主要是强调建立模型、确定参数和综合集成。在模型建立上，强调对于实际"人地系统"结构的深刻了解和把握。参数用来刻画"人地系统"内部要素之间作用中量的关系。

城市地理研究的定性分析方法和基于计算、模拟的定量分析方法都得到了长足发展（闫小培和林彰平，2004）。文化地理学的研究方法以描述性研究为主，大量研究基于经验主义方法进行归纳、综合，数据多来源于历史文献资料、实地调查与观察，同时采用地图语言表达，进行统计分析与系统研究（江金波和司徒尚纪，2002），中国文化地理学研究正走向方法论的多元化。中国旅游地理研究方法呈现定量分析方法的大量运用以及多学科方法的结合（马秋芳和杨新军，2005），但大部分旅游地理研究的方法仍是经验性及案例性的，研究理论与方法都待完善。中国历史地理学研究大多运用各种历史文献资料、考古学资料和民族民俗学的调查资料等历史学方法（葛剑雄，2002），也逐渐结合野外实地考察、遥感、卫片、数字化手段进行研究。

第 8 章 地理学应用

　　地理学历来是经世致用之学，特别是近现代以来，资源稀缺、环境退化、发展受阻等全球性问题日益突出，地理学为解决这些紧迫的实际问题贡献良多。很多著名地理学者一直倡导发展应用研究，如中国地理学家任美锷早在 1946 年就提出"建设地理学"的思想（陈传康等，1992）；20 世纪 60 年代，苏联地理学家格拉西莫夫提出建设地理学是研究合理利用及保护地球资源和有目的地改造自然环境的科学见解（Gerasimov，1968）。建设地理学成为地理学应用的典范，它研究自然资源的评价与利用，自然灾害的预防与减缓，自然环境的保护和改善，以及有关工程建设的地理问题等，为国土整治、区域规划及城市规划等提供科学依据。当前，地理学的应用领域更广，内容更深入，对社会发展的实际贡献更为突出。

8.1　当代地理学的应用方向和重点领域

8.1.1　人类对生态系统的影响及适应

　　环境变化已成为最重要的全球性研究主题。全球环境变化受人类的影响，人类活动越是改变、支配甚至取代自然生态系统，越会增加气候变化和环境变化的脆弱性，或加剧极端事件的发生及其规模。气候灾变和环境灾变之所以是灾害，完全是因为人类及其活动牵涉其中。人类社会在环境变化中的作用如此重要，以至于不仅要更好地认识地圈、生物圈和人类圈之间的相互作用，而且要更好地将研究成果应用到全球可持续发展的实际政策中，这强烈地呼唤新的研究途径和管理途径的出现。例如，需要各种创新机制来促进对跨越多时空尺度的复杂问题和多学科问题的研究，鼓励社会问题研究的部门合作和国际合作，有效地构筑政策、管理和科学之间，以及公共部门和私有部门之间的桥梁。

　　地理学特别关注土地利用或生态系统变化过程时空尺度的多样性，关注其中文化的多样性。与这个论题有关的内容涉及：人类活动对天气和气候、陆地和海洋生态系统、地貌、土壤、水文、植物和动物等的影响，生物多样性保护与景观生态学，水资源与管理政策，土地利用与土地覆被变化的区域案例研究、历史研究和环境影响研究，人与环境关系，全球生态系统变化与环境管理，自然资源与废物管理，全球气候变化的区域响应，海平面变化与海岸带管理，环境政策，自然资源短缺与环境问题，土地退化与荒漠化，生态脆弱地区的环境管理与可持续发展，环境变化与极端自然事件，人类活动与自然灾害，自然灾害的模拟，人口与环境，民族与环境，移民与环境，城市环境，等等。

8.1.2 全球化及其对空间层级关系的冲击及应对

全球化的发端可以追溯到 1492 年哥伦布发现新大陆，自那时以来，地理知识在全球化中的作用越来越重要，全球化的整个政治–经济过程极大地依赖地理知识的积累。全球化涉及生产、投资、贸易、金融和人才流动、环境变化、污染迁移等各方面，给国家、地方、企业和劳动力市场带来了深远的影响，迫使原有空间层级之间的关系发生显著改变。全球化政治–经济体系的未来发展，无疑将影响作为一门独特学科的地理学和作为一种渗透于社会思想和政治实践中的独特认知方式的地理知识。反之，地理学对这些问题的认识（如对环境限制的认识，对新资源和商业机会的认识，或对纠正不平衡地理发展的追求）也会影响未来政治–经济发展的道路。当代世界以极化的政治–经济势力、恶性循环的社会不平等、环境严重退化的多重信号为显著特征，既有的地理学理论和方法对于解答新时期的此类问题可作出独特的贡献，但也需要创新地理学以应对这种当代形式的挑战。

8.1.3 公共管理

"公共"领域大多与空间概念相关，因此，以政治–经济和社会–生态的变化为一方，以地理学的知识为另一方，双方相互需要、相互促进的辩证关系是一个令人激动的探索领域。于是地理学越来越多的介入到公共管理领域之中，论题包括：自然资源规划与管理、环境保护规划与管理、城市管理与规划，自然灾害的减缓与防御，公共行政，城市政府作用，地方政府间的合作，区域差异，人口与移民，突发事件的预警和处理，公共卫生，社会保障等；在国际尺度上的问题，如资源环境外交、国家形成、殖民地化、军事行动、地缘政治、经济全球化、国家竞争力、国际资本流动及国际人才争夺等，也都需要从地理学视角来研究和解决。

8.1.4 社会−经济−环境变化与区域发展

有关论题包括：区域地理学的新范式与旧范式，区域发展的独特性（即新区域主义），区域结构中的政治、社会、文化和环境因素，区域研究的生态学方法，区域认同问题，发展区域研究的新方法以适应全球化时代，全球化与经济地理学性质的变化，生产系统的全球化，零售业的结构性差异与国际发展趋势，多边合作与世界经济重构，后工业经济中的服务业，全球城市与全球网络，经济−社会的两极分化，全球化与城市发展，大城市化与信息技术，东欧的改革，欧洲一体化市场中的社会−经济地理，社会−经济转型与区域发展，交界地区的变革，旅游业的环境影响及其对策，旅游与区域发展，地方文化与旅游开发，生态旅游，城市经济的空间分析，空间信息与投资，等等。

东亚地区在国际地理学中备受关注。东亚景观研究，东亚第四纪气候史，中国的荒漠化，东亚经济发展模式——资本主义制度与区域文化——的再评价，中国加入 WTO 对其空间经济和财政中心重构的影响，中国的经济改革与社会变化等问题，都是国际地理学中的热点问题。

脆弱地区与欠发达地区问题也备受关注，有关论题涉及城市与乡村的区域差异，边际地区和脆弱地区的动态，边际化的概念与研究方法，农业与农村特征的变化，城乡交错带的发展，传统区域的改造，第三世界城市化的可持续性，重构可持续的乡村景观，等等。

8.1.5 环境质量、食物安全与人类健康

近年来世界上频频发生诸如疯牛病、口蹄疫、二噁英、禽流感、SARS 等关系到食物安全的恶性事件，这些现象表明对食物安全的关注不能仅仅局限在数量上满足需求，而要进一步研究食物质量的发展变化及其对人类健康的影响。这显然不仅与环境变化有密切关系，也与农业、畜牧业的生产方式、生产技术发展的负面影响有关。例如，人工饲料增加了产量，却违反了牛本来吃草的自然规律，而且其成分可能存在安全隐患，这样的食品可能反过来危害人类健康，成为一种"大自然的惩罚"。地理学有责任，也有能力对这个问题的认识和解决作出贡献。地理学介入环境质量、食物安全、人类健康的论题包括：食物盈余和短缺的地理因果，医疗卫生地理的新途径，气候变化与健康，环境与健康，健康与发展，疾病与健康的地理多样化，贫困人群的健康问题，等等。

8.1.6　地理信息科学与技术应用

新技术及其应用一直是国际地理学发展的重要标志。地理信息将伴随计算机网络和交通导航系统的普及而触及社会生活的各个角落；凡是与空间位置有关的各种科学研究，地理信息、系统软件和空间分析理论都将成为基本的研究手段和工具。地理信息科学的应用展现三大领域：地理信息的采集、处理和发布，更强能力的系统软件和应用系统研发，以各种地学和社会经济为广泛应用背景的空间信息分析理论的发展。

相关的论题有：地理空间信息数据的压缩、传输、建库、存储与表达，多尺度、多分辨率的海量地理信息的综合，自动化智能化遥感信息解译与信息提取，高速与海量遥感数据处理，高空间分辨率卫星影像、高光谱卫星影像、多时相卫星影像以及雷达影像的应用，地理信息的认知，地理信息的不确定性，多维空间数据模型、计算理论和空间分析方法，空间决策与数据共享，GPS、RS、GIS和网络通信技术的集成，资源、环境、灾害等实时动态跟踪监测，自动化制图综合，地理空间信息三维动态可视化技术和虚拟现实，地理信息系统与社会，等等。

8.1.7　可持续性

可持续发展的理念已在全球达成普遍共识，但如何实现是个复杂的问题，对学术界提出了严峻的挑战。可持续发展研究着重其实施途径，地理学在其中是非常活跃的学科。相关研究涉及很多方面，如基于可持续性的环境规划和区域规划，自然景观系统的可持续性与敏感性，自然资源的可持续利用和管理，可持续发展与公众参与，可持续发展与政府作用，能源及其可持续性，经济增长与资源环境可持续性的矛盾，国际问题与可持续发展，等等。

8.2　现代中国地理学应用的回顾

8.2.1　对国家建设的贡献

中国地理学家组织和参与完成了国家一系列重大的关于我国自然条件、自然资源、农业发展、工业布局方面的调查研究任务，包括大规模的地区综合考察、综合自然区划、农业区划、经济区划、黄淮海平原的综合治理、国土规划和发展战略研究等。为政府和社会提供了大量的决策建议和科学依据，产生了巨大的经济效益和社会效益，在国家建设（尤其是农业生产条件分析、国土调查、资源开发、生产力布局、环境整治、区域规划与城市规划等）中起到了独特而重要的作用。同时也大大提高了地理学应用价值和科学水平，促进了大量分支学科的发展。中国地理学面对新时代的国家需求，又在"区域可持续发展"（尤其是人与自然关系、国土整治和资源保育诸方面）的研究中不断作出新的贡献。近年来全国从中央到地方的区域发展规划、生态与环境建设与保护规划、自然资源开发规划、旅游发展规划、城市发展规划，以及土地资源的详查、减灾方案的设计、城乡信息管理系统的建设等各种研究成果中，地理科学工作者的贡献不胜枚举。

中国自然地理的综合研究围绕全球环境变化与区域可持续发展，在土地利用与土地覆被变化、自然地域系统综合研究、全新世环境演变与自然地理过程等领域，结合国家与区域重大现实问题，开展了大量应用与应用基础研究。面向环境与灾害管理、生态系统管理、全球环境变化、土地退化防治和区域可持续发展等，理论的实践性不断提高，为解决国家资源环境问题作出了显著贡献。中国自然地理学者对青藏铁路工程开展了大量研究工作，创造性地解决了施工和运营中一系列冻土和生态影响的难题，为这个被誉为"筑在冰冻世界的奇迹"作出了巨大的贡献。中国自然地理学者还在南水北调工程的方案比选、气候变化对南水北调的可能影响、南水北调工程对沿线生态与环境的影响等方面做了大量工作，为此工程的决策和建设作出显著贡献。此外，在诸如塔里木沙漠公路和其他西部道路工程、三峡移民工程、西气东输工程等区域性重大工程中，中国自然地理学者也作出了显著贡献。

中国人文-经济地理学在各种尺度的空间规划中发挥了重要作用，特别是 20 世纪 70 年代的工业区规划和城市规划、80 年代开始的国土规划以及 90 年代以来的土地利用规划。2000 年以来，空间规划越来越成为经济管制的主要手段之一。近几年来中国经济地理学者承担了大量各种尺度的空间规划研究任务和具体的空间规划任务，成为国家和重点地区（地域）空间规划的主力军。对集装箱运输网络、客运网络与物流网络（曹小曙等，2005；王姣娥和金凤君，2005；王姣娥等，2006；王成金，2006）、城市交通问题（阎小培和毛蒋兴，2004）也展开了大量研究，满足了国家重大需求，而且具有一定的前瞻性。经济地理学家参与了《全国民用航空运输机场 2020 年布局和"十一五"建设规划》、《东北经济区的现代物流规划》、《京津冀区域交通网络规划》、《长江三角洲区域规划》等编制任务，发挥了地理学应有的作用。

195

8.2.2 对社会的贡献

地理学所关切的科学问题直接指向今天决策者的紧迫需求，地理学家以各种方式对决策作出贡献。其一，通过专业期刊和其他公开文献渠道出版科研成果，有助于影响社会对相关问题的认同，而社会的观点通过各种渠道传达给决策者（Weiss，1977；Wolch and Dear，1993）。其二，地理学者为决策者专门提供咨询报告。其三，地理学者成为决策过程的一部分，他们利用自己的知识、专业判断能力来影响其他决策者，作出正确的决策（Rediscovering Geography Committee，1997）。

地理学参与决策的舞台有：企业尺度的布局、选线和市场营销，区域和地方尺度的城镇发展布局、交通选线、城市政策、发展战略、自然资源利用、零售营销、解决争端之类的决策，国家尺度的国土资源利用、生产力布局调整、能源政策、经济重构与竞争力、技术危害、灾害防御、信息基础设施等方面的决策，国际尺度的全球环境变化、全球经济与政治重构、技术服务与信息转让、饥荒等。地理学将通过帮助预测、规划、决策和优化未来而进一步加强对社会的贡献。

中国地理学家的工作，在相当程度上促进了我国自然资源和自然条件的合理利用，阻止了人与环境之间关系恶化的趋势；地理学理论和方法也逐步为社会所了解和应用，地理学的成就日益得到社会的认同，甚至在某种程度上改变了人们的时空观念和有关领域的工作方式。今天，社会之所以如此了解西部地区、了解黄土高原、了解黄河长江、了解青藏高原、了解黄淮海、了解国土开发和可持续发展，GIS 和遥感应用技术之所以在社会上得到如此广泛的应用并发挥着重要作用，一些地理学基本观念如"区域"及"区域差异"、地图及 GIS 思想、"人地关系协调"等之所以在越来越多的领域被采用，都与中国地理学家的工作密切相关。半个多世纪来，中国地理学者在合理利用自然资源和发展经济方面的研究规模及其对国家建设的贡献，在世界上是独领风骚的；地理学对于科学发展观的树立，对于"统筹人与自然、统筹城乡发展、统筹区域发展、统筹经济与社会的发展、统筹全球化与中国特色"思想的普及，起到了独特的作用。凡此种种，都表明中国地理学的作用和影响力在迅速扩展和加强（陆大道和蔡运龙，2001）。

地理学的研究成果为我国一系列重大决策提供了科学知识、技术和数据的支持，提供了重要的科学依据（翟金良和冯仁国，2004）。此类重大问题有：退耕还林还草政策的制定和实施，"三农"问题的解决，国家参与联合国气候变化框架公约（UNFCCC）等的外交谈判，西部大开发过程中水土资源配置与生态建设，东北地区水土资源配置，生态与环境保护和可持续发展，黄土高原水土流失治理，长江中下游湖泊富营养化治理等。

著名经济地理学家周立三院士是中国国情研究的开拓者和奠基人，在他领衔编写的国情报告中提出了一系列重要观点和结论，诸如"实行低度消耗资源的生产方式和适度消费的生活方式"、"建立资源节约型国民经济体系"等，都已经被中央决策采纳[①]。我国经济地理学者为国务院有关领导、国家发展和改革委员会（简称国家发改委）和相关地方政府等提供了若干重要的战略咨询报告，包括"关于西部地区开发中几个重大关系问题"、"为巩固西部国防需要增加西部铁路通道"、"西部开发重点区域规划前期研究报告"、"全国功能区域的划分及其发展的支撑条件"、"关于东北振兴与可持续发展的若干建议"等。这些研究成果满足了国家和地方相关科学决策的需求，对提高地理学界在国家战略决策咨询方面的地位和声誉起到了重要的作用。经济地理学者在国家"十一五"规划的制定和执行中也颇有贡献，陆大道院士和樊杰研究员被国家发展和改革委员会聘任为国家"十一五"规划专家委员会委员，他们提出了根据主体功能进行空间管治的战略思路，并明确了编制主体功能区划的任务。陆大道牵头"中国区域发展问题研究组"开展了西部开发重点区域规划方案前期研究，其成果已经体现在《"十一五"西部开发总体规划》以及西部各省区市的相应规划之中，陆大道院士和刘卫东研究员被国务院西部地区开发领导小组办公室（简称西部办）聘为"十一五"西部开发总体规划专家咨询小组成员。经济地理学者是《东北地区振兴规划》综合规划的主要承担者，陆大道院士担任规划专家组组长，金凤君研究员担任综合规划组组长，他们在编制工作中起着非常重要的作用。此外，在京津冀区域规划、长三角地区区域规划、广东国土规划、产业集群和区域创新体系的建设、西部地区特色农业发展与优化布局、农业结构调整与地区特色等工作中，地理学家都作出了独特的贡献。

城镇化已成为国家经济社会发展的重要战略。城市地理学家周一星教授在2005年9月29日胡锦涛总书记主持的中共中央政治局第二十五次集体学习上，就国外城市化发展模式和中国特色的城镇化道路进行了讲解，并谈了有关看法和提出相应建议，为中央决策提供了重要咨询。

地理信息系统在各行业得到广泛的应用。例如，GIS技术的应用成为挖掘和利用统计信息资源的一个有效技术手段，土地信息系统的开发和应用提升了土地管理的现代化水平，海洋地理信息系统特别在海洋渔业资源管理和海岸带管理方面得到了应用推广。此外，电子政务建设的巨大需求，交通、电力、电信等大型企业基础设施管理对地理信息技术与数据资源的需求，位置服务、汽车导航、教育、娱乐、咨询等信息

197

---

① 缅怀中国国情研究开拓者：周立三学术思想研讨会举行. 光明日报，2006-12-13，2版.

服务业所派生的公众地理信息服务，又大大促进了地理信息产业的发展。国产地理信息系统软件不仅在科研、教学等领域广泛应用，还在测绘、国土、电信、城市建设等重大领域的信息化中发挥了推动作用，其市场占有份额不断攀升。

8.2.3　对科学和教育的贡献

地理学在思维和方法上的独特性，使其具有高度的洞察能力和综合能力，避免了时空局限引起的认识误差（Rediscovery Geography Committee，1997）。

地理学增进了对科学知识的贡献，地理学和其他科学将进一步发展更有建设性的伙伴关系，把它们解决问题的独特视角和方法结合起来。地理学要对科学界所确定的关键研究问题表示更大的关注。反过来，科学界也将更加了解地理学及其视角能对科学知识作出的贡献。

在全球加快建立和发展地球系统科学和可持续性科学的进程中，地理学不仅成为这两大科学体系的倡导者，而且还是重要的建设者。中国地理学家主持了一系列重大研究项目，在提出和解决国家面临的一系列重大科学问题和实践问题上将起到重要作用。

中国地理学充分吸纳百家精英，壮大自身力量，近年从事生态学、水科学、信息科学、经济学、农学等领域的优秀科学家纷纷加盟地理学，大大加强了地理学的活力。中国地理学界大大扩大了与国际地理界的联系和交流，引进了不少新的地理学说和新的工作方法，也使中国地理学自立于国际地理学之林。

近年来，在高等学校学科和体制调整以及科学院等研究单位创新基地建设的过程中，若干新的地理学研究基地和重点学科得以建立，加强了地理学作为基础学科的地位，突出了地球系统科学和可持续性科学的内容，也继续派生出一些新的领域和应用方向。一批优秀学者进入国家重点人才行列，地理学人才的培养规模日益扩大，地理专业人才在社会上的就业竞争力在上升；中学地理教育正在第三次崛起，地理素质教育水平在不断提高（史培军等，2003）。

8.3　中国地理学近年来的主要应用方向和典型案例

8.3.1　重大工程

1. 青藏铁路工程

青藏铁路位于青藏高原腹地，是目前世界上海拔最高、线路最长的高原铁路，沿线自然环境极为敏感、脆弱，生态系统一旦遭到破坏，恢复十分困难，并且可能带来冻土融化、土地沙化和水土流失等一系列问题。因此，青藏铁路二期（格尔木至拉萨段）的建设与运营涉及自然地理学多方面研究内容，如水文地质、地形地貌、冰川冻土、动植物地理等。

曾经有国外专家认为，青藏铁路的修筑是一项"不可能完成的任务"。这主要是因为青藏铁路的修筑面临高原缺氧、多年冻土与生态脆弱等三大难题，其中，冻土路基的稳定性是青藏铁路工程建设面临的最大难题之一。国际上，冻土铁路的修筑已有100余年的历史。俄罗斯、美国、加拿大主要采取被动保护的方法，延缓铁路冻土的解冻，但冻土消融现象仍然比较严重。

对此我国自然地理学者开展了大量研究工作（李忠等，2006；余绍水等，2005；陈继等，2005；程国栋，2003；时环生，2002；吴青柏和施斌论，2002；王志坚和张鲁新，2002）。研究发现，冻土作为工程建筑物的地基，其工程性质的变化与冻土温度、土质类型、含冰状态、冻融过程等密切相关。无论是线性建筑物还是场地建筑物，都将改变冻土环境，引起冻土工程性质的变化。而且不同类型的冻土其工程性质变化也不相同。对于高温冻土、高含冰量冻土，修筑建筑物后，冻土温度、含冰状态、冻融过程等会产生剧烈变化，同时也会产生热融沉陷、热融滑塌等不良工程地质现象，使建筑物失去稳定性。但对于低温多年冻土、低含冰量冻土来说，修筑建筑物后，冻土温度、含冰状态、冻融过程变化较小，不会产生不良工程地质现象。因此，不同类型冻土对人为活动的敏感性不同，所引起的冻土工程性质的变化程度也不尽相同，从而造成工程建筑物对冻土环境变化适应程度不同。

在以上认识的基础上，专家们根据青藏铁路沿线的资料给出了冻土环境因素影响下的冻土工程适应性分区图，创造性地采取了解决冻土施工难题的相应对策：对于不良冻土现象发育地段，线路尽量绕避；对于高温极不稳定冻土区，采取"以桥代路"；在施工中采用了热棒、片石通风路基、片石通风护道、通风管路基、铺设保温板等多项设施，提高冻土路基的稳定性（程国栋，2003）。如今，青藏铁路被誉为"筑在冰冻世界的奇迹"，自然地理学对此作出了巨大的贡献。

青藏高原是世界巨川大河的发源地，生态系统独特而环境脆弱，青藏铁路建设有可能会严重影响青藏高原的生态与环境。为了解决这一问题，我国自然地理学者做了大量研究工作，并应用到青藏铁路设计和建设中。在自然保护区内，铁路线路遵循"能避绕就避绕"的原则进行规划，青藏铁路施工场地、便道、砂石料场的选址都经反复踏勘确定，尽量避免破坏植被。对植被难以生长的地段，在施工时采用逐段移植的方法。为保障野生动物的正常生活、迁徙和繁衍，全线建设了33个野生动物通道，从而使沿线环境没有受到明显影响。针对青藏铁路

199

的环境与生态效应的最新研究表明：青藏铁路二期工程在建设中对沿途生态系统保护比较到位；铁路的建设与运营不可避免地改变了铁路沿线生态系统的部分生态功能，尤其近期对沿线动物生活与迁徙造成一定的影响，但动物将能够逐渐适应这一新的环境状态[①]。基于青藏铁路的生态安全与环境现状的系统评估，提出了铁路安全运营与西藏社会经济发展的科学建议[②]。

2. 南水北调工程

华北地区人均水资源占有量很少，其中海滦河流域人均水资源占有量仅为全国平均占有量的1/7。而华北地区的生产、生活与生态的需水量很大，区域水资源安全，特别是首都北京的供水安全，面临严重威胁。实施南水北调是一项改善中国北方缺水状况的战略性工程。

兴建南水北调工程需要在科学比选、周密计划的基础上制订合理的切实可行的方案。首先要诊断输入地区缺水程度，以及输出地区水的剩余程度，两者综合起来才能进一步分析调水规模的合理性；调水工程论证中还需研究调出区丰、平、枯水年的多余水量，调入区丰、平、枯水年的缺水水量，综合分析调出区与调入区丰、平、枯年的联合频率；同时，这一工程穿越不同的区域，各个区域具有不同的地貌、水文、土壤、生物、气候等自然因素，工程建设与这些自然因素之间的关系，必须进行科学论证（陈剑池等，1999）。

在气候变化对南水北调可能影响方面，自然地理学者利用全球海气耦合气候模式和区域气候模式对2009年前30年和2010～2030年的年平均和各个季节温度、降水变化情景进行了模拟，分析了土地利用变化以及其他人类活动对气候变化的影响。并利用分布水文模型（SWAT）和新安江水文模型对花园口和新安江地区的径流变化进行了模拟，模型的要素包括天气、水文、侵蚀与沉淀、植被生长、营养、杀虫剂、农业管理、溪流演算及池塘与水库演算，目前这两个模型已被应用于国家气候中心业务运行系统，以评估或预评估气候变化对径流量的影响。

南水北调工程对沿线生态与环境的影响也是工程建设亟须解决的问题，中国科学院南京地理与湖泊研究所的研究小组对南水北调东线江苏省和山东省境内的沿线4个湖泊（东平湖、南四湖、骆马湖、洪泽湖）和12条调水干流（流长河、

---

① 张镱锂．2006．国家自然科学基金结题报告——青藏铁路的环境与生态效应，中国科学院地理科学与资源研究所．

② 郑度．2006．青藏铁路与西藏经济社会发展问题咨询报告之五——生态与环境安全问题与策略，中国科学院地理科学与资源研究所．

梁济运河、韩庄运河、不牢河、中运河、徐洪河、二河、苏北灌溉总渠、里运河及芒稻河等）近 40 个断面的水质和生态与环境进行了水文和水质的常规项目测定，并采集了水体、沉积物和部分生物样品。考察了沿途的翻水站，初步了解了东线江苏和山东境内主要湖泊和干流夏季丰水期水质和生态与环境状况，为下一步研究东线南水北调对沿线环境影响，以及沿线湖泊生态系统对东线调水的响应提供了基础。

南水北调的西线工程拟从长江上游引水入黄河，以解决中国西北地区和华北部分地区干旱缺水问题。该线工程地处青藏高原，海拔高，地质构造复杂，地震烈度大，且要修建 200 米左右的高坝和长达 100 千米以上的隧洞，工程技术复杂，耗资巨大，现仍处于可行性研究过程中，且在选线上存在较大争论。自然地理学者通过建立综合自然环境指数，将工程区划分为 4 个区域。综合自然环境指数一级和二级区具有较好的自然环境条件，集中分布在工程区的东部，约占工程区面积的 50%，在适当的环境保护措施下，可以进行一定规模的工程建设；三级区是自然环境比较敏感的地区，主要分布在调水工程区的西部高原丘陵上，进行工程建设时，必须特别注意对自然环境的各项保护措施，加大环境保护的投入；四级区是自然生态与环境比较脆弱、恶劣的区域，主要分布在调水工程区的高寒高山上，进行工程建设会造成较大的环境破坏，因此不宜进行工程建设。以上分析为南水北调西线工程选线奠定了基础（杨胜天等，2000）。

3. 西部道路工程

在荒漠或沙化严重地区，风沙对交通线路的危害很大。为了维护与保护沙漠公路，科研人员首先开展先导试验，通过 10 多年的研究，在西北地区耐干旱耐盐碱的 173 种植物中，筛选出能在塔克拉玛干沙漠腹地存活的 88 种植物，栽种于塔中油田周围的沙漠绿化试验区，抽取沙漠地下咸水进行灌溉，保证苗木正常生长。随着先导试验的成功，沙漠腹地人工绿洲面积逐年扩大。

基于沙漠绿化先导试验阶段的科研成果，国家批准立项的塔里木沙漠公路防护林生态工程从 2003 年 8 月 16 日起正式实施。每年春季，研究人员和大量民工沿着沙漠公路植树造林，到 2007 年 4 月 5 日累计栽种红柳、梭梭和沙拐枣等各类苗木近 2000 万株，钻凿水井 110 口，铺设各种规格的供水管线 20 762 千米。塔里木沙漠公路两旁已经建成全长 436 千米、总体宽度 72～78 米、总面积为 3128 公顷的灌木林。

塔里木沙漠公路防护林生态工程被认为是继塔里木沙漠公路建成之后又一次人类治理沙漠的伟大创举。这一重大建设工程对确保塔里木沙漠公路的正常运营，促进沙漠油田安全生产和地方经济的发展，改善沙漠腹地的作业环境，保障石油作业人员身心健康具有重大作用，并为今后在沙漠地区大规模进行生态防护林建设提供了宝贵经验。

我国西部地区泥石流、滑坡、崩塌等灾害频繁，为了解决这些灾害对重大道路工程的危害问题，于 2003 年启动了"西部山区重大道路工程与环境相互作用机制"项目。科研人员选择西昌至攀枝花高速公路、国道 318 线和成昆铁路等作为典型研究路段，先后 15 次进行现场考察，布置监测点 5 处，进行离心模型试验 30 组次，研究了"边坡工程与环境的相互作用机制，道路工程与水环境的相互作用机制，工程与环境协调的选线设计技术，山地灾害与道路工程的相互作用"。在综合了泥石流、滑坡、溜沙坡研究成果的基础上，开发了道路交通干线泥石流、滑坡减灾决策支持系统，该系统拥有滑坡稳定性分析、泥石流活动性分析、危害范围确定、灾害治理工程优化设计等信息分析和决策功能。应用该系统的分析结果对 15 处工点提出的防治工程优化设计建议被采纳，为我国西部道路建设作出了自然地理学应用的贡献。

4. 三峡移民工程

三峡工程移民 100 余万人，迁建 13 座县城和 100 多个集镇。地理学者提出以区域开发支撑移民的思路，并提出库区开发的若干对策，为三峡工程论证提供了重要依据（浦汉昕等，1986）。

在平地很少和滑坡、崩塌频发的库区两岸，施加这样一个庞大的移民工程体系，不论在城镇选址和具体工程建设中都会遇到如何适应、保护地质环境条件和避免、减少自然灾害的问题。为此，地理学家"八五"期间就进行了库区移民工程环境地质研究，全面调查阐明了库区移民工程的地质环境条件，进行了移民地质环境分区评价，并对移民区的地质环境容量问题作了探讨。

三峡水库开始蓄水前，需要及时对受初期 135 米水位蓄水影响的居民区以及受淹移民新址居住区的地质环境安全作出评价，特别是对可能遭受的地质灾害进行预防。为此，国家投入大批专款，并成立了专门组织（三峡库区地质灾害防治工作小组及其下属的专家组）负责实施。先后完成了防治规划编制、防治工程的可行性研究、防治工程方案、防治工程设计等各项工作。经过几年的考验，三峡库区地质灾害防治工程至今均安然无恙。个别未进行防治的地点发生了滑坡，由于成功的监测预警，未造成大量人员伤亡。上述工作中也包含着自然地理学家的贡献（陈志轩，1988；林秉南和陈志轩，1989；张建敏等，2000；林秉南和周建军，2004）。

5. 西气东输工程

实施西部大开发战略，加快中西部地区发展，是我国面向新世纪、实现第三步战略目标的必然举措和重要途径。而基础设施建设被列为西部大开发工作中的重中之重。建设西气东输工程就是在这种大背景下提出的，旨在将中国新疆塔里木盆地的天然气通过管道输往东部地区。实施西气东输，不仅可以加快我国西部地区经济发展、拉动国民经济增长、调整中国能源结构和充分利用天然气资源，而且在改善东部地区城市空气质量、加速地区经济发展等方面具有重要意义，同时对于中国西部多民族地区民族团结与社会稳定也具有深远的意义。

西气东输工程作为特大型工程项目，西起新疆塔里木的轮南，东至上海西郊的白鹤镇。工程全长近 4000 千米，穿越了沙漠、戈壁、黄土高原、森林草原、基本农田和湿地等多种生态敏感区。涉及地域广，生态系统类型复杂，环境问题突出。西气东输这一特大型工程将对 4000 千米跨度的区域生态环境形成一定的影响，同时，周边生态环境质量的退化和突发环境地质灾害的发生将对管线工程的正常运营与安全产生重要的影响。

针对西气东输工程建设中存在的问题，地理学家系统分析了西气东输工程沿线地区生态环境特征，阐明了工程建设可能对区域生态环境的影响，先后开展了工程沿线地区生态系统功能评价、生物多样性干扰评价、干旱荒漠区生态系统稳定性评价、黄土高原地区水土流失敏感性评价，提出了沿线地区不同类型区生态恢复的技术体系和方法（马淑红和马志福，2000）。在此基础上，针对超长管线的特点，提出了分区段、抓重点类型的超长管线生态问题解决思路，从区域层面上解决工程安全运行和管理的生态保障问题；研究成果直接应用于指导工程建设后的生态恢复与建设。

8.3.2 区域规划

1. 为国家有关决策提供咨询

针对重点地区发展中的有关问题和调控措施，近年来中国经济地理学者为国务院有关领导、国家发改委和相关地方政府等提供了若干份重要的战略咨询报告。其中包括"关于西部地区开发中几个重大关系问题"、"为巩固西部国防需要增加西部铁路通道"、"西部开发重点区域规划前期研究报告"、"全国功能区域的划分及其发展的支撑条件"、"关于东北振兴与可持续发展的若干建议"等。这些研究成果满足了国家和地方相关科学决策的需求，对提高地理学界在国家战略决策咨询方面的地位和声誉起到了比较重要的作用。例如，陆大道院士的"西部开发中几个重大关系"得到了时任总理朱镕基、时任副总理李岚清和温家宝的重要批示，在西部办和国家发改委产生了重要的影响。他对西部开发重点区域规划的前期研究，得到了国务院西部办有关领导及专家的高度评价，被认为是一个宝贵的科研成果，对西部开发规划工作具有重要的指导意义；已成为西部地区"十一五"规划的重要基础，在西部各省区市中也产生了很大的影响。"关于东北振兴与可持续发展的若干建议"得到了时任国家发改委主任马凯及数位副主任的批示，已成为国务院振兴东北地区等老工业基地领导小组办公室（简称东北办）的重要参考文献，被国务院研究室联合印发，并成为"东北振兴规划"的重要基础文件。

2. 在国家"十一五"规划中的作用

经济地理学者在国家"十一五"规划中起到了重要作用。2005年10月，经国务院批准，经济地理学者陆大道院士和樊杰研究员被国家发展和改革委员会聘任为国家"十一五"规划专家委员会委员，成为这次规划的主要参与者。另外，"十一五"规划提出了根据主体功能进行空间管治的战略思路，并明确了编制主体功能区划的任务。

功能区是基于不同区域的资源环境承载能力、现有开发密度和发展潜力等，将特定区域确定为特定功能定位类型的一种空间单元。当前，我国空间开发秩序混乱，空间结构失衡的问题已经十分突出。主要表现为城乡和不同区域之间居民生活水平和公共服务差距拉大，超载放牧带来草原沙化，山地林地湿地过度开垦导致荒漠化、石漠化和水土流失，上亿人口常年大规模流动及其带来的许多社会问题，部分特大城市"摊大饼"式的扩张所带来诸多城市病等。推进形成主体功能区，是针对上述问题，对不同区域未来的空间开发方向进行主体功能定位，对开发秩序进行规范，对开发强度进行管制，对现行空间开发政策进行调整，以减少空间结构大变动中不必要的代价，提高空间资源利用效率。

推进形成主体功能区，是以人为本谋发展的基本要求。要从人人享有小康社会幸福生活出发，使生活在不同区域的人民享有大体相当的生活水平和公共服务。推进形成主体功能区，是统筹区域协调发展的有效途径。要在区域发展总体战略基础上，明确哪些区域要重点开发，哪些区域要控制开发强度，哪些区域不应开发，因势利导地引导经济布局与人口分布、资源环境承载能力相适应，促进人口、经济、资源环境的空间均衡，实现区域的协调发展。推进形成主体功能区，是维护自然生态系统的根本保障。要在全国960万平方公里的陆地国土上，明确哪些区域必须以保护自然生态为主体功能，而不能以集聚经济为主体功能。这样，才能从源头和根本上扭转生态环境恶化的趋势。推进形成主体功能区，是提高资源利用效率的迫切需要。要综合考虑不同区域的水、土资源和其他资源的状况，引导经济向资源环境承载能力较强的区域集聚，引导人口向宜居的区域集中，节约和集约利用土地，减少资源大规模跨区域调动，提高资源利用效率。推进形成主体功能区，是提高区域调控水平的重要措施。要对不同功能区的发展方向提出不同的要求，通过制定和实施差别化的区域政策和绩效评价体系，进行更有针对性的调控和引导。

中共中央在"十一五"规划建议和中国"十一五"规划纲要中，明确了编制主体功能区划的任务。2006 年，国务院正式发文，启动全国主体功能区划工作。中国科学院地理科学与资源研究所作为联合课题组牵头单位，樊杰研究员作为项目负责人，承担了全国主体功能区划规划编制工作。从经济地理学角度，该所主要承担以下任务。一是理论方法和指标体系构建。包括国外区划理论和实践的借鉴，资源环境承载能力、现有开发密度和发展潜力的分析判断，国家层面主体功能区划分的指标体系及标准，全国主体功能区划分的技术路线。二是在对国家主体功能区进行多方案比选的基础上，明确各类主体功能区的边界，提出不同主体功能区功能定位和发展方向，提出未来我国区域空间开发总体战略构想。三是指导并衔接省级主体功能区划方案的制订。包括研究提出指导省区开展主体功能区划的技术大纲，对省区主体功能区划方案进行拼图汇总，并与国家主体功能区划方案相衔接，对相邻省区方案提出衔接意见。

3. 西部开发重点区域规划的前期研究

实施西部大开发战略，逐步增强西部地区的经济实力和提高社会发展水平，对于增强我国的综合国力、缩小地区差距、促进民族团结和边疆稳定具有极为重要的意义。根据国内外经验教训，大范围欠发达地区的开发不能搞"平衡发展"，必须选择若干重点地区、有步骤地推进欠发达地区的经济发展。国务院批准的《"十五"西部开发总体规划》明确指出，西部大开发要实施"以线串点，以点带面"的重点开发战略。正确实施这一战略，要求在空间规划、产业选择、基础设施建设及生态环境保护等方面作出科学的决策。经济地理学者在西部开发重点区域规划的前期研究上为政府决策作出了重要贡献。

2002 年 3 月，国务院西部地区开发领导小组办公室致函中国科学院地理科学与资源研究所，委托陆大道牵头的"中国区域发展问题研究组"开展西部开发重点区域规划方案前期研究（西办综函〔2002〕11 号）。在中国科学院知识创新工程的支持下，课题组经过广泛的调查研究和深入的科学分析，并在以往大量西部科学研究的基础上，完成了《西部开发重点区域规划前期研究》报告，该报告对西部重点经济带的范围和等级给予了定位；阐述了西部主要中心城市的功能定位；论证了各经济带主要区段的产业发展方向及重大建设布局；根据产业和城市发展的要求，论证了合理开发利用水土资源、能源和矿产资源的方案，提出并论证将资源优势转变为经济优势的途径；考虑自然因素影响，预测四个重点经济带大规模开发可能引发的生态环境演变及应采取的符合自然规律的措施。为适应西部开发规划和管理的要求，报告还根据"点轴系统"理论和增长极理论，运用地理信息系统和相应的空间分析技术，确定了四个重点经济带的空间范围，即陇海兰新线经济带、呼包—包兰经济带、长江上游成渝经济带和南贵昆经济区（带），并对相应的资源环境基础数据进行了集成。

西部开发重点区域规划前期研究结论得到了西部办领导的高度评价。时任西部办副主任的李子彬认为，该项研究内容丰富，应用了新技术和新理论，研究深度和广度都非常高，具有前瞻性，是一项高水平的科研成果，对今后西部开发规划工作具有重要的指导意义。时任综合规划组组长的宁吉喆指出，只有中国科学院这样强的综合性科研机构才能在这样大范围的空间规划上做出高水平的研究成果。国务院西部办还组织西部地区 12 个省区市西部办的领导讨论了该研究报告。报告中的某些观点已经体现在《"十一五"西部开发总体规划》以及西部各省区市的相应规划之中。此外，经济地理学者陆大道院士和刘卫东研究员被国务院西部办聘为"十一五"西部开发总体规划专家咨询小组成员。

4. 东北地区振兴规划

近 20 多年来，我国经济发展逐渐向市场经济体制转轨，增长方式也在不断转变，在原有计划经济体制下形成的东北地区等老工业基地成为一类有特色的"问题"区域。因此，继东部沿海地区率先发展和西部大开发战略之后，实施东北地区等老工业基地振兴战略是国家从全面建设小康社会、统筹区域协调发展考虑作出的重大战略决策。随着振兴战略的实施，东北地区发展中存在的条块分割、产业结构趋同、生态环境保护缺乏有效协调等问题进一步凸显出来，迫切要求进行统筹规划，实现优势互补、共同发展。为此，国务院东北办组织编制了《东北地区振兴规划》，以有效地协调各专项规划和分散的区域规划，最大限度地优化资源配置，促进区域经济持续协调健康发展。虽然此前国家和东北三省分别编制了《东北地区电力工业中长期发展规划》、《振兴东北老工业基地公路水路交通发展规划纲要》、《辽宁老工业基地振兴规划》、《振兴吉林老工业基地规划纲要》、《黑龙江省老工业基地振兴总体规划》等规划，但由于受行政体制的制约，各种规划之间的协调和衔接问题亟待解决。因而，编制《东北地区振兴规划》的意义和作用十分重要。

经济地理学者在《东北地区振兴规划》编制工作中起着非常重要的作用，

是综合规划的主要承担者。中国科学院地理科学与资源研究所陆大道院士担任了规划专家组组长，金凤君研究员担任了综合规划组组长。充分发挥了地理学综合性、空间性的特点，对东北地区的发展阶段、存在问题进行了准确的判断；同时从分析东北地区的比较优势入手，准确把握国内外的形势和东北地区的特点，将东北地区置于全国乃至东北亚的大格局中，明确提出了东北地区振兴的发展战略、发展目标和政策；着眼于从东北地区竞争力的提升、可持续发展建设、区域协调能力构建和发展活力的培育等方面进行了重点谋划；本着优化资源配置、促进区域协调发展的原则，对产业、资源型城市、基础设施、生态环境、水土资源配置、体制机制、创新人才及对外开放等方面进行了相关的研究论证和规划，确定东北地区未来发展的重点领域和区域，对区域社会经济发展作出总体部署。

《东北地区振兴规划》是一个涉及多行政区域、具有全国影响力的规划，为有效落实国家"十一五"规划和《中共中央国务院关于实施东北地区等老工业基地振兴战略的若干意见》中提出的各项任务提供了依据，是今后一段时期指导东北地区经济社会发展的纲领性文件和行动指南。

5. 京津冀区域规划

京津冀都市圈区域规划是国家"十一五"规划确定的两个区域规划试点工作之一，技术牵头单位为中国科学院地理科学与资源研究所，陆大道院士任专家组组长，樊杰研究员担任综合组实际负责人。京津冀都市圈区域规划在政府决策中的作用主要表现在以下方面。

1）该规划是政府解决区域空间组织问题的主要手段。由于长期缺乏地域（区域、空间）规划，京津冀都市圈内出现了地区各自为政、盲目发展的现象。例如，未立足区域背景进行北京市的功能定位，导致北京市与天津市等缺乏必要的分工与合作，出现了世界罕见的"近距离双核心"的畸形空间结构，进而造成了区域内交通、能源、水、环境等多种问题；规划的缺失还造成地区经济一体化进程缓慢，导致地区科技创新优势没有充分发挥，科技资源的产业化和辐射带动作用受到限制等。京津冀都市圈区域规划立足于协调国家和地方的发展需求，从全局角度明确了区域的整体定位和发展目标，确定了各地区的主体功能以及各城市的功能定位，进行产业发展与布局、基础设施建设、重大的资源开发利用、生态环境保护等具体项目的地区协调，有效揭示了空间问题产生的根源，为区域未来发展勾画了较为科学合理的空间结构。

2）该规划是政府加强宏观调控能力的有效抓手。我国计（规）划体制长期偏重于时间序列的计划，忽略空间序列规划；随着社会主义市场经济体制的逐步完善，政府通过直接投资等方式调控经济的比重越来越少，但经济开放性及经济发展的不确定性，使得政府必须加强宏观调控，这些在客观上要求政府规划体制的变革。区域规划的作用通过确定不同地区所承担的相应职能，利用政府可调控的土地、环境、资金等资源，有效地将产业活动、基础设施等引导到特定区域，从而实现调控经济发展的作用。相对于珠三角和长三角都市圈，京津冀都市圈是我国经济体制改革较为缓慢的地区，其经济体制还不能很好地适应并带动我国北方地区经济发展、参与国际竞争的定位。编制京津冀都市圈区域规划，使得政府进一步明确其权责范围，能够科学调控区域发展步伐，从而促进该区域内政府职能的快速转变。

3）该规划是我国新时期规划体制变革的重要探索。京津冀都市圈区域规划作为我国"十一五"规划区域规划项目，是我国在规划体制变革的新背景下落实科学发展观的第一次尝试，是正面探究新时期实施区域规划方案的制度体系。区域规划对于现阶段我国编制区域规划的指导思想和原则、工作程序、研究的主要内容、工作组织方式、研究的理论方法与技术手段等问题进行了探索，为其他地区开展区域规划工作提供经验借鉴。此外，还在探索科学的区域规划方法和手段，如在构建系列化、序列化的支持多目标区域规划的时空数据集成平台和基于时空信息的区域规划方案模拟平台等方面进行了有益的尝试。

经济地理学作为京津冀都市圈区域规划编制的主体支撑力量，在规划中坚持综合的观点，较好地协调了各地区、各部门的利益，实现区域整体利益最大化。坚持将区域视角贯穿规划，从全球系统和全国发展总体格局出发，结合分析京津冀的条件，确定该区域的主体功能定位；将经济社会发展战略、目标分解落实到具体地域上，确定地区的功能和定位。

经济地理学的经典方法成为此次区域规划创新的重要实现手段之一。主体功能区划是京津冀都市圈区域规划中的重要创新点，其理论来源于地理学经典的区划方法；通过对传统区划方法的应用和发展，确定了各地区未来发展的功能和定位，成为区域空间结构的重要组成部分。尊重地方的发展需求是京津冀都市圈区域规划内容与方法方面的共同创新，也成为保证规划实用性的重要手段，而进行实地调查，强调各地区在发展中的特殊性，是地理学的传统方法。

地理学的核心理论成为区域规划的指导理论。由于地理学的核心理论坚持了人地协调的原则，阐释了不同条件下的地区最优发展模式，因而人地关系地域系统理论、区域发展理论等是指导资源开发利用、生态环境保护、产业经济发展、基础设施建设及人口与城镇化等的核心理论。

6. 长三角地区区域规划

根据国家编制国民经济与社会发展"十一五"规划的总体安排，国家发改委组织开展了《长江三角洲地区区域规划》研究和编制工作。作为跨行政区的都市经济发达地区的规划，该规划旨在引导区域协调发展，增强地区竞争力，率先参与国际竞争，提升区域乃至全国在世界经济体系中的地位，体现政府对区域经济发展引导和调控方向和手段，具有突出的意义和作用。

长三角地区区域规划着重解决四个方面的问题。首先，进一步明确长三角地区发展的总体战略定位和空间开发格局，为国家制定区域发展战略及引导长三角地区科学发展、合理分工服务；其次，围绕各地区共同关注、单一省市又难以自行解决的重大问题，提出政府促进区域统筹和一体化发展的有效路径和实施方案；再次，进行制度创新和政策激励的探索，为政府出台相关区域规划有关法规和配套政策提供科学、可行的实施依据。

围绕这些任务，长三角地区区域规划的重要研究内容是，在充分分析发展基础上、背景基础上，考虑国家赋予长三角的历史重任，提出"我国综合实力最强的经济中心、亚太地区重要的国际门户、全球重要的先进制造业基地、我国率先跻身世界级城市群的地区"的战略定位。围绕发展定位与目标，规划明确以上海为核心、以"一核六带"为骨干的网络状开发格局；规划提出提升上海中心城市地位，强化南京、杭州、苏州、无锡和宁波等副中心功能的世界级城市群体系；提出做大做强电子信息、大型装备制造、钢铁和石化等具备国际竞争力的战略产业，加快发展先导新兴产业和巩固提升传统优势产业等要求；针对不合理和相互衔接不畅的问题，重点提出交通通道、交通枢纽的综合建设方案以及能源设施统筹安排设想；从区域整体发展的角度，提出区域内资源配置和生态环境保护的方案，为区域共同发展提供资源环境保证。最后，分别制定了国家支持政策、区域协调政策与措施和区域协调机制，确保规划能够有效实施。

该规划编制主要由中国科学院南京地理与湖泊研究所等单位配合国家发改委地区司完成。在长三角规划的综合研究过程中，地理学科的综合性特点不仅为规划提供了必要的知识保障和手段支撑，而且能够满足区域规划综合性、分异性和开放性等特点。地理学者在规划编制过程中，运用了区域要素综合分析方法，研究区域的功能定位和总体架构；通过区域关系及差异性分析，研究空间分工以及要素（城镇、产业、设施等）布局方案，经过不断的互动和酝酿，提出规划方案；也不断尝试探寻规划的新方法和新理论，以开放的态度来丰富规划内涵和编制手段，包括 GIS 空间分析、系统分析法等，以增强规划和决策的科学性。

7. 广东省国土规划

广东省国土规划属空间规划，是广东省省域范围内国土资源开发利用、经济社会活动空间配置的总体方案。广东省国土规划是全省中长期规划系列的重要组成部分，是广东省经济社会发展总体规划的空间落实，是全省专项规划和各地市规划的空间集成，是政府调控区域协调发展、构筑有序空间结构的依据。广东省国土规划在政府决策中的作用主要体现在以下方面。

1）填补政府规划体系缺失、整合现有规划成果。广东省规划体系由总体规划——国民经济与社会发展五年规划、区域规划和专项规划组成。由于缺失全省省域范围内的地域（空间、国土）总体布局规划，一方面造成各种专项规划之间在空间资源合理配置方面的冲突难以协调，另一方面造成省域四大区域（珠三角地区、粤东地区、粤西地区和粤北山区）的统筹发展难度加大。

2）市场经济条件下政府履行宏观调控的重要手段。国土规划是规划区范围内社会经济发展的空间系统合理组织、资源开发利用和生态保护及环境治理空间合理配置的总体安排；是以实现规划目标为宗旨、通过科学选择若干规划对象，有效地进行空间合理组织的总体布局方案。规划内容以政府可调控资源的范畴为主要界定依据，以规划区发展总体要求和面临的关键问题为导向。规划具有战略性、指导性和约束性等特点。

3）新时期完善政府职能的重要抓手。国土规划也将逐步成为各级政府进行社会经济发展和资源环境协调的宏观调控的重要手段。规划方案是政府、企业和个人共同遵循的社会经济空间系统有序运行、科学管理的纲领性文件。规划方案也有助于民众了解自己家园的未来变化，有利于投资者了解区域未来的发展环境，有利于各专项和基层地方规划的制定及其与上位规划的衔接，也是与国际先进的地区管治模式接轨的重要载体。

广东省国土规划是国土资源部和广东省人民政府首次通过省部合作的方式，在全国层面开展的国土规划试点。项目技术牵头单位是中国科学院地理科学与资源研究所，首席科学家陆大道院士和项目负责人樊杰研究员均为经济地理学者。广东省国土规划项目中，经济地理学的主要贡献表现在以下方面。

经济地理学是广东省国土规划基础理论体系的重要基石。国土规划的理论基础涉及地理学、资源学、环境学、经济学、管理学等多学科理论，而经济地理学的作用主要体现在：国土开发战略和开发模式的增长极理论和梯度推移理论，资源开发利用评价的区域比较优势理论，国土资源空间整合的都市圈理论、城市规模等级结构理论、聚焦扩散理论、产业集群理论、地域生产综合体理论和经济区划理论，环境重整的人地关系理论、可持续发展理论，国土开发保障系统的区域管理理论、基础设施发展理论等。

广东省国土规划的主要内容和体系基于经济地理学研究成果。基于经济地理学的理论基础和方法体系，针对广东省的省情，广东省国土规划分析国土开发利用现状和重大问题，确定广东省长远发展目标及在全国的战略地位，制订国土综合功能区划方案和经济社会发展总体布局方案,论证主要城市发展的定位和主要产业空间配置的引导方向,构筑重大基础设施支撑系统,协调区域重大生态建设和环境保护工程的建设,研制主要国土资源合理开发利用战略布局方案,提出国土规划实施的保障机制。总体上,立足国土开发利用,协调经济社会发展与人口、资源、环境之间的关系,实现广东省创新型国土、和谐国土、绿色国土和高效国土的目标,保障广东省经济社会持续快速健康地发展,保障工业化和城市化进程的推进。

8. 其他

经济地理学者还参与江苏沿江开发规划以及苏州、无锡、南京、南通和泰州等地沿江开发及岸线利用规划工作,为沿江科学开发提供决策依据。这些研究围绕江苏沿江开发的任务,对沿江开发的总体战略与开发方向、产业发展与布局、岸线资源开发与利用、城镇发展与布局、基础设施建设、资源保护与生态环境建设以及规划实施措施等方面进行总体研究,提出各地沿江开发的总体方案。尤其是依据基于资源 2 号卫星的遥感卫片解译和长期实地调查积累的"江苏岸线开发利用现状和设想",以翔实准确的空间信息和科学合理的评价方法,客观提出了江苏岸线利用存在问题和优化利用设想,得到江苏省委、省政府的高度重视。

我国经济地理学界关于集群的研究对创新型国家和区域创新体系的建设起了重要作用。例如,王缉慈在 2004 年国家中长期科技发展战略规划研究中担任区域科技组副组长,将产业集群和创新集群写进该战略规划研究报告。在此基础上,《国家十一五科技发展规划》中提出"培育有国际竞争力的高新技术企业和产业集群"、"紧密结合国家区域发展战略,构建各具特色、优势互补的区域科技创新体系,带动形成一批具有区域优势和地方特色的产业集群"、国家高新区"十一五"规划里提出了创建创新集群。

近年来交通地理学的研究主要侧重于集装箱运输网络、客运网络与物流网络三个重点领域,同时开始关注城市交通问题。配合近年来国家基础设施建设的需求,经济地理学家参与了《全国民用航空运输机场 2020 年布局和"十一五"建设规划》、《东北经济区现代物流发展规划》等编制任务,发挥了地理学的作用。在全国机场规划中,经济地理学家承担了机场布局的基础理论、实证评价、布局标准制定、前瞻性布局效果模拟等研究工作,为中长期机场体系的布局和空间组织优化提供了技术和决策支持。同时为布局政策的区域差异性选择提供了科学指导。

8.3.3　农业与农村发展

农业地理学者参与完成的"西部地区特色农业发展与优化布局"和"农业结构调整与地区态势"的研究成果，分别在黑龙江农垦总局制定的"全面建设小康社会纲要"（2003 年 12 月 31 日）和农业部制定的"西部地区特色农业发展规划（2004～2010 年）"中得到采纳应用。在以上成果中，农业地理学者侧重从区域"比较优势"和"市场需求"相结合的综合视角，提出新时期的农业结构调整，应着眼于农业区域结构、产业结构、品种结构和品质结构等不同层次，并针对不同区域特点、发展阶段和功能定位，实施农业发展优势区域产业带布局的区域战略和发展思路。

地理学在农业与农村发展中的应用主要体现在以下方面。

1. 农业资源可持续利用

注重水土资源匹配及态势，特别是承载能力的研究，主要进行了农业资源可持续性评估、主要农业资源利用效率、优化配置、调控模式及方式途径研究等。近年来，农业土地资源与持续利用的综合研究受到格外重视，对农业土地资源、农业土地利用结构类型、区域差异及分区土地利用进行了详尽的分析论证，把可持续发展战略思想融入中国农业土地优化利用的实践之中。

2. 可持续农业战略与模式

从 21 世纪经济全球化的国际环境出发，提出了中国农业发展方向、目标及对策建议。用农业系统理论、生态经济学理论和优化控制理论建立了可持续农业发展模式。

3. 农业结构调整与农业产业化

从主体创新、技术创新、市场创新、扩散创新等方面探讨了加强地区创造活力，促进工厂化农业区域创新的途径。通过对不同地区农业发展的现状及潜力分析，提出各地区农业产业化的地域模式。此外，还就农业产业化过程中规模经营、经济合作组织模式，以及地区农业优势产业确定等进行了实例分析。基于对国内外贸工农一体化经营地域模式比较研究，提出了中国贸工农一体化的组织形式及其利益分配的创新机制。

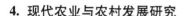

4. 现代农业与农村发展研究

侧重开展农业结构战略性调整、现代农业与农村发展的区域问题研究。将科学发展观和统筹城乡发展的理念引入乡村地域系统的实例研究，推进农业与乡村地理学的理论和方法论创新。

8.3.4 生态保护与资源配置

1. 为退耕还林还草提供科学依据

中国是受沙尘暴影响较严重的国家之一。进入 21 世纪以来，中国进一步加强了对沙尘暴问题的科学研究，已建成了以卫星遥感为主、地基特种站网为辅的业务化沙尘暴监测系统。同时，在深入研究了风沙动力学、沙尘暴天气系统动力学、沙尘暴气候变化规律、沙尘暴与气候距平形势的关系以及沙尘暴形成机理基础上（邹旭恺等，2000；周魁一，1999；张仁健等，2002），建成了中国沙尘暴天气业务化预测预警系统。其中沙尘的动力统计理论和阵风起沙机制为中国独创，跨季度气候预测以及用之于沙尘天气趋势预测亦为中国首创。上述研究成果为中国退耕还林还草政策的实施提供了科学依据，以此为基础，2002 年 12 月 6 日国务院第 66 次常务会议正式通过《退耕还林条例》，自 2003 年 1 月 20 日起施行。

2. 生态系统碳收支

大气中 CO_2、CH_4 和其他温室气体浓度升高导致的全球气候变化是人类共同关注的问题。对全球和区域碳循环的深入研究，不仅可为认识和控制全球气候变化提供理论基础，而且与地球生态系统的其他自然过程（水循环、养分循环、生物多样性等）及人类的生存环境与社会的发展等息息相关。在中国生态系统研究网络有关台站与科研院校的共同努力下，中国初步建成了中国陆地和近海生态系统碳通量观测网络，通过对中国陆地和近海生态系统碳收支时空格局、碳循环过程和模型、生态系统的碳增汇/减排技术的系统研究，阐明中国陆地和近海生态系统碳收支的主要科学问题，为全球变化背景下中国社会经济可持续发展，森林、草地、农田、湿地、内陆水体和近海生态系统的管理提供科学依据，为国家参与联合国气候变化框架公约（UNFCCC）等的外交谈判提供科学知识、技术和数据储备（翟金良和冯仁国，2004）。

3. 西部大开发过程中水土资源配置与生态建设

在西部大开发过程中，自然地理学的工作主要聚焦在生态与环境研究与保护方面，主要研究了西部生态与环境的演化过程、水土资源的持续利用、生态与环境现状评价及未来50年变化趋势预测等，为科学认知我国西部地区生态与环境变化规律，促进西部地区水土资源可持续利用等提供科学依据和技术支撑（翟金良和冯仁国，2004）。特别是《西北地区水资源配置、生态与环境建设和可持续发展战略研究》项目，组织了地理、地质、气象、水文、农业、林业、水利、土地、水土保持、生态、环境等学科35位院士和300位专家，以水资源为中心，以环境保护和生态建设为重点，以工业、农业和城镇建设都能可持续发展和缩小东西部差距为目标，开展跨学科、跨部门的综合性、战略性研究（钱正英，2004），为国家西部开发战略决策提供了很有见地的指导性意见，并被应用于实践中。

4. 东北地区水土资源配置、生态与环境保护和可持续发展

东北地区是全国重要的工业基地和最大的商品粮基地，拥有全国最大的林区和最好的草原。新中国成立60多年来，东北地区经济社会有了很大的发展，但资源开发利用不合理、生态建设滞后和环境污染加重等问题十分突出，已成为制约东北地区可持续发展的主要因素，因此需要对东北地区农业水土资源优化调控机制与技术体系加强研究。对此，自然地理学者立足解决粮食安全保障基地建设与东北地区农业水土资源持续利用的国家重大战略性科技问题，系统研究了东北地区农业水土资源态势与持续利用对策，揭示了区域农田系统水分高效利用机制并研究典型退化土壤的生态修复理论，建立了典型农田环境质量预警系统与无公害生产关键技术体系，通过不同生态类型区农业水土资源高效利用关键技术集成与示范基地建设，为东北地区农业可持续发展提供科学途径与技术支撑。

5. 黄土高原水土流失治理

近年来，以国家自然科学基金重点项目"黄土丘陵沟壑区景观格局演变与水土流失机理"为代表，自然地理学家在黄土丘陵沟壑区开展了大量野外观测与实验、社会调查与数据分析工作，应用"尺度-格局-过程"原理，系统分析了黄土丘陵沟壑区不同尺度景观格局演变的时空变化特征及其驱动因素，探讨了多尺度景观格局变化与水土流失的关系，在揭示区域水土流失机理方面进展显著。

基于以上研究成果，该项目提出关于黄土丘陵沟壑区的景观生态建设的一系列建议：①区域景观生态建设不仅需要考虑地形、土壤条件来确定适宜的植被类

型，也需要充分考虑降雨因子的时空变异来合理配置不同的土地利用方式；②优化用地结构，重视土地利用空间格局对水土流失的影响，增加景观格局的异质性，注意在距河流较近处等适宜地段增加林草过滤带，以有效拦截泥沙；③生态建设必须与区域经济发展、粮食安全等问题结合起来，完善配套措施，在大力推进生态建设的同时注意及时巩固已有的生态建设成果。这些措施对我国黄土高原水土流失治理具有很好的借鉴意义。

6. 长江中下游湖泊富营养化治理

长江中下游地区人口众多、经济发展快速，但面临的许多环境问题严重影响其可持续发展，湖泊生态与环境问题尤为突出。该地区是我国淡水湖泊的主要集中区，约占全国淡水湖泊总面积的 60%，且其中大部分为浅水湖泊，环境复杂，湖泊普遍富营养化，湖泊生态结构遭到严重破坏，治理难度极大。

中国科学院于 2002 年 4 月启动知识创新工程重大项目，以南京地理与湖泊研究所为依托单位，组织水生生物研究所、生态与环境研究中心等单位的研究队伍，在全国率先开展"长江中下游地区湖泊富营养化的发生机制与控制对策研究"。通过对长江中下游 100 多个湖泊的调查、研究，在湖泊的底泥内源污染及释放机制、富营养化湖泊内源污染控制及生态修复的理论和治理措施，以及太湖梅梁湾水源地水质净化示范工程等试验研究方面都取得了重大创新性进展，为我国即将开展的大规模湖泊富营养化治理提供了科学储备和技术支撑，同时也为填补国际湖泊学有关浅水湖泊的研究空白作出了重要贡献。通过上述研究成果，将形成一套天然湖泊局部水域环境改善和生态修复的技术，可以在我国绝大多数湖泊中加以推广和应用。

8.3.5 城镇化发展与和谐城市

1. 城镇化发展

20 世纪 90 年代中期以来，中国开始把城镇化作为解决"三农"问题的重要途径，"十五"计划首次把"积极稳妥地推进城镇化"提高到国家重点发展战略的高度，"十一五"规划又第一次提出了城镇化水平目标，明确提出要促进城镇化健康发展和城乡协调发展。城镇化已成为国家经济社会发展的重要战略。

2005 年 9 月 29 日，中共中央政治局第二十五次集体学习安排的内容是国外城市化发展模式和中国特色的城镇化道路。同济大学唐子来教授、北京大学周一星教授就这个问题进行讲解，并谈了他们的有关看法和建议。周一星的研究结果表明，由于统计口径调整的缘故，1996～2003年我国的城镇化水平连续8年以每年1.43～1.44个百分点的水平提高在某种程度上是一种假象，1982～2000年比较符合实际的年平均速度0.835个百分点。他通过分析认为，城镇化发展应当尽量与经济发展的速度和水平相适应，我国今后城镇化水平一年提高0.6～0.8个百分点比较正常，超过0.8个百分点就是高速度的，个别年份达到1个百分点是有可能的，但连续多年超过1个百分点是有风险的，连续多年1.44个百分点是虚假的（周一星，2005）。

在这次政治局集体学习会上，胡锦涛总书记发表讲话指出：城镇化是经济社会发展的必然趋势，也是工业化、现代化的重要标志。城镇化的发展与工业化、现代化的发展是密不可分的，城镇化发展的水平在很大程度上标志着一个国家的发展水平。因此，中国要实现工业化、现代化就必须实现城镇化。胡锦涛总书记强调，坚持走中国特色的城镇化道路，按照循序渐进、节约土地、集约发展、合理布局的原则，努力形成资源节约、环境友好、经济高效、社会和谐的城镇发展新格局。

城镇化是区域经济社会发展中的一种动态过程，涉及城乡发展的方方面面，城镇化过程中的区域协调和城乡协调问题受到相关部门高度重视。国家发改委启动了长江三角洲地区和京津冀都市圈的区域规划试点工作，以及珠江三角洲地区区域规划工作；建设部组织开展了全国城镇体系规划工作，为全国城市和区域发展提供了基本空间架构；国土资源部开始了国土规划试点工作；许多省、市、自治区也开展了区域性的城市群规划、都市圈规划等。这些区域规划、城镇体系规划与国土规划中都有城市地理学家的参与和贡献。

另外，周一星提出的中国城市实体地域的思想，以及人口密度原则和建成区延伸原则等，已经成功应用到全国第五次人口普查中。他在2003年201次香山会议讨论中国城市发展的科学问题时提出"城市发展的第一科学问题"，并在国家中长期科学和技术发展规划战略研究中进一步建议把城乡划分的空间识别系统作为国家基础信息平台来建设（周一星，2006）。

2. 和谐城市

城市社会地理学近年来关注流动人口问题，尤其北京、上海、广州、南京、重庆等大城市的流动人口成为关注的焦点。城市地理学者对于城市贫困问题的关注，通常是结合城市社会空间结构特征及其演变的分析，研究内容涉及城市外来人口、下岗失业贫困人口及其日常活动空间、意向空间、贫富差距和阶层分化、社会空间结构转变等，研究主要集中在北京、广州、深圳、南京等大城市。关于城市老龄化问题，人文地理学关注不同的空间形式和活动系统如何影响老年人的

216

社会行为。人文地理学者还从城市空间环境的形态布局、空间盲区的综合治理、空间地域的防控管理和公安机构空间布局的调整等方面论述了城市犯罪的空间防控。

8.3.6 旅游发展与文化遗产保护

1. 旅游发展

旅游地理研究者关注旅游资源调查和开发，研究各类旅游资源的空间特点与成因，对旅游资源作出预测、评价、开发利用和保护策略。旅游开发方案的制订更为科学和定量化，力求制订出有利于旅游地可持续发展的旅游开发方案。资源与环境经济学、区域科学、景观生态学的研究方法逐渐运用到旅游开发研究中。

旅游地理学者们一直关注旅游的环境容量、旅游对环境的影响、旅游资源的保护等命题。除了对传统的环境影响评价方法的进一步探讨和改进之外，许多新概念和研究方法逐渐运用在旅游环境容量的研究上，如利用生态足迹的方法，建立旅游生态足迹模型对旅游资源的环境容量进行评估，保证旅游地的可持续发展。环境影响量化评价指标体系的建立，旅游业影响下旅游地的未来环境变迁，自然环境、社会环境和旅游地居民心理响应之间的交互作用机理，是旅游业环境影响研究的关键内容。

旅游地理学总结了生态旅游的发展模式，采用景观生态学的方法规划和发展生态旅游，并展开对生态旅游者行为的调查与分析。

旅游空间结构的研究包括旅游地空间形态组织、旅游地空间结构演化模式、旅游流空间规律、旅游地空间相互作用等，为旅游者出行和旅游市场开发决策提供了科学基础。

2. 文化建设与遗产保护

文化建设与遗产保护主要研究包括文化景观、文化区、城市文化空间等在内的文化地理问题，并涉及文化产业发展。为地方政府在社会舆论宣传和导向、地方文化事业的发展建设等方面都提供了理论基础和科学依据。

地理学除关注文化的空间差异外，还关注文化的地方特点。一个地区长期积累的文化，以及人们对这些长期积累文化的认同，使得一个地区具有地方性。地方性是文化地理学的核心研究内容之一，主要内容有：地方文化特征的确定、历史文化城镇保护和城镇发展与文化遗产保护。

8.3.7　地理信息应用

1. 典型行业应用系统

统计部门是政府宏观经济调控的决策支持部门，统计信息是社会和经济状况的综合反映，是政府和企业管理与决策的依据。由于自然条件、社会、人文和经济条件的地域差异，以及行政管理所形成的行政区划单元，统计信息表现出较强的地域特征。传统的统计信息发布与表现形式单一、不直观，缺乏有效地反映社会经济现象和过程在地理空间上的分布特征和规律的技术手段，难以有效地发挥统计信息在以空间为基础的管理与决策中的作用。

近年来，随着数据库技术、地理信息系统技术等计算机技术的发展，许多国家都已经或正在建设统计地理信息系统，GIS 技术的应用成为挖掘和利用统计信息资源的一个有效的技术手段。统计 GIS 软件可以实现统计系统不同专业、不同时期、不同数据处理平台及不同数据结构的有机整合。通过多种数据搜索和挖掘引擎，自动建立中间数据库，实现经济社会数据库的自动建立。在原始报表输出数据结构不变的情况下，自动完成加载元数据进入数据库的技术，实现元数据结构与系统设计数据结构的无缝关联。GIS 软件在统计部门中的应用还处在比较初级的阶段，随着应用的不断深入，会有更多有意义的功能得到集成、扩展。

土地信息系统是进行现代化土地管理的重要手段。利用土地信息系统，可轻松实现土地管理办公自动化，精简办事流程，减少土地管理人员繁杂的手工劳动，提高工作质量和效率。此外，土地信息管理系统对把握土地资源发展与变化，摸清土地资源家底等动态信息管理，提供了高效和科学的手段。

最近几年，我国的海洋地理信息系统的研究和应用得到了大力发展，特别是在海洋渔业资源管理和海岸带管理方面得到应用推广。

2. 空间信息产业发展

中国地理信息产业市场的三大主体——政府、企业和公众，对地理信息及应用服务的需求在日益增长。地理信息越来越成为政府管理与决策的重要信息，电子政务建设已成为我国政府信息化建设与发展的主要内容，巨大的政府需求将成为推动中国地理信息产业发展的重要动力。交通、电力、电信等大型企业基础设施管理对地理信息技术与数据资源的应用需求不断增大。公众信息服务方面，位置服务、汽车导航、教育、娱乐、咨询等信息服务业方兴未艾。

在大型地理信息系统软件方面，国产地理信息系统软件不仅在科研、教学等

218

领域广泛应用，还在测绘、国土、电信、城市建设等重大领域的信息化中发挥了推动作用，建成了一批实用的大型软件系统。经初步统计，国产 GIS 软件在应用工程和服务市场的份额已占一半以上，已稳定占领空间数据加工生产行业和中小城市土地管理行业；在电力、通信行业，国产软件也占有超过半数的份额。与国外软件的竞争几乎扩展到所有领域，网络环境下地理空间信息服务是地理空间信息集成应用的另一个亮点，近几年取得可喜的进展。

在移动空间信息服务方面，移动定位服务和交通导航服务是两个主要生长点。导航定位服务将成为我国地理空间信息产业的一个高速增长点。卫星导航产业发展迅速，据估计今后数年内仍然可能以超过 26% 的年平均增长率发展。中国已将卫星导航产业列为重点发展产业：卫星导航应用作为重点项目列入"十二五"计划；科技部结合智能交通系统将卫星导航应用列入重要组成部分；国家发改委和科技部将卫星导航定位列为 6 个高科技产业化的重点领域之一。

第9章 地理学高等教育

学科的发展依赖人才，而高等教育是学科人才培养的基地和重镇，地理学概莫能外。我国地理学高等教育肇始于20世纪初，至今已有长足的发展，但与发达国家比较仍有差距。本章介绍发达国家地理学高等教育近况，回顾我国地理学高等教育的发展，并分析其现状，展望未来。

9.1 发达国家地理学高等教育近况

发达国家高度重视高等学校地理学教育。例如，地理学被确定为美国高校教育核心课程。地理学的从业人数和社会地位有了明显的提高，这一切又反映到学生的专业选择上。1986~1994年，美国主修地理学的本科生数目增加了47%，有博士学位授权的地理系增加了60%；1985~1991年，地理学研究生注册人数增加了33.4%，而社会科学方面只增加了15.3%，环境科学则减少了5.4%（Rediscovery Geography Committee，1997）。

国际上大学地理学本科生教育发生了显著的变化，特以英国剑桥大学和美国佐治亚大学的地理学本科教学计划为例，管中窥豹，可见一斑。

9.1.1 剑桥大学地理学院本科生教学计划

剑桥大学的地理学本科生课程包括范围广泛的讲座、实践课程和野外课程，组成一个为期三年的完整课程体系，每年年底都有考试，修完即获得地理学荣誉学位（Tripos）。

一些大学倾向于连续不断的考评，另一些大学则侧重最终结果，荣誉学位制度实际上是二者的均衡。每次考试都是独立的，每年年底都有单独的结果而不是平均结果。这意味着很容易将一门课程与其他课程联系起来，因而可以在年度之间调整学位方向。

无论是一直在剑桥攻读地理学位，还是攻读了其他学位的部分课程；无论学习地理学一年、两年还是三年，都可以学习整个本科教学中开设的各种地理课程。

正如剑桥的所有学科一样，地理学涉及高校教学的方方面面。每个学院都有其教学主管指导学生的学习进程，确保与课程前沿同步。各学院的教学是合作而不是竞争：每个人都可能发现课程的不同部分存在某种困难，学生可以通过倾听他人的意见而受益良多。为此，学院的教学以导师为核心，指导学生分组讨论某一论题。

通常要求学生在每一次讨论前完成一篇文章，这是一种很有价值的训练。这种文章不计入期末考试，这意味着还可以作进一步探索，可以超越教学大纲作进一步的阅读，努力提出自己的想法，得出自己的结论。导师由该领域的专家担任，任何学院都不会对此加以垄断，因此学生可以期望得到来自不同学院导师的指导。这样，不仅有机会接触研究前沿的问题，还可以接受不同教学风格、思想和见解的熏陶。

1. 第一年

要学习 6 门课程，它们皆对应于后续学习的主流课程。在这个阶段没有选择余地，每个人都需要开始于同样的基础知识，以便在第二或第三年进行更进一步的学习。2006～2007 学年修订的课程纲要如下。

人、空间与地理差异：全球化——全球金融和全球文化，后福特主义和世界新秩序，社会地理——福利和不平等，全球城市的影响。

历史地理：欧洲和"世界体系"——发展差距的文化和历史地理，欧洲中心的现代化，多样性和分化：殖民主义和北美土著社会，殖民地和亚非周边建立的帝国。

社会、环境与发展：现代环保运动的出现和演变，环境经济学的概念和实际问题，发展和全球不平等，资源的生态概念——以森林利用为例。

环境过程：大气过程，水文过程，海洋过程，生态过程——植物，动物和生态系统。

环境变化：第四纪环境变化的时间尺度，冰冻圈与环境变化，大气圈与环境变化，海洋与环境变化，大地构造与环境变化。

技能与方法：包括讲座、实验室和计算机实习、野外考察，并涉及以下方面：数值方法，调查和访谈的方法，文本和档案资料调研方法，空间数据（地理信息系统和遥感）采集和分析方法，认识自然环境的野外工作、实验室和室内研究技能。

2. 第二年

第二年可开始专门化学习，但希望学生仍然保持对整体学科的兴趣。必须选择 4 门课程，其中对应于人文地理组和自然地理组都必须至少有一门。还必须写一篇关于地理学思想和方法的文章，以第一年的学习为基础，以开卷考试的方式提交。此外，还要开始毕业论文的准备。第二年的课程如下。

地理学思想和方法：通过开卷考试评估——自然科学、社会科学和人文科学的哲学；通过实际练习评估——每年不同，包括诸如自然地理学的野外和实验室方法，人文地理学的调查、访谈和定性方法，历史资料的地理分析，地理学定量技术等主题。

所有学生都将参加为期一周的野外（实地）课程。最近的地点包括：克里特岛，马略卡岛，马耳他，阿尔加维，摩洛哥和西班牙东南部。需提交野外实习报告，并成为第二年评估的一部分。学生自己负担这些课程的费用。

人文地理学组的课程：城市；了解经济——当代资本主义地理学；发展；地理与公共政策；文化和社会。

自然和环境地理学组的课程：地球观测；冰川过程地貌和沉积；环境灾害；流域系统；生物地理学和生物地貌学。

3. 第三年

在第三年可以选择自己所喜欢的任何课程组合，可以进一步专门化，也可以维持整体学科的某种平衡。必须从这一特定学年所提供的课程中选择 4 门，还必须在研究的基础上撰写一篇不少于 8000 字不超过 10 000 字的毕业论文，据自己的专长选择其论题。

第三年提供 15 门课程，每年有所不同。近年来提供的课程举例如下。

英国的重建：战后英国的地理变化——理论思考，工业、经济和社会的重建，国家和政治干预：英国的新生。

新欧洲：作为地方的欧洲，联盟和阻力，包容和排斥，城市再构想。

社会与自然：自然的原始文化构建，太平洋的自然构建，非西方文化中的自然，自然的当代文化构建。

撒哈拉以南非洲的国家、土地和资源：国家和政治文化，土地的政治生态，非洲森林——国家、腐败和争夺，国家与社会。

拉丁美洲和南亚：民族、国家形成和领土，社会运动和公民社会，土著人群，当前的发展问题。

艾滋病大流行的历史地理学：自然，意义，社会关系，欧洲历史人口学，婚姻和家庭形成，死亡率状况，人口变迁理论——当前状态。

北极地区人文地理：斯堪的纳维亚，西伯利亚和俄罗斯北极，加拿大北极。

河流系统：河道形态和进程，河流动力学和管理，河流系统模拟。

环境、政策与社会：环境政策——概念问题，当代环境问题。

大尺度海岸系统形态动态：沙质海岸的形态动态，屏障岛屿和三角洲复合体的形态动态，珊瑚礁的形态动态。

火山学：喷发及其产物，喷发记录，地球系统中的火山活动，火山风险管理。

冰川环境：块体平衡、水文和冰盖动态，海洋环境中的冰盖沉积，冰盖动力学。

第四纪环境：第四纪气候波动，景观发展，北大西洋地区的第四纪变化，第四纪环境重建。

9.1.2 佐治亚大学地理学系本科生教学计划

佐治亚大学地理学本科分为以下三个主要方向。

1）人文地理学：结合经济和文化地理，探索人与自然环境的关系，探究塑造人类的广泛社会模式。

2）自然地理学：研究塑造地球表层及其上生命的自然过程，地球表层及其某些部分的自然特征。

3）地理信息系统（GIS）：将计算机程序与通常在地图上可见的特征（如公路、城市边界、水体）联系起来，并提供通常在地图上表现不出的相关信息，如路面类型、人口、农业类型、植被类型、水质信息。地理信息系统是一个独特的信息系统，其中可将各个独立的观测在空间上相互参照。

该校地理学本科教育提供文学学士（AB）和理学学士（BS）学位的课程。追求理学学士的学生通常对地球科学、地形、天气/气象、气候变化、植物地理或相关课程感兴趣。追求文学学士的学生则对国际发展、人口和人口特征、移民、城市研究、全球化及有关问题感兴趣。

1. 一、二年级核心课程

领域Ⅰ：自然地理学导论，天气与气候学导论，地貌学导论。

领域Ⅱ：人文地理学导论。

领域Ⅲ：学生必须修满 18 学分的相关课程，这关系到进一步的高级地理课程（在某些情况下还是其先决条件）。这些课程必须包含：①基础统计学或地理数据分析；②解析几何与微积分；③个人计算机导论或计算科学导论或计算与编程导论；④两门实验课程，领域Ⅰ、Ⅱ之外关于生物、化学、地理学、地质学或物理学的课程（在相关院系开设）；⑤学生如果已在其他院系修完上述①、②、③项，18 学分的其余部分可考虑自然人类学、生态学、化学、计算机科学、地理学、地质学、数学、物理学或统计学的基础课。

2. 三、四年级核心课程

三、四年级的学生必须修满 24 学分的地理专业课程，涉及地图学与制图，至少两门自然地理学课程（详下），至少一门人文地理学课程（详下）。选修四门高等地理学课程，其中至少两门选自四年级开设的有关地理学和地理技能的课程（详下）。

自然地理学课程：普通地貌学，流水地貌学，喀斯特和干旱区地貌学与环境变化，第四纪全球环境变化，埃及的环境，自然地理学野外和实验室方法，佐治亚水文、地质和土壤，国际森林管理，自然资源现场研究，气候学，天气分析与预报，大气圈灾害，大气圈热力学，大气圈动力学Ⅰ，大气圈动力学Ⅱ，气象气候学概要，天气预报研讨班，卫星气象/气候学，物理气候学，城市环境应用气候学，中尺度雷达气象/气候学，环境小气候学，大气科学专题，大气科学中的合作研究，生物地理学，山地生态学概论，生态生物地理学，植物地理学，亚热带山地生态学，保护生态学与资源管理，热带美洲农业生态学，热带美洲农业生态学野外考察。

人文地理学课程：经济地理学导论，城市地理学概论，人权地理学，食物商品地理学，定量研究方法概论，区位分析，高等经济地理学，高等城市地理学，人口地理学，产业地理学，城市与区域发展，发展地理学，性别与地理学，农业食物产业化，雅典城市的食物采集和服务学习［Athens Urban Food Collective（AUFC）and Service Learning］。

区域地理课程：全球经济中的非洲，亚热带山地生态学，非洲次撒哈拉区域地理，拉丁美洲地理，中国地理，东南亚地理，欧洲地理，区域分析专题。

地理信息科学：地理学实习，空间分析导论，数量分析方法概论，地图设计和生成，航空摄影与影像解译，环境遥感，地理信息科学，地理信息系统在农业中的应用，运输建模与地理信息系统，地图学可视化方法，高级图像解译与影像测量，地理空间分析，高等地理信息科学，地理信息科学编程。

其他高等课程：区域分析专题，独立研究选题指导，文献阅读和课题设计指导。

实习和独立研究，学位论文。

9.2 中国地理学高等教育的历史回顾

9.2.1 新中国建立前

中国大学的地理教学始于19世纪末，其标志是张相文在一些学校讲授西方地理学。1902年京师大学堂师范馆开设历史地理专业（后称史地部、史地系）；

1913 年，北京高等师范学堂建立史地系；20 世纪 20～30 年代，先后在一些高校建立地理系，如北京师范大学（1928）、中山大学（1928）、清华大学（1929）等先后设置了归属理科的地理系，初步建立起了现代地理教学体系。到 1949 年，全国共有地理系 20 个左右。当时许多地理系的教师都曾留学欧美，教学体系基本反映西方国家两次世界大战时期的地理学。学科规模不大，各地理系教员与学生均不多，教员除教学外，限于经费与条件，科研与考察工作难以开展。学生毕业也多以地理教学为主。

这时期的培养模式基本是学习欧美的综合模式，学生不分专业，培养的人才虽各有专长，但多以综合性见长。中国地理学界老一代学术领军人物都是 20 世纪 30～40 年代在这一模式下培养起来的，如黄秉维、林超、周立三、周廷儒（中山大学），任美锷、吴传均（东南大学/中央大学），施雅风、陈述彭（浙江大学）。1952 年中国高校地理教学进行院系调整之后，自然、经济、人文及区域地理平衡发展，综合取向的局面开始改变。

9.2.2 20 世纪 50～60 年代

为了培养大规模经济建设所需要的建设人才，1952 年大学按苏联模式进行了大规模的院系调整，一些综合大学建立了地理学系，各大区和省的师范院校中也普遍设立了地理系。本科生分专业培养，加强数理化与自然科学基础，增加实践机会，使地理学人才的培养有了显著发展。

受当时占统治地位的意识形态影响，各高校对西方经济、人文地理学采取批判态度，一些原来从事经济、人文地理教学与研究的教员转向自然地理学；又由于当时各地理系师资力量比较缺乏，不能同时开设所有专业，各高校大都先设立自然地理专业。在课程方面，基本照抄苏联的教学计划，数、理、化课程及全校性公共课程增加，学生在低年级课程过多，学习负担过重。课程内容描述多而理论弱，内容庞杂，系统性不足，需要进行地理教学改革。某些课程（如一年级的天文课）被取消，区域地理课的内容与学时被减少；但同时又增加了一些专业课的学时。这就推动了各校地理系开设部门地理专业与专门组，专业学习的对象趋于明确、集中、具体，数、理、化学习要求高，学时多，导致区域地理课程学时进一步减少。

大学明确区分综合大学和师范大学，前者主要培养理论研究与应用人才，后者以从事地理教学为主。人才培养方式上，师范大学设地理教学专业，课程内容承袭综合的传统，部门地理和区域地理内容相对均衡。综合性大学按地理学的分支分别设置自然地理、经济地理、地图、地貌、水文等专业，而人文地理学被取消。1966 年起全国范围内开展的"文化大革命"，使大学地理教学几近湮灭。

9.2.3　20 世纪 70 ~80 年代

20 世纪 70 年代初期，各高校开始招收工农兵大学生。当时黄秉维先生向北大转告竺可桢先生的意见，北京大学地理系可以培养环境保护方面的人才。北大地理系遂于 1973 年在自然地理专业基础上开始设立环境保护方向本科生专业，接着又在经济地理专业基础上办起城市规划方向的本科生专业。1975 年 3 月，一些教员通过北京大学与部委联合办学习班的形式，在国内介绍遥感技术在地理学方面的应用，从而为我国地理系开辟了以环境保护、城市规划与遥感应用等为主要内容的应用地理学领域。

1977 年中国恢复中断 10 年之久的高考。1978 年春季，"文化大革命"后第一批通过高考选拔的大学生进入高校，大学地理教学由此开始在全国蓬勃发展。20 世纪 80 年代，除城市规划、环境保护、遥感应用成为地理学的重要应用领域之外，国土整治研究、资源调查评价等也相继展开。同时，新技术（计量地理、遥感技术、地理信息系统）被大力引进，人文地理学也开始复兴，我国高校地理教学进入多元化发展的新阶段。

9.2.4　20 世纪 90 年代后

到 20 世纪 90 年代，中国地理学又出现房地产、旅游地理、区域开发等方向，这些应用方向有的以专业形式培养人才，有的则以专门组形式存在。各地理学分支广泛应用在资源开发、环境保护、城市规划、土地管理、旅游规划等方面。地理信息系统得到迅速发展，社会对地理信息系统人才的需求旺盛。地理学应用方向的扩展使各校地理系学生的构成发生较大变化。按应用地理方向命名的专业对考生有更大的吸引力，报名应用方向的学生超过了基础研究方向的学生。

1997 年教育部对中国高等教育本科生专业目录进行修订，对原来地理学科下各个专业进行整理与归并。1998 年开始，分别设置了以基础理论为本的地理科学专业，统一各应用方向的资源环境与城乡规划管理专业，并增设了以新技术为主导的地图学与地理信息系统专业。教育部对地理学类三个专业的设置，在很大程度上影响到地理学不同专业本科生招生与培养。

地理学研究生培养也形成了自然地理学、人文地理学、地图学与地理信息系统三个专业为主的学位结构。

9.2.5　进入 21 世纪

进入 21 世纪，中国大学地理教学既迎来了很好的发展机遇，也面临着严峻的挑战。市场经济和以遥感、地理信息系统和 GPS 为代表的地理信息科学和技术的迅猛发展，为地理学各专业提供了更有力的研究手段，开拓了更广阔的研究领域，同时也为学生就业提供了良好的前景。很多高校适时调整课程设置和招生规模，很大程度上满足了当时的社会需求。

同时，在实践中也暴露出专业设置和管理上的一些问题。例如，地理科学专业的目的性和应用性欠鲜明，资源环境与城乡规划管理专业覆盖面过宽，就业途径不明确，地理信息系统专业扩张过大、过快，已露出供大于求的端倪。

9.3　中国地理学高等教育现状

9.3.1　近年来的发展

1. 地理教学规模显著增长

随着高等教育规模的扩大，全国各专业的学生人数迅速增长，地理学专业也不例外。据不完全统计，2002 年中国招收地理学各相关专业本科生的高校达 106 所，招收专科生的高校有 103 所（史培军等，2003）。仅山东省就有 20 所高等院校开设地理科学、地理信息系统、资源环境与城乡规划管理等地理学类本科专业。这些高校，既有综合性大学和师范院校，也有农、林、水、矿、地质、财经、测绘、建筑及旅游等类院校。

截止到 2007 年，全国共有 131 所高校（不含专科和部分"二本"）设有地理科学专业，其中包括 14 所教育部直属高校，按高校所在地区统计的地理科学专业数量见表 9-1。全国共有 163 所高校（包括 22 所教育部直属高校，不含专科和部分"二本"）设有资源环境与城乡规划管理专业，按高校所在地区统计的数量见表 9-2。全国共有 161 所高校（含 38 所教育部直属高校，不含专科和部分"二本"）设有 GIS 专业，按高校所在地区统计数量见表 9-3。同时设立这三个专业的高校共有 53 所，见表 9-4。

表9-1　各省级行政单元设立地理科学专业的高校数量

省（自治区、直辖市）	数量	省（自治区、直辖市）	数量
安徽	5	浙江	2
北京	4	贵州	6
福建	3	四川	5
甘肃	2	云南	4
广东	6	西藏	1
广西	3	陕西	5
河北	6	上海	2
河南	7	江苏	8
江西	4	天津	1
辽宁	2	海南	1
内蒙古	4	黑龙江	5
青海	1	湖北	6
山东	11	湖南	7
山西	5	新疆	4
吉林	9	重庆	2

表9-2　各省级行政单元设立资源环境与城乡规划管理专业的高校数量

省（自治区、直辖市）	数量	省（自治区、直辖市）	数量
安徽	5	宁夏	1
北京	7	江苏	15
福建	9	重庆	3
甘肃	4	吉林	4
广东	7	浙江	8
广西	2	湖南	9
贵州	3	湖北	8
西藏	1	新疆	3
江西	6	海南	1
辽宁	3	河北	7
内蒙古	4	河南	9
青海	1	黑龙江	5
山东	11	上海	2
山西	5	四川	7
陕西	5	天津	2
云南	6		

表9-3 各省级行政单元设立 GIS 专业的高校数量

省（自治区、直辖市）	数量	省（自治区、直辖市）	数量
安徽	4	山西	4
北京	11	陕西	6
福建	5	四川	8
甘肃	4	天津	1
广东	8	吉林	7
广西	2	上海	4
贵州	4	重庆	4
河北	8	江苏	17
河南	10	浙江	4
黑龙江	3	湖南	9
江西	5	湖北	9
辽宁	2	西藏	1
内蒙古	2	新疆	3
宁夏	1	云南	4
山东	11		

表9-4 设立地理学全部专业的院校

综合性大学	师范院校	其他院校
北京大学、南京大学、武汉大学、中山大学、浙江大学、吉林大学、兰州大学、广州大学、河南大学、湖北大学、南通大学、宁波大学、西藏大学、西南大学、新疆大学、聊城大学、鲁东大学	北京师范大学、华东师范大学、华南师范大学、东北师范大学、福建师范大学、山东师范大学、山西师范大学、上海师范大学、广西师范学院、贵州师范大学、哈尔滨师范大学、河北师范大学、湖南师范大学、淮阴师范学院、辽宁师范大学、西华师范大学、四川师范大学、太原师范学院、天津师范大学、西北师范大学、内蒙古师范大学、信阳师范学院、徐州师范大学	成都理工大学、河南理工大学、浙江林学院、中国地质大学、中国矿业大学、中南林业科技大学、苏州科技学院、闽江学院、内蒙古科技大学、南京信息工程大学、石家庄经济学院、湖南科技大学、南京晓庄学院

2. 地理专业课程体系渐趋完善

目前地理学专业课程体系主要由公共必修课、专业基础课、专业课等几部分组成。

第一类为公共必修课。它是教育部或地理学专业所在高校指定的必修课程，包括政治理论、外语、体育、高等数学和计算机基础等。公共必修课通常由学校其他院系教师讲授。公共课虽然不一定同地理学专业有直接联系，但它是培养德智体全面发展人才，为进一步学习提供方法论不可缺少的课程。

第二类为专业基础课。是指与地理学专业知识、技能直接联系的基础课程，课程设置的目的是为大学生掌握本专业知识和技能打好基础，增强学生适应性。对于地理学专业的学生来说，这类课程可概括为三种。第一种为地学基础课程，如地球科学概论、自然地理学、经济地理学、环境与生态科学、城市与区域科学等；第二种以计算机课程为主，包括计算机概论、程序设计语言、算法及数据结构、计算机图形学基础、数据库概论等；第三种为学习本专业需要的数学基础课程，如线性代数、离散数学、概率论与数理统计、计算数学、数理方程。也有人把第三种专业基础课中数学的部分课程认为是公共必修课的课程。一般综合性大学注重第三种课程设置，理工类高校设置第二种课程较多，而很多师范类高校明显注重第一种课程。

第三类为专业课程。主要为培养地理学专业人才而设置，又分为必修课与选修课。专业必修课是指地理学专业必须学习掌握的课程，通常仅有几门。专业选修课是指地理学专业的学生根据专业的培养要求与自己的需要有选择地学习的课程。它有利于地理学专业学生拓宽专业知识面与应用技能，并为发展特定方向的研究能力奠定基础。各种类型的高校根据自己的专业特色设置不同的课程。

表9-5列出了部分高校的地理类的专业及其专业基础课、专业课的设置。

表9-5　部分高校的专业及专业课程设置情况（2006 年）

学校	院系	专业	主要专业课程
北京大学	城市与环境学院	地理科学	自然地理学概论、地貌学、地貌学野外实习、遥感基础与图像解译原理、生态学与环境变化、自然资源学原理、地理信息系统概论、地球概论、气象气候学、地图学、水文与水资源学、生物地理学、植物学与植物地理、土壤学与土壤地理、植物土壤实习、中国自然地理、自然地理专业实习、综合自然地理学、经济地理学、人文地理学、环境演变与全球变化、海洋学、计量地理学、区域分析与区域地理、自然保护学、土地评价与管理、流域综合规划与管理、地理学思想史
		资源环境与城乡规划	自然地理学概论、生态学与环境变化、遥感基础与图像解译原理、自然资源学原理、地理信息系统概论、人文地理学、经济地理学、城市地理学、产业地理学、城市经济学、城市社会学、城市规划原理、人文地理专业实习、区域分析与区域地理、计量地理学、社会地理学、交通地理学、区域规划、中国地理、环境学基础、城市生态学、人文地理学研究方法、文化地理学、人口地理学、世界地理、历史地理学、中国历史地理、地图学、营销地理学、乡村地理与乡村发展、政治地理学、地理学思想史

续表

学校	院系	专业	主要专业课程
北京大学	地球与空间学院	地理信息系统	地球科学概论、环境与生态科学、城市与区域科学、地理科学概论、地学数学模型、算法及数据结构、程序设计语言、计算概论、计算机图形学基础、数据库概论、软件工程原理、测量与地图学、遥感概论、遥感应用、遥感数字图像处理、遥感图像处理实验、导航与通讯基础、GIS 概论、GIS 设计和应用、网络基础与 WebGIS、GIS 工程、数字地形模型、数字地球
北京师范大学	地理学与遥感科学学院	地理科学	地质与地貌学、气象学与气候学、植物地理学、人文地理学、资源与环境科学导论、地理信息系统、遥感概论、土壤地理学、生态学、水文学、全球变化、第四纪环境、地表水热平衡、自然地理实验分析方法、地学统计、综合自然地理、自然地理学
		资源环境与城乡规划	地质与地貌学、气象学与气候学、植物地理学、人文地理学、资源与环境科学导论、地理信息系统、遥感概论、经济学基础、文化地理学、区域分析与规划、城市地理学、人口地理学、世界地理、政治地理学、房地产评估
		地理信息系统	资源与环境导论、地质学与地貌学、气象学与气候学、环境学、植物地理学、人文地理学、地理统计、地理文献阅读与写作、测量与地图、数据结构、计算方法、数据库概论、计算机图形学、遥感概论、图像理解与分析、数字图像处理、资源与环境遥感、定量遥感、3S 应用、地理信息系统原理、GIS 软件分析、高级 GIS 专题、数字地面模型
中山大学	地理科学与规划学院	地理科学	测量与地图、普通地质学、地貌学、气象与气候学、水文学与水资源、土壤地理学、生物地理学、综合自然地理学、人文地理学、近岸海洋环境动力学、河口海岸学概论、水化学与水质分析、化学地理学、海洋学概论、土地管理信息系统、土地利用与规划、土地资源学
		资源环境与城乡规划	测量与地图、遥感与地理信息系统、人文地理学、经济地理学、城市地理学、旅游规划原理、工业地理学、交通运输地理学、地理信息系统、区域分析与规划、项目策划与可行性研究、城市规划原理、城市地理学、区域分析与规划、人文地理学、旅游地理学、项目策划与可行性研究
		地理信息系统	地图学、地图投影、地图设计、遥感与地理信息工程、普通物理学、自然地理、地学遥感应用、数据库原理、操作系统、数据结构、测量学、遥感概论、数字图像处理、计算机图形学、地理信息系统概论、GIS 应用软件设计、GIS 工程设计、城市 GIS

231

续表

学校	院系	专业	主要专业课程
兰州大学	资源环境学院	地理科学	自然地理学、经济地理学、GPS与地图学、遥感技术概论、生态学与陆地生态系统、城市地理学、GIS开发……
		资源环境与城乡规划	建筑学、工程规划、城市规划原理、城市学、生态学、地理信息系统（CAD制图）、区域规划、旅游规划……
		地理信息系统	测量学与全球定位系统、遥感数字图像处理、地理信息系统开发、计算机图形学、程序设计、软件工程……
华东师范大学	资源与环境科学学院	地理科学	地理科学导论、环境科学导论、地球科学概论、现代地貌学、气象学与气候学、土壤与植被系统、水文与水资源、人文地理学、区域科学基础、城市地理学、资源与环境管理、中国自然地理、中国经济地理、计算机语言、空间统计分析、区域与环境系统建模、GIS概论与应用、遥感概论、地图学、普通物理学、计算方法、全球环境变化、软件工程与GIS设计、城市环境过程
		资源环境与城乡规划	环境科学导论、地球科学概论、现代地貌学、气象学与气候学、土壤与植被系统、水文与水资源、人文地理学、区域科学基础、城市地理学、资源与环境管理、中国自然地理、中国经济地理、计算机语言、空间统计分析、区域与环境系统建模、GIS概论与应用、遥感概论、地图学、经济学原理、管理学、城市规划原理、区域分析与规划、产业与交通规划
		地理信息系统	地理科学导论、环境科学导论、计算机网络、现代地貌学、气象学与气候学、土壤与植被系统、水文与水资源、人文地理学、区域科学基础、城市地理学、资源与环境管理、中国自然地理、中国经济地理、计算机语言、空间统计分析、区域与环境系统建模、GIS概论与应用、遥感概论、地图学、普通物理、计算方法、计算机地图制图、软件工程与GIS设计、信号与遥感图像处理
西南大学	地理科学学院	地理科学	地球概论、测量与地图学、基础地质学、气象与气候学、水文学、地貌学、土壤地理学、植物地理学、中国自然地理、世界自然地理、中国经济地理、世界自然地理
		资源环境与城乡规划	测量与地图学、经济地理学、自然地理学、人文地理学、城市规划原理、区域规划学、城市公用设施规划……
		地理信息系统	测量学、自然地理学、地图学、遥感概论、经济地理学、地理信息系统、计量地理、面向对象的程序设计、数据结构、数据库原理与应用、计算机图形学、空间数据组织与管理、遥感数字图像处理、地理信息系统设计与开发、空间分析、计算机网络程序设计

3. 面向应用领域的相关专业大发展

除地理学三个专业外，相关的其他专业也得到迅猛发展，如环境科学专业和环境工程专业、城市规划专业、土地管理专业、旅游管理专业等。这些专业在教育部的本科专业目录上不属地理学类，但都需要开设地理学课程，实际上也有很多地理院系设立这些专业。

4. 实践教学发展不均衡

地理学是一门"经世致用"的学科，也是只有在实践中才能学好的学科。部分高校十分重视地理科学各专业实践课程的设置，在教学计划中独立列出实践类课程并占有一定比例的必修学分。例如，北京师范大学本科教学计划中，地理学基础课一共 42 学分，其中明确列出地质与地貌野外实习、气象与气候学实习、植物土壤野外实习、人文地理野外实习以及"3S"综合实习等 5 门实践课程共 8 学分，占学科基础课总学分的 19%；此外还有实验、短途实践和实习活动。河南大学地理科学专业本科教学计划中，实践性教学环节共占 26 学分，包括专业实习、毕业论文、专项学分和国防教育等，占毕业要求总学分 169 分的 15.4%。然而，相当一部分学校对实践教学的重视程度、学分要求、经费投入、师资投入等皆不足或捉襟见肘。

5. 高校教育大众化

随着高等教育规模的扩张和入学率的增长，高校教育已趋于大众化，地理学各专业也不例外。前述地理类各专业大大扩张的招生数量中，仅有很少一部分受到所谓"精英"教育，绝大多数都按适应就业需求的大众化模式培养。但也要看到，很多地方高校由于师资和其他条件的改善跟不上招生规模的扩张，教育质量受到不同程度的影响。

9.3.2 主要问题

钱学森晚年思考最多的是中国人才培养问题，他指出：中国还没有一所大学能够按照培养科学技术发明创造人才的模式去办学，都是些人云亦云、一般化的，没有自己独特的创新东西；别人说过的才说，没说过的就不敢说，这样是培养不出顶尖帅才的（钱学森，2009）。钱老曾感慨道：回过头来看，这么多年培养的学生，还没有哪一个的学术成就能跟民国时期培养的大师相比。

民国 38 年间，全国共有 25 万人获得大学毕业证书，平均每年不足 7000 人；

而仅 2008 年全国毕业的大学生就达到 559 万，大约是民国时期培养规模的 800 倍。然而，民国时期大师辈出，如自然科学领域的杨振宁、李政道、钱学森、吴文俊、黄昆、叶笃正、刘东生、谷超豪，社会科学领域的大师更多。国家最高科学技术奖自 2000 年设立以来，共有 16 位科学家获奖，其中有 12 个都是 1951 年前大学毕业的。中国地理学大师如张相文、竺可桢、张其昀、胡焕庸、黄秉维、任美锷、林超、周立三、周廷儒、吴传均、施雅风和陈述彭等也都是在民国时期成名或接受高等教育的。新中国成立 60 多年来，虽然高等教育的变化翻天覆地，但很少培养出这样的大师。其中的原因很复杂，这里只分析当前高校地理学本科教育中存在的问题。

1. 专业设置有待改善

现行教育部本科生专业目录实行以来促进和规范了地理类各专业的发展，但随着形势的变化也出现一些问题。

地理科学、资源环境与城乡规划管理、地理信息系统三个专业的设置，似乎分别指向地理学的理论、应用和方法，但本科生应该受到所有这三方面的训练，这样分设反而有违"宽口径"的初衷，也不符合专业设置的逻辑。

地理科学专业的目的性和应用性欠鲜明。综合大学和师范院校都设立地理科学专业，但两类学校有很大差别。综合大学的地理科学专业旨在培养基础研究人才，但并非所有毕业生都能从事基础研究，多数学生还需面向应用。而目前的专业定位，既使要从事基础研究的学生口径太宽，不能与硕士研究生的专业衔接；又使要以应用能力就业的学生缺乏明确目标和技能。师范院校的地理学本科生应该有广泛的地理学基础知识，目前兼顾自然地理学、人文地理学和地理信息科学的地理科学专业定位比较符合这个要求，但又需要加强教育、教学、教法方面的理论、知识和能力培养，正确的专业定位应该是"地理学（教育）"。

资源环境与城乡规划管理专业覆盖面过宽，涉及领域过广，很难获得社会的认同，培养的学生也很难与就业部门对口。

地理信息系统专业在名称上并不完善，未能涵盖地图学、遥感等地理学知识领域，应该称"地理信息与遥感"专业。此外，近年来专业点扩张过大、过快，招生人数增长超越现实需求，已露出供大于求的端倪。

2. 学科根基需要坚守

很多高校地理类专业的发展目标过分重视所谓"短平快"需求，学术基础不够清晰，发展方向显得混乱，地理学的根基有所削弱。地理院系更名成风，近年来虽有所归根，但多数仍然追逐"时尚"，不记根本。一些大学的地理学院系不仅改名，也改变了学术方向。在派生出"环境"、"资源"、"城市"、"旅游"、"房地产"、"规划"、"管理"等应用方向的同时，主流学术方向却显著弱化，空间、时间、地方（和区域）、尺度、系统、景观、人与自然、全球化、发展、风险等地理学关键论题（Cliford et al.，2009）和基础理论的教学有所淡化。一些高校的地理教学定位不够恰当，过多地注意了应用方向和培养实际应用型人才，对基础科学方向和培养科研创新型人才重视不够。

农林、地矿、财经、工程等院校也纷纷开设地理类专业，此类专业点亟须加强地理学知识、理论和方法的基础。

3. 人才培养缺乏特色

地理学论题和方法都呈多样化趋势（蔡运龙，2009），这既是地理学综合性和区域性优势的发展结果，也适应了社会需求的多样化。关键在于驾驭这种多样性而不是被其淹没，这就需要不同层次、不同性质和不同地区的高校都要有自己的特色定位。但目前高校地理教学结构体系比较单一，课程结构趋同，培养目标也趋同，不能满足社会的多样化需求。而且课程什么都顾（everything），结果是什么都顾不了（everything means nothing）。

高校地理学教育既需要培养研究型人才，也需要培养应用型人才；既需要培养教学与科研人才，也需要培养决策与管理人才；既需要培养自然地理学人才，也需要培养人文地理学人才，还需要培养地理信息科学技术人才。地理学人才既可以成为精英式的杰出开拓者，也可以是平实的普通工作者。地理学的人才结构应该是多方面、多层次的，不同高校应该因地制宜地针对不同需求形成自己的人才培养特色。

4. 课程体系尚待革新

目前中国高校地理学课程体系大致相当于发达国家 20 世纪 80 年代的框架，远未反映出当代国际地理学的发展水平，与国际地理学思想和方法上出现的"人本的科学地理学"和"科学的人本地理学"及多样化趋势（蔡运龙，2009）相隔膜，对当代地理学的核心概念和科学前沿、当前国际地理学主要发展方向和重点研究领域的成果反映不足。

目前的课程设置重视应用，理论基础有所削弱。近年来，为迎合眼前的社会需求，学校课程设置加强应用取向，应用方向也呈现多元化，除出现了不够规范的问题外，理论基础和综合性人才的培养有所削弱，地理学基础课程、野外调查、实验室训练等方面显著削弱。

235

5. 教学内容更新滞后

地理学研究的新成果不断涌现，尤其在全球变化和全球化，我国社会、经济、生态急剧发展和变化的当前，新的地理学思想、方法、认识、观点、发现层出不穷。大学地理教学本应及时将这些新进展及时纳入教学内容，但由于多种原因（如教师对科研前沿的陌生，或者虽然熟悉但对教学的投入不够），目前大学地理教学内容的更新普遍不足或滞后，教材的更新也相对较慢。

6. 实践教学环节薄弱

实验、实习和实践需要经费投入，但目前经费严重不足，且分配不均衡。开设地理学类专业的众多高校，有相当数量不具备必要的实验、实习和实践条件，学生的实习和实验机会较少，影响地理教学水平。近年来开始建设一些实习基地，但分布不均衡。北京大学地理学本科生为毕业论文做准备的"生产实习"，人均经费至今维持20世纪80年代的200元，指导教师只能以自己的科研经费加以补贴，否则这种很重要的实践环节将无以为继。

7. 教师评价标准错位

大学本应以教学为本，但目前对教师业绩的评估标准却重科研轻教学，对教学的激励机制远不如科研，导致教师在教学上不愿或不能投入应有的时间和精力，大大影响了教学质量。

9.4 中国地理学高等教育的未来

9.4.1 未来社会对地理学专业人才的需求

1. 科学研究前沿对地理学人才的需求

第1章中阐述了《国家中长期科学和技术发展规划纲要（2006—2020年）》（中华人民共和国国务院，2006）中一系列与地理学有关的重大科技前沿问题。特别是全球变化（包括全球环境变化特别是气候变化、全球经济一体化、全球地缘政治结构变化）和可持续发展，是当前科学界和决策界的关注热点，也是科学研究的前沿问题。地理学家从区域响应角度来研究这些问题，"全球变化、区域挑战"，"全球着眼、就地着手"成为地理学的重要视角。全球变化研究成果应在决策中起作用，而决策者更关注的是直接与区域和地方相关的问题。因此必须重视区域综合研究，发展新的视角，清楚地界定区域和地方尺度上的科学问题，聚焦危急区、脆弱区或热点地区，正视多学科和多空间尺度的综合。

另外，在独特的区域展开对独特问题的综合地理研究，有"地利"之优势，往往能取得独特的创新成果。我国独特的区域如青藏高原、黄土高原、西南喀斯特地区、黄河流域、西北干旱区、长江流域等，不仅是国家发展中的重要地区，也是国际学术界非常关注的地区。

这些前沿研究领域需要更多的高层次地理学人才。

2. 国家社会经济发展对地理学人才的需求

由科技部发展计划司资助并委托中国科学技术促进发展中心组织有关单位完成的一项前瞻性研究结果显示：未来 10 年，中国社会经济发展将对科技产生十大需求（中国科学技术促进发展中心，2004），这十大需求都与地理学有密切关系（详见第 1 章），要求培养更多地理学人才。

3. 地理教学和咨询业对地理学人才的需求

社会对地理学人才的需求是多样化的，从地理专业学生的出路看，除在上述科研前沿领域和满足国家重大需求中大有用武之地外，至少还存在以下需求。

1）地理教育对地理科学专业人才的需求。地理教育涉及国情教育、爱国主义教育、全球意识教育、生态环境教育、可持续发展教育、传统文化教育、哲学思想教育、行为科学教育、世界观人生观教育。无论是作为普通公民，还是从业者和决策者，都需要有这些方面的素养。大众科普教育、中小学地理教育和大学地理教育都需要大批新型的地理科学教育人才。

2）咨询业发展对地理学的需求。在当代全球化和环境变化背景下，从国家到地区和企业，从生活到生产和管理，各行各业都需要地理学提供咨询，以至于在发达国家已形成强盛的地理学咨询队伍。我国这方面的需求也初显端倪，如土地利用规划、旅游规划、城乡规划、环境影响评价和生态环境规划、区域发展规划、行业发展规划、防灾减灾规划等，除研究单位和大专院校参与外，已经出现了一些咨询公司或事务所。今后，科研单位和大学应回归研究和教学，退出此类咨询，让位于独立的咨询业者。这会需要大量地理学人才。

9.4.2 地理学专业的未来

地理学的性质、核心概念以及科学和社会地位，国际地理学与高校地理教学发展趋势，中国地理学发展与高校地理教学的历史与现状，以及社会对地理学专业人才的需求，决定了中国高校地理学专业发展和人才培养的未来。

高校地理类专业的发展目标是：以国家发展需求和学科前沿为导向，以地理学基本理论、核心概念和基本方法为基础，以人才培养为中心，突出学科特色和专业特色，加强学科建设，深化地理教学改革，重视地理学基础理论、基本方法和基本技能，分类培养具有全球意识、创新能力和实践能力的高素质地理学人才。

1. 瞄准国家需求和学科前沿调整专业设置和教学计划

中国是一个地域辽阔、经济正在高速发展的大国，其自然条件复杂多样、社会进程突飞猛进，对人口、资源、环境与发展各种问题的研究，是地理学面临的国家需求和发展机遇。高校地理教育要以不断发展的国家需求和地理学前沿为导向，及时调整地理类学科的专业设置和教学计划。

2. 夯实学科基础，拓宽知识领域

任何创新和"与时俱进"都离不开一定的基础。地理学基本理论、核心概念和基本方法是高校地理学各专业发展的基础，背离这个基础，就失去了学科的独立性和存在价值。地理学各专业都要加强基本理论、核心概念和基本方法的教学；同时要加强数理基础和外语、计算机等应用能力，拓宽知识领域；要提供多样化的自主选修课程，加强实践环节和科研训练，建立野外多学科综合实习基地。

3. 突出学科特色，培养优质人才

"每所大学能够生存，能够发展，能够出名，依靠的主要是特色，而不是大"（潘懋元，2005）。高校地理学各专业首先都要突出地理学的综合性和区域性特色，使各专业发展方向更加明确。其次要在办学方式和人才培养目标上突出各自特色，避免趋同，以满足社会的多样化需求。最后，还要突出中国特色。中国地理位置特殊，景观类型复杂多样，具有良好的"地利"条件，为研究人类活动与环境的关系，为促进自然科学与社会科学的融合提供了很好的条件。这些条件是中国地理科学立足于世界学术发展前沿的独特优势，也是培养中国特色地理学人才的独特优势，要充分发挥。

中国大学教育正在从"精英型"向"精英-大众并存型"转化，地理学各专业也要同时培养学术精英和普通工作者。无论是地理学精英还是普通地理学人才，都要德、智、体、美全面发展，具备一定的自然科学和社会科学基础知识，系统地掌握地理学理论、方法和基础知识，具备在本领域发现问题、分析问题、解决问题的能力。要结合各专业的特色，培养有特色的地理学人才，在全国形成多样化的人才培养基地。

高校教学的根本目的是培养人才，因此还必须专门就此进一步探讨发展目标和战略。

9.4.3 地理学人才培养的未来

1. 地理学人才培养的目标

与所有学科一样，地理学人才的功能可概括为："究天人之际"、"经世致用"、"稻粱谋"、"修身"几个层次。地理学以其研究对象涉及自然与人文、区域与全球、普遍性（空间）与独特性（地方），研究方法兼顾分析与综合、定量与定性、逻辑与形象等的特色来发挥这些功能。高校地理学专业要培养各种层次的人才。

"究天人之际"指认知功能，即发现和认识自然界和人类社会的规律。高校地理学专业要培养能了解人类环境及其变化、人地关系格局和动态规律、空间过程和关联的人才。

"经世致用"指实用功能，地理学在当前社会所面临的一系列重大实际问题中可发挥独特的作用，这些问题包括：区域可持续发展、城市化、产业布局、资源环境保育、和谐社会建设、人类健康、全球变化、教育、公共管理等。地理学"经世致用"的领域有：企业尺度的布局、选线和市场营销，区域和地方尺度的城市政策、自然资源利用、零售营销、冲突化解，国家尺度的能源政策、经济重构与竞争力、技术危害、灾害防御、信息基础设施等方面，国际尺度上应对全球环境变化、全球经济与政治重构、技术服务与信息转让、饥荒等。高校地理学专业要培养能为解决这些实际问题作贡献的人才。

"稻粱谋"指地理学者的生存之道和地理学生的就业门路。地理学生的就业途径很广，一方面，中、小学地理教学战线接纳大量地理学毕业生，国土资源、环境保护、农业、林业、水利、城市、旅游、测绘、公共管理乃至军事、海洋等部门也为地理学毕业生提供数量可观的职位；地理学毕业生既可在管理机构和科研机构工作，也可在企业中就业。另一方面，随着地理信息系统的应用几乎推广和普及到所有领域，地理学专业毕业生的就业门路大大拓宽。高校地理学专业要培养有就业竞争力的人才。

"修身"指大学生的地理素养。地理学培养学生的资源环境意识、全球意识、空间感与地方感，以及对自然和社会的鉴赏能力。缺乏这些素养的人可称为"地理盲"，在全球化的时代，地理盲不可避免要落伍。高校地理学专业要培养有地理素养的合格公民。

地理学的社会功能也是与时俱进的，在发展中的经济社会，对自然资源和自然条件的依存度较大，所以自然地理学相对重要；在经济社会起飞阶段，经济增长和城市化是当务之急，经济地理学和城市地理学发挥很大作用；当社会进入成熟时期，"和谐"和"多样性"（"和而不同"）成为普遍追求，文化和社会地理学也大有用武之地。地理学的上述功能使得社会对地理学人才有广泛而多样化的需求。

2. 地理学的人才结构

社会对地理学的需求是多方面、多层次的，地理学的人才结构也应该是多方面、多层次的。

从地理学者群体的人才结构看，既需要"探天地之故"的研究型人才，也需要"经世致用"的应用型人才；既需要教学与科研人才，也需要决策与管理人才；既需要独领风骚的高层战略型、开拓型人才，也需要埋头苦干的基层战术型、实干型人才；既需要自然地理学人才，也需要人文地理学人才，还需要地理信息科学技术人才。地理学者既可以成为白领、骨干、精英式的杰出开拓者，也可以是平实、安分、乐天的普通工作者。

从地理学者的知识结构看，不论何种人才，既然以地理学安身立命，就要以地理学的优势和特色来培养和提高自己的能力或竞争力。但个人很难同时在地理学所涉及的广大领域都有建树。尤其在学生时期，学习范围过于广泛往往容易流于肤浅。地理学人才知识结构的关键是如何兼顾学科综合特色与个人专长（或"看家本领"）。为此，地理学人才应该具备"干"字形知识结构，其中"一横"是地理学基础理论和基本知识，另"一横"是地理学方法，两者构成地理学人才特有的认知视角、思维方式、解题方式和知识基础；"一竖"是在某一方向上的专长或深入钻研，可以多样化，是迅速适应社会需求并提高自己竞争能力的"看家本领"。

3. 地理学人才培养战略

大学本科地理学人才培养要针对地理学人才的知识结构和社会需求，也应该是多方位、多层次的。研究型大学与普通大学之间会有所区别，综合大学与师范院校不尽一致，理论与应用、自然地理与人文地理可各有偏重。都需要加强地理学基础理论和地理学方法方面，而专业方向和特色大可多样化，但要也需要规范化。

要处理好"基础"与"专长"的关系。地理学本科教育的一个主旨是奠定"宽基础",对于研究型大学来说主要是打牢和拓宽基础知识、基本理论和基本方法的基础,加强进一步深造的潜力;对于培养一般地理学工作者的大学而言,则主要是使学生有较广的适应能力,能在广泛的领域里寻求就业门路。地理学本科教育的另一个主旨是培养"专业特长",对于研究型大学来说主要是明确进一步深造和发展的方向,并初步具备在此方向上从事研究工作的能力;对于培养一般地理学工作者的大学而言,则主要是提高学生就业的针对性和竞争力,使之能很快适应社会和工作岗位的需要,自力更生。

此外,要处理好人才培养规范化与特色化的关系。只有那些有特色的大学才能在竞争中取胜。大学的特色可以表现为时代特色、地方特色、校本特色(肖海涛和向春,2007)。例如,干旱区、冰川冻土、黄土高原、中亚地理等问题的研究和教育可以成为西北地区大学地理教学的特色,喀斯特、亚热带、东南亚地理等问题可以是西南地区大学地理教学的特色;广东的大学地理教学可发挥研究香港、澳门的优势,福建的大学地理教学可加强对台湾的研究,等等。又例如,目前大学本科地理学类中有资源环境与城乡规划专业,各校可根据地方需求以及需求随时代的变化,根据本校历史传承和学术积累,分别以城市规划、乡村发展、房地产、区域规划、旅游规划、土地管理、环境保护或流域综合管理等为特色,甚至可专门到物流管理之类。"不管白猫黑猫,抓住耗子就是好猫。"但也需要规范,就课程设置而言,除通识教育的课程外,地理学基础理论和知识的课程应包括地理学导论、自然地理学、经济地理学、人文地理学、区域分析与区域地理、世界地理。地理学思想与方法课程应有地理信息学(地图、遥感、地理信息系统)、地理学思想史、地理学方法(地理推理、模拟、计算、实验等)。地理学专门方向课程则大可按照特色方向的需要设置,不妨百花齐放。当然,对其教学内容和教学质量也必须规范化(蔡运龙,2007a)。

9.4.4 对策与行动

1. 改善专业设置,明确发展方向

建议将高校"地理科学"类各专业中的"地理科学"专业和"资源环境与城乡规划管理"专业重新组合为"自然地理与资源环境"专业和"经济-人文地理与城乡规划"专业;"地理信息系统"专业正名为"地理信息科学"专业;在师范院校保留"地理科学"专业,但鉴于此专业属"地理科学"类下,不宜同

名，故称"地理学"专业。考虑到目前已有 162 所高校（不完全统计）已开设"资源环境与城乡规划管理专业"，其中包括众多非地理院系，故仍需在一定时期保留此专业。

这样的调整兼顾了基础与应用、研究型大学与师范院校、学科发展与学生就业等各方面的需求，还与研究生专业对接。实际上这样调整后的专业仍然是宽口径的，也仍然坚持了地理学的综合性和区域性，各高校可在此框架下根据自己的情况进一步明确人才培养目标和特色。

这样，高校地理科学类有 4 个本科专业：自然地理与资源环境专业，经济-人文地理与城乡规划专业，地理信息科学专业，地理学专业。

2. 拓宽基础知识，注重能力培养

高校地理学本科教育要改变把专业型人才与综合型人才截然对立的认识，实行宽口径专业教育培养模式，培养具有专门特长的综合人才，使学生在加强基础课程学习的基础上，发展具有比较优势的专业特长。低年级学生可以不分专业而按学科大类进行培养，高年级学生根据自己的兴趣、学校的条件和特色再选择专业，按专业方向分流培养。

要注重培养学生发现问题、分析问题、解决问题的能力，这里所说的"问题"包括科学问题和实践问题；提高科研型人才的理论水平和知识创新能力，提高普通型人才的实际工作能力和就业竞争力。

3. 加强学科基础，突出专业特色

改变片面追求应用、忽视学科基础的倾向，强化地理学基础理论、核心概念和基本方法的教育。在此基础上，各校要因地制宜、与时俱进地办出专业特色。

4. 改革课程体系，更新教学内容

要密切关注社会需求和学科进展，不断改革课程体系，更新教学内容。目前亟待纳入课程体系和教学内容的至少有：全球变化地理学、地球系统科学、可持续性科学、地理学思想与方法和世界区域地理。

要提供多种自主选修课程，加强实践环节和科研训练，提高教师的教学水平，改善教学方法；要保持教学和教材的系统性和科学性，突出知识的先进性与前瞻性，加强基础理论教育和基本技能培养，同时要强调教学内容的实用性。

5. 培养多种人才，满足社会需求

根据我国高等教育发展的情况，本科生毕业去向应是多出口的。本科毕业生就业的定位应以满足社会一般需求为主，而地理学基础研究与专门技术人才的培养应放在研究生阶段进行。为此需要对本科生、硕士研究生和博士研究生的培养统一规划，在不同的培养层次上确定各自培养重点，既保证本科毕业生知识技能的完整性和就业能力，又能为研究生阶段的进一步深造提供高层次人才。

社会对应用型人才的需求较大，地理学人才具有为国家和地方经济建设、生态保护、社会发展服务的能力。要进一步拓宽应用领域，既满足多样化的社会需求，又提高毕业生的就业竞争力。

6. 改善激励机制，加强师资队伍

要改变目前高校教师评价体制重科研轻教学的倾向，以充分调动教师的教学热情和积极性，激励教师积极从事教学和育人工作，多开课、开好课、开新课。同时，通过深化人事聘任制度改革，切实加强高校地理学师资队伍建设。还应该重视中小学地理教师队伍建设和知识更新。

7. 加大经费投入，改善办学条件

近年来国家加强了教育经费的投入，同时高校经费来源也多元化，地理学本科各专业的经费投入有明显的增加。但由于基础薄弱，规模又大大扩展，经费投入仍不能满足地理教学和人才培养的需要。尤其是一些新的专业点和地方院校，基本的教学设施和教学条件还有待完善。建议国家进一步加强高校教育经费投入，学校进一步拓宽筹资渠道。发达国家大学实行以科研经费"购买"教学任务，以"研"补"教"，这种平衡大学科研与教学的方式亦可借鉴。

要继续加强专业实验和实习条件的建设，均衡地布局野外综合实习基地；进一步加强地理学理科基地建设，把基地建设成为地理学家的摇篮。

第 10 章 地理学的未来

人无远虑，必有近忧。一个学科也必须不断思考其未来的走向和发展战略。关于地理学的未来，在西方地理学界一直争论不断，其理性的思考对我们大有启发。中国地理学界也不时提出未来发展方向和发展战略，多针对我国的实践需求来考虑。本章力图以学科发展趋向与社会实践需求相结合的视角来讨论这个问题。

10.1 关于地理学未来的讨论

10.1.1 "创造未来的地理学"

这是贝里（Berry，1980）就任美国地理学者协会第 76 届主席时的演讲题目。他认为，创造未来的地理学，重新评价往日创造的知识，生产新的知识，评估地理学的趋势及实现预想目标的路线图，是所有职业地理学者的共同任务。

未来是过去和现在的延续。贝里将 20 世纪的地理学归为系统地理学与区域地理学。一个结构合理的地理学机构，应该具有涵盖每一个系统分支与每一个世界区域的研究领域，一位地理学者应同时具备系统专业知识与区域专业知识。地理学在第一个四分之一世纪由哈特向《地理学的性质》为代表的区域地理学所主宰。第二个四分之一世纪则由以空间分异研究为中心的系统地理学主导。计量革命在第三个四分之一世纪中成为地理学的主要力量，同时社会激进主义吸引了许多地理学者。环境保护运动为文化与自然地理学添加了新的活力，有希望重新统一为已扩展了的生态系统概念，马克思主义地理学、行为地理学、人文主义地理学及众多的其他"地理学"，都发展了其拥护者群体。

为了创造地理学的未来，需要聚焦未来地理学的基本要素。不仅包括生命种类的保护与生存，而且包括具有文化影响的需求。这样的需求转而出现在镶嵌于社会中的价值观，即作为每一位社会成员智囊一部分的价值观，以及有助于区别不同社会思想风格、世界观与行为过程的价值观。只有这样，地理学者才能够有创造性地对环境调控、社会融合与规范的特殊模式作出贡献，并取得成功。因此，地理学已经并应该是一个创造性社会的组成部分，未来的地理学，需加强应用地理学的实践领域。

　　未来地理学实践有一些基本要求。首先，要有真实的观点。实践是学术阐述与思维的某种体现，但它也根植于更为复杂的包括公共舆论、政治管理、实践需求以及实践者本身心理复杂性的环境之中。真实的观点涉及实践者"观察"世界的方法，用于谈论世界的语言，因此包括了价值评估的概念。要警惕实践者所用概念中的许多缺失、误导或离题。其次，要有可获成功的实践视野，涉及以什么及可能以什么目的、目标、期望来表述的关于未来的观点。再次，要有实践的技能、技术与方法，实践者必须知道要做什么和如何做，以达到他们所想象的目标，并在此基础上有实践的行动。

　　未来地理学的前提是地理学者个人的学术基础，而其先决条件是政策，而政策是潜伏在社会中的价值的表达。要创造与我们永久价值相一致的未来地理学；扩展自由、选择与机遇的环境。

10.1.2 "人民的地理学"

　　哈维在"论地理学的历史和现状：历史唯物主义宣言"（Harver，1984）中指出，地理知识的功能和结构总是随着时代而变化的，与社会形态和社会需要的变迁密切相关。对我们学科改革或稳定化的任何建议，都必须采取与更广阔的社会变革过程相联系的立场。他特别批评实证主义地理学把人民当做操纵和控制对象，持一种家长式仁慈的姿态。他认为地理学的新议程既要深植于传统又要有独到的眼界。要研究物质环境（自然的和社会的）的能动建设和改造，要有关于在那种能动性关联域内如何产生和运用地理知识的批判性见解。研究集中在"形成"（becoming）过程上，人民（和地理学者们）在这个过程中通过改造他们的自然环境和社会环境也改造他们自己。地理学应能在社会变革中起极为重要的创造性进步作用。如何通向这条道路？这正是此时我们的问题所在。

　　我们必须创造人民的地理学，它不是基于道貌岸然的普适性、理想和良好意图，而是一种更为实用的事业，要反映大众的利益和要求，正视各种意识形态见解并揭示其真相，忠实地反映变动着的社会景观和自然景观中由竞争、斗争和合作构成的复杂网络。地理学者或许不能保持中立，但他们可以向科学的严谨性、正直性和诚实性方向努力。必须认识这两种约定的区别。观察世界的窗口很多，但科学的正直性要求我们忠实地记录和分析我们从任一窗口中看到的东西。"从中国看外界"或从下层阶级向上看，与从五角大楼或华尔街看到的截然不同；但是所有看到的情况都可以用一种共同的论述框架来表达，遵从内在诚实性和可靠性的评价。只有按这种方式，才能剥去虚假的冲突面具，揭示各种相争权力和主张的真实结构；也只有按这种方式，才能保证把我们创造的地理学用于而不是误用于我们的时代。

哈维的结论是"历史唯物主义宣言"。"现在可以较明确地规定我们的任务了，我们必须：

1）建立一种大众的地理学，摆脱偏见，要反映真实的冲突和矛盾，还要能够为交流和共同认识打开新的渠道；

2）创造一种人民的应用地理学，不专注于狭隘的、强权阶层的特别利益，而是具有广泛的民主概念；

3）接受科学诚实性和非中立性这双重的方法论原则；

4）把理论敏感性结合进源于历史唯物主义传统的普通社会理论中；

5）寻找一个用历史-地理术语来认识从资本主义向社会主义转变的政治方案"。

10.1.3 "地理学的未来"

约翰斯顿（Johnston，1985）在《地理学的未来》中指出，自然与人文的多样性……构成了地球表层压倒一切的特征。地理学存在的理由在于增进对构成当代世界文化多样性的鉴赏；在于揭示多样性文化作为对环境、空间、地方和人民的特定响应，在每一社会中是如何演化过来又将如何演化下去。必须以一种既增进理解又不会误入某些陷阱的方式，把普遍性与特殊性结合起来。那些陷阱中为首的一个就是独特性陷阱。按照这种观点，每一个区域——有其环境、文化、经济、政治和社会特征的集合——都被表达为一种独特的现象，只有如此才能认识它。拿其他地方来做类比是不合适的，不存在到处适用的普遍规律。因此每个区域都有自己的专家而无需多面手。与此相对的是普遍性陷阱，它把每一个区域的特征都表达为几条普遍规律的某种特定组合结果，其他地方虽然不会表现出同样的规律组合，但通过首先鉴定普遍规律然后鉴定规律的特定组合（后者本身又可能是"较高层次规律"的结果）如何形成，就能够获得对每一个地方的认识。

要避免这两种陷阱，就要把每一个地方和区域看成是特殊的①，看做是对普遍性过程的个别响应的产物。这种响应由个别或集体起作用的若干自由动因造成。它们响应的过程是普遍性的，但对它们的解译却是个别的。这种响应不会进

---

① 这里的"特殊"（unique）与"独特"（singular）是有区别的。作者在另一篇文章中有如下解释："独特现象是不能用任何普遍原理来说明的；而特殊现象则由若干普遍原理特定相互作用所引起，因而可以通过认识这普遍原理并认识它们如何在那一特定场合中结合起来而加以说明"。

人无准备的过程。整个社会化过程提供了一个背景，在这个背景下各种过程都可以得到解释，各种响应都可以鉴识；响应本身又成为将来社会化背景的一部分，为各成员行动于其中的局部社会增加基础。

　　未来的地理学不是实证主义传统的那种枯燥无味的、没有地区的地理学，也不是例外论传统的那种窥视癖的、没有结构的地理学，更不是那种排斥个人行动自由的机械论地理学。我们需要一种地域地理学，它建立在一定的关联域基础上，它将决策者置于其历史上产生的文化环境（包括对自然环境的态度）中，置于其生产方式的规则中。

10.1.4　地理学的未来身份

　　特纳（Turner Ⅱ，2003）在"身份之争：人类-环境地理学及其学术重建含义"中指出，地理学的身份历来就有作为空间-分布学途径的地理学和以人类-环境为对象的地理学（Turner Ⅱ，2003）（见本书第 1 章）。未来如何将这两种身份统一起来呢？

　　受新的信息、工具、技术及分析模式影响的驱动，系统性科学的结构已经进入了一个重要的修正阶段。自然科学首先基于极丰富的信息开始重组，如生物学中各种新学科分别贴上了不同的标签如分子科学、系统和演化科学、生物医学科学等。部分自然科学已经开始以另一种方式重组，其中一种方式就是向人文科学靠近。这个仍在构思的构架以综合科学获得的认识为基础——把各部分难题再次聚到一起。与康德的"综合科学"不同，其综合的基础不是现象的时空属性，而是现象本身，即流经生物圈、生态系统和景观的生物地球化学流，以及人类-环境耦合系统。美国国家科学院已正式认可两门这种新的"综合科学"：环境科学和生态学，人类-环境科学。很多地理学者已向后面这个学科转移，表明伟大的地理学试验——连接人类和环境的科学——可能大获成功。

　　"人类-环境科学"的时机已经来临。人类-环境"状况"（耦合的自然-人类系统）作为系统性科学中的一个逻辑部门，原则上是合理的。由于这一特点，它有潜力在学术中获得重要地位，而这是空间-分布学身份未能获得的，只要以系统性科学为指导原则，也不可能获得。然而，比起学科已习惯的身份，人类-环境身份的地理学想象范围具有局限性：地理学者都在分别考察自然过程或人文过程，但需要将它们综合起来才是"地理的"过程。学科的历史告诉我们，地理学想象和实践之实质性范围（或某些场合的"混沌"）的局限性，已被证明是不能接受的，将来仍将受抵制。

　　如果地理学想要在学术贵宾桌上获得一个正式的席位，并保留其传统（实践）的广度，就必须在某种程度上寻求其两种主要身份的统一，但要与知识和学术划分的现行逻辑相一致。必须在一个逻辑体系内公平、合理地对待空间-分布学身份和人类-环境身份。不同的地理学者和地理学者团体，现在也认识到了这个必要性。进入新世纪后，人类-环境关系的问题已在学术界和公众中得到极大关注，地理学被认为在综合的人类-环境科学中具有不同寻常的长处。这门学科有效地利用了这一时机，但在这样做的同时，关于地理学及其学术也保持着多种立场，有一系列含义不同的设想。

第一种立场体现了地理学顽固不化的二元论历史争议，倾向于空间-分布学观点，这种学科的正统性（知识划分）在高等教育和研究中相当稳固。但如上所述，无论怎么看，空间-分布学身份作为一门学科或一个研究领域，在努力获得不容置疑的认可方面从未成功过。此外，人类-环境传统的从业者最低限度地诉诸空间-分布学框架，只不过是为了定位他们的工作，并非将地方或空间用做一种界定特定研究领域的工具。这些从业者还没有对与他们工作有关的实际身份进行有力的辩解，而人类-环境地理学的复兴有望纠正这种缄默。

地理学身份在第二种立场上得到了扭转：人类-环境状况成了研究对象，但是所偏爱的分析方法其实还是空间-分布学的。这种立场竭力靠近系统性科学中的知识划分，使地理学外在的表现更少"独特性"，并补救其内在的"混沌"。这就为它的许多传统留出了空间，尽管这些传统的知识合理性并不在于其本身的权利，而是根据它们在认识人类-环境状况方面的贡献。但是，整个地理学中存在的阻力和惯性，对认同这种立场造成了无法逾越的障碍。此外，新兴的综合科学已经标定了其研究边界，这些科学准备挑战地理学关于人类-环境主题的历史主张，也在探寻将新学科地位与其已授予的各种学位相匹配的潜力。

第三种立场并不寻求保留地理学的广度，因为其传统过于五花八门。地理学应该被锻造定形，纠正长期存在的虚幻统一。现在，对地理信息科学和地球系统科学的呼唤，与对遥感科学和人类-环境科学的呼唤相呼应。对这些科学的广泛认同必定会影响到与地理学相关的子领域，实质性地削弱这个学科参与"人类领域"的人员（近来经济和社会科学对空间途径的兴趣持续增长，不难想象，人文地理学也可能消失）。

第四种立场视空间-分布学身份与人类-环境身份为同源，力图融合它们，也友好地对待学科的各种传统，并与系统性科学的基本原理相一致。这种融合能使地理学保持其广度和桥梁性质，并避免创造新研究领域的转换成本。但是，地理学很可能只剩下小部分，要与各种综合的、关于相互关系的研究及教学计划（如地理信息科学或地球科学）相竞争。

很难预言地理学将选择哪种立场。看来不同的纲领都隐含着结盟每一种选择的意图。如果我们选择第一种立场即维持现状的立场，那么地理学很可能仍然是一门古色古香的学科，虽然也会偶有灵感。第二种立场即逆转的立场，需要对学科重组有某种投入，可能无法达到一种足以与迅猛发展的综合学科计划相竞争的水平。第三种立场即分割的立场，典型地代表了现代学术变化的历史，尽管有制度上的惯性。这会造成几个狭义定义的"桥梁科学"，但也可能会削弱这些科学与人文学科世界的潜在联系。第四种立场即统一的立场，它不幸地面对着学科历史的重负，即我们无法使两种身份同源。当然，如果这两个身份能实现平等，其综合学科的有效性能得到证明，而且能高度地与综合科学融合并与跨学科领域（如遥感）联系起来，那么这种立场有望维持地理学的纲领。最后这种融合可能会导致某些贴有地理标签项目的丢失，但无论如何定形，无论贴什么标签，都会保持地理学认知的基本特性。

10.2　走向"人类–环境科学"的地理学

未来学术界和社会面临的最大课题仍然是广义的环境变化，美国生物学家卢伯辰科认为"21 世纪将是环境（科学）的世纪"（Lubchenco，1998）。另一些美国生物学家指出："全球环境变化是由人类支配的"（Vitousek et al.，1997）。人类社会在环境变化中的作用如此重要，环境变化对人类社会的冲击如此剧烈，以至于即使是自然科学家也在寻求一种新的"社会契约（social contract）"，为的是不仅更好地认识地圈、生物圈和人类圈（anthroposphere）之间的相互作用，而且更好地将研究成果应用到全球可持续发展的实际政策中（Ehlers，1999）。用卢伯辰科的话说："这种契约强烈召唤新的研究途径和管理途径。例如，需要各种创新机制来促进对跨越多时空尺度的复杂问题和多学科问题的研究，来鼓励社会问题研究的部门合作和国际合作，来有效地构筑政策、管理和科学之间，以及公共部门和私有部门之间的桥梁"（Lubchenco，1998）。

10.2.1　未来地理学的战略方向

地理学将进一步发挥独特视角的优势，为解决实践问题作出更大贡献。为此，地理学将从以下六大方面发展：①揭示复杂系统中的不平衡和动态；②认识全球化（包括环境、经济、人口、政府和文化等）的潮流及其影响；③建立从地方到全球的空间连续系列研究；④利用包括时间系列数据在内的纵向数据进行过程的比较研究；⑤加强地理学理论、技术和研究成果对决策的影响；⑥加强地理教学，努力提高人口（公众、中小学生、职业学院学生、高校学生）的地理学能力，改进高等院校地理学家的训练，提高地理理解力，加强地理组织机构（Rediscovery Geography Committee，1997）。

美国全国研究委员会最近发布了《认识变化的地球：地理科学的战略方向》（CSDGS，2010），提出了未来 10 年地理学的四个方面 11 个战略方向。

第一方面，如何认识和应对环境变化（How to Understand and Respond to Environmental Change）

1）人类如何改变地球表层的自然环境？（How are we changing the physical environment of Earth's surface?）

2）我们如何保护生物多样性和危急的生态系统？（How can we best preserve biological diversity and protect endangered ecosystems?）

3）气候变化和其他环境变化如何影响人类-环境耦合系统的脆弱性？（How are climate and other environmental changes affecting the vulnerabilities of coupled human-environment systems?）

第二方面，如何促进可持续发展（How to Promote Sustainability）

4）如何为 100 亿人口提供生存之地？（How and where will 10 billion people live?）

5）如何在未来几十年中持续地保障每个人的食物安全？（How will we sustainably feed everyone in the coming decade and beyond?）

6）我们生活之地如何影响我们的健康？（How does where we live affect our health?）

第三方面，如何认识和应对经济和社会的快速空间重组？（How to Recognize and Cope with the Rapid Spatial Reorganization of Economy and Society）

7）人口、货物和思想的流动如何改变世界？（How is the movement of people, goods and ideas changing the world?）

8）经济全球化如何影响不平等状况？（How is economic globalization affecting inequality?）

9）地缘政治变化如何影响和平与稳定？（How are geopolitical shifts influencing peace and stability?）

第四方面，如何使技术变化有利于社会和环境？（How to Leverage Technological Change for the Betterment of Society and Environment）

10）如何更好地观测、分析和可视化这个变化的世界？（How might we better observe, analyze, and visualize a changing world?）

11）公民制图和绘制公民地图的社会含义是什么？（What are the societal implications of citizen mapping and mapping citizens?）

10.2.2　中国地理学的发展目标

1. 以国家需求为导向，解决国家发展中的重大地理学问题

一方面，以国家一系列重大需求为导向，充分发挥作为"第一生产力"的科学技术的作用，为解决国家发展中的重大地理学问题作出贡献。另一方面，地理学也在满足国家需求的过程中，不断提高认识问题和解决问题的能力。在从片面强调经济增长转向重视科学发展观、实现（人与自然、城市与乡村、区域之间、经济与社会、对内与对外）"五统筹"的国家发展进程中，根据地理学的特点发挥优势，选好主攻方向，组织综合性研究项目，并不断提高解决综合性问题的能力和水平，参与国家宏观决策的论证和制定。

2. 加强基础研究，在若干主攻方向上占领国际学术前沿阵地

加强基础研究，进一步强调地理学的理论建设，深化地理学理论和方法。瞄准国际学术前沿，结合中国国情和特点，"有所为，有所不为"，有选择地在某些领域集中攻关、突破。适应现代科学技术综合化、整体化和系统化的发展趋势，结合中国的地理特点，加强地理学内部的联系，改善研究方法和手段，在环境演变、人与自然关系、空间格局与过程、城市与区域发展等方面建立完善的地理学基础理论，占领国际学术前沿阵地。

3. 充分发挥我国的地理优势，发展具有中国特色的地理学

我国幅员辽阔，地理位置特殊，景观类型复杂多样，具有"地利"条件；我国人口多，历史文化悠久，典籍丰富，民族众多，文化多样，人类活动对环境的影响深刻，具有丰富而独特的社会文化研究素材；我国又处在经济高速发展时期，经济社会发展很不平衡，人口、资源、环境和发展的冲突尖锐，为研究人类活动与环境的关系、为促进自然科学与社会科学的融合提供了很好的条件。例如，青藏高原、黄土高原、西南喀斯特地区、农牧交错带、黄河流域、长江流域等我国特有或在我国表现最为典型、开发历史悠久的区域，既是研究环境变化、人地关系、可持续性等国际地理学重点领域的"地利"条件，又是国家发展中迫切需要研究的地区。应基于我国多年对这些地区的地理学研究积累和储备，并不断进行源头创新，形成具有较大国际影响的中国地理学成果。

4. 建立地理研究的高新技术体系和实验基地

加速高新技术在地理学中的应用与研发，引进和开发新的观测、探测、实验、分析、表达技术和设备，加强遥感技术与地理信息系统的开发和应用，建设中国资源环境信息工程，建立城市与区域发展决策支持系统，适应国家信息网络、新一代互联网、物联网等新技术的发展浪潮。整合和提升现有地理教学与研究资源，建成若干实力雄厚的地理研究和教育基地，促进中国地理学研究的整体发展。完善定位实验站和观测网络的空间布局和设备设施，加强第一手数据的采集，为地理学的源头创新提供基本条件。

5. 整合和提升已有基础，造就优秀地理学家群体

新中国成立以来，通过参与完成国家一系列重大的调查研究任务，我国地理学界已经具有丰富的科学积累，形成了较为合理的研究机构格局和强大的人才队伍，为今后进一步满足国家需求和占领国际学术前沿奠定了扎实的基础。要对已有的科学积累、研究机构和人才队伍进行整合和提升，造就一批在基础研究、理论建树、新技术开发等方面卓有建树的优秀地理学家群体。要培养一批中青年学术带头人和骨干研究队伍。特别强调培养具有扎实的综合地理学基础，有理论开创能力，能将现代科学技术移植到地理研究中的新型综合人才。

10.2.3 中国地理学未来重大研究领域

针对我国未来面临的重大挑战和国家需求，地理学各分支都可以提出自己的重大研究领域。此处仅从地理学整体的角度，提出需要各分支协同的未来重大研究领域（蔡运龙，2011）。

1. 全球环境变化的区域响应及适应

1）全球环境变化的动因：各种时空尺度环境变化的表现及其对全球气候变化的贡献；各种时空尺度环境变化的自然和人为成因；影响温室气体源-汇的区域自然-人文过程及其对全球的贡献；土地利用对全球气候变化和区域气候变化的影响；沙尘和化学气溶胶人为排放的过程和格局及其对气候和大气环境质量的影响；大型工程建设的环境效应，全球环境变化对大型工程设施的可能影响。

2）对全球变化的响应和适应：全球变化对中国区域和生态系统服务功能的可能影响及其阈值；农业、水资源、人体健康、食物安全等系统对全球和区域气候变化的脆弱性和风险评估；全球气候变化和减排压力对我国能源结构和社会经济发展的影响；应对全球气候变化的技术–经济–社会适应对策和风险防范对策；过去环境变化对中华文明发展的影响及其对认识和适应当前全球变化的启示；支持我国参与温室气体减排国际谈判的科学数据和基本结论。

2. 区域可持续发展模拟分析及可视化表达

1）区域可持续发展机理研究：区域可持续发展主控因子的时空分异特征，全球化、城市化进程中资源环境和社会经济协调系统演进的动力机制；区域资源环境与社会经济发展的压力–状态–响应过程；不同区域发展可持续性类型差异特征和演变机理；区域类型导向的区域发展可持续性关键参数。

2）区域可持续发展情境预测与模式构建：区域自然系统和社会系统的互动趋势；生态系统功能区域分异和人类生产生活空间格局之间的耦合机制和效应；人地相互作用地域复合系统演化的情境预测；不同类型的区域可持续发展路径和模式。

3）区域可持续发展模拟技术研发：不同区域可持续发展过程的数学模型；大尺度区域可持续条件评价、动态过程模拟的可视化表达方法；支持人机互动的辅助决策模型；用于政策评估、规划效果模拟的人机互动决策支持系统。

4）区域可持续发展研究平台建设：数学模拟分析与可视化表达结合的人机交互联合决策支持系统；跨越自然科学和人文科学的可持续发展辅助决策平台，如政策实验室或虚拟决策研讨厅。

3. 地域功能生成规律与地域空间规划方法

1）地域功能的识别方法：识别地域功能和进行地域功能区划的指标体系；不同尺度地域功能区的衔接关系；区域发展空间结构的耦合方式。

2）地域功能的生成规律及其格局演变：地域功能的生成规律；区域发展的空间均衡模型；地域功能的发育过程。

3）地域功能区动态监测与跟踪评估研究：地域功能空间信息获取处理和动态监测评价技术；地域功能区划、动态监测和辅助分析的决策支持系统和信息平台；基于多源数据的动态监测和评估的软件包。

4）地域功能区规划管理空间辅助决策支持系统：功能区规划空间分析和模拟系统；地域功能区规划动态监测评价、管理和区域政策制定一体化的辅助决策系统。

4. 土地变化过程及其生态环境效应与调控

1）现代土地变化过程及其驱动机制：基于地理信息科学技术的土地系统变

化动态监测平台，土地变化的时空格局、频度和强度；土地变化综合分析和预测模式，未来土地变化的情景模拟；土地变化与人口、经济、社会、政策之间的互动关系和动力学模式；未来环境变化、经济发展对土地变化的影响。

2）土地变化的资源与生态效应：土地变化对地表物理特征参数、地表物质能量循环、区域气候和极端天气事件发生频率的影响；土地变化对水土资源数量和质量、土地生产力和食物安全的影响；土地变化对陆地生态系统结构和物质能量循环的影响，对自然灾害、生物多样性、区域生态服务功能的影响；土地利用对面源污染的影响机理和调控机制；主要陆地生态系统的碳储量变化；土地变化对区域和全球变化的影响和响应。

3）土地退化防治与可持续管理：土地荒漠化、湿地退化、草地退化、水土流失和土地污染等的演化机理；退化土地修复的原理、技术研发和集成推广；土地利用优化配置和调控机制；生态脆弱地区土地利用的生态安全格局与可持续利用方式。

5. 城市化过程及其资源环境效应与调控

1）城市化过程：城市实体地域和城市功能地域的空间识别；城市化演变过程与未来情景。

2）城市化的资源环境效应：城市化和交通建设快速发展对自然环境的影响；城市热岛效应的机理与城市热岛效应的区域差异规律；城市化过程的气候、水文与生态效应；快速城市化过程对区域生物地球化学循环的影响；城市发展过程中生态服务功能演变与生态胁迫效应；城市土地利用和景观格局演变规律与功能优化；城市环境变化的生态健康效应和风险防范。

3）城市化及其效应的调控：城市复合生态动力学机制、控制论模式和决策支持；城市与区域发展可持续性评价指标体系；城镇和交通系统的资源和环境安全保障；城市化地区资源环境优化调控机制。

6. 自然资源保障与可持续性

1）自然资源格局与演变过程：自然资源的空间分异与演变过程；人类活动与资源利用和生态安全及环境之间的相互关系；水循环演变规律及水资源、水环境动态评价的理论方法，水资源高效利用途径及优化配置决策；土地质量演变机理及其可持续利用，水土资源的耦合机理及其调控；典型区域生态与环境的定位动态监测与趋势预测；生态地理区划及环境脆弱区域的研究；重点区域（如青藏高原、黄河流域、西北干旱区、东南沿海快速发展区等）生态与环境演变机理及调控。

2）区域发展的自然资源基础评价与生态环境效应诊断：自然资源组合的地域特征，资源价值化及相互耦合关系的空间表征和比较优势；替代资源的可行性与潜力，资源高效利用对策；公益性生态与环境功能的表达及价值核算，区域发展对公益性功能损害的补偿机制。

3）区域可持续发展的关键资源保障：虚拟水量供需平衡的定量评价与计算；社会资源对虚拟水战略的适应性能力，虚拟水战略对国家或地区的水资源、生态、经济、社会和文化的影响，虚拟水战略下国家或地区应对策略选择；城市和区域产业结构演进与能源结构多元化发展的协调机理。

4）水资源安全：全球气候变化下流域水文循环的响应机理、程度及时空变异特征；气候变化对主要流域水资源脆弱性和可持续性的影响，气候变化下极端天气、气候事件对我国主要流域洪水和干旱的可能影响；未来防洪、抗旱对策，大型水利工程的安全运行管理的对策，水资源的综合管理对策。

5）生物多样性结构、分布与演化：气候变化对物种分布格局的影响及历史气候下物种分布关系的重建；生物种或类群间相互关系对气候变化的响应与适应性；气候变化对关键、濒危物种的影响及保护规划；气候变化对生物灾害发生的影响及控制策略；生物多样性的生态系统功能对全球气候变化的适应和减缓；气候变化下的生物多样性保护对策与预警机制。

6）区域水–土地–生物资源的服务功能以及对社会经济活动的承载能力：区域资源、环境和生态安全的临界阈值；水–土地–生物资源合理、高效和可持续利用的技术体系；与区域资源环境背景，技术经济条件、经济和社会结构相适应的可持续资源管理模式。

7. 生态系统服务功能综合评估与国家生态安全格局

1）生态系统服务功能综合评价的理论与方法：生态系统服务功能及其与生态系统结构、生态过程复杂性和关联性的定量分析，生态系统服务功能物理量与价值量评价的标准化方法，生态补偿评价方法。

2）生态系统服务功能对胁迫的响应与反馈：人类活动、气候变化等胁迫下生态系统服务功能的响应与反馈机制。

3）生态服务功能的空间转移与生态公平：生态服务功能空间转移产生的社会效应和经济效应，生态系统服务功能区域分配与生态公平，生态系统服务与消除贫困。

4）政策或管理措施对生态系统服务功能的影响：政策对生态系统服务功能的影响机制；人类消费方式或价值取向对生态系统服务功能维持与保育的作用。

5）国家生态安全格局：生物多样性保护布局；生态基础设施布局；生态恢

复工程规划。

8. 环境–健康–发展研究

1）生命元素、污染物质、重金属和稀土的环境生物地球化学过程及其健康效应；疾病的空间分布和变化趋势研究；人口健康与环境的平衡机理研究。

2）健康与发展研究；环境、健康与发展的调控措施研究。

3）环境、健康与发展研究的技术，包括疾病监测方法、疾病预警预报和医学地理信息系统等。

9. 区域综合理论与重点区域地理综合研究

1）地表自然功能区划：地表自然功能的辨识和现状评价，地表自然功能区域划分方法；地表自然功能的社会经济属性辨识；地表自然功能区划与表达技术，中国地表自然功能区划方案。

2）区域综合研究方法体系：陆地表层过程的多元数据支持系统；自然和人文因素的相互作用；不同尺度的自然地理过程与尺度综合方法；区域自然和人文多要素综合评价。

3）我国独特的区域如青藏高原、黄土高原、西南喀斯特地区、黄河流域、西北干旱区、长江流域等的综合研究；中国海洋和沿海地区地理综合研究；东亚季风动态及其环境影响的综合研究；我国农林牧交错带的综合研究；我国干旱区的综合研究。

10. 陆地表层系统的信息化模拟研究

1）基于S/C结构，具有统一门户、统一空间数据资源、统一身份认证管理，能满足地球表层科学主要应用领域基础性时空数据分析需求的信息化研究平台；领域性重大应用项目示范性信息化研究环境。

2）基于广域分布式高性能计算环境（GRID）的信息化研究平台；开展陆地表层系统水土及生命物质演化、国土资源优化配置与生态环境建设、生态系统监测、演化机理与综合评价、人地系统机理与区域社会经济发展四个领域性应用示范研究环境建设，提升系统的通用性。

3）依托中科网、国务院电子政务工程网等，建立基于广域分布式高性能计算环境的信息化研究平台，以及能满足地球表层系统科学各领域研究需求的通用性研究平台。

10.3　未来的自然地理学

10.3.1　学科趋势与发展方向

自然地理学的未来发展将遵循以下趋势：①走向更加综合发展的道路；②在全球变化的高度上进行研究；③从一般性的描述走向更深入地揭示一些过程及其动态变化的机理机制；④更加重视运用高新技术来武装；⑤更加密切地为实现区域可持续发展服务。[①]

在全球变化和可持续发展的大背景下，当代自然地理学面临的研究对象更加综合和复杂。随着数据采集能力的加强，自然地理学研究正在逐步从要素和过程的分离向综合集成方向发展，更加强调解释不同层次地球表层过程发生的机理，发展尺度转化的方法，探讨模式模拟研究在刻画地表系统整体性中的作用。对地表自然过程的认识将更加深刻，对人文过程的研究将更加强化，对模式模拟手段的运用将更为广泛，地理学研究人员的知识结构也将不断更新和更合理化。

要在要素研究中建立格局–过程–机制的系统思维；在区域研究中，建立时间–空间转换的思路，格局与过程耦合的思路，区域差异与关联的思路，加强不同层次的综合研究，将综合研究的落脚点放在要素相互作用的综合和过程相互作用的综合上。选择合适的综合研究区域，突出人的需求驱动下的环境变化研究以及人类的适应性研究，避免见物不见人。

在交叉与综合方法的研究中，借鉴相邻学科方法，建立和发展自然地理学研究方法体系。在充分重视逻辑实证方法的同时，要注意人本方法、结构方法等新科学思想和方法论的探索，提倡研究方法的多样化。更多地引入现代物理、化学，尤其是现代生物学技术、材料科学技术和信息技术，借鉴地球科学中相邻学科技术体系建立的经验，建立和发展地理学实验、分析和监测技术体系。

为适应未来趋势，自然地理学研究应强调如下方向（冷疏影和宋长青，2005）。①基于生态系统网络台站观测的地理过程和环境变化机理研究。②以系统思想和方法，深入研究过程和机理，带动地理景观格局变化研究。③自然与人文结合、无机与有机结合、宏观与微观结合的系统综合研究。④能反演地理真实的模式和模拟方法研究。⑤人类活动与环境变化的相互影响研究：强调从人类的

257

---

① http：//www.igsnrr.ac.cn/moban/showCommonTopic.jsp？id=10011.

需求和空间行为入手，研究人对环境的作用以及人对环境变化的响应和适应，关注新经济要素、社会、文化、政治在人文过程中的作用。⑥重视不同尺度的研究，尤其关注百年、十年尺度和全球、区域尺度，着力探索不同尺度之间的关系。⑦面向国家和社会的重大需求。

10.3.2　优先领域与重点方向

1. 环境变化

1）全新世的古地理环境演变，特别是近 2000 年来的气候环境变化；极地、高山和冰冻圈的综合研究。

2）全球环境变化及其对环境脆弱地区的影响与响应；全球环境变化的战略对策研究等。

3）地球系统模式的建立和改进：全球气候模式的地表差异修正；陆面-水文过程模式；植被与生态系统动力学模式；全球陆地碳、氮循环模式和中国区域生物地球化学模式；土壤侵蚀模式；风蚀、运移与起沙扬尘模式；冰川动力学模式。

2. 陆地表层过程与格局的综合研究

1）陆地表层环境要素的演化过程与机理，生态过程、系统演化与生态地理区划，土壤演化过程与土壤质量，陆地表层系统关键要素与过程的相互作用与模拟。

2）水循环过程与水量转化机理，流域水系统与生态系统和气候的相互作用，自然地域系统的综合研究，典型地区环境演化过程等。

3）突发性灾害风险形成机制与综合风险管理。

3. 流域地表过程与综合管理

1）环境变化下的流域水文循环和水资源演变规律：全球变化、土地利用变化和重大水利工程对流域水文循环过程和水资源利用方式的影响及其生态效应；流域水文过程的模拟和预报；流域地表过程数字表达与模拟。

2）流域水土流失与植被退化、植被恢复过程的机制：土壤侵蚀过程与预报模式；流域地表侵蚀过程与生态系统退化的相互作用；生态恢复过程对侵蚀的抑制机理和模拟；不同类型水保措施的防蚀机理、适用性与效应。

3）流域生态过程、水文过程和生物化学循环过程的综合模拟：流域生态环境的演变机制和物理、化学和生物过程模拟；坡地水文过程影响机理试验研究；流域植被参数化与流域蒸散发计算研究；水文过程规律与不确定性研究的新理论和新方法。

4）流域自然生态系统和社会经济系统的综合管理：流域生态服务价值与生态功能区划，流域健康标准与评价指标体系；水文–生态–水环境综合模拟模式；流域综合管理的理论与方法。

4. 土壤演变过程及其对土壤质量的影响

1）土壤生物类群特征及其与环境因子关系：主要功能土壤生物类群特征与土壤类型的关系，影响土壤生物特征的气候与植被因子，环境变化条件下土壤生物响应过程。

2）土壤微生物、矿物和有机物相互作用过程：土壤微生物与矿物、腐殖质的界面行为和交互作用对土壤物理、化学性质形成及土壤养分转化、动态与有效性的影响。

3）土壤微生物与污染物转化和自然消纳：土壤微生物群体结构及其对环境变化的反应动力过程，不同空间和时间尺度上污染物质和生物组分的生物地球化学转化和传输，土壤微生物对污染物的活性影响和固定机理。

4）土壤污染环境的生物修复：作物根际土壤系统中微生物和根系分泌物对土壤中污染物生物有效性的影响和制约机理，污染物在根–土界面的形态、迁移、转化和固定作用及其污染过程的微观机理，土壤–植物–微生物交互效应诱发的污染物根际快速降解机理，污染土壤修复技术。

5. 污染物的区域环境过程、健康风险与控制

1）区域尺度环境污染的陆地表层过程和综合治理：基于陆地表层过程的耦合关系的区域环境污染过程和机理；污染物在多种环境介质（大气、水体、土壤和生物等）中的迁移和转化机制，自然净化过程及促进净化过程的技术措施；复合环境污染的区域控制理论和治理技术体系，区域环境质量与区域发展的调控策略。

2）陆地表层生物地球化学过程及效应：氮、磷等生源要素的环境地球化学循环及生态效应；有毒有害污染物的环境生物地球化学过程及环境效应；陆地表层环境污染控制、环境质量改善及环境修复的技术基础。

3）有毒有害污染物对人体健康的影响与防治：区域有毒污染物暴露及风险；影响人体健康的环境基准、标准和预警体系，重点污染物对人体健康影响的识别；阻断和降低污染物危害人体健康的途径。

4）陆地表层区域性环境污染综合防治：污染物的总量控制；流域尺度的水污染防治与修复；重点城市群复合污染形成机理与防治。

6. 灾害形成机制与综合风险管理

1）影响区域安全的主要灾害风险类型及其脆弱性、恢复性评价：不同时空尺度的灾害风险水平和危险度分区，灾情评估指标与模式，灾害脆弱性与恢复性评价模式。

2）灾害监测预警与预案：不同类型灾害预报的原理和方法，灾害应急控制预案，综合灾害风险管理范式，灾害防治工程的关键设计参数、结构优化和安全性分析，减灾工程的规范化与技术标准。

7. 寒区现代地表过程及对气候变化的响应

1）过去的寒区环境变化：不同区域代用指标与现代气候因子之间的关系；结合现代过程中温室气体成分的观测，反演过去温室气体对全球变化的响应过程，着重研究特征指标与环境变化的定量关系。

2）冰冻圈对现代全球变化的响应：冰川和积雪的时空分布特征；冻融过程中不同类型区不同阶段活动层的水热耦合特征与过程；路面过程中热量和水分变化及空间分布；高原地表热通量和蒸散发量反演的卫星遥感方法。

3）寒区生态地理过程对气候变化的响应：典型生态系统有机碳累积、分配、迁移过程对气候变化的响应机理，典型群落环境因子阈值及其对气候变化的响应特征，典型生态地理区对气候变化的响应与适应研究。

4）气候变化与寒区地表过程相互作用机理：气候变化与大气环流和生态类型分布的关系，现代气候环境特征和地表景观分布格局模拟，未来环境变化情景预测，应对未来环境变化的策略。

8. 干旱区气候与人地关系演化

1）气候变化过程及其对人类活动的影响：过去气候状况、重大气候事件与气候变化过程；气候变化对湖泊演变、绿洲化或沙漠化、沙尘暴过程的影响，对新石器文明、农业生产的影响。

2）现代地表生态水文过程：模式与遥感信息同化（LDAS）和多目标参数率定，基于大气-植被-土壤-冻土-积雪系统耦合的出山口径流变化，基于水-生态-经济耦合系统的冰雪-森林-绿洲（城市）-荒漠-湖泊系统的生态需水规律，地表水与地下水的转换，水-生态-经济-管理耦合模式，界面水分转化机理和生态需水规律的综合集成研究。

3）亚洲中部西风带气候变化及其对绿洲可持续发展的影响：亚洲中部西风带影响区不同时空尺度的气候与环境演变规律；内陆干旱区地气耦合与水分循环观测试验；全球变暖背景下内陆河流域生态水文过程及其机理；亚洲中部西风带气候变化机制模拟和变化理论的集成；内陆干旱区气候变化对绿洲可持续发展的影响。

9. 湿地生态过程、服务功能与恢复模式

1）湿地演变动力学：水陆交互作用下湿地的双向演替过程以及由此导致的其他生态过程的响应，湿地水文功能与区域水循环耦合模式，不同湿地组分的生产力与承载力动态，重要物种栖息地面积和质量的变化。

2）湿地生物多样性与生态服务功能：关键种和功能种团在维持湿地生态系统稳定中的作用；迁徙水鸟生境保护网络的空间配置；湿地生态系统自然净化功能的效益评估；重要湿地生态系统关键服务功能的时空分异，不同干扰强度下（经济发展压力条件下）自然资产的货币化评估。

3）湿地生态系统对人类活动与全球变化的响应：人类活动和全球变化影响的量化区分；湿地演变对区域气候和水循环的影响及适应，湿地演变对区域气候的影响；湿地生态过程对不同开发利用方式的响应，人类活动与湿地保育的合理调控模式；冻土湿地对气候变暖的响应，干旱区湿地对北方干旱化的响应，滨海湿地对海平面上升和地面沉降的响应。

4）湿地生态系统退化机理与恢复模式：大型水利工程对海岸带生态过程的影响及调控，湿地生态系统的功能恢复和结构调整。

10. 风沙区风成过程及其调控

1）风沙地貌动力学：单颗粒在气流作用下的起动机理，在气流中的运动学特征，颗粒与地表、颗粒与颗粒、颗粒与气流的相互作用，大量沙粒运动的条件；风成地貌形态及其气流场特征，风成地貌表面风沙蚀积规律，风成地貌的空间组合与移动规律；沙尘释放过程与机理，跃移层与悬移层之间的过渡关系，沙尘流量结构，输移和沉积过程。

2）风成环境：风成环境（如沙漠与沙漠化土地）的形成过程，风成过程对全球变化的响应与反馈。

3）风成过程控制：风成灾害评价；风成灾害防治原理。

11. 青藏高原生态屏障作用及区域生态安全

1）青藏高原生态屏障作用：青藏高原主要生态系统的生态屏障功能；全球

变化对青藏高原生态屏障作用的影响；青藏高原特殊地表过程变化及其对生态屏障功能的影响；青藏高原生态屏障功能变化对周边地区的影响；青藏高原地区重大生态工程的生态屏障功能效应评估。

2）青藏高原区域生态安全构建：青藏高原区域生态安全指标体系与评价方法；青藏高原生态建设的途径与措施。

12. 喀斯特生态系统的演变过程与可持续性

1）喀斯特生态系统演变过程：喀斯特生态系统演变过程及其驱动因素和驱动机制；喀斯特资源–生态系统与人类活动的相互作用；喀斯特生态系统演变对碳循环的贡献；喀斯特土地退化（石漠化）过程、影响因素与受损机理。

2）喀斯特退化生态系统修复：喀斯特土地生态系统对物种选择和生物多样性的影响以及在退化土地修复中的作用；喀斯特资源–生态可持续性指标、诊断、预测与生态建设和管理；喀斯特退化生态系统修复的技术集成和示范、推广途径。

13. 山地灾害与环境相互作用及山区生态安全

1）山地灾害与环境相互作用：山地表层动力过程与山地灾害形成机理；山地灾害与生态过程相互作用机制及其环境影响；山地灾害与山地环境对气候变化的响应及其未来情景预测；大规模人类活动对区域灾害与环境的影响及其调控机制；山地对低地的作用机理及其环境效应。

2）山区生态安全：山地生态安全指标体系与评价方法；山地减灾和环境保育原理与技术。

10.4 未来的人文地理学

10.4.1 学科趋势与发展方向

在欧美国家，人文地理学几乎每十多年就出现一轮新的理论思潮，以思索和解释社会经济变革的空间内涵和过程。例如，经济地理学 20 世纪 50 ~ 60 年代的计量革命、70 年代的政治经济学派（马克思主义）、80 年代以来的新区域主义等。从计量革命的新古典经济学模型解释、到政治经济学派的社会结构剖析（社会–空间辩证法）、再到新区域主义对区域发展独特性和创新能力的分析（如产业氛围、生产网络、产业区等），经济地理学的每一次转变都从更深层次上揭示了经济活动的空间过程和规律。90 年代以来，经济地理学研究出现了两个新的变化：其一是空间经济学的再度兴起；其二是文化和制度转向。90 年代初，以克鲁格曼（Pual Krugman）为代表的一批经济学家重新发展了空间经济学的计量方法，来分析经济活动的集聚和空间过程。这种强调运输成本、报酬规模递增和不完全竞争在区位决策中作用的空间经济分析方法，一般被地理学家称为"地理经济学"。

在一些学者倡导空间经济分析的同时，其他学者则对"经济"本身产生了质疑，这导致经济地理学研究出现了"文化和制度转向"。相对于以往的计量革命、政治经济学派等，这种研究方法和视角成为当今这个时代的"新"经济地理学。文化和制度转向的核心是对"经济"的重新理解。首先，经济自身越来越被理解为一种语意论述的现象，是被经济学家所创造的"专门知识"塑造出来的。既然这样，"经济"不再是客观和稳定的事实，而是一种修辞现象。其次，经济与社会和文化是不可分割的。1985 年，经济社会学家格兰诺威特提出"经济活动融于具体的社会关系之中"的观点，即经济的嵌入性（Granovetter，1985）。之后，迪肯和史瑞夫特把"嵌入"引入经济地理研究，使这个学科的研究对象融入文化、社会和制度背景之中，并从中获得新的研究内涵与发展方向（Dicken and Thrift，1992）。这些看似虚无缥缈的转变预示着巨大的思维变革，即可以在新古典经济学塑造的经济发展轨迹之外思考新的发展机制和发展观。例如，经济活动的参与者根据性别、种族、阶级和文化差异而表现出不同的行为特征，而制度环境也造就不同的经济行为。这些思想对于研究区域可持续发展具有至关重要的意义。

在这些转变的背后是广泛而深入的全球社会经济变革。随着经济活动频繁跨越国界，地方与全球之间的空间关系成了地理学家关心的核心问题。理解和解释全球化过程之中不同地区经济活动持久的差异性（即经济的多元性），必须摆脱传统的思维框架。因此，全球经济变革的实践以及相伴出现的研究方法和视角的转变，为经济地理学创造了众多新的、充满着思维争辩的研究领域。人文地理学研究的主要趋势和发展方向如下（Clark et al.，2000）。

1. 经济全球化的研究

经济全球化涉及生产、投资、贸易、金融及人才流动等各方面，给国家、地方、企业和劳动力市场带来了深远的影响。其中的核心问题是经济全球化形成的各种"流"与国家和地方之间的关系。

2. 技术进步空间影响的研究

近半个世纪以来，技术进步速度之快几乎令人眩晕（特别是信息技术）。如

263

此之快的技术进步给社会经济空间过程带来的影响尚未得到认识和解释，这成为地理学家不得不关心的议题。

3. 经济与环境的关系及管制研究

对经济与环境关系的研究是目前一个很重要的领域，包括循环经济、绿色制造、环境管制方法、政治生态学等具体议题。

4. 区域发展研究

20 世纪 80 年代兴起的新区域主义仍然在经济地理研究中占有重要地位。其主要议题包括区域创新系统、产业区、学习型区域、知识溢出等。

5. 企业区位和企业战略研究

企业是市场经济的主要角色，因而一直是欧美经济地理学的重要研究对象。目前的重要议题包括企业集群、企业的时空管理、企业的空间形态、跨国公司的空间组织等。

6. 社会问题的地理研究

社会问题包括劳动力、性别（妇女）、社区、种族、工会等问题。长期以来以科学主义为主导的、重视自然人与自然地理环境之间相互关系研究的人文地理学，已经开始走向以人本主义为主导的、重视社会人与社会地理环境之间相互关系的研究。

10.4.2 优先领域与重点方向

1. 区域发展格局与区际关系研究

对全国地域空间逐步进行重新塑造，对地域空间开发和建设布局的格局作出规划和约束，协调市场经济在体制转轨时期出现的人地矛盾，统筹安排关系到国家长远发展的重大建设，科学地开发利用全国的自然资源和生态资产。这就要求对未来区域发展格局进行科学的研究。其中涉及的科学问题是以下五个方面。

1）决定我国未来区域发展格局的主导因素是什么？

2）我国未来地域空间开发的总体趋势是什么？

3）可能形成什么样的空间格局？

4）哪些区域将可能成为未来人口、城市和产业的集聚区？

5）区域间相互作用如何影响区域发展格局？

主要研究方向有以下几个。

1）区域发展的因素与机制研究。识别影响我国区域发展前景的自然要素和人文要素，以及不同发展阶段的主导影响因素和不同地区的主导影响因素；新、老因素作用下我国区域发展的走势；我国区域发展的驱动力和驱动机理研究等。

2）全球尺度下的区域发展研究。经济全球化的区域响应机理研究；全球化对我国区域发展的影响及应对策略；跨国条件下区域间相互作用的特性。

3）区域发展状态和格局研究。我国不同区域人地关系紧张程度的变化趋势及应对措施；未来我国区域发展竞争力的格局；我国区域发展水平差距变化的趋势及评价；区域发展的空间结构演进过程。

4）区际关系研究。流空间——区域间物质、能量、人口、信息、技术、金融等流动——的产生与变化规律；新因素和新机制下的区域相互作用原理；开放的区域系统相互作用的效益测算；宏观空间尺度加强基层区域相互联系的主要途径的合理性、可操作性的科学判断与设计；水和矿产资源、能源等大规模区际流动的趋势和效益。

2. 城镇化的驱动力、机制与模式研究

需要阐明在我国实施这条资源节约型城市化道路的途径；针对现阶段出现的大规划和蔓延式发展，研究并提出我国城市化的规模结构、空间结构及资源占用等方面的指标体系。针对现阶段我国出现的盲目城镇化的态势和城乡统筹发展的新问题，在分析我国城市化过程、动力机制与未来情景的基础上，重点分析我国城市化发展的主要地域类型及其基本特征、关键性影响因素和演变趋势，比较不同类型城市化空间形态的资源环境效应，并结合典型区（长三角和珠三角等都市区、武汉等城市群、城镇分散形态的城市化地区、乡村区域的城镇分布地区）的案例研究，揭示不同城镇化模式的生成条件和城乡统筹的机理，建立城镇化过程动态模拟系统，提出调控城市化、统筹城乡发展的政策体系安排以及基本途径。

主要需要揭示和回答以下三个实际问题和理论问题。

1）我国的产业和资源环境的支撑能力，适宜什么样的城镇化模式？

2）资源节约型的城镇化模式的指标体系和管理模式是什么？

3）根据我国的国情、城镇化人口总量以及产业支撑等条件来分析判断，我国有没有条件超过发达国家城镇化进程的速度？

主要研究方向有以下几个。

1）城市化发展的过程、动力机制与未来情景研究。广泛借鉴世界各国城市化发展的历史经验，总结城市化与经济社会发展水平的相互关系，判断和识别我

265

国城市化过程的不同阶段及其特征；分析不同阶段城市化发展的动力机制与模式；采用多方案模型预测与情景分析的方法，对城市化发展情景与空间战略选择进行前瞻性分析与预测。

2）城市化发展区域格局变化的影响因素和演变趋势研究。基于近年来城镇人口、土地利用以及经济发展水平等综合指标，系统地划分我国城市化发展的不同区域类型；阐述我国城市化发展区域格局变化的基本特征，如都市密集区、快速城市化地区等；分析影响城市化发展区域格局的关键性要素及变化趋势；预测我国城市化发展区域格局的演变趋势。

3）典型区域城市化动态演化模拟及调控城乡统筹的政策体系研究。开展我国典型城市的综合调查，建立和开发典型城市的地理信息系统平台和演化动态仿真系统平台，进行城市发展的动态模拟；根据典型区的案例研究，探讨不同城镇化模式的生成条件和城乡统筹的基本领域。

4）城乡间物质能量转移过程和统筹发展的途径研究。分析城乡间物质能量和各种生产要素流动规律，评价城乡交互过程的利益转移格局，揭示城乡差异的时空分异特征；阐述未来城乡转型发展的时空走势，分析城乡产业与就业互动关系，探讨城乡土地资源统一配置的基本途径，构建城乡协调发展的运作体系与调控模式。

5）城市化空间形态与区域资源环境约束性因子的相互作用机理研究。包括城市化进程中各种要素的转变过程和规模分析；不同城市化发展模式情景下人口、经济、产业的响应机制；不同城市化发展模式情景下资源、能源、环境的响应机制；城市化的边界条件分析模型及合理速度与规模参数的确定。

6）全球化与信息化下的城市空间重构等。着重探讨人口迁移与人口空间重组、产业布局、土地配置与功能空间重构、社会极化与社会空间结构、消费方式与行为空间结构等以及对城市体系与区域空间结构的作用。

7）以人为本的城市社会建设。在"格局-过程-机制"的系统思维框架下，加强新经济要素、社会、文化与政治等因素在人文过程中的作用，强调从人类需求与空间行为入手来研究人对环境的作用以及人对环境变化的适应性。结合"构建和谐社会"的目标，加速启动社会地理、文化地理、行为地理领域的理论与方法论研究。

3. 统筹城乡发展的乡村空间重构与效应研究

从统筹城乡协调发展、严格保护耕地和新农村建设的战略高度，研究推进空心化村庄整治和中心村（社区）建设，可为集中高效配置农村基础设施、集聚农村产业、集约利用土地和空间搭建新平台。

主要科学问题：

1) 快速城镇化与乡村要素空间结构转型的交互关系；

2) 农村人口、土地等生产要素快速非农化的格局动态及其优化配置原理；

3) 乡村地域系统类型的分异规律及其多功能性评估；

4) 城乡要素有序流动与乡村空间重构的动力机制和管控模式；

5) 空心村综合整治和新农村建设的空间组织与地域模式。

主要研究方向：

1) 系统分析乡村地域空间分异的主控因素及其互动作用机理，揭示复杂乡村地域系统类型及其空间组织机理；

2) 凸显乡村地域系统的多功能性与多层次性，揭示乡村地域空间演进的格局与规律；

3) 模拟不同类型区域城乡系统的协调性（度）阈值，研究优化农村组织、产业与空间"三整合"的长效机制；

4) 研究城市–城镇–中心村（社区）–基础村的空间构型及其交互效应，探究统筹城乡发展与新农村建设的区域模式与可持续途径。

4. 产业转型及其与区域资源环境变化的耦合关系研究

产业转型研究涉及众多的前沿科学问题。例如，

1) 经济全球化与全球环境变化在地方的交织关系；

2) 经济全球化对地方产业转型的影响机制；

3) 技术创新与产业转型的关系；

4) 产业结构变化与资源消耗及环境排放的耦合关系等。

主要研究方向有以下几个。

1) 发展模式与区域资源环境变化的关系研究。区域发展模式的构成要素研究；区域发展模式的评估；区域发展的结构性特征与资源环境演化的关系研究。

2) 产品的资源环境载荷研究。中国外贸产品结构的变化及其对资源环境的影响；主要外贸产品生产过程中的资源消耗和环境污染情况；出口产品结构的优化及其实现途径。

3) 交通运输方式转型对环境的影响研究。评估各种运输方式造成的土地占用、能源消耗、运输费用、环境影响等成本效应，确立符合社会经济发展要求和资源环境特征的运输组合方式，优化配置交通基础网络系统。

4) 信息技术对社会经济生活方式的影响及其资源环境效应研究。信息技术对消费方式和生活方式的影响及其资源环境效应；信息技术对生产要素空间配置格局和经济空间结构的影响；信息技术的扩散对资源利用效率和污染排放的影响。

267

5. 区域基础设施研究

以支撑、引导和优化区域发展和国土开发为战略目标，解析我国基础设施网络的发展过程与未来演化趋势，揭示基础设施级配体系与国土开发的关系机制与空间适宜性；分析空间流（如客流、货流、煤炭流）的模拟技术，设计剖析其网络结构的数理模型；考察基础设施网络对社会经济要素集聚与扩散的作用机理，揭示基础设施的人文-环境效应；针对国土的有序开发，探讨我国基础设施网络的优化组织模式。

关键科学问题：

1）我国基础设施与区域发展与国土开发的基本关系机制；

2）空间流的模拟技术与数理分析模型构建；

3）运输服务网络优化与物流资源整合的基本机理与科学途径。

主要研究方向有以下几个。

1）基础设施与国土开发的关系机制。基于技术经济属性，从集成的角度探索基础设施的发展机理，从扩展空间、优化生存环境和共享资源等方面透视基础设施体系在"人-地关系"演进中的作用，探讨基础设施网络与国土开发的关系机制与空间适宜性的时序规律或时间-空间逻辑关系与制衡机制，以及可能的参数与阈值，以此规范、完善基础设施的学科范畴和丰富交通地理学的理论。

2）空间流的人文机理以及对自然-人文复合系统演进的影响研究。从地理学的视角，基于 GIS 技术，对各类空间流与社会经济系统的空间关系进行模拟和评价，剖析不同城市间或区域间相互作用的机理与空间流（物流、人流、信息流、能量流等）的生成机制与演化规律，以及"流"空间与交通及信息技术进步的关系机制，揭示各类空间流对基础设施空间配置与服务网络组织的影响机理，并考察特定区域内空间流、基础设施网络对区域自然-人文复合系统演进的耦合关系与互动机制。

3）基础设施网络布局与拓展的人文-环境效应。研究重大基础设施（国家高速公路网、铁路中长期网、沿海枢纽港体系）对我国国土社会经济布局、区域发展格局、资源环境可能产生的影响，考察对各区域或各城市间空间相互作用（包括方向与路径、规模）的影响机制，尤其是对都市化地区的社会、经济和环境效应，揭示交通技术进步与城市化、区域发展的协同过程-耦合关系。

4）基础设施网络的资源整合与空间组织优化。结合未来的国土开发方略和中长期基础设施建设体系，基于基础设施服务网络的空间社会经济意义，分析基础设施网络的资源整合机理，探讨其空间组织优化和有序化配置的基本模式，以推动高效国土和功能国土体系的构建。

6. 生态补偿原理与区域协调发展研究

以协调不同功能区发展关系、实现不同区域间基本公共服务均等化为导向，以构建区域生态补偿的理论体系和实施途径为目标，分析生态功能区格局，构建区域生态补偿的 GIS 时空配置模型；研究多元主体、多种方式、不同时空尺度下的生态补偿的方案，提出实施生态补偿的保障措施和政策体系；设计生态补偿实施效果的评价指标，进一步凝练塑造新型区域发展关系的政策途径，科学评价生态补偿和其他政策实施效果及其对我国区域发展格局的影响。

关键科学问题：

1）我国生态功能格局的识别方法和等级划分；

2）定量分析区域间的权益配置标准、损益关系及其核算方法，确定区域间生态补偿的标准和实施方案；

3）构建生态补偿的理论框架以及该理论框架下的生态补偿机制实施效果评价。

主要研究方向有以下几个。

1）生态补偿理论体系的构建。从传统的生态补偿理论提出的背景、基本出发点和目标导向入手，分析理论的适用范围、优缺点以及对我国的借鉴意义，提出完善理论的思路；跟踪国际理论研究的前沿，分析不同流派的特点和演化轨迹，结合我国国情，构建理论创新与现实需求相一致的理论框架。

2）我国生态功能格局的确定。依据不同生态系统的功能类型和空间分布特征，识别生态功能区，划分各功能区的等级；明确不同等级的生态功能区的服务对象，分析区域间生态功能建设、维护和利用的相互关系；分析各生态功能区相互作用的方式，明确生态补偿的主体和客体，全面而清晰地揭示区域生态补偿格局；构建区域生态补偿的 GIS 时空配置模型，形成可视化表达方案。

3）区域生态补偿实施方案研究。综合分析生态补偿过程中主体的补偿能力和客体的受偿意愿，设计我国区域生态补偿的实施方案；分析政府、市场、非政府组织等不同主体对区域生态补偿所起的作用和适用情况，探索区域协调发展背景下的各种生态补偿模式；重点研究国际性、全国性、地区性等不同尺度的补偿特点，设计不同空间尺度类型区的补偿模式及各种模式的最佳组合关系。

4）典型区域生态补偿机制的实施效果评价。选择具有代表性的区域，建立集生态、社会、经济等多要素在内的综合评价体系，测量实施生态补偿在生态环境保护、基本公共服务均等化和地方特色经济发展方面的效果；确定生态环境保护、经济发展、社会和谐三类指标体系之间的相互关系和权重，构建全面、合理的评价体系和实施效果评价标准；采用现状分析、系统模拟等方式，综合分析区域生态补偿机制的实施对我国未来生态环境保护、经济社会发展格局的影响。

7. 区域低碳发展模式研究

核心科学问题：

1）在劳动地域分工中确定区域对于减排的责任；

2）不同产业分工区域的低碳发展模式；

3）区域向低碳发展模式升级的路径。

主要研究方向有以下几个。

1）"区域相互依赖性"研究。研究区域相互依赖性的载体，包括生产链上的投入-产出联系，以及通过最终需求传导的依赖性；编制地区间投入-产出表；分析区域间"碳"相互依赖性。

2）区域产业分工与碳排放的关系研究。资源供给区、出口加工区、制造业密集区等不同产业分工区域的结构特征，及其与碳排放的关系。

3）低碳型产业发展的空间格局研究。包括新能源产业、碳汇产业等。

4）"碳税"对区域发展的影响。包括碳税对贸易格局的影响，贸易格局对区域产业结构的影响等。

5）不同产业分工的低碳发展模式研究。包括能源供给结构、产业结构、出口结构、消费结构等的综合集成。

8. 跨国界区域合作及发展问题研究

应对地缘政治和地缘经济上的合作和斗争，我国需要不断推进各种范畴的区域合作，建立国际性的区域经济合作体。对这些需要促进和可能建立的合作区域，需要对它们的经济合作基础、经济合作的框架、经济中心的选择以及重大基础设施等进行前瞻性研究。跨国界区域合作及发展问题研究，可以服务于国家的战略利益。

主要研究领域包括东北亚合作区域、中亚合作区域、澜沧江-湄公河合作区域、中国-东盟区域合作等。

9. 新文化地理研究

新文化地理学需要对研究文化景观的意义、商品和消费地理学的文化、企业的文化地理学、全球化（杂居）时代民族及国家的身份和认同感、地方化与全球化、城市公共空间和公民权利等方面研究有所关注。新文化地理学将涉及媒体再现或表征世界，关注如文学、专著、艺术、电影、电视、音乐、广告、新闻与网络等媒体文化中的景观、空间和地方（李蕾蕾，2005）。新文化地理学还将文化视为空间过程的媒介，文化决定着生活的空间性实践。新文化地理学重视空间，认为文化是通过空间组成的（周尚意，2004）。因此，文化的空间研究和空间的文化研究等领域还有待展开。应该强调民族志方法、文本分析、深入访谈等质化研究方法，知识表述形式从过去的数据、公式和地图转向文字、照片，甚至新闻报道和多媒体等多种表述形式。

10. 旅游地理学理论与方法

近年，西方旅游地理学的纯理论研究占据重要地位，强调对意义和价值的深入追问，关注旅游现象的非生产特征，强调对旅游影响、旅游者行为、旅游地演化的研究（保继刚和张骁鸣，2004）。我国旅游地理学研究在加强传统研究领域的同时，应突出城市旅游、旅游景观和旅游规划理论等方面的研究（马耀峰，2004），在加强量化方法的同时创新独特的理论与方法。

11. 人文地理学中新方法、新技术的应用

人文地理数据的采集方法发生了很大变化，从实地观察、历史文献资料到各种经济社会统计资料与遥感信息，再到问卷调查与访谈资料，人文地理研究方法也随之由定性描述发展到统计分析、建模等定量方法以及深度描述等质性方法与GIS 等空间信息技术的应用，定量研究与定性研究方法都取得了长足发展，宏观研究方法与微观研究方法逐步结合，局外人的方法与局内人的方法相互结合，人文地理研究成果的理论化与政策化、产品化、工程化的结合。我国亟待建立支撑城市化与区域发展的环境–社会动力学过程研究的观测与数据采集网络，完善城市与区域研究的信息平台，增强城市与区域研究的实验科学成分及其原始创新技术能力（冷疏影和宋长青，2005）。

10.5 未来的地理信息科学

10.5.1 学科趋势与发展方向

1. 空间数据的智能化分析方法和模型研究

由于对地观测技术的飞速发展，关于地球生态以及人类生存空间的各方面大量信息正向我们扑面而来。另外，更细小空间单元上的、准确度更高的有关人口、经济和社会方面的新数据也日新月异，空间信息的快速膨胀与空间信息处理方法之间的矛盾日益尖锐，如何充分利用这些海量的空间数据成为地理信息科学所必须解决的问题。因此，诸如空间数据融合理论、空间分析模型、空间数据挖掘等理论的重要性逐渐凸显出来，继而成为地理信息科学研究的重要分支。

2. 地理信息的不确定性研究

地理信息的误差决定着地理信息的质量，同时也是影响相关分析结果可靠性的重要因素，因此有关地理信息的不确定性的研究逐步成为地理信息研究的热点。进入 21 世纪，美国地理信息与分析中心仍将空间数据的精度和不确定性列为其重要的研究方向。

3. 地理信息的可视化理论研究

地理信息科学中的可视化是计算的可视化（visualization in scientific computing），其主要目的是将科学中非直观的、抽象的或不可见的数据，借助计算机图形学和图像处理等技术，用几何图形和色彩、纹理、透明度、对比度以及动画技术，以图形或图像的形式直观、形象地表达出来，并进行交互处理。科学计算可视化的概念提出 20 多年以来，科学计算可视化研究已经取得了长足进展，国外有关可视化的研究重点在如何将地学可视化理论、方法和技术更有效地应用于地学数据的分析。目前研究的主要进展包括：可视化中的交互性研究、图形化认知、多媒体表达、多用户/协作可视化、可视化设计和非传统图形等方面。

4. 理论化、工程化及学科交叉化

自地理信息科学形成以来，关于地理信息哲学和地球信息机理的理论研究受到越来越广泛的重视，而且多种大规模地理信息工程的提出，不但极大地推动了地理信息工程研究领域的快速成长，使其迅速成为整个学科的"领头"领域，而且也促进了其他领域的发展。目前理论化和工程化趋势尚处于起步阶段，它们将日趋突出。此外，地理信息科学是一个横断交叉学科，随着学科领域的拓展，它将与更多的学科交叉融合，进而形成更多的分支学科，即学科交叉领域的泛化也是地理信息科学的一个重要发展趋势。

5. 地理信息及其技术标准化

地理信息及其技术产品的研究与开发是为了最大可能地获取各种地球信息，应用地球信息技术，建设地理信息工程，尽可能地提高产品的质量，增加产品的产量，扩大应用范围。其中至关重要的一条是在地理信息及其技术产品的生产过程中，每一个生产环节都必须按照事先取得共识的标准来进行，只有这样，在产品生产中的信息和技术集成、工程建设以及在产品应用中的信息和技术共享才能顺利实现。由此可见，地球信息及其技术大生产呼唤地球信息和技术的标准化趋势。互操作地理信息系统和网络地理信息系统的出现，推动了地球信息及其技术标准化的步伐，使之成为地理信息科学的重要发展趋势之一。

6. 信息表达多维化

从本质上说，GIS 处理的空间数据是三维连续分布的，但由于三维 GIS 在数据的采集、管理、分析、表达和系统设计等方面比二维 GIS 复杂得多，目前的 GIS 应用仍停留在处理地球表面的数据上，大多数 GIS 平台都支持点、线、面三类空间物体，而不能很好地支持曲面（体）。尽管有些 GIS 软件试图用二维系统来描述三维空间系统，但它不能精确地反映、分析和显示三维信息。此外，地理信息系统所描述的对象往往具有时间属性，即时态，但目前大多数地理信息系统都不能很好地支持对时间维的处理。为了准确地表达三维地球系统的动态现象，必须把二维 GIS 数据模型拓展到三维、四维，甚至五维，即地球信息表达方法的多维化也是一个值得关注的问题。

7. 地球信息技术集成化

273

集成包括信息集成、GIS 与专业模型库和知识库之间的集成、GIS 之间的集成、信息生产中各个技术环节的集成以及 3S 技术集成等。地球信息的集成推动了 GIS 的发展，地球信息技术的集成促进了地球信息工程的进步，即集成化趋势贯穿于地球信息技术发展的整个过程。在未来的信息社会中，地球信息及其技术共享的呼声将会越来越高，集成化的趋势也会越来越明显。构件式软件技术是顺应集成化潮流的软件技术之一，它的出现改变了封闭、复杂、难以维护的软件开发模式，推动了 GIS 软件的系统集成化和应用大众化，同时也很好地适应了网络技术的发展，是一种 WebGIS 的解决方案。

8. 地球信息平台网络化

Internet/ Intranet 已经成为 GIS 的平台，利用 Internet 技术在 Web 上发布数据是 GIS 发展的必然趋势。WebGIS 是顺应信息平台网络化趋势而发展起来的一种新型地理信息系统，具有分布式应用体系结构，其中的多个主机、多个数据库与多台终端通过 Internet/ Intranet 而组成网络，它既是 GIS 走向社会化和大众化的有效途径，也是 GIS 发展的必由之路。

9. 地理信息技术智能化和虚拟化

赛博空间（CyberSpace）以计算机技术、现代通信技术、网络技术和虚拟现实技术的综合应用为基础，构造出一种进行社会交往和交流的新型空间。计算机软件技术的发展经历了从软件模块化到软件对象化转变的过程，目前正在进一步向软件智能化发展。软件智能体（Agent）是软件设计进一步抽象的结果，是为适应广泛的分布式网络计算环境而发展起来的软件技术，其中空间智能体处于分布式网络计算环境中，感知并作用于这一环境，以各种不同的形式出现，实现空间数据的智能获取、处理、存储、搜索、显示以及决策支持。在赛博空间中，以这种空间智能体为构成模块的 GIS 系统就是 CyberGIS ，它是对地球信息技术智能化和虚拟化的集中体现。

10. 地理信息及其技术应用社会化

地理信息科学是在社会需求的推动下形成和发展起来的，同时它的应用领域也在不断拓展。在地理信息科学形成过程的早期，其用户主要是地球科学的学术和教育部门，此后地球信息及其技术的应用迅速向不同层次的行政管理部门、生产部门以及公司企业拓展，并逐渐进入市场，扩大市场份额，形成一个极有活力的朝阳产业。21 世纪，随着全球性信息基础设施建设步伐的快速推进和数字地球的实施，一个庞大的地球信息圈层即将成为这个世界的主体，地球信息及其技术将渗透到人类社会的各个行业，走进千家万户，改变人们的生产方式、生活方式和思维方式，使人们徜徉在多维信息网络空间中，随时感受地球信息和技术给人类带来的好处。

10.5.2 优先领域与重点方向

1. 资源环境和陆地生态系统的动态监测

监测平台的多样化和立体化，将构建天–空–近地–地面多平台的监测体系，将卫星遥感监测、航空遥感监测、近地面云台监测和地面监测融为有机的整体；监测的内容多样化，从要素（如气温、水分、土质、微量元素等）到整体系统的监测；传输系统从传统的互联网，发展到传统互联网、新一代互联网、无线互联网、微波通信和移动通信技术相结合的方向；监测模式从传统的遥感监测，发展到遥感与无线传感器监测、物联网、移动位置服务相结合的发展方向；监测模型多样化，从遥感影像认知模型到层次分析模型，再到模糊分析评判模型，以及多指数复合模型等。

2. 空间分析与系统模拟

地理空间抽样与插值，基于地理空间要素特征的空间抽样模型、统计推断模型与曲面模型。针对地学分析中广泛应用的从抽样到估值，从样点到区域的计算和分析问题，建立空间采样模型、空间插值模型和相似度模型，以解决样点布高最优化计算和样点高精度插值的科学问题，形成一套系统化、实用化的空间分析和系统模拟理论、方法和模型系统。

3. 空间信息模式挖掘与地学知识发现

研究和建立地学知识发现和地学数据主动计算、智能计算的理论体系；深化融地理学的形象思维、经验知识、科学计算为一体的，以知识驱动为主的地理空间计算方法，服务于生态环境定量化评估、自然灾害时空模式分析和预测、智能交通与动态导航等方面的需求。实现技术路线是：建立点过程的空间变换模型、案例推理模型、知识推理模型、时空数据流挖掘模型及非结构化数据挖掘模式，解决空间分布模式挖掘的理论方法，形成地学知识发现的技术体系；建立高精度地表辐射、地表温度、土壤湿度、植被水分、植被指数及 NPP 等主要地表参数遥感反演模型，实现地表参数的精确反演与提取，服务于国家宏观生态监测、评估。

4. 资源环境时空多变要素的尺度效应和尺度转换方法

以实际像元尺上推的过程为基础，通过数据模拟和分析，在分析尺度效应机理的基础上，阐述造成尺度问题的主要原因，并在此基础上，从遥感观测数据、反演模型和遥感产品三个方面入手，抽象表达空间尺度效应，建立一套资源环境时空多变要素的普适性尺度转换方法。

5. 地理信息技术集成及其应用

研究和发展面向网络化的新型地理信息系统软件系统和空间数据库管理系统，满足海量时空数据的安全管理、高效处理与分析的需求；同时将 GIS、RS、GPS 和 SDSS（空间决策支持系统）等进行有机地集成，广泛应用于国家资源管理、生态保护、灾害应急、电子政务等民用和军用重大工程建设，实现构建全自主知识产权的大型地理信息系统工程的目标，引领我国地理信息产业的发展。

6. 地球系统科学数据集成与共享

将按行业管理、位置分散、学科面广、标准化程度低的科学数据进行整合，实现透明的地球系统科学数据资源的访问服务。研究内容包括科学数据共享基础理论、数据集成与共享的管理体制与标准规范、数据集成和融合的模型方法，以及数据共享的关键技术。通过上述研究，建设一批服务于全球变化与地球系统科学研究的权威数据产品和国家级数据库，研发一套具有自主知识产权的数据共享软件系统，从而构建一个分布式的地球系统科学数据共享服务网络。

7. 农业信息化的关键技术

以推广精准农业为目标，通过"3S"技术与电子地图的结合，实现最大限度地发挥土壤和作物的生产潜力，做到既满足作物生长发育的需要，又减少农业物资的浪费，从而降低消耗、增加利润，并保护生态环境质量，使农业可持续发展。实施方案包括精准农业空间信息和知识的挖掘与管理技术研发、智能化精准农业地理信息系统平台研发、精准农业智能分析与可视化管理系统建设等。

276

8. 国家大地图集

研究新世纪版中国国家大地图集的科学内容体系、服务对象、功能、表现形式和技术等方面的定位，进而设计和编制新世纪版国家大地图集各分卷的内容结构，包括中国卫星影像图像、中国三维地形图集、中国地貌图集、中国地质图集、中国海洋图集、中国人口与城镇地图集、中国区域可持续发展地图集、中国土地资源地图集、中国能源地图集、中国水资源地图集、中国生态地图集、中国生物资源地图集、中国政区和交通地图集以及中国旅游休闲资源地图集。

10.6　国际合作与保障措施

10.6.1　国际合作

一般而言，科学家在国际合作与交流中的科学立场是共通的，但其国家利益立场则不同。这在全球气候变化及对策领域有最显著的表现，气候模式的认同、各国温室气体贡献的测算、升温与排放阈限及其国家配额的制定等问题，既是科学研究的合作领域，也是国家利益的竞争领域。又如科研成果的评判，SCI 体系固然可作为一种国际公认的标准，但未必能全面反映我国的科学国情和紧迫需求。因此，中国科学家在国际合作交流中要把握好科学立场和国家利益立场的均衡。

基于以上认识，中国地理学要在以下关系国家重大利益的研究领域开展国际合作交流与竞争。

1. 全球变化国际科学计划

当前正在进行第二阶段（Phase Ⅱ）的国际地圈生物圈计划（IGBP）、全球环境变化人文因素计划（IHDP）、国际生物多样性计划（DIVERSITAS）和世界气候研究计划（WCRP），促进了地理学的发展，地理学也在其中作出贡献，尤其在 IHDP 中作用突出。由 IHDP 中国委员会专家组提出的计划建议——"综合风险防范"已被 IHDP 科学委员会批准列入新一轮核心科学计划，并于 2009 年 4 月在德国波恩 IHDP 科学大会期间正式宣布启动。这不仅在国际上充分展现了我国综合灾害风险研究领域的成果，更将有助于提升中国在全球变化研究中的话语权（史培军等，2009），可作为今后中国地理学参与全球变化科学计划的一个典范。

2. 世界资源动态

对于世界上几乎所有的国家来说，追逐或保护重要资源已经成为国家安全中的重要特征。我国人均资源量远低于世界平均水平，随着经济的高速发展，对世界自然资源的需求日益增多，今后这一趋势必有增无减。例如，中国正处于经济增长依赖于矿产资源消费同步增长的工业化中期发展阶段，加速消耗大量矿产资源是必然趋势。当前，中国自身的资源已很难满足庞大的矿产资源需求，许多重要矿产品需要大量进口（王建安和王高尚，2002），未来对国际矿产品市场的依赖会更强。鉴于世界范围内资源需求的上升，鉴于资源稀缺的日益明显，鉴于资源所有权的争端频频发生，对生死攸关的资源的争夺和由此引发的冲突会越来越剧烈，我们迫切需要把握世界资源的格局和动态。为此，要加强与世界资源研究所（WRI）、国际应用系统分析研究所（IIASA）等国际优势单位的合作与交流。

3. 跨境流域综合研究

我国西南、西北和东北有众多跨境河流，这不仅涉及水资源开发利用、分配管理的国际合作与竞争，也事关我国的边境安全、沿边开放和与周边国家的经济交往。要加强跨境流域综合研究，为在相关国际谈判中提高我国的话语权提供科学依据。为此，要与相关周边国家的地理学者和国际机构［如设在尼泊尔的国际山地综合发展中心（ICIMOD）］加强合作交流和竞争。

4. 亚欧大陆桥沿线的合作与可持续发展

丝绸之路是我国历史上对外交往的重要通道，被誉为现代丝绸之路的亚欧大陆桥是沟通我国整个北方地区与中亚、欧洲的东西大动脉，对我国对外开放和区域发展具有重要意义。要开展与其沿线国家的地理研究国际合作与交流，促进区域合作与可持续发展。

5. 全球化下的环太平洋地缘政治与经济

环太平洋区域已成为世界上最有活力的地区，在国际政治、经济中的作用越来越重要；与此同时，该区域内的政治、经济竞争和冲突也日益尖锐。我国地处太平洋西岸，该区域内的地缘政治经济变化关系到我国的重大国家利益。必须密切关注环太平洋区域的地缘政治经济动态，加强该区域的地理研究。为此，要加强与该区域内主要国家（如美国、日本、加拿大、澳大利亚、韩国、东南亚国家和南美洲国家）之间地理研究的合作与竞争。

6. 西方当代地理学思想和方法借鉴

如前所述，西方发达国家的地理学已经历了"经验化"、"科学化"、"人本化"和"多样化"四个阶段，而我国地理学目前基本上还处在逻辑实证阶段，对地理学术的"人本化"和"多样化"认识不足。要结合中国实际，借鉴西方当代地理学思想和方法，发展具有中国特色的地理学术体系。

10.6.2 学科发展的保障措施

1. 政策与社会保障

1）改革科研评估体系。科学研究的独立性是获得创造性科研成果的必要前提。要建立独立、客观的评估机构和评估机制，以摆脱长官意志、政府行为和企业行为对科学研究的主观支配和影响。要改变片面强调个人主持课题、争研究经费、重论文数量等的评估标准，从机制上鼓励"坐冷板凳"，鼓励出源头创新成果，鼓励甘当"下手"以实现合作与协作，开展重大课题研究，多出集体成果。

2）共享公益性信息资源。要改变基础公益性信息资源部门所有、垄断封锁的现状，实现信息共享，充分发挥这些信息的作用，也避免第一手数据获取的低层次重复和分散。

3）建立公平竞争机制。科研经费的分配和获取要有公平竞争机制，改变目前地区分配、部门分配、人员分配都缺乏合理性的状况。科技人才的竞争也要有公平机制，改变目前一个单位的人才壮大以其他单位的人才萎缩为代价的状况，从体制上保障艰苦地区、艰苦行业的研究人员安心工作，鼓励到国际上去竞争而不是在国内"窝里斗"。

2. 投入保障

1）加大和优化科研投入。加大科研和技术开发的投入，优化科研投入结构，创新科研投入体制，为科技事业的发展提供良好的支撑条件。

2）加强科研基础设施建设。要进一步加强对地理学重点学科点、重点实验室、定位实验站和观测网络的建设和完善，加强区域调查和基础信息的获取和处理。

3. 教育保障

1）全面改革基础地理教育和高等地理教育。必须对基础地理教育和高等地理教育进行全面的改革。这一改革应针对基础地理教育的教材内容、高等地理教育的专业设置与课程安排，以及从事基础与高等地理教育的教师知识结构的完善等方面全面进行。为此，要在地球系统科学与可持续性科学的框架下，构建中国地理教育的新体系；在国家标准和适应国际规范的前提下，规范高等地理教育的学科划分和课程体系；在国家自然科学名词审定前提下，规范高等地理教育中的地理学术语。

2）构建完整的地理教育体系。构建由国民的地理教育、地理学家的地理教育、企业与管理专家的地理教育三部分共同组成的中国地理教育的新体系。

4. 组织保障

1）调整学科结构和机构布局。加强应用基础学科建设，重点发展可再生资源科技、减灾科技、持续农业科技、生态系统保育科技、产业地理科技、城市发展科技及地理信息科技等新兴学科。搞好重点科研机构和野外科研基地的建设，优化组织结构和专业结构，完善"开放、流动、协作、竞争"的运行机制。

2）实施重大科技攻关。集中多种资源，组织专项计划，实施重大科技攻关，开展多学科、多部门的综合研究，力图在对那些形成中国地理学研究总体框架、对国民经济建设和社会发展有全局性和带动性作用，并在国际科学前沿能作出中国特殊贡献的重大科学问题和典型区域研究上获得突破，以带动整个地理学和技术的发展。

3）扩大国际学术交流。根据我国社会经济发展和地理学发展的需要，发挥

279

我国的地理特色、学术积累和智力优势，开展广泛的国际合作与交流。在国际学术交流中，要加强多种形式、以我为主的实质性合作。主动参与重大国际研究计划，并以我国具有全球意义的地域单元为依托，发起和组织国际性研究计划。进一步发挥中青年地理学家在国际合作与交流中的作用，为他们跻身国际学术舞台提供必要的条件。

4）加强学科交叉和融合。针对全球环境变化、可持续发展、区域科学、城市科学等综合性问题，加强学科间的交叉和融合，在基础研究、应用基础研究、工程技术研究等层次上开拓新的前沿方向。

5）加速科技成果转化。搭建宣传平台，开拓连通渠道，创新服务方式，拓展服务范围，为科技成果的转化和推广提供平台。

参 考 文 献

阿尔曼德.1992.景观科学——理论基础和逻辑数理方法.李世玢译.北京:商务印书馆

阿加福诺夫 H T,王荣来.1983.苏联社会经济地理学的发展途径——根据《苏联地理学会第七次代表大会总结》.地理译报,(4):21-24

阿朗索 W.2007.区位和土地利用——地租的一般理论.梁进社,李平,王大伟译.北京:商务印书馆

阿纳琴 A A,拉夫罗夫 S B,拉齐宁斯基 V A,等.1984.苏联社会经济地理学的任务.地理译报,1984(1):36-38

阿努钦 B A.1994.地理学的理论问题.李德美,包森铭译.北京:商务印书馆

阿雨孟特 Д П,秦牧,李瑜.1953.转变中的苏联地理学.地理学报,19(1):15-29

艾南山.1993.曼德布罗特景观和赫斯特现象——分形理论引发的地理学革命//辛厚文.分形理论及其应用.合肥:中国科学技术大学出版社:444-446

艾南山.1996.从地缘政治走向地缘经济的政治地理学.世界地理研究,5(2):54-62

艾南山,陈嵘,李后强.1999.走向分形地貌学.地理学与国土研究,15(2):92-96

安德森 K.2009.文化地理学手册.李蕾蕾,张景秋译.北京:商务印书馆

敖荣军.2006.美国南部地区的边缘化及其崛起的启示.地域研究与开发,22(2):30-34

巴巴耶夫 A Г,义各.1985.苏联的地理学和荒漠开发.地理译报,(3):15-19

巴恩斯 T,佩克 J,谢泼德 E,等.2007.经济地理学读本.童昕,梅丽霞,林涛,等译.北京:商务印书馆

巴甫利谢夫 A H,朱危安.1988.苏联经济地理学的发展.地理译报,(2):62-64

巴克 N,等.2005.增长的城市增长的食物:都市农业之政策议题.蔡建明译.北京:商务印书馆

巴克希捨夫斯基 B B,周恩济.1954.亚·伊·沃耶伊科夫及其关于人类与自然的著作.地理学报,20(1):115-121

白光润.1995.地理学的哲学贫困.地理学报,50(3):279-287

邦奇 W.1991.理论地理学.石高玉,碚俊译.北京:商务印书馆

保继刚,孙九霞.2006.社区参与旅游发展的中西差异.地理学报,61(4):401-413

保继刚,张骁鸣.2004.1978年以来中国旅游地理学的检讨与反思.地理学报,59(S1):132-138

贝尔格 Л C.1956.地理发现与地理学史译文集.郝克琦,李世玢,陈家琏译.上海:新知识出版社

贝尔格 Л C.1991.气候与生命.王勋等译.北京:商务印书馆

贝尔格 Л C,杨郁华.1954.苏联地理学会.地理学报,20(3):367-370

贝克 R H.2008.地理学与历史学——跨越楚河汉界.阙维民译.北京:商务印书馆

贝里 B J L.1993.全球比较经济地理学:文化、公司和民族国家.郑长德译.地理译报,(3):

40-49

波德纳尔斯基. 1958. 古代的地理学. 梁昭锡译. 上海：三联书店

布赖恩 B. 2008. 比较城市化——20 世纪的不同道路. 顾朝林，吕军，王涌泉译. 北京：商务印书馆

布朗 R. 1973. 美国历史地理. 秦士勉译. 北京：商务印书馆

蔡运龙，Wyckoff B. 2010. 地理学思想经典解读. 北京：商务印书馆

蔡运龙. 1990. 地理学的实证主义方法论：评《地理学中的解释》. 地理研究，9（3）：95-104

蔡运龙. 1993. 林超的学术思想与成就. 地理学报，48（3）：272-281

蔡运龙. 1996. 人地关系研究范型：哲学与伦理思辩. 人文地理，11（1）：1-6

蔡运龙. 2002-05-29. 大卫·哈维：地理学实证派的集大成者和终结者. 中华读书报，18 版

蔡运龙. 2007a. 地理学人才结构与课程体系. 中国大学教学，(9)：19-28

蔡运龙. 2007b. 中国地理多样性与可持续发展. 北京：科学出版社

蔡运龙. 2008. 西方地理学思想史略及其启示——克拉瓦尔《地理学思想史》评介. 地域研究与开发，27（5）：1-5

蔡运龙. 2009. 中西方地理学创新的反思与展望. 创新方法，(1)：35-46

蔡运龙. 2010a. 高校地理教育的国际态势. 中国大学教学，(7)：6-12

蔡运龙. 2010b. 我国高校地理教育现状分析与发展建议. 中国大学教学，(10)：4-10

蔡运龙. 2011. 认识环境变化，谋划持续发展——地理学的发展方向. 中国科学院院刊，26（5）：174-182

蔡运龙，李双成，方修琦. 2009. 自然地理学研究前沿. 地理学报，64（11）：1363-1374

蔡运龙，陆大道，周一星，等. 2004a. 地理科学的中国进展与国际趋势. 地理学报，59（6）：803-810

蔡运龙，陆大道，周一星，等. 2004b. 中国地理科学的国家需求与发展战略. 地理学报，59（6）：811-819

蔡运龙，宋长青，冷疏影. 2009. 中国自然地理学的发展趋势与优先领域. 地理科学，29（5）：619-625

蔡宗夏. 1986. 法国人文地理学的过去和现在. 国外人文地理，1986（1）：27-31

曹传新. 2003. 美国现代城市规划思维理念体系及借鉴与启示. 人文地理，18（3）：23-27

曹诗图，孙天胜. 2000. 试论中国地理学的变革. 地理研究，19（1）：107-112

曹婉如，郑锡煌，黄盛璋，等. 1990. 中国古代地图集（战国—元），北京：文物出版社

曹婉如，郑锡煌，黄盛璋，等. 1995. 中国古代地图集（明代集），北京：文物出版社

曹婉如，郑锡煌，黄盛璋，等. 1997. 中国古代地图集（清代集），北京：文物出版社

曹小曙，薛德升，阎小培. 2005. 中国干线公路网络连结的城市通达性. 地理学报，60（6）：903-910

柴彦威，沈洁. 2006. 基于居民移动——活动行为的城市空间研究. 人文地理，21（05）：108-112

陈传康. 1962. 苏联景观学的发展现况和趋势. 地理学报，28（3）：231-240

陈传康，石俊杰，傅伯杰，等．1992．渭南地区建设地理研究．地理学报，47（4）：353-360

陈德广．2006．差异和差距：中国和北美旅游地理博士学位论文的比较研究．人文地理，21
（2）：12-16

陈恩明．2009．方志学通探．郑州：中州古籍出版社

陈继，程国栋，吴青柏．2005．冻土地区风的作用分析——以青藏铁路沿线多年冻土为例．地
球科学进展，20（3）：275-281

陈剑池，金蓉玲，管光明．1999．气候变化对南水北调中线工程可调水量的影响．人民长江，
30（33）：9-16

陈健昌．1988．哲学思潮对西方地理学发展的影响．地理学与国土研究，7（1）：33-40

陈梦家．1988．殷墟卜辞综述．北京：中华书局

陈梦雷（清）．1721．古今图书集成．蒋廷锡校订．国家图书馆藏

陈述彭．1995．地球信息科学与区域可持续发展．北京：测绘出版社

陈述彭，赵英时．1990．遥感地学分析．北京：测绘出版社

陈湘满．2000．美国田纳西流域开发及其对我国流域经济发展的启示．世界地理研究，9（2）：
87-92

陈兴中，郑柳青．2007．旅游活动"六要素"新论——以德国与四川比较为案例．人文地理，
（5）：80-83

陈彦光．1998．地理学的贫困与出路（I）——地理学危机的哲学思考．信阳师范学院学报（自
然科学版），11（1）：74-77

陈彦光．2003．中国的城市化水平有多高？——城市地理研究为什么要借助分形几何学？城市
规划，27（7）：12-17

陈彦光．2005．地理数学方法：从计量地理到地学计算．华中师范大学学报（自然科学版），
39（1）：113-119，125

陈彦光．2008a．分形城市系统：标度、对称和空间复杂性．北京：科学出版社

陈彦光．2008b．地理学的模型建设及其选择标准——简析非欧几何学对地理学研究方法的影
响．亚热带资源与环境学报，3（4）：1-7

陈彦光．2009a．地理学理论研究和科学分析的一般方法探讨．地理科学，29（3）：316-322

陈彦光．2009b．空间相互作用模型的形式、量纲和局域性问题探讨．北京大学学报，45（2）：
333-338

陈彦光．2010．基于Excel的地理数据分析．北京：科学出版社

陈彦光．2011a．地理数学方法：原理和应用．北京：科学出版社

陈彦光．2011b．中国历史的地理枢纽——中国地缘政治格局成因和影响的历史分析．信阳师范
学院学报（自然科学版），24（1）：85-95

陈彦光．2012．中国的国土面积究竟有多大？——标度对称与中国陆地面积的分形分析．地理
研究，31（1）：178-186

陈彦光，刘继生．2002．基于引力模型的城市空间互相关和功率谱分析——引力模型的理论证
明、函数推广及应用实例．地理研究，21（6）：742-752

陈彦光，刘继生．2004．地理学的主要任务与研究方法——从整个科学体系的视角看地理科学．地理科学，24（3）：257-263

陈彦光，刘明华．2001．城市土地利用结构的熵值定律．人文地理，16（4）：20-24

陈彦光，罗静．2009．地学计算的研究进展和问题分析．地理科学进展，28（4）：481-488

陈彦光，许秋红．1999．区域城市人口-面积异速生长关系的分形几何模型——对 Nordbeck-Dutton 城市体系异速生长关系的理论修正与发展．信阳师范学院学报（自然科学版），12（2）：198-203

陈燕，齐清文，杨桂山．2006．地学信息图谱的基础理论探讨．地理科学，26（3）：306-310

陈志敏，王红扬．2006．英国区域规划的现行模式及对中国的启示．地域研究与开发，25（3）：39-45

陈志轩．1988．三峡工程泥沙专题论证专家组提出了三峡工程泥沙专题论证报告．泥沙研究，（2）：99

陈组绶（明）．2009．皇明职方两京十三省地图表（一函三册）．北京：国家图书馆出版社

程国栋．2003．局地因素对多年冻土分布的影响及其对青藏铁路设计的启示．中国科学 D 辑，（6）：602-607

程雪梅．2003．中外地理学史特点比较之我见．成都教育学院学报，（4）：18-20

德芒戎 A．1999．人文地理学问题．葛以德译．北京：商务印书馆

迪金森 R．1980．近代地理学创建人．葛以德译．北京：商务印书馆

地理学报编辑部．1960．苏联地理学会第三次代表大会简单报导．地理学报，26（3）：200-203

董雅文．1983．苏联、捷克斯洛伐克等国的现代地理学．地理学报，38（1）：90-95

杜米特拉施柯 H B，卡马宁 Л Г，密舍梁柯夫 Ю A，等．1953．论苏联地形学的现状与任务．地理学报，19（2）：127-139

杜佑．2003．通典．中华书局点校．北京：中华书局

段洁，韩瑞玲，路紫．2008．中外"国别经济地理"体系设置与风格设计的比较．世界地理研究，17（4）：163-171

恩格斯．1971．自然辩证法．北京：人民出版社

法显（晋）．1995．佛教文化通俗读物丛书．佛国记注释．郭鹏等注释．长春：长春出版社

方创琳．1999．国外区域发展规划的全新审视及对中国的借鉴．地理研究，18（1）：8-17

房玄龄等（唐）．1984．晋书．卷35．北京：中华书局

费信（明）．1954．星槎胜览校注．冯承钧校注．北京：中华书局

丰东升．1997．美国对外直接投资的经验及其对中国企业跨国经营的启示．世界地理研究，6（2）：8-14

冯春萍．1989．苏联社会经济地理学的革新与发展趋向．人文地理，4（2）：52-59

冯德显．2004．从中外城市群发展看中原经济隆起——中原城市群发展研究．人文地理，19（6）：75-78

冯革群，陈芳．2006．德国鲁尔区工业地域变迁的模式与启示．世界地理研究，15（3）：93-98

冯健．2002．杭州市人口密度空间分布及其演化的模型研究．地理研究，21（5）：635-646

冯健.2003.杭州城市形态和土地利用结构的时空演化.地理学报,58(3):343-353

冯健.2004.转型期中国城市内部空间重构.北京:北京科学出版社

冯天瑜,周积明.1986.中国古文化的奥秘.武汉:湖北人民出版社

高安秀树(Takayasu H).1989.分数维.沈步明,常子文译.北京:地震出版社

高俊.2004.地图学四面体——数字化时代地图学的诠释.测绘学报,33(1):6-11

高阳,郝革宗.2005.中国旅游地理学1998至2004的进展.广西师范学院学报(自然科学版),(4):71-77

戈尔 A.1997.濒临失衡的地球——生态与人类精神.陈嘉映译.北京:中央编译出版社

戈赫曼 B M,姜德华.1982.社会经济地理学在西方国家正处于转折时期.地理译报,1982(3):33-35

格拉西莫夫 И П.1958.苏联现代土壤地理研究的理论问题和方法.陈恩健译.北京:科学出版社

格拉西莫夫 И П,张同铸,孙宜民,等.1955.苏联地理学发展现阶段的状况与任务——在苏联地理学会第二次代表大会上的报告.地理学报,21(4):323-348

格雷戈里 K J.2006.变化中的自然地理学性质.蔡运龙,吴秀芹,李卫锋,等译.北京:商务印书馆

格里哥黎耶夫.1956.苏联大百科全书选译·地理学.陈原译.北京:人民出版社

格林斯坦.2007.循环城市——城市土地利用与再利用.丁成日,周扬,孙芮,等译.北京:商务印书馆

葛剑雄.2002.建设先进文化与新世纪中国历史地理学的发展.毛泽东邓小平理论研究,(4):86-90

葛全胜,吴绍洪,朱立平,等.2003.21世纪中国地理学发展的若干思考.地理研究,22(4):406-415

龚慧,厉成梅.2005.国外生态工业园区的建设及其对我国的启示.世界地理研究,14(3):45-49

龚旭.2009.科学政策与同行评议.杭州:浙江大学出版社

顾朝林,刘海泳.1999.西方"马克思主义"地理学——人文地理学的一个重要流派.地理科学,19(3):46-51

顾朝林,石爱华,王恩儒.2002."新经济地理学"与"地理经济学"——兼论西方经济学与地理学融合的新趋向.地理科学,22(2):129-135

顾朝林,于涛方,李平.2008.人文地理学流派.北京:高等教育出版社

顾炎武.2002.肇域志.谭其骧主持点校.上海:上海古籍出版社

郭九林.2008.美国大都市连绵带的综合考察及启示.经济地理,28(2):235-238

郭力君.2007.国内外城市规划实施管理比较研究.地域研究与开发,26(2):66-70

郭璞(晋).1989.四部丛刊初编.穆天子传(影印版).上海:上海书店

郭双林.2001.近代西方地理学东渐与传统夷夏观念的变异.中州学刊,(2):136-141

哈特向 R.1963.地理学性质的透视.黎樵译.北京:商务印书馆

哈特向 R. 1996. 地理学的性质——当前地理学思想述评. 叶光庭译. 北京: 商务印书馆

哈维 D. 1996. 地理学中的解释. 高泳源, 刘立华, 蔡运龙译. 北京: 商务印书馆

韩杰, 韩丁. 2001. 中外滑雪旅游的比较研究. 人文地理, 16 (3): 26-30

韩俊丽, 丁占良, 赵捷, 等. 2005. 中外高校地理课程改革之比较. 世界地理研究, 14 (1): 108-112, 101

韩慕康, Лебедев В Г. 1957. 苏联地形学现况及其在国民经济发展中的作用. 地理学报, 23 (1): 1-16

韩铣丰. 1990. 从地理学观点来看中西文化之差异. 人文地理, 5 (3): 49-51, 48

汉森 S. 2009. 改变世界的十大地理思想. 肖平, 王方雄, 李平译. 北京: 商务印书馆

何博传. 1989. 山坳上的中国——问题·困境·痛苦的选择. 贵阳: 贵州人民出版社

何秋涛 (清). 1877. 朔方备乘图说. 畿辅通志局刻本

何中华. 2006. "学术良知"和"学术谱系"何以会成为问题. 探索与争鸣, (4): 5-9

贺曲夫, 谢炳庚, 曾毅, 等. 2003. 中国传统地理学之浅见. 地域研究与开发, 22 (2): 12-15, 34

赫特纳 A. 1983. 地理学: 它的历史、性质和方法. 王兰生译. 北京: 商务印书馆

侯仁之. 1961. 中国古代地理学简史. 北京: 科学出版社

胡建伟, 许岩岩. 2009. 美国信息共享模式对我国地理信息共享机制的启示. 地域研究与开发, 28 (2): 41-43, 56

胡宇娜, 陈忠暖, 甘巧林. 2006. 西方女性地理学的发展与启示. 云南地理环境研究, (4): 105-108

华林甫. 2005. 中国历史地理学理论研究现状. 中国史研究动态, (9): 19-28

黄珊, 王桂新. 2002. 国外大都市区人口发展的相关政策及其借鉴. 世界地理研究, 11 (2): 59-64

黄秉维. 1959. 亚历山大·洪堡的生平及其贡献. 地理学报, 25 (3): 176-179

黄秉维. 1960. 自然地理一些最主要的趋势. 地理学报, 26 (3): 149-154

黄秉维. 2003a. 地理学学科规划说明书. 地理学综合研究. 北京: 商务印书馆: 154-155

黄秉维. 2003b. 关注人类家园——陆地系统与自然地理综合研究. 北京: 商务印书馆

霍华德 A. 2000. 明日的田园城市. 金经元译. 北京: 商务印书馆

霍洛韦 S, 赖斯 S P, 瓦伦 J G. 2008. 当代地理学要义——概念, 思维与方法. 黄润华, 孙颖译. 北京: 商务印书馆

霍普金斯 L. 2009. 都市发展——制定计划的逻辑. 赖世刚译. 北京: 商务印书馆

基钦 R, 泰特 N J. 2007. 人文地理学研究方法. 蔡建辉译. 北京: 商务印书馆

江金波, 司徒尚纪. 2002. 论我国文化地理学研究的前沿走向. 人文地理, 17 (5): 49-54

姜世国, 周一星. 2006. 北京城市形态的分形集聚特征及其实践意义. 地理研究, 25 (1): 204-212

金利霞, 方立刚, 范建红. 2007. 我国地质公园地质科技旅游开发研究——美国科罗拉多大峡谷国家公园科技旅游开发之借鉴. 热带地理, (1): 66-70, 85

鞠继武. 1987. 中国地理学发展史. 北京：江苏教育出版社

鞠继武. 1992. 试论中西古典地理学思想渊源. 地理研究，11（1）：5-14

柯拉法 P. 2005. 地理学思想史. 郑胜华，刘德美，刘清华，等译. 台北：五南图书出版股份有限公司

克拉克 G L，费尔德曼 M P. 2005. 牛津经济地理学手册. 刘卫东，王缉慈译. 北京：商务印书馆

克拉瓦尔 P. 2007. 地理学思想史（第3版）. 郑胜华，刘德美，刘清华译. 北京：北京大学出版社

克里斯塔勒 W. 1998. 德国南部中心地原理. 常正文，王兴中译. 北京：商务印书馆

库达弗耶夫. 1949. 苏联地理与外国地理研究提纲. 北京：解放社

库德里亚舍瓦. 1987. 现代苏联地理学的理论问题. 李旭旦，马广志译. 北京：科学出版社

拉柯夫斯基. 1957. 外国经济政治地理. 北京师范大学地理系翻译室译. 北京：北京师范大学出版社

劳拉詹南 R. 2001. 金融地理学——金融家的视角. 孟晓晨，樊绯，李燕茹，等译. 北京：商务印书馆

乐施 O. 1995. 经济空间秩序. 王守礼译. 北京：商务印书馆

乐史. 2008. 太平寰宇记. 中国古代地理总志丛书. 王文楚 点校. 北京：中华书局

冷疏影，宋长青. 2005. 中国地理学面临的挑战与发展. 地理学报，60（4）：533-558

黎夏. 2007. 地理模拟系统——元胞自动机与多智能体. 北京：科学出版社

黎夏，叶嘉安，刘小平，等. 2007. 地理模拟系统：元胞自动机与多智能体. 北京：科学出版社

李包相，于文波. 2006. 美国发展生态旅游的经验与启示. 人文地理，21（3）：67-71

李斌. 1997. 经济地理学在解决俄罗斯现代科学实际应用问题中的作用：地区方面. 管理科学文摘，（2）：26-27

李秉枢. 1959. 为改变地理学的面貌而奋斗//地理研究所编辑部. 大跃进中的中国地理学. 北京：商务印书馆

李德美. 1985. 现代苏联地理学. 地理译报，（2）：1-5

李德美. 1989. 第一章 苏联旅游地理学的对象、方法和任务. 地理译报，（1）：37-43

李昉（宋）. 2003. 文苑英华. 北京：中华书局

李昉，李穆，徐铉（宋）. 1960. 太平御览影印本. 北京：中华书局

李贵才. 1987. 当代西方行为地理学对城市压力及病态的研究. 城市问题，（6）：13-16，35

李吉甫（唐）. 1983. 中国古代地理总志丛刊. 元和郡县图志. 贺次君点校. 北京：中华书局

李健，宁越敏. 2006. 西方城市社会地理学主要理论及研究的意义——基于空间思想的分析. 城市问题，（6）：84-89，94

李健，宁越敏. 2008. 西方城市社会地理学研究进展及对中国研究的意义. 地理科学，28（1）：124-130

李蕾蕾. 2005. 当代西方"新文化地理学"知识谱系引论. 人文地理，20（2）：77-83

李娜，张军利. 2008. 中西古代区域地理思想比较——以《古代的地理学》与《禹贡》相关记

述为例．陕西理工学院学报（社会科学版），（1）：53-56

李青．2001. 管视西方城市经济学和城市地理学研究的流变．城市问题，2001（4）：8-10，49

李润田．2002. 中国地理学如何面对 21 世纪．地域研究与开发，21（3）：13-15

李文彦．1951. 苏联地理学会的组织和活动．地理学报，17（1）：97-102

李文彦．1953. 苏联科学院地理学研究所举行学术委员会扩大会议．科学通报，（9）：115

李小建，苗长虹．2004. 西方经济地理学新进展及其启示．地理学报，59（2）：153-161

李新民，张祖林，李炎方，等．1988. 刍议中西地理学传统的差异．华中师范大学学报（自然科学版），22（1）：104-109

李旭旦．1979. 欧美区域地理研究的传统与革新．南京师范学院学报（自然科学版），1979（1）：1-7

李学勤．1959. 殷代地理简论．北京：科学出版社

李燕．1987. 西方城市地理学中的感应和行为研究．国外人文地理，（2）：83-88

李忠，汪琦，司剑峰．2006. 青藏铁路清水河地区路基下伏多年冻土地温变化特征研究．工程地质学报，（1）：90-95

丽丝 J．2002. 自然资源：分配，经济学与政策．蔡运龙，秦建新，段练，等译．北京：商务印书馆

郦道元（北魏）．1990. 水经注．陈桥驿点校．上海：上海古籍出版社

梁德阔．2003. 国外开发欠发达地区的经验教训对我国西部城镇化的启示．开发研究，（3）：42-44，50

梁留科，常江，吴次芳，等．2002. 德国煤矿区景观生态重建/土地复垦及对中国的启示．经济地理，22（6）：711-715

林秉南，陈志轩．1989. 试论三峡工程泥沙问题．科技导报，（6）：39-43

林秉南，周建军．2004. 三峡工程泥沙调度．中国工程科学，（4）：30-33

林初昇．2009. 全球化世界中的地理学去中心化——在加拿大不列颠哥伦比亚大学地理系成立 50 周年纪念庆典上的主题演讲．世界地理研究，18（4）：1-16

刘继生，陈彦光，刘志刚．2003. 点-轴系统的分形结构及其空间复杂性探讨．地理研究，22（4）：447-454

刘继生，陈彦光．2000. 分形城市引力模型的一般形式和应用方法——关于城市体系空间作用的引力理论探讨．地理科学，20（6）：528-533

刘妙龙．1990. 苏联的政治地理学研究．人文地理，5（4）：34-39

刘妙龙，孔爱莉．1991. 对西方应用地理学哲学基础的若干思考．人文地理，6（4）：41-47

刘睿文，吴殿廷，吴巧新．2006. 中国近现代地理学发展脉络研究——基于《地理学报》学术论文的统计分析．地球科学进展，21（9）：938-947

刘盛佳．1990. 地理学思想史．武汉：华中师范大学出版社

刘卫东．1992. 美国农业地域专门化及其对我国农业发展的启示．经济地理，12（2）：58-63

刘卫东，陆大道．2004. 经济地理学研究进展．中国科学院院刊，19（1）：35-39

刘昫（后晋）．1985. 旧唐书·卷 138. 北京：中华书局

刘一曼，郭振录，徐自强．1988．北京图书馆藏甲骨文书籍提要．北京：书目文献出版社

刘勇，毛汉英．1995．中外区域政策对比研究．地理研究，15（4）：51-61

刘志高，尹贻梅．2006．演化经济地理学：当代西方经济地理学发展的新方向．国外社会科学，
（1）：34-39

刘宗超，孙莉．1988．自然地理系统及其熵变．自然杂志，11（6）：446-449

卢艳丽，丁四保．2009．国外生态补偿的实践及对我国的借鉴与启示．世界地理研究，18
（3）：161-168

鲁诺娃 Т Г，杨郁华．1990．七十至八十年代的苏联经济社会地理学．地理译报，（1）：34-38

陆大道．1988．区位论及区域研究方法．北京：科学出版社

陆大道．1995．区域发展及其空间结构．北京：科学出版社

陆大道．2003．中国地理学发展若干值得思考的问题．地理学报，58（1）：3-8

陆大道．2005．西方"主流经济地理学"发展基本议题演变的评述——为"牛津经济地理学手
册"中译本所作序言．地理科学进展，24（3）：1-7

陆大道，蔡运龙．2001．我国地理学发展的回顾与展望——地理学：方向正在变化的科学．地
球科学进展，16（4）：467-472

陆俊元．1998．海权论与俄罗斯海权地理不利性评析．世界地理研究，7（1）：40-44

陆林．1996．山岳风景区旅游者空间行为研究——兼论黄山与美国黄石公园之比较．地理学报，
51（4）：315-321

陆漱芬．1955．苏联地图事业的发展．地理学报，21（1）：107-113

吕患成．1994．中西地图学史的比较研究．地理研究，13（2）：82-89

吕拉昌．2006．新经济时代中国大都市的郊区化机制探讨——兼与美国郊区化的比较．地域研
究与开发，25（4）：6-10

罗洪先（明）．1555．广舆图．明嘉靖三十四年

马丁 G J．2008．所有可能的世界：地理学思想史（第四版）．成一农，王雪梅译．上海：上海
人民出版社

马端临．1986．文献通考．中华书局点校．北京：中华书局

马尔科夫 K，祝诚．1953．苏联地理学．科学通报，（6）：63-65

马秋芳，杨新军．2005．1994～2003 年我国旅游地理研究文献及其评价．地理与地理信息科学，
（1）：92-95

马润潮．1999．人文主义与后现代化主义之兴起及西方新区域地理学之发展．地理学报，54
（4）：79-86

马润潮．2004．西方经济地理学之演变及海峡两岸地理学者应有的认识．地理研究，23（5）：
573-558

马淑红，马志福．2000．气候变化对西气东输管道工程设计中气象参数的影响．科学中国人，
2000（9）：17-18

马耀峰．2004．中国旅游地理学的优势与挑战．地理学报，59（S1）：139-144

麦金德 H．2007．林尔蔚，陈江译．历史的地理枢纽．北京：商务印书馆

梅尼埃 A. 1999. 法国地理学思想史. 蔡宗夏译. 北京：商务印书馆

孟广文，福格特尤阿辛. 2005. 作为生态和环境保护手段的空间规划：联邦德国的经验及对中国的启示. 地理科学进展，24（6）：21-30

米切尔 B. 2004. 资源与环境管理. 蔡运龙译. 北京：商务印书馆

苗长虹. 2004. 变革中的西方经济地理学：制度、文化、关系与尺度转向. 人文地理，19（4）：68-76

苗长虹. 2005. 从区域地理学到新区域主义：20世纪西方地理学区域主义的发展脉络. 经济地理，25（5）：593-599

苗长虹. 2007. 欧美经济地理学的三个发展方向. 地理科学，27（5）：617-623

苗长虹，樊杰，张文忠. 2002. 西方经济地理学区域研究的新视角——论新区域主义的兴起. 经济地理，22（6）：644-650

苗长虹，魏也华. 2007. 西方经济地理学理论建构的发展与论争. 地理研究，26（6）：1233-1246

穆尔. 1980. 地理学词典. 刘伉，陈江，周陵生，等译. 北京：商务印书馆

穆杰特 L. 2008. 养育更美好的城市——都市农业推进可持续发展. 蔡建明，郑艳婷，王妍译. 北京：商务印书馆

宁越敏. 1985. 西方国家的城市地理学. 城市问题，(2)：29-34

牛文元. 1992. 理论地理学. 北京：商务印书馆

诺克斯 P. 2005. 城市社会地理学导论. 柴彦威张景秋译. 北京：商务印书馆

欧阳忞. 2001. 舆地广记. 李勇生，王小红校注. 成都：四川大学出版社

欧阳询（唐）. 1965. 艺文类聚（影宋绍兴本）. 北京：中华书局

帕高西扬 X Π，陶诗言. 1954. 苏联气候学的现状及其发展途径. 地理学报，20（1）：1-9

帕克，杰弗里. 1992. 二十世纪的西方地理政治思想. 李亦鸣，徐小杰，张荣忠译. 北京：解放军出版社

帕克尔 G. 1992. 二十世纪的西方地理政治学. 李亦鸣，徐小杰，张荣忠译. 北京：解放军出版社

帕克尔 G. 2003. 地缘政治学：过去、现在和未来. 刘从德译. 北京：新华出版社

帕拉马尔楚克 M M，郭焕成. 1982. 苏联现代经济地理学研究的主要发展方向. 地理译报，(4)：19-23

潘懋元. 2005. 中国高等教育的定位、特色和质量. 中国大学教学，(12)：4-6

庞嘉文，徐红罡. 2009. 中西文化对自然保护区解说系统设计的影响. 世界地理研究，18（1）：165-171

庞效民. 2000. 90年代西方经济地理学的文化研究趋向评述. 经济地理，20（3）：5-8，17

裴丽生. 1959. 为完成1959年地理工作任务而努力//地理研究所编辑部. 大跃进中的中国地理学. 北京：商务印书馆：9-12

佩迪什 P. 1983. 古代希腊人的地理学——古希腊地理学史. 蔡宗夏译. 北京：商务印书馆

皮特 R. 2007. 现代地理学思想. 周尚意译. 北京：商务印书馆

浦汉昕，蔡运龙，陈佳康．1986．关于三峡省区域开发问题的初步探讨．地理学与国土研究，2（4）：7-15

普罗塔塞耶夫 M C．1956．苏联河道水文地理踏勘规范．水利部北京勘测设计院规范组译．北京：水利出版社

齐清文．2004．地学信息图谱的最新进展．测绘科学，29（6）：15-23

齐清文，池天河．2001．地学信息图谱的理论与方法研究．地理学报，56（增刊）：8-18

齐清文，姜莉莉，张岸，等．2010a．地理信息科学方法论的理论体系研究．测绘科学，35（4）：5-9

齐清文，邹秀萍，徐莉，等．2010b．地理信息科学方法论案例研究．测绘科学，35（5）：11-17

千庆兰，樊杰，李平．2004．战后中西人文地理学比较研究．人文地理，19（1）：22-26

钱宏．1996．背景主义：关于文化战略的哲学追问//童庆炳．大文化战略．北京：全国工商联出版社

钱学森．1987．发展地理学的建议：在全国第二届天地生相互关系学术讨论会上的发言．大自然探索，6（1）：1-5

钱学森．1989a．关于地学的发展问题．地理学报，44（3）：257-261

钱学森．1989b．现代地理科学系统建设问题．地理环境研究，1（2）：1-6

钱学森．1991．谈地理学的内容及研究方法．地理学报，46（3）：257-265

钱学森．1994．论地理科学．杭州：浙江教育出版社

钱学森．2009-11-05．钱学森的最后一次系统谈话——谈科技创新人才的培养问题．人民日报，第11版

钱学森，于景元，戴汝为．1990．一个科学新领域——开放的复杂系统及其方法．自然杂志，13（1）：3-10

钱正英．2004．西北地区水资源配置生态环境建设和可持续发展战略研究．北京：科学出版社

阙维民．1996．中国古代志书地图绘制准则初探．自然科学史研究，（4）：334-342

阙维民．2003．《中国地方志联合目录》地方志种数统计表//仓修良仓修良方志学通论．北京：方志出版社

阙维民．2007．历史地理学//中国社会科学院科研局．中国人文社会科学前沿报告．2007年卷．北京：社会科学文献出版社

热库林 B C．1992．历史地理学对象和方法．韩光辉译．北京：北京大学出版社

任本，庞燕雯，尹传红．2006．假象——震惊世界的20大科学欺骗．上海：上海文化出版社

任美锷．1945．建设地理新论．上海：商务印书馆

萨莫依洛夫 И B，李恒，李宗元，等．1958．苏联地理学的发展过程．地理学报，24（1）：1-18

萨莫依洛夫 И B．1957．自然区划方法论．李恒，潘长江，杨郁华译．北京：科学出版社

萨乌什金 Ю Г．1986．苏联的社会地理学．马广志译．国外人文地理，（2）：24-28

沈建法，黄叶芳．2002．21世纪西方经济地理学的动向与问题．经济地理，22（2）：249-252

沈玉芳．1999．国外工业联系研究的理论发展及其对我国的借鉴意义．世界地理研究，8（2）：

31-35

盛叙功.1990.西洋地理学史.重庆：西南师范大学出版社

时环生.2002.青藏铁路巴嘎榨岛状多年冻土的成因.水文地质工程地质,（6）：48-50

史培军,李宁,叶谦,等.2009.全球环境变化与综合灾害风险防范研究.地球科学进展,24
（4）：428-435

史培军,宋长青,葛道凯,等.2003.中国地理教育：继承与创新.地理学报,58（1）：9-16

世界环境与发展委员会.1989.我们共同的未来.北京：世界知识出版社

思睿.1994.俄罗斯的人文地理学——渊源与发展趋势.国外社会科学,（5）：55-59

斯大林.1949.辩证唯物主义与历史唯物主义//联共（布）中央特设委员会.苏联共产党
（布）历史简明教程.第四章第二节.北京：人民出版社

斯大林.1952.地理学的任务和方法论问题.徐士珍选择.上海：商务印书馆

宋长青,冷疏影.2005a.21世纪中国地理学综合研究的主要领域.地理学报,60（4）：
546-552

宋长青,冷疏影.2005b.当代地理学特征、发展趋势及中国地理学研究进展.地球科学进展,
20（6）：595-599

苏联科学院地理研究所.1959.苏联河流水文地理概论.宋夫让,高学源,王蕴珂译.北京：
商务印书馆

孙峰华,李世泰,黄丽萍.2006.中外犯罪地理规律实证研究.人文地理,21（5）：14-18

孙根年.1997.20世纪中国地理学的重大进展及走向.陕西师范大学学报（自然科学版）,
（4）：87-91,97

孙关龙.1990.试析中国传统地理学的特点.地域研究与开发,9（2）：46-50,64

孙关龙.1991.中国传统地理学内容研究.地域研究与开发,10（1）：5-8,63

孙关龙.1992.中国传统地理学分期新探.地域研究与开发,11（1）：15-17

孙建军.1998.俄罗斯地缘安全战略探析.世界地理研究,7（2）：120-124

孙敬之,施雅風.1955.参加苏联地理学会第二届会员代表大会纪要.科学通报,（4）：67-72

索卡尔A,德里达J,罗蒂R,等.2002."索卡尔事件"与科学大战.蔡仲,邢冬梅.南京：
南京大学出版社

索恰瓦B.1991.地理系统学说导论.李世玢译.北京：商务印书馆

塔林T.1978.大陆漂移浅说.荡毅译.北京：科学出版社

谭其骧.1986.清人文集地理类汇编.杭州：浙江人民出版社

谭其骧.1990.中国历代地理家评传.第一,第二卷.济南：山东教育出版社

谭其骧.1993.中国历代地理家评传.第三卷.济南：山东教育出版社

汤茂林.2005.欧美景观地理学的新进展及其启示.地域研究与开发,24（4）：12-16

汤茂林.2006.美国人文地理学概论教材：内容、评价与特点.人文地理,21（1）：123-128

汤茂林.2009a.英国流行人文地理学导论教材之评述与借鉴.人文地理,24（5）：1-6

汤茂林.2009b.我国人文地理学研究生课程教学改革初探——基于与美国研究生课程的比较
和感知.人文地理,24（1）：7-11

唐路，薛德升，许学强．2004．北美大都市区规划及其对珠江三角洲的启示．人文地理，19（1）：66-70

唐晓峰．2009a．"反向格义"与中国地理学史研究．南京大学学报（哲学·人文科学·社会科学版），（2）：81-91，144

唐晓峰．2009b．地理学的两个世界．书城，（9）：15-20

唐晓峰．2010．从混沌至秩序：中国上古地理思想史述论．北京：中华书局

唐晓峰，李平．2000．文化转向与后现主义代地理学——约翰斯顿《地理学与地理学家》新版第八章述要．人文地理，15（1）：79-80

田文祝，柴彦威，李平．2005．当代西方人文地理学研究动态——《人文地理学词典》评述．人文地理，20（4）：125-128

汪升华，陈田．2006．美国大都市旅游带的生长机理及其启示．世界地理研究，15（1）：87-93，55

汪涛，Liefner I，曾刚．2006．西方集群和集群政策的研究及其对中国的借鉴意义．人文地理，21（5）：74-79

汪祖民．2005．我国土地利用与管理的有益借鉴——《美国的土地利用与管制》简介．地理与地理信息科学，（2）：1

王保忠，安树青，宋福强，等．2005．美国绿色空间理论、实践及启示．人文地理，20（5）：38-42

王成金．2006．中国海上集装箱运输的组织网络研究．地理科学，26（4）：392-401

王成祖．1982．中国地理学史．上册，先秦至明代．北京：商务印书馆

王存．1984．中国古代地理总志丛刊．元丰九域志．王文楚，魏嵩山点校．北京：中华书局

王殿华．2004．当代俄罗斯经济区划研究．世界地理研究，13（3）：37-42

王殿华．2006．俄罗斯生产力布局理论的演变及对中国的借鉴意义．经济地理，26（6）：908-911

王法辉．2009．基于 GIS 的数量方法与应用．姜世国，腾骏华译．北京：商务印书馆

王华，彭华，吴立瀚．2004．国内外温泉旅游度假区发展演化模式的探讨．世界地理研究，13（3）：79-83，57

王嘉荫．1963．中国地质史料．北京：科学出版社

王建安，王高尚．2002．矿产资源与国家经济发展．北京：地震出版社

王姣娥，金凤君．2005．中国铁路客运网络组织与空间服务系统优化．地理学报，3（60）：371-380

王姣娥，金凤君，孙炜，等．2006．中国机场体系的空间格局及其服务水平．地理学报，61（8）：829-838

王劲峰．2006．空间分析．北京：科学出版社

王亮方．2006．美国的农业政策对中国农业发展的启示．经济地理，26（5）：824-826，835

王明进．1999．美刊论述俄罗斯的欧亚主义思潮．国外理论动态，（10）：21-23

王乃樑．1963．法国地貌学现状．地理学报，29（1）：52-62

王圻（明）. 1988. 三才图会. 上海：上海古籍出版社

王钦若，杨亿，杨爽，等（宋）. 1960. 册府元龟（影印崇祯本）. 北京：中华书局

王庆生. 2000. 前苏联游憩地理学研究进展. 经济地理，20（3）：96-100

王荣成. 1997. 中外经济地域类型研究的理论与实践. 人文地理，12（2）：47-51，32

王士性（明）. 2006. 元明史料笔记丛刊. 五岳游草广志绎. 周振鹤点校. 北京：中华书局

王锡祺（清）. 1985. 小方壶斋舆地丛钞、补编、再补编. 上海着易堂铅印本. 1891. 杭州：杭
    州古籍书店影印本

王先谦（清）. 1998. 五洲地理志略（影印本）. 北京：北京出版社

王先文，陈田. 2006. 美国县制演化及其对中国县制改革的启示. 人文地理，21（2）：109-114

王象之. 2005. 舆地纪胜. 李勇先校注. 成都：四川大学出版社

王庸. 1938. 中国地理学史（中国文化史丛书）. 北京：商务印书馆

王勇，杜德斌. 2007. 芬兰科技创新之路及对我国西部大开发的启示. 经济地理，27（4）：
    538-542

王志坚，张鲁新. 2002. 青藏铁路建设过程中的冻土环境问题. 冰川冻土，（5）：588-592

王仲智，林炳耀. 2004. 美国"阳光带"的崛起对中国西部城市化战略的启示. 世界地理研
    究，13（2）：40-45

威尔逊 A G. 1997. 地理学与环境——系统分析方法. 蔡运龙译. 北京：商务印书馆

韦伯 A. 1997. 工业区位论. 李刚剑，陈志人，张英保译. 北京：商务印书馆

魏格纳. 1977. 海陆的起源. 李旭旦译. 北京：商务印书馆

魏根纳. 1997. 大陆和海洋的形成. 张翼翼译. 北京：商务印书馆

魏华，朱喜钢，周强. 2005. 沟通空间变革与人本的邻里场所体系架构——西方绅士化对中国
    大城市社会空间的启示. 人文地理，20（3）：117-121

魏源（清）. 1998. 海国图志. 长沙：岳麓书社

温煜华，王乃昂，胡振波. 2008. 中美大学地理学专业课程体系对比分析. 兰州大学学报（自
    然科学版），（1）：20-23，27

Wilson R J. 1997. 地理学与环境：系统分析方法. 蔡运龙译. 北京：商务印书馆

沃姆斯利 D J，刘易斯 G J. 1988. 行为地理学导论. 王兴中等译. 西安：陕西人民出版社

吴传钧. 1958. 苏联的地理机构和苏联地理学发展的一些情况. 地理学报，24（4）：438-456

吴传钧. 1981. 地理学的特殊研究领域和今后任务. 经济地理，1（1）：5-10

吴传钧. 1991. 论地理学的研究核心——人地关系地域系统. 经济地理，11（3）：1-6

吴传钧. 2002. 迎接中国地理学进入发展的新阶段. 地域研究与开发，21（3）：1-5

吴传钧. 2008. 人地关系地域系统的理论研究及调控. 云南师范大学学报（哲学社会科学版），
    40（2）：1-3

吴殿廷，吴巧新，刘睿文，等. 2008. 中美地理学近百年发展脉络的比较研究——基于《地理
    学报》和 Annals of the Association of American Geographers 学术论文的统计分析. 地球科学进
    展，23（6）：553-561

吴缚龙. 1988. 西方国家城市地理学的发展. 国外人文地理，（1）：14-18

吴建藩 . 1994. 德国铁路的建设经验和启示 . 世界地理研究, 3 (2): 112-120

吴淼, 杨兆萍, 戴颂英 . 2009. 20 世纪 90 年代以来俄罗斯社会经济地理学的发展 . 世界地理研究, 18 (1): 157-164

吴启焰, 施维克, 任东明, 等 . 2000. 对西方国家都市区发展的反思与借鉴 . 经济地理, 20 (3): 49-53, 61

吴青柏, 施斌论 . 2002. 青藏铁路修筑中的冻土环境保护问题 . 水文地质工程地质, (4): 14-16, 20

吴相利 . 2002. 英国工业旅游发展的基本特征与经验启示 . 世界地理研究, 11 (4): 73-79

吴云生, 张增淮 . 2003. 青藏铁路多年冻土工程地质综合分类探讨 . 冰川冻土, (S1): 1-3

武前波 . 2007. 近期西方城市社会地理主要研究领域及启示——《城市社会地理学导论》综述 . 现代城市研究, (3): 57-65

武巍, 刘卫东, 刘毅 . 2005. 西方金融地理学研究进展及其启示 . 地理科学进展, 24 (4): 19-27

萧功秦 . 1986. 儒家文化的困境 . 成都: 四川人民出版社

肖海涛, 向春 . 2007. 论大学特色的内涵与特征 . 中国大学教学, (2): 27-29

谢泼德 E, 巴恩斯 T. 2008. 经济地理学指南 . 汤茂林, 淡静华, 李江涛译 . 北京: 商务印书馆

休耳 K K. 1960. 苏维埃阿塞拜疆的四十年及其地理科学的发展 . 地理学报, 26 (3): 191-199

徐弘祖 (明) . 1980. 褚绍唐 . 吴应寿整理 . 上海: 上海古籍出版社

徐继畬 (清) . 2004. 瀛环志略 . 太原: 山西古籍出版社

徐坚等 (唐) . 1962. 初学记 . 北京: 中华书局

徐士珍 . 1953. 全苏地理学会的任务与苏联共产党第十九次代表大会决议的关系 . 地理学报, 19 (1): 84-89

徐永健, 阎小培 . 2000. 城市滨水区旅游开发初探——北美的成功经验及其启示 . 经济地理, 20 (1): 99-102

许桂灵, 司徒尚纪 . 2005. 中西规划与建筑文化在广东五邑侨乡的交融 . 热带地理, (1): 87-91

许良英, 王瑞智 . 2005. 走近爱因斯坦 . 沈阳: 辽宁教育出版社

许学强, 周素红 . 2003. 20 世纪 80 年代以来我国城市地理学研究的回顾与展望 . 经济地理, 23 (4): 433-440

许学强, 朱剑如 . 1988. 现代城市地理学 . 北京: 中国建筑工业出版社

续嵩 . 2007. SERVQUAL 在中外旅游业中应用的比较研究 . 人文地理, 22 (3): 82-86

玄奘 (唐) 口授 . 1977. 大唐西域记 . 辩机编集 . 章巽校 . 上海: 上海人民出版社

荀志欣, 曹诗图 . 2008. 从文化地理的角度透视中西古典园林艺术特征 . 世界地理研究, 17 (1): 167-173

阎小培 . 1998. 西方地理学界关于信息产业与城市发展研究述评 . 人文地理, 13 (3): 13-22

闫小培, 林彰平 . 2004. 近期西方城市地理研究动向分析 . 地理学报, 59 (增刊): 77-84

阎小培, 毛蒋兴 . 2004. 高密度开发城市的交通与土地利用互动关系——以广州为例 . 地理学报, 59 (5): 643-652

杨国维．1987. 从《服务地理学》一书看苏联疗养和旅游的发展．地理译报，（4）：31-32

杨勤业，郑度，吴绍宏，等．2005. 20 世纪 50 年代以来中国综合自然地理研究进展．地理研究，24（6）：899-910

杨青山．2002. 西方"新区域地理学"的发展及其对我国区域经济地理研究的启示．人文地理，17（2）：90-93

杨胜天，刘昌明，杨志峰．2000. 南水北调西线调水工程区的自然生态环境评价．地理学报，57（1）：1-10

杨吾扬，怀博．1983. 古代中西地理学思想源流新论．自然科学史研究，（4）：322-329

杨吾扬，梁进社．1997. 高等经济地理学．北京：北京大学出版社

杨絮飞，丁四保．2003. 国内外生态旅游研究的主要方向及进展．世界地理研究，12（4）：84-89

姚华松．2006. 西方城市社会地理学研究动向分析．地理与地理信息科学，（5）：101-106

姚华松，薛德升，许学强．2007. 1990 年以来西方城市社会地理学研究进展．人文地理，22（3）：12-17

姚晓瑞．1999. 论地缘环境对俄国海军发展的影响．人文地理，14（2）：74-77

叶大年．2007. 简述城市的格子状分布．现代地质，21（2）：175-182

叶奇，刘卫东．2004. 西方经济地理学对劳动力问题的研究进展．地理学报，59（3）：191-197

伊格尔顿．2000. 后现代主义的幻想．北京：商务印书馆

伊萨钦科 A. 1958. 自然地理学基本问题．陈传康，王恩涌，陈静生，等译．北京：科学出版社

伊萨钦科 A. 1986. 今日地理学．胡寿田，徐樵利译．北京：商务印书馆

伊萨钦科 A，李恒，吴翔．1958. 景观制图的基本原则、方法和意义．地理学报，24（4）：339-347

伊万诺夫 K Π，郭德惠，张延毅．1988. 研究农村居民和农业的生态地理学方法——农业综合体的生态结构．地理译报，（1）：49-53

殷为华．2006. 20 世纪 90 年代以来中外区域规划研究的对比分析．世界地理研究，15（4）：30-34，47

应定华，张丹．1997. 美国华盛顿州港口系统的开发及其对我国的启示．世界地理研究，6（1）：44-51

于国政．1995. 论俄罗斯社会经济地理学．人文地理，10（3）：47-48，94，50-52

于涛方．2000. 结构主义地理学——当代西方人文地理学的一个重要流派．人文地理，15（1）：66-69

于涛方，顾朝林．2000. 人文主义地理学——当代西方人文地理学的一个重要流派．地理学与国土研究，（2）：68-74

于文波，刘晓霞，王竹．2004. 美国城市蔓延之后的规划运动及其启示．人文地理，19（4）：55-58，81.

于希贤．1986. 简评几部中国地理学史．地理研究，5（3）：95-99

于希贤．1990. 中国古代地理学史略．石家庄：河北科学技术出版社

于希贤 . 1993. 试论中西地理思想的差异及中国古代地理学的特点 . 云南地理环境研究，（1）：7-14

于希贤 . 1999. 中国传统地理学刍议 . 北京大学学报（哲学社会科学版），（6）：135-141

于希贤 . 2002. 中国传统地理学 . 昆明：云南教育出版社

余绍水，潘卫东，史聪慧 . 2005. 青藏铁路沿线主要次生不良冻土现象的调查和机理分析 . 岩石力学与工程学报，2（6）：1082-1085

俞孔坚 . 1998. 理想景观探源：风水与理想景观的文化意义 . 北京：商务印书馆

虞蔚 . 1986. 西方城市地理学中的因子生态分析 . 国外人文地理，（2）：36-39

袁书琪，郑耀星 . 1994. 论当前中外社会地理观 . 人文地理，9（1）：37-43

袁顺全，千怀遂 . 2003. 能源消费与气候关系的中美比较研究 . 地理科学，23（5）：629-634

约翰斯顿 R J. 1999. 地理学与地理学家 . 唐晓峰，李平，叶冰，等译 . 北京：商务印书馆

约翰斯顿 R J. 2000. 哲学与人文地理学 . 蔡运龙，江涛译 . 北京：商务印书馆

约翰斯顿 R J. 2001. 哲学与人文地理学 . 蔡运龙，江涛译 . 北京：商务印书馆

约翰斯顿 R J. 2004. 人文地理学词典 . 柴彦威，蔡运龙，王缉慈，等译 . 北京：商务印书馆

曾菊新 . 1996. 空间经济：系统与结构 . 武汉：武汉出版社

翟金良，冯仁国 . 2004. 中国科学院地理科学领域知识创新工作进展与展望 . 地球科学进展，19（4）：671-680

翟忠义 . 1962. 中国古代地理学家及旅行家 . 济南：山东人民出版社

詹姆斯 M. 1989. 地理学思想史 . 李旭旦译 . 北京：商务印书馆

詹姆斯 P，马丁 G. 1989. 地理学思想史 . 李旭旦译 . 北京：商务印书馆

张宏，杨新军，赵荣，等 . 2005. 内城旅游项目开发初探——英国伯明翰国际会议中心区的建设经验及其对我国启示 . 经济地理，25（2）：265-268，280

张建敏，黄朝迎，吴金栋 . 2000. 气候变化对三峡水库运行风险的影响 . 地理学报，55（S1）：26-33

张军涛，张文忠，艾华 . 1999. 德国全球变化研究中的人文方向 . 世界地理研究，8（2）：36-41

张雷，朱守先 . 2008. 现代城市化的产业结构演进初探——中外发展研究对比 . 地理研究，27（4）：863-872

张灵杰 . 2001. 美国海岸带综合管理及其对我国的借鉴意义 . 世界地理研究，10（2）：42-48

张楠楠，石爱华 . 2002. 西方传教士对中国地理学的影响 . 人文地理，17（1）：77-80，72

张仁健，韩志伟，王明星，等 . 2002. 中国沙尘暴天气的新特征及成因分析 . 第四纪研究，2002（4）：374-380

张旻，陈烈，慈福义 . 2006. 国外空间规划特点及其对我国的借鉴 . 世界地理研究，15（1）：56-62

张务栋，张绍飞，冯春萍，等 . 1994. 中国和外国铁路网发展模式的比较研究 . 世界地理研究，3（2）：1-90

张晓平，张青云 . 2007. 发展循环经济的制度解析：国外经验及中国借鉴 . 世界地理研究，16

（3）：85-92

张燕锋，林逢春．2007. GPI 理论研究及美国应用案例对我国的启示．世界地理研究，16（1）：14-20，7

张郁，吕东辉．2006. 美国玉米带旱灾风险管理经验对我国的启示．世界地理研究，15（1）：16-20，26

张卓民，康荣平．1985. 系统方法．沈阳：辽宁人民出版社

张祖林．1993. 论地理学的独特性．自然辩证法研究，9（3）：45-49

张祖林．1994. 当代西方地理学中的地理虚无主义．华中师范大学学报（自然科学版），1994，28（2）：269-276

张祖林．1995. 当代西方地理学中的人文主义．自然辩证法研究，（4）：31-36

赵亮，王婧．2008. 国内外城市社会空间极化分异比较研究．世界地理研究，19（4）：59-65

赵荣，杨正泰．1998. 中国地理学史（清代）．北京：商务印书馆

赵松乔，陈传康，牛文元．1979. 近30年来我国综合自然地理学的进展．地理学报，34（3）：187-199

赵歆，姚鲁烽，何书金．2009. 近30年来中国地理学及相关学科期刊的发展．地理学报，64（3）：381-384

赵媛．1995. 俄罗斯旅游地理研究．世界地理研究，4（1）：88-92

郑度，陈述彭．2001. 地理学研究进展与前沿领域．地球科学进展，16（5）：599-606

郑樵．2009. 通志．中华书局点校．北京：中华书局

中村泰三，郭玉珍．1983. 七十年代的苏联经济地理学——从生产配置科堂到社会·经济地理学．地理译报，（1）：14-19

中国科学技术促进发展中心．2004. 中国未来十年十大科技需求．http：//www. bioon. com/trends/news/350839. shtml

中国科学院北京天文台．1985. 中国地方志联合目录．北京：中华书局

中国科学院自然科学史研究所地学史组．1984. 中国古代地理学史．北京：科学出版社

中华人民共和国国务院．2006. 国家中长期科学和技术发展规划纲要（2006～2020年）．北京：人民出版社

周成虎，孙战利，谢一春．1999. 地理元胞自动机研究．北京：科学出版社

周魁一．1999. 大规模人类活动与洪水灾害——从历史到现实．第四纪研究，（5）：423-429

周尚意．2004. 英美文化研究与新文化地理学．地理学报，59（S1）：162-166

周一星．1995. 城市地理学．北京：商务印书馆

周一星．2005. 城镇化速度不是越快越好．科学决策，（8）：30-33

周一星．2006. 城市研究的第一科学问题是基本概念的正确性．城市规划学刊，（1）：1-5

周一星．2010. 城市地理探索——周一星自选集．北京：商务印书馆

周一星，于海波．2004a. 中国城市人口规模结构的重构（一）．城市规划，28（6）：49-55

周一星，于海波．2004b. 中国城市人口规模结构的重构（二）．城市规划，28（8）：33-42

朱春奎．1992. 地理学中的人文主义学派评述．人文地理，7（4）：6-10

朱崗崑.1954. 关于苏联气候学发展问题的讨论. 地理学报, 20 (1)：11-26

朱英明.2001. 国外大都市区管理的实践及其借鉴. 世界地理研究, 12 (1)：67-70

朱英明, 于念文.2002. 英国空间经济规制战略及其对我国的借鉴作用. 世界地理研究, 13 (1)：77-82

竺可桢.1959a. 摆在地理工作者面前的任务//地理研究所编辑部. 大跃进中的中国地理学. 北京：商务印书馆

竺可桢.1959b. 纪念德国地理学家和博物学家亚历山大·洪堡逝世 100 周年. 地理学报, 25 (3)：169-172

祝成.1987. 苏联经济地理学中两个学派的形成. 国外人文地理, (2)：1-5, 10

祝穆.2003. 中国古代地理总志丛刊·方舆胜览. 施和金点校. 北京：中华书局

邹旭恺, 王守荣, 陆均天.2000. 气候异常对我国北方地区沙尘暴的影响及其对策. 地理学报, 55 (S1)：169-176

邹振环.2000. 晚清西方地理学在中国. 上海：上海古籍出版社

邹振环.2007. 19 世纪西方地理学译著与中国地理学思想从传统到近代的转换. 四川大学学报（哲学社会科学版）, (3)：26-36

Abler B, Adams J, Gould P. 1971. Spatial organization：The geographer's View of the World. New Jersey：Prictice-Hall, Inc

Albeverio S, Andrey D, Giordano P, et al. 2008. The Dynamics of Complex Urban Systems：An Interdisciplinary Approach. Heidelberg：Physica-Verlag

Allen P M. 1997. Cities and Regions as Self-Organizing Systems：Models of Complexity. Amsterdam：Gordon and Breach Science Pub

Allen P M, Sanglier M. 1979. A dynamic model of growth in a central place system. Geographical Analysis, 11：156-272

Allen P M, Sanglier M. 1981. Urban evolution：self-organization and decision-making. Environment and Planning A, 13：167-183

Alonso W. 1964. Location and Land Use：Toward a General Theory of Land Rent. Cambridge, MA：Harvard University Press

Amedeo D. 1971. Review of David Harvey's, explanation in geography. Geographical Review, 61：147-149

Amin A, Thrift N. 2005. What's left? Just the future. Antipode：A Radical Journal of Geography, 37 (2)：220-238

Anderies J M, Janssen M A, Ostrom E. 2004. A framework to analyze the robustness of social-ecological systems from an institutional perspective. Ecology and Society, 9 (1)：18-35

Anselin L. 1995. Local indicators of spatial association-LISA. Geographical Analysis, 27 (2), 93-115

Anselin L. 1996. The Moran scatterplot as an ESDA tool to assess local instability in spatial association//Fischer M, Scholten H J, Unwin D. Spatial Analytical Perspectives on GIS. London：Taylor & Francis

Arlinghaus S. 1985. Fractals take a central place. Geografiska Annaler B, 67 (2): 83-88

Arlinghaus S L, Arlinghaus W C. 1989. The fractal theory of central place geometry: a diophantine analysis of fractal generators for arbitrary Löschian numbers. Geographical Analysis, 21: 103-121

Armstrong M P. 2000. Geography and computational science. Annals of the Association of American Geographers, 90 (1): 146-156

Arnold D. 2002. The Age of Discovery, 1400 - 1600, Lancaster Pamphlets. New York: Routledge

Arnold V I. 1992. Catastrophe Theory (3rd ed.) . Berlin: Springer-Verlag

Association of Ecology UK. 2006. The identification of 100 ecological questions of high policy relevance in the UK. Journal of Applied Ecology, 43 (4): 617-622

Atkinson P M, Foody G M, Darby S E, et al. 2005. GeoDynamics. London: CRC Press

Atkinson P M, Martin D. 2000. GIS and GeoComputation. New York: Taylor & Francis

Backhaus G, Murungi J. 2002. Transformation of Urban and Suburban Landscapes: Perspectives from Philosophy, Geography, and Architecture. Lanham, MD: Lexington Books

Bak P. 1996. How Nature Works: the Science of Self-organized Criticality. New York: Springer-Verlag

Banks R B. 1994. Growth and Diffusion Phenomena: Mathematical Frameworks and Applications. Berlin Heidelberg: Springer-Verlag

Bardoe C. 2006. Gregor Mendel: The Friar Who Grew Peas. New York: Abrams Books for Young Readers

Barrows H H. 1923. Geography as human ecology. Annals of the Association of American Geographers, 13: 1-14

Bateson W. 1902. Mendel's Principles of Heredity: a Defense (First Edition) . London: Cambridge University Press

Batty M. 1974. Spatial Entropy. Geographical Analysis, 6: 1-31

Batty M. 1976. Entropy in spatial aggregation. Geographical Analysis, 8: 1-21

Batty M. 1991. Cities as fractals: simulating growth and form//Crilly A J, Earnshaw R A, Jones H. Fractals and Chaos. New York: Springer-Verlag

Batty M. 1992. The fractal nature of geography. Geographical Magazine, 64 (5): 34-36

Batty M. 1995. Fractals: new ways of looking at cities. Nature, 377: 574

Batty M. 2000. Less is more, more is different: complexity, morphology, cities, and emergence (Editorial) . Environment and Planning B: Planning and Design, 27: 167-168

Batty M. 2005. Cities and Complexity: Understanding Cities with Cellular Automata. Cambridge: MIT Press

Batty M. 2008. The size, scale, and shape of cities. Science, 319: 769-771

Batty M, Couclelis H, Eichen M. 1997. Urban systems as cellular automata (Editorial) . Environment and Planning B: Planning and Design, 24: 159-164

Batty M, Longley P A. 1994. Fractal Cities: A Geometry of Form and Function. London: Academic Press

Batty M, Xie Y. 1999. Self-organized criticality and urban development. Discrete Dynamics in Nature and Society, 3 (2-3): 109-124

Beckmann M J. 1958. City hierarchies and the distribution of city sizes. Economic Development and Cultural Change, 6: 243-248

Bell E T. 1986. Men of Mathematics. New York: Touchstone Books

Bell G, Hey T, Szalay A. 2009. Beyond the data deluge. Science, 323: 1297-1298

Benenson I, Torrens P M. 2004. Geosimulation: Automata-based Modeling of Urban Phenomena. Chichester: John Wiley & Sons, Ltd

Berry B J L. 1961. City size distributions and economic development. Economic Development and Cultural Change, 9 (4): 573-588

Berry B J L. 1964. Cities as systems within systems of cities. Papers and Proceedings of the Regional Science Association, 13: 147-164

Berry B J L. 1980. Creating future geographies. Annals of Association of American Geographers, 70 (4): 449-458

Berry B J L, Garrison W L. 1958. Alternative explanations of urban rank-size relationships. Annals of the Association of American Geographers, 48 (1): 83-90

Bertuglia C S, Bianchi G, Mela A. 1998. The City and Its Sciences. Heidelberg: Physica-Verlag

Blaikie P M, Brookfield H C. 1987. Land Degradation and Society. London and New York: Routledge

Blaikie P M, Terry Cannon I D. 1994. At Risk: Natural Hazards, People's Vulnerability, and Disasters. New York: Routledge

Boulding K E. 1966. The Impact of the Social Science. New Brunswick, N J: Rudgers University Press

Bowler P J. 2003. Evolution: The History of An Idea. Berkeley: University of California Press

Brakman S, Garretsen H, van Marrewijk C. 2001. An Introduction to Geographical Economics. Cambridge: Cambridge University Press

Brunn S D, Cutter S L, Harrington J W Jr. 2004. Geography and Technology. Dordrecht/Boston: Kluwer Academic Publishers

Bryant R, Bailey S. 1997. Third World Political Ecology. London: Routledge

Buchanan M. 2007. The Social Atoms. Bloomsbury: New York

Burgess E. 1925. The growth of the city//Park R, Burgess E, McKenzieR D. The City. Chicago: University of Chicago Press

Burtenshaw D. 1983. Cities and Towns. London: Bell & Hyman

Burton I. 1963. The quantitative revolution and theoretical geography. Canadian Geographer, 7: 151-162

Burton I, Kates R W, White G F. 1993. Environmental as Hazard. New York: Guildford Press

Bussiere R, Snickers F. 1970. Derivation of the negative exponential model by an entropy maximizing method. Environment and Planning A, 2: 295-301

Carey H C. 1858. Principles of Social Science, Philadelphia: J B Lippincott

Carlson E A. 2004. Mendel's Legacy: The Origin of Classical Genetics. Cold Spring Harbor N Y: Cold Spring Harbor Laboratory Press

Carroll C. 1982. National city-size distributions: what do we know after 67 years of research? Progress in Human Geography, 6 (1): 1-43

Carson R. 1962. Silent Spring. Boston: Houghton Mifflin

Chen Y G. 2008. A wave-spectrum analysis of urban population density: entropy, fractal, and spatial localization. Discrete Dynamics in Nature and Society, Article ID728420, 22pages

Chen Y G. 2009a. Urban gravity model based on cross-correlation function and Fourier analyses of spatio-temporal process. Chaos, Soliton & Fractals, 41 (2): 603-614

Chen Y G. 2009b. Spatial interaction creates period-doubling bifurcation and chaos of urbanization. Chaos, Soliton & Fractals, 42 (3): 1316-1325

Chen Y G. 2009c. A new model of urban population density indicating latent fractal structure. International Journal of Urban Sustainable Development, 1: 89-110

Chen Y G. 2010. Characterizing growth and form of fractal cities with allometric scaling exponents. Discrete Dynamics in Nature and Society, Volume 2010, Article ID 194715, 22 pages

Chen Y G. 2011. Modeling fractal structure of city-size distributions using correlation function. PLOS ONE, 6 (9): e24791

Chen Y G, Zhou Y X. 2004. Multi-fractal measures of city-size distributions based on the three-parameter Zipf model. Chaos, Soliton & Fractals, 22 (4): 793-805

Chen Y G, Zhou Y X. 2006. Reinterpreting central place networks using ideas from fractals and self-organized criticality. Environment and Planning B: Planning and Design, 33 (3): 345-364

Chorley R J. 1973. Geography as human ecology//Chorley R J. Directions in geography. London: Methuem

Chorley R J, Kennedy B A. 1971. Physical Geography: A System Approach. London: Prentice Hall

Christaller W. 1933. Central Places in Southern Germany. Translated by Baskin C W. 1966. Englewood Cliffs, New Jersey: Prentice Hall

Clark G, Feldman M, Gertler M. 2000. The Oxford Handbook of Economic Geography. Oxford and New York: Oxford Press

Clark P J, Evans F C. 1954. Distance to nearest neighbour as a measure of spatial relationships in populations. Ecology, 35: 445-453

Clarke K C. 1997. Getting Started with Geographic Information Systems. Upper Saddle River, NJ: Prentice-Hall

Cliff A D, Ord J K. 1973. Spatial Autocorrelation. London: Pion Limited

Cliff A D, Ord J K. 1981. Spatial Processes: Models and Applications. London: Pion Limited

Cliff A D, Ord J K. 2009. What were we thinking? Geographical Analysis, 41 (4): 351-363

Clifford N J, Holloway S L, Rice S P. et al. 2009. Key Concepts in Geography (2nd edition).

London: SAGE Publications Ltd.

Clifford N J, Valentine G. 2003. Key Methods in Geography. London: SAGE Publications Ltd. [Reprinted 2004, 2005, 2005 (twice), 2007]

Converse P D. 1930. Elements of Marketing. N J: Englewood Cliffs

Couclelis H. 1997. From cellular automata to urban models: new principles for model development and implementation. Environment and Planning B: Planning and Design, 24: 165-174

Couclelis H. 1998. Geocomputation in context//Geocomputation: a Primer, edited by Longley P A, Brooks S M, McDonnell R, Macmillan B. Chichester, Sussex: John Wiley

Cox K R. 2001. Classics in human geography revisited. Progress in Human Geography, 25 (1): 71-77

CSDGS (Committee on Strategic Directions for the Geographical Sciences in the Next Decade; National Research Council). 2010. Understanding the Changing Planet: Strategic Directions for the Geographical Sciences. Washington D C: National Academy Press

Dantzig G B, Saaty T L. 1973. Compact City: A Plan for a Liveable Urban Environment. San Francisco, C A: W H Freeman and Company

De Souza A R. 1990. A Geography of World Economy. Columbus: Merrill Publishing Campany

Dendrinos D S. 1996. Cites as spatial chaotic attractors//Kiel L D, Elliott E. Chaos Theory in the Social Sciences: Foundations and Applications. Ann Arbor, M I: The University of Michigan Press

Dendrinos D S, Mullally H. 1985. Urban Evolution: Studies in the Mathematical Ecology of Cities. New York: Oxford University Press

Dendrinos D S, Sonis M. 1990. Chaos and Social Spatial Dynamics. New York: Springer-Verlog

Dicken P, Thrift N. 1992. The Organization of Production and the Production of Organization: Why Business Enterprises Matter in the Study of Geographical Industrialization. Transactions of the Institute of British Geographers, 17: 279-291

Dickinson R E, Howarth O J R. 1933. The Making of Geography. Oxford: Oxford University Press: 142 (中译本参见：王勤堉译. 地理学发达史. 长沙：商务印书馆, 1938；或者楚图南译. 地理学发达史. 上海：中华书局, 1940)

Dickinson R E. 1969. The makers of modern geography. New York: Frederick A. Praeger

Domosh M. 2001. The women of New York: a fashionable moral geography. Environment and Planning D: Society and Space, 19 (5): 573-592

Dorn R J, Dixon J C, Orme A R. 1991. Integrating geomorphic process and landscape evolution: an editorial. Physical Geography, 12: 301-302

Dutton G. 1973. Foreword: size and shape in the growth of human communities. Ekistics, 36: 142-243

Ehlers E. 1999. Environment and geography: international programs on global environmental change, a survey. IGU Bulletin, 49 (1): 5-18

Eichner A S. 1983. Why economics is not yet a science. Journal of Economic Issues, 17 (2): 507-520

Einstain A. 1953. A letter to J. E. Switzer of San Mateo California//Crombie A C. 1963. Scientific Change. London：Heinemann

Feng J, Chen Y G. 2010. Spatiotemporal evolution of urban form and land use structure in Hangzhou, China：evidence from fractals. Environment and Planning B：Planning and Design, 37（5）：838-856

Fischer M M. 2006. Spatial Analysis and GeoComputation：Selected Essays. Berlin/New York：Springer

Fischer M M, Leung L. 2001. Geocomputational Modelling：Techniques and Applications. Berlin：Springer

Fisher R A. 1936. Has Mendel's work been rediscovered? Annals of Science, 1（2）：115-137

Fotheringham A S, O'Kelly M E. 1989. Spatial Interaction Models：Formulations and Applications. Boston：Kluwer Academic Publishers

Fotheringham A S. 1997. Trends in quantitative methods Ⅰ：stressing the local. Progress in Human Geography, 21：88-96

Fotheringham A S. 1998a. Trends in quantitative method Ⅱ：stressing the computational. Progress in Human Geography, 22：283-292

Fotheringham A S. 1998b. Trends in quantitative methods Ⅲ：stressing the visual. Progress in Human Geography, 23（4）：597-606

Fotheringham A S, Brunsdon C, Charlton M. 2002. Geographically Weighted Regression：the Analysis of Spatially Varying Relationships. Chichester：John Wiley & Sons, Ltd

Frankhauser P. 1990. Aspects fractals des structures urbaines. L'Espace Géographique, 19（1）：45-69

Frankhauser P. 1998. The fractal approach：a new tool for the spatial analysis of urban agglomerations. New Methodological Approaches in the Social Sciences, 10（1）：205-240

Fujita M, Krugman P, Venables A J. 1999. The Spatial Economy：Cities, Regions, and International Trade. Cambridge, MA：MIT Press

Fölsing A. 1997. Albert Einstein：A Biography. New York：Penguin Viking [Translated and abridged from the German by Ewald Osers]

Gabaix X, Ioannides Y M. 2004. The evolution of city size distributions//HendersonJ V, Thisse J F. Handbook of Urban and Regional Economics, 4（53）. Amsterdam：North-Holland Publishing Company

Gahegan M. 1999. What is geocomputation? Transactions in GIS, 3（3）：203-206

Gallagher R, Appenzeller T. 1999. Beyond Reductionism. Science, 284：79

Garrison W L. 1956. The Benefits of Rural Roads to Rural Property. Seattle, WA：Washington State Council for Highway Research

Gayon J. 2000. History of the concept of allometry. American Zoologist, 40（5）：748-758

Geary R C. 1954. The contiguity ratio and statistical mapping. The Incorporated Statistician, 5：115-145（http：//www. jstor. org/pss/2986645）

Gerasimov I P. 1968. Constructive geography: aims, methods and results. Soviet Geography, 9: 735-755

Gerasimov I P. 1984. The contribution of constructive geography to the problem of optimization of society's impact on the environment. Geoforum, 15: 95-100

Getis A, Ord J K. 1992. An analysis of spatial association by use of distance statistic. Geographical Analysis, 24 (3): 189-206

Gleick J. 1988. Chaos: Making a New Science. New York: Viking Penguin Inc

Goodchild M F. 2004. GIScience, geography, form, and process. Annals of the Association of American Geographers, 94: 709-714

Goodchild M F. 2007. Citizens as sensors: the world of volunteered geography. GeoJournal, 69 (4): 211-221

Goodchild M, Mark D M. 1987. The fractal nature of geographical phenomena. Annals of Association of American Geographers, 77 (2): 265-278

Gordon K. 2005. The mysteries of mass. Scientific American, 2005, 293 (1): 41-48

Gore A. 2000. Earth in the Balance: Ecology and the Human Spirit (New edition) . London: Earthscan Publications Ltd

Gore A. 2006. Earth in the Balance: Ecology and the Human Spirit. New York, NY: Rodale Books

Gould P R. 1972. Pedagogic review: entropy in urban and regional modelling. Annals of the Association of American Geographers, 62 (1): 689-700

Gould S J. 1966. Allometry and size in ontogeny and phylogeny. Biological Reviews, 41: 587-640

Gould S J. 1973. The shape of things to come. Systematic Zoology, 22: 401-404

Granovetter M. 1985. Economic action and social structure: the problem of embeddedness. American Journal of Sociology, 91 (3): 481-510

Gray C S, Sloan G. 1999. Geopolitics, Geography and Strategy. London: Frank Cass (reprinted in 2003)

Grayling A C. 1998. Philosophy 1: A Guide through the Subject. New York: Oxford University Press

Greenberg M J. 2007. Euclidean and Non-Euclidean Geometries: Development and History (4th ed.) . New York: W H Freeman

Gregory D. 1978. Ideology, Science and Human Geography. London: Hutchunson

Gregory K J. 2000. The Changing Nature of Physical Geography. London: Arnold

Griffith D A. 2003. Spatial Autocorrelation and Spatial Filtering: Gaining Understanding Through Theory and Scientific Visualization. Berlin: Springer-Verlag

Griffith D A. 2009. Celebrating 40 years of scientific impacts by Cliff and Ord. Geographical Analysis, 41 (4): 343-345

Griffith D A. 2010. Celebrating 40 years of scientific impacts by Alan Wilson. Geographical Analysis, 42 (4): 361-363

Gross P R, Levitt N. 1994. Higher Superstition: The Academic Left and Its Quarrels With Science.

305

Baltimore: Johns Hopkins University Press

Hagerstrand T. 1968. Innovation Diffusion as a Spatial Process. Chicago: University of Chicago Press

Haggett P. 2001. Geography: a Global Synthesis. Harlow; New York: Pearson Hall

Haggett P, Cliff A D, Frey A. 1977. Locational Analysis in Human Geography (2nd edition) . London: Arnold

Haken H. 1983. Synergetics: an Introduction (3rd edition) . Berlin: Springer-Verlag

Haken H. 1995. A synergetic approach to the self-organization of cities and settlements. Environment and Planning B: Planning and Design, 22 (1): 35-46

Haken H, Portugali J. 2003. The face of the city is its information. Journal of Environmental Psychology, 23: 385-408

Haken H, Portugali J. 2005. A synergetic interpretation of cue-dependent prospective memory. Cognitive Processes, 6: 87-97

Hanson S. 1997. Ten Geographic Ideas That Changed the World. New Jersey: Rutgers University Press

Harris B. 1964. A note on the probability of interaction at a distance. Journal of Regional Science, 5 (2): 31-35

Hartshorne R. 1958. The concept ofgeography as a science of space, from Kant and Humboldt to Hettner. Annals of the Association of American Geographers, 48: 97-108

Harvey D. 1969. Explanation in Geography. London: Edward Arnold Ltd

Harvey D. 1973. Social Justice and the City. London: Edward Arnold

Harvey D. 1982. The Limits of Capital. Chicago: University of Chicago Press

Harvey D. 1984. On the history and present condition of geography: an historical materialist manifesto. The Professional Geographer, 36 (1): 1-11

Harvey D. 1985. The Urbanization of Capital. Oxford: Basil Blackwell

Harvey D. 1989. From models to Marx//Macmillan B. Remodelling Geography. Oxford: Blackwell

Harvey D. 1990. The Condition of Postmodernity: An Enquiry into the Origins of Cultural Change. Oxford: Blackwell Publishers

Harvey D. 1993. The nature of environment: the dialectics of social and environmental change// Miliband R, Panitch L. Real Problems, False Solution: Socialist Register. London: Marlin Press

Harvey D. 2001. Spaces of Capital: Towards a Critical Geography. Edinburgh: Edinburgh University Press

Hawking S. 1998. A Brief History of Time (The 10th Anniversary Edition) . London: Bantam

Hayford A M. 1974. The geography of women: an historical introduction. Anitpode: A Radical Journal of Geography, 6 (2): 1-19

Hayford A M. 1985. The geography of women: an historical introduction. Anitpode: A Radical Journal of Geography, 17 (2-3): 136-145

Haynes A H. 1975. Dimensional analysis: some applications in human geography. Geographical Analysis, 7 (1): 51-68

Helbing D, Keltsch J, Molnar P. 1997. Modelling the evolution of human trail systems. Nature, 388: 47-50

Henry J. 2002. The Scientific Revolution and the Origins of Modern Science. 2nd. New York: Palgrave

Hey T, Tansley S, Tolle K. 2009. The Fourth Paradigm: Data Intensive Scientific Discovery. Redmond, WA: Microsoft Research

Hoffmann D. 2008. "... you can't say to anyone to their face: your paper is rubbish." —Max planck as editor of the annalen der physik. Annalen der Physik, 17 (5): 273-301

Holt-Jensen A. 1999. Geography: History and Concepts. London: SAGE Publications

Honderich T. 1995. The Oxford Companion to Philosophy. New York: Oxford University Press

Hoyt H. 1939. The Structure and Growth of Residential Neighbourhoods in American Cities. Washington D C: Federal Housing Administration

Huggett R J. 1985. Earth Surface Systems. Berlin and New York: Springer-Verlag

Huriot J M, Thisse F. 2000. Economics of Cities: Theoretical Perspectives. New York: Cambridge University Press

Hurst M E E. 1985. Geography has neither existence nor future//Johnston R J, The Future of Geography. London: Methuen

Imre A R, Bogaert J. 2004. The fractal dimension as a measure of the quality of habitat. Acta Biotheoretica, 52: 41-56

James P E, Martin G J. 1981. All Possible Worlds: A History of Geographical Ideas. Second Edition. New York: John Wiley & Sons

Jeremy G. 1989. Ideas of Space: Euclidean, Non-Euclidean, and Relativistic (2nd Ed.). New York: Oxford University Press

Jiang B. 2007. A topological pattern of urban street networks. Physica A: Statistical Mechanics and its Applications, 384: 647-655

Jiang B. 2009. Street hierarchies: a minority of streets account for a majority of traffic flow. International Journal of Geographical Information Science, 23 (8): 1033-1048

Jiang B, Jia T. 2011. Agent-based simulation of human movement shaped by the underlying street structure. International Journal of Geographical Information Science, 25 (1): 51-64

Jiang B, Yao X. 2010. Geospatial Analysis and Modeling of Urban Structure and Dynamics. New York: Springer-Verlag

Jiang B, Yin J, Zhao S. 2009. Characterizing human mobility patterns in a large street network. Physical Review E, 80 (2): 021136

Jocobs J. 1961. The Death and Life of Great American Cities. New York: Vintage Book

Johnston R J. 1985. The Future of Geography. London and New York: Methuen

Johnston R J. 1986. Philosophy and Human Geography: An Introduction to Contemporary Approaches. Second Edition. Baltimore: Edward Arnold (Publishers) Ltd

Johnston R. 2008. Quantitative human geography: are we turning full circle? Geographical Analysis, 40

（3）：332-335

Johnston R J, Peter J T, Michael J W. 2002. Geographies of Global Change: Remapping the World, Second Edition. London: Blackwell Publishing

Johnston R J, Taylor P J, Watts M J. 2002. Geographies of Global Change: Remapping the World. Second Edition. Oxfod: Blackwell Publishing

Karmeshu. 1988. Demographic models of urbanization. Environment and Planning B: Planning and Design, 15 (1): 47-54

Kates R W, Burton I. 1986. Geography, Resources, and Environment: Volume I, Selected Writings of Gilbert F. White; Volume II, Themes from the Work of Gilbert F. White. Chicago: University of Chiago Press

Kerry R, Haining R P, Oliver M A. 2010a. Geostatistical methods in geography: applications in human geography. Geographical Analysis, 42 (1): 5-6

Kerry R, Oliver M A, Haining R P. 2010b. Geostatistical methods in geography: applications in physical geography. Geographical Analysis, 42 (2): 119-120

King L J. 1969. Statistical Analysis in Geography. Englewood Cliffs, NJ: Prentice Hall

Krone R M. 1980. Systems Analysis and Policy Sciences. New York: John Wiley & Sons, Inc

Krugman P R. 1991. Geography and Trade. Leuven, Belgium: Leuven University Press

Krugman P R. 1995. Development, Geography, and Economic Theory. Cambridge, MA: MIT Press

Kuhn T S. 1996. The Structure of Scientific Revolutions. Chicago I L: University Of Chicago Press

Langlois P. 2011. Simulation of Complex Systems in GIS. New York: John Wiley & Sons

Lee Y. 1972. A stochastic model of the geometric patterns of urban settlements and urban spheres of influence: a clumping model. Geographical Analysis, 4: 51-64

Lee Y. 1989. An allmetric analysis of the US urban system: 1960～1980. Environment and Planning A, 21: 463-476

Li T Y, Yorke J A. 1975. Period three implies chaos. American Mathematical Monthly, 82: 985-992

Liu J, Dietz T, Carperlter S R, et al. 2007a. Complexity of coupled human and natural systems. Science, 317: 1513-1516

Liu J, Dietz T, Carperlter S R, et al. 2007b. Coupled human and natural systems. Ambio, 36 (8): 639-649

Liverman D. 1999. Geography and global environment. Annals Ass. American Geographers, 89: 107-120

Lo C P. 2002. Urban indicators of China from radiance-calibrated digital DMSP-OLS nighttime images. Annals of the Association of American Geographers, 92 (2): 225-240

Lo C P, Welch R. 1977. Chinese urban population estimates. Annals of the Association of American Geographers, 67: 246-253

Longley P A, Brooks S M, McDonnell R, et al. 1998. Geocomputation: a Primer. Chichester, Sussex: John Wiley

Longley P A, Goodchild M F, Maguire D J, et al. 2001. Geographic Information Systems and Science. New York: Wiley

Longley P L, Goodchild M, Maguire D J, et al. 2011. Geographic Information Systems and Science. 3rd. New York: John Wiley & Sons

Lowry I S. 1964. A Model of Metropolis. RM-4035- RC. Rand Corporation: Santa Monica, CA.

Lubchenco J. 1998. Entering the century of environment: a new social contract for science. Science, 279: 491-497

Mackay J R. 1964. Review on theoretical geography by William Bunge. Economic Geography, 40 (4): 371-372

Mackinder H J. 1904. The geographical pivot of history. The Geographical Journal, 23 (4): 421-437

Mahan A T. 1899. The Influence of Sea Power upon History, 1660—1783. London: Sampson Low, Marston & Company

Mancall P C. 2006. Travel Narratives from the Age of Discovery: An Anthology. Oxford: Oxford University Press

Mandelbrot B B. 1967. How long is the coast of Britain?: Statistical self-similarity and fractional dimension. Science, 156: 636-638

Mandelbrot B B. 1977. Fractals: form, chance, and dimension. San Francisco: W H Freeman

Mann P. 1965. An Approach to Urban Sociology. London: Routledge

Marble D F. 1981. Computer Software for Spatial Data Handling. Reston, VA: U. S. Geological Survey

Marble D F, Peuquet D J. 1983. The computer and geography: some methodological comments. The Professional Geographer, 35 (3): 343-344

Marsh G. 1864. Man and Nature: Or Physical Geography as Modified by Human Ation. New York: Charles Scribner (Reprinted in 1965 by Harvard university Press)

Martin G J. 2005. All Possible Worlds: A History of Geographical Ideas. 4th Revised Edition. New York, NY: Oxford University Press

Martin R L. 2000. Institutional approaches in economic geography//Sheppard E, Barnes T J. A companion to economic geography. Oxford: Blackwell

Maslow A H. 1943. A theory of human motivation. Psychological Review, 50 (4): 370-96

May R M. 1976. Simple mathematical models with very complicated dynamics. Nature, 261: 459-467

McEvoy P, Richards D. 2006. A critical realist rationale for using a combination of quantitative and qualitative methods. Journal of Research in Nursing, 11 (1): 66-78

Meadows D H, Meadows D L, Randers J, et al. 1972. The Limits to Growth. New York: Universe Books

Meirvenne M V, Meklit T. 2010. Geostatistical simulation for the assessment of regional soil pollution. Geographical Analysis, 42 (2): 121-135

Mikkonen K, Luoma M. 1999. The parameters of the gravity model are changing: how and why?

Journal of Transport Geography, 7: 277-283

Millennium Ecosystem Assessment. 2005. Ecosystems and Human Well-being: Synthesis. Washington, DC: Island Press

Minca C. 2001. Postmodern Geography: Theory and Praxis. Oxford: Blackwell Publishers

Moore R. 2001. The "rediscovery" of Mendel's work. Bioscene, 27 (2): 13-24

Moran P A P. 1950. Notes on continuous stochastic phenomena. Biometrika, 37: 17-33

Morrill R. 2008. Is geography (still) a science? Geographical Analysis, 40 (3): 326-331

Murgante B, Borruso G, Lapucci A. 2009. Geocomputation and Urban Planning. Berlin: Springer

Naroll R S, von Bertalanffy L. 1956. The principle of allometry in biology and social sciences. General Systems Yearbook, 1: 76-89

Nicolis G, Nicolis C, Nicolis J. 1989. Chaotic dynamics, Markov partitions, and Zipf's law. Journal of Statistical Physics, 54: 915-924

Nijkamp P, Reggiani A. 1992. Impacts of multiple-period lags in dynamic logit model. Geographical Analysis, 24 (2): 159-173

Nordbeck S. 1965. The law of allometric growth. Michigan Discussion Paper No. 7. Ann Arbor: Inter-University Community of Mathematical Geographers

Nordbeck S. 1971. Urban allometric growth. Geografiska Annaler B, 53: 54-67

Odland J. 1988. Spatial Autocorrelation. London: SAGE Publications

Openshaw S. 1994. Computational human geography: towards a research agenda. Environment and Planning A, 26: 499-505

Openshaw S. 1998. Towards a more computationally minded scientific human geography. Environment and Planning A, 30 (2): 317-332

Openshaw S, Abrahart R J. 2000. GeoComputation. New York: Taylor & Francis

O'Leary D P. 1997. Teamwork: Computational science and applied mathematics. IEEE Computational Science and Engineering, 4: 13-18

Parker B. 2000. Einstein's Brainchild. Amherst N Y: Prometheus Books

Pattison W D. 1964. The four traditions of geography. Journal of Geography, 63 (5): 211-216

Peet R. 1998. Modern Geographical Thought. London: Wiley-Blackwell

Philo C, Mitchell R, More A. 1998. Reconsidering quantitative geography: things that count (Guest editorial). Environment and Planning A, 30 (2): 191-201

Pitman A J. 2005. On the role of geography in earth system science. Geoforum, 36: 137-148

Portugali J. 1997. Self-organizing cities. Futures, 29: 131-138

Portugali J. 2000. Self-Organization and the City. Berlin: Springer-Verlag

Portugali J. 2002. The seven basic propositions of SIRN (Synergetic Inter-Representation Networks). Nonlinear Phenomena in Complex Systems, 5 (4): 428-444

Portugali J. 2004. Toward a cognitive approach to urban dynamics. Environment and Planning B: Planning and Design, 31: 589-613

Portugali J. 2006a. Complexity theory as a link between space and place. Environment and Planning A, 38: 647-664

Portugali J. 2006b. Complex Artificial Environments: Simulation, Cognition and VR in the Study and Planning of Cities. Berlin: Springer-Verlag

Prigogine I, Stengers I. 1984. Order Out of Chaos: Man's New Dialogue with Nature. New York: Bantam Book, Inc

Ravenstein E G. 1885. The laws of migration. Journal of the Statistical Society of London, 48 (2): 167-235

Rediscovery Geography Committee. 1997. Rediscovering Geography: New Relevance for Science and Society. Washington D C: National Academy Press

Reilly W J. 1931. The Law of Retail Gravitation. New York: The Knickerbocker Press

Rifkin J, Howard T. 1980. Entropy: A New World View. New York: Bantam Book, Inc

Ruelle D. 1991. Chance and Chaos. Princeton N J: Princeton University Press

Ryabko B Y. 1986. Noise-free coding of combinatorial sources, Hausdorff dimension and Kolmogorov complexity. Problemy Peredachi Informatsii, 22 (3): 16-26

Sameh A. 1995. An auspicious beginning. IEEE Computational Science and Engineering, 2 (1): 1, 96

Schaefer F K. 1953. Exceptionalism in geography: a methodological examination. Annals of the Association of American Geographers, 43: 226-249

Schneider M. 1959. Gravity models and trip distribution theory. Papers of the Regional Science Association, 5: 51-58

Schweber S S. 2008. Einstein and Oppenheimer: The Meaning of Genius. Cambridge M A: Harvard University Press

Shannon C E. 1948. A mathematical theory of communication. Bell System Technical Journal, 27: 379-423, 623-656

Sideway J D. 2001. Geopolitics: twentieth century spectre. Geography, 86 (3): 225-234

Slaymaker D, Spencer T. 1998. Physical Geography and Global Environmental Change. London: Longman Limited

Smeed R J. 1963. Road development in urban area. Journal of the Institution of Highway Engineers, 10: 5-30

Smith N. 1987. Academic war over the field of geography: the elimination of geography at Harvard, 1947-1951. Annals of the Association of American Geographers, 77 (2): 155-172

Smith N, O'Keefe P. 1980. Geography, Marx and the concept of nature. Antipode: A Radical Journal of Geography, 12 (2): 30-39

Soja E W. 1989. Postmodern Geographies: the Reassertion of Space in Critical Social Theory. London: Verso

Soja E W. 2000. Postmetropolis: Critical Studies of Cities and Regions. Oxford: Blackwell Publishers

Sokal A. 1996a. Transgressing the boundaries: toward a transformative hermeneutics of quantum gravity. Social Text, No. 46/47: 217-252

Sokal A. 1996b. A physicist experiments with cultural studies. Lingua Franca, May/June: 62-64

Sokal A. 1996c. Transgressing the boundaries: an afterword. Dissent, 43 (4): 93-99

Sokal A. 1996d. Transgressing the boundaries: an afterword. Philosophy and Literature, 20 (2): 338-346

Sokal R R, Oden N L. 1978. Spatial autocorrelation in biology 1. Methodology. Biological Journal of the Linnean Society, 10: 199-228

Sokal R R, Thomson J D. 1987. Applications of spatial autocorrelation in ecology//Legendre P, Legendre L. Developments in Numerical Ecology, NATO ASI Series, Vol. G14. Berlin: Springer-Verlag, 431-466

Steffen W, Sanderson A, Tyson P D, et al. 2004. Global Change and Earth System: A Planet under Pressure. Heidelberg: Springer

Stevenson D. 1994. Science, computational science, and computer science: at a crossroads. Communications of the Association for Computing Machinery, 37: 85-96

Stevenson D. 1997. How goes CSE? Thoughts on the IEEE CS workshop at Purdue. IEEE Computational Science and Engineering, 4 (2): 49-54

Stewart J Q. 1950. The development of social physics. American Journal of Physics, 18: 239-253

Stewart J Q, Warntz W. 1958. Physics of population distribution. Journal of Regional Science, 1: 99-123

Stimson R J. 2008. A personal perspective from being a student of the quantitative revolution. Geographical Analysis, 40 (3): 222-225

Stolk E, Brömmelstroet M. 2009. Model Town: Using Urban Simulation in New Town Planning. Amsterdam: SUN Publishers

Taylor P J. 1983. Quantitative Methods in Geography: an Introduction to Spatial Analysis. Illinois: Waveland Press Inc

Teichmann J, Evans K C. 1999. Philosophy: A Beginner's Guide (3rd ed.). Cambridge, MA: Wiley-Blackwell

Thompson D W. 1966. On Growth and Form (An abridged end, edited by J. T. Bonner). Cambridge: Cambridge University Press

Thrift N. 2000. Pandora's box? cultural geographies of economies//Clark G L, Feldman M P, Gertler M S. The Oxford Handbook of Economic Geography. Oxford: Oxford University Press

Tidswell V. 1978. Pattern and Process in Human Geography. Slough: University Tutorial Press

Tobler W R. 1959. Automation and cartography. Geographical Review, 49: 526-534

Tobler W R. 1970. A computer movie simulating urban growth in the Detroit region. Economic Geography, 46 (2): 234-240

Tobler W R. 1979. Cellular geography//Gale S, Olsson G. Philosopher in Geography. Dordrecht,

Holland: D. Reidel Publishing Company

Tobler W R. 2004. On the first law of geography: a reply. Annals of the Association of American Geographers, 94 (2): 304-310

Tomlinson R F. 1972. Geographical Data Handling. Ottawa: IGU Commission on Geographical Data Sensing and Processing

Tomlinson R F, Calkins H W, Marble D F. 1976. Computer Handling of Geographical Data. Natural Resource Series No. XIII. Paris: UNESCO Press

Torrens P M, O'Sullivan D. 2001. Cellular automata and urban simulation: where do we go from here? (editorial) Environment and Planning B: Planning and Design, 28: 163-168

Tuan Yi-fu. 1976. Humanistic geography. Annals of the Association of American Geographers, 66: 266-276

Turner II B L. 2003. Contested identities: human-environment geography and disciplinary implications in a restructuring academy. Annals of the Association of American Geographers, 92 (1): 52-74

United Nations. 1980. Patterns of Urban and Rural Population Growth. New York: U N. Department of International Economic and Social Affairs, Population Division

United Nations. 2004. World Urbanization Prospects: The 2003 Revision. New York: U N. Department of Economic and Social Affairs, Population Division

Van Gardingen P R, Foody G M, Curran P J. 1997. Scaling-up: from Cell to Landscape. Cambridge: Cambridge University Press

Vitousek P, Mooney H, Lubchenco J, et al. 1997. Human domination of earth's ecosystems. Science, 277: 485-499

Von Bertalanffy L. 1968. General System Theory: Foundations, Development, and Applications. New York: George Breziller

Waldrop M. 1992. Complexity: The Emerging of Science at the Edge of Order and Chaos. NY: Simon and Schuster

Wang F. 2006. Quantitative Methods and Applications in GIS. New York: Taylor & Francis

Weiss C H. 1977. Using Social Research in Public Policy Making. Lexington, Mass. : Heath

White R, Engelen G. 1997. Cellular automata as the basis of integrated dynamic regional modeling. Environment and Planning B: Planning and Design, 24: 235-246

Wiener N. 1948. Cybernetics or Control and Communication in the Animal and the Machine. Cambridge, MA: The Technology Press

Wilbanks T J. 1992. President's address. AAG Newsletter, 27 (11): 1-3

Wilby R A, Wigley T M. 1997. Downscaling general circulation model output: a review of methods and limitations. Progress in Physical Geography, 21: 530-548

Wilson A. 2010. Entropy in urban and regional modelling: retrospect and prospect. Geographical Analysis,42 (1): 364-394

Wilson A G. 1970. Entropy in Urban and Regional Modelling. London: Pion Press

Wilson A G. 2000. Complex Spatial Systems：The Modelling Foundations of Urban and Regional Analysis. Singapore：Pearson Education Asia Pte Ltd

Wolch J, Dear M. 1993. Malign Neglect：Homelessness in an American City. San Francisco：Jossey-Bass Publishers

Wolfram S. 1986. Theory and Applications of Cellular Automata. Singapore：World Scientific

Wolfram S. 2002. A New Kind of Science. Champaign：Wolfram Media

Wong D, Fotheringham A S. 1990. Urban systems as examples of bounded chaos：exploring the relationship between fractal dimension, rank-size, and rural to urban migration. Geografiska Annaler B, 72：89-99

Wu J, Jones K B, Li H, et al. 2006. Scaling and Uncertainty Analysis in Ecology：Methods and Applications. Dordrecht：Kluwer Academic Publishers

Zipf G K. 1946. The $P_1 P_2 / D$ hypothesis：on the intercity movement of persons. American Sociological Review, Ⅱ：677-686

Zipf G K. 1949. Human Behavior and the Principle of Least Effort. Reading, MA：Addison-Wesley